W0230971

MUNDHUM

VON GÖTTERN, GEISTERN UND SCHAMANEN IM HIMALAYA

Ellen Winner
und Mohan Rai

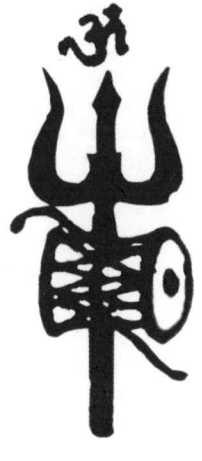

ARUN

Englische Erstausgabe: © "WORLD SHAMAN" Universe Inc.
Copyright © 2008 by Arun-Verlag für die deutsche Ausgabe.
Arun-Verlag, Engerda 28, D - 07407 Uhlstädt-Kirchhasel,
Tel.: 036743/233-0, Fax: 036743/233-17,
info@arun-verlag.de, www.arun-verlag.de.
Satz & Layout deutsche Ausgabe: Sven Langheinrich.
Glossar und Übersetzung: Dirk Hacker und Beate Sugg-Kastner.
Titelmotiv: © Volker Hoffmann - Fotolia.com.
Gesamtherstellung: Hubert & Co, Göttingen.

Alle Rechte der Verbreitung in deutscher Sprache und der Übersetzung, auch durch Film, Funk und Fernsehen, fotomechanische Wiedergabe, Ton- und Datenträger jeder Art und auszugsweisen Nachdrucks sind vorbehalten.

ISBN 978-3-86663-032-1

„Sarasvati, laß mich sprechen, Mutter Sarasvati.
Tanzend und spielend treten wir vor dich hin."

INHALT

einfuehrung

Dies ist die Geschichte von Mohan Rai, Sohn des Dil Bahadur Rai, einem berühmten Dhami-Jhankri (Schamane) aus Bhutan wie sie – in einer Reihe von Briefen aus dem Staatsgefängnis in Big Spring, Texas, USA – von Mohan selbst erzählt wurde.
Die Tatsache, daß dieser Mann eingesperrt wurde, ist ein Skandal und eine Schande für Amerika, ein Fehler, der wieder gut gemacht werden sollte. Aber wer weiß, vielleicht hätte uns ohne diese Zeit erzwungener Untätigkeit Mohans Geschichte nie erreicht.
Als erstgeborener Sohn und Lehrling seines Vaters zweifelte Mohan niemals an seiner Bestimmung, Heiler und Priester zu werden.

Dann begann in der Mitte des 20. Jahrhunderts ein neues Bewußtsein die Welt zu verändern. Ein Bewußtsein, dessen Bestreben es war, alle Menschen zu vereinen und so auch bis in die weit entlegenen Täler des Himalaya aus Mohans Kindheit vordrang. Mohan brachte es zunächst die Verlockungen der westlichen Lebensweise. Er verdiente Geld in der Armee der Gurkhas, wurde berühmt als Bergführer, genoss westliche Annehmlichkeiten und das Reisen – Fortschritt.
Dennoch erwies sich die Kultur der aus den Kirati hervorgegangen Rai als zutiefst widerstandsfähig gegenüber Veränderungen. Es war seine besondere Art zu leben, die es dem Stamm erlaubte, selbst in einer Umwelt, die grausam sein konnte und in der andere Stämme um das Überleben konkurrierten, über 50.000 Jahre lang zu erblühen. Die Rai hüteten und praktizierten das Stammeswissen, das in verschlüsselter Form in Zeremonien, Rituale, Mantras und Gesetze einfloss. Über Jahrhunderte hinweg nannten sie ihre intensiv gepflegten, traditionellen Wurzeln den heiligen Mundhum, so daß dieser allmählich ein Eigenleben entwickelte. Er wurde zu einer sich immer wieder selbst erneuernden Kraft, die die Menschen dazu brachte, im Sinne ihres eigenen Wohlergehens und zu ihrem Schutz, weiterhin die vorgeschriebenen Worte und Handlungen zu wiederholen. Der Ahnen mußte gedacht werden, indem jährlich Rituale abgehalten wurden. Die Stammesgottheiten wurden angerufen und auf die alte Art und Weise geehrt.
Wenn ein Mann und eine Frau heirateten, sprachen Boten aus der Familie des Bräutigams die gleichen Worte, die immer gesprochen wurden und der Vater der Braut antwortete auf die alte traditionelle Weise.
Selbst als Mohan danach strebte, ein Weltbürger zu werden, konnte er den Verpflichtungen seines Mundhum nicht entfliehen. Erfolgreich paßte er sein Bewußtsein dem großen Erwachen an, das bis heute unaufhaltsam voranschreitet und so dürften seine Lebensgeschichte und sein Mundhum für uns alle interessant sein.
Ich habe Mohans Geschichte, Dialoge und Begebenheiten aus persönlichen Begegnungen mit ihm hinzugefügt, um das Buch authentischer zu gestalten und den Geist des Lesers für die Denkweise von Mohans uralter, vererbter Schamanenkultur zu öffnen. Eine Form von Bewußtsein, die vielleicht erst einmal merkwürdig und fremdartig erscheinen mag, uns dann aber seltsam vertraut vorkommt, wie bewegende Erinnerungen an eine Zeit, in der wir alle noch verstanden, das Felsen, Bäume, Tiere, Wind, Regen, Sonne und Mond von intelligenten Geistwesen belebt sind, die wiederum unter dem Schutz von Gottheiten stehen. Diese Wesen existieren immer noch um ihrer selbst willen und nicht um den menschlichen Bedürfnissen zu dienen, die wir auf gefährliche Weise vernachlässigt haben. Wie mysteriös und andersartig diese Geistwesen auch waren und sind, die alten Schamanen kannten aus uralter Weisheit geborene

Methoden, mit ihnen zu kommunizieren. Mit großem Respekt, Geschicklichkeit und manchmal auch mit Tricks überzeugten sie die Geistwesen und bewegten sie so zum Handeln.

Dies geschah nicht nur, um die Stämme zu heilen und zu beschützen, sondern auch, um mit ihnen zu ‚spielen', wie sie es nannten. Sie teilten den leidenschaftlichen Genuß zu leben mit ihren Brüdern und Schwestern auf dieser Erde. Was geschieht aber mit diesen Geistwesen und Gottheiten in einer Zeit, in der die Wälder abgeholzt und zubetoniert werden; große, donnernde Lastzüge die Erde erzittern lassen und die Luft mit ihren Abgasen verpesten; metallene Luftschiffe brüllend den Himmel durchkreuzen, wenn Gier und Gewalt regieren und kampflos resignierende Menschen betäubt von phosphoreszierenden Tagträumen aus dem Fernseher dicht gedrängt hinter geschlossenen Türen hausen?

Mohans Geschichte zeigt, daß diese Geistwesen und Gottheiten, unabhängig davon, ob man sie ignoriert oder verneint, noch sehr lebendig sind. Der menschliche Geist kann nicht zerstören, was existiert. Versucht er es dennoch, befällt ihn Furcht und aus der Bedeutungslosigkeit seiner Existenz steigt Langeweile auf. Der ignorierende Geist, der nur nach dem strebt, was er selbst für wichtig erachtet, stumpft ab und strebt mit verzweifelter Macht nach all dem, was ihn die verleugneten Geistwesen vergessen läßt. Das ist die momentane Verfassung der westlichen Menschen.

Mohans Geschichte lehrt uns, daß der rettende Pfad nicht in der Ablehnung des Urtümlichen und der Suche nach Ersatz liegen kann, sondern das wir dem Geist aller Lebewesen mit Respekt und Verehrung begegnen und einen spielerischen Umgang pflegen sollten. Die alten Schamanen waren sich dessen noch bewußt. Auf ihrem Weg werden wir den Reichtum des Lebens mit all seinen freudvollen Erfahrungen wieder finden, damit unsere Welt wieder in Harmonie und Frieden sein kann.

In den nachfolgenden Kapiteln wurden einige Namen und Charaktere von Nebenpersonen verändert, um deren Privatsphäre zu wahren. Dennoch habe ich alles, was Mohan mir aus dem Gefängnis geschrieben hat, so wahrheitsgetreu wie möglich wiedergegeben. Ergänzend habe ich eigene Beobachtungen und Erfahrungen, die ich während meiner Zeit in Nepal als seine Schülerin gesammelt habe, mit einfließen lassen.

BRIEFE AUS DEM GEFÄNGNIS

In seinen Briefen nannte mich Mohan immer Bahini, jüngere Schwester und unterzeichnete mit Dai, älterer Bruder.

* * *

22. Dezember 1992 Otisville, N.Y.
Liebe Bahini Ellen,
ich war angenehm überrascht, als ich deinen Brief vom 15. Dezember 1992 erhalten habe.
Die Gefühle, die du zum Ausdruck bringst, weiß ich zu schätzen, da mir klar wurde, das meine
Bahini solch eine ernstzunehmende Zuneigung für mich empfindet. Eigentlich versuchte ich
dich schon früher wissen zu lassen, das ich im Gefängnis bin, aber meine gesamten Papiere mit
Adressen von Freunden wurden von den Polizisten, die mich verhafteten, beschlagnahmt. Ent-
sprechend meinem ursprünglichen Plan hatte ich eigentlich vor, nach Bhutan zu gehen, aber
ich würde sagen, meine Nava Grahas (9 Planeten) haben mich in die USA geführt. Am 20. Juni
1992 traf ich Dhana Bahadur Tamang im Büro der Indian Airlines am Durbar Marg mit zwei
weiteren, in Amerika lebenden Indern aus der Umgebung von New York. Herr D.B. Tamang
stellte mich ihnen vor. Sie hatten ein Reisebüro in New York und waren in Nepal, um Partner
für ihr Reisegeschäft zu finden. D. B. lud uns zum Mittagsessen in das japanische Kushi Fuji
Restaurant ein. Während des Essens tauschten wir unsere Meinungen über das Reisegeschäft
aus. Ich erwähnte auch meine Schamanenschule. Es interessierte sie, Schamanen bei einer
Heilsitzung zu beobachten. Sie fragten mich, ob ich nicht mit nach New York kommen wolle.
Ich sagte ihnen, daß dies nicht möglich ist, da ich nicht sicher sei,
wie lange ich in Bhutan bleiben würde. D. B. fragte mich, warum ich überhaupt nach Bhutan
wolle. Ich solle vorsichtig sein, da Krieg zwischen den Drukpa (Ureinwohnern) und den Jagar
(emigrierte Nepalesen) sei. Es sei besser, diese Reise zu verschieben und mit in die USA zu ge-
hen. Sollte der Kontakt zu diesen Leuten abbrechen und da war er sich sicher, würde ich viele
gute Geschäfte verlieren. Also nahm ich ihr ganzes Gepäck, das sie bei mir im Büro deponiert
hatten, weil sie es bei der Ein- und Ausreise durch den Zoll in Delhi nicht mitführen wollten.
Bevor ich ihre Sachen an mich nahm, durchsuchten D. B. und ich die Teppiche und den Ruck-
sack. D. B. sagte mir, daß da ein Glas mit Chili-Mango Pickles sei. Er zeigte es mir und packte
es wieder ein. Ich sagte, daß es besser wäre, es ganz nach unten zu packen, weil es nicht er-
laubt ist, Lebensmittel in die USA einzuführen. D.
B. meinte, das wäre überhaupt kein Problem, weil das Glas mit den Pickles ja noch original
verpackt wäre. Mein Anwalt sagte mir später, daß ich wegen Drogenhandels angeklagt sei.

Ich habe aber selbst nie Drogen gesehen. Du hast gesehen, wie wir leben und du kannst dir sicherlich vorstellen, daß mein Lebensstandard wesentlich höher wäre, würde ich diese Art von Handel treiben. Ich würde viele Leute kennen, an die ich meine Ware sofort verkaufen könnte, anstatt damit acht Tage in einem Hotel zu sitzen. Ich tappe immer noch im Dunkeln. Laut Anwalt besteht in meinem Fall nur eine sehr geringe Chance zu gewinnen, weil ich mit Beweisen verhaftet wurde. Also habe ich den Prozeß aufgegeben. Meine Verurteilung ist auf den 15. Januar 1993 festgelegt worden. Mein Bewährungshelfer hat meinen Lebenslauf aufgenommen:

(a) 1964 war ich Offizier in der bhutanesischen Armee; (b) Vater von 12 Kindern, die mir meine zwei Frauen geboren haben. Meine dritte Frau Sani (kleine) Kumari konnte ich nicht mit angeben, weil ich mit ihr noch nicht offiziell verheiratet bin;

(c) Ich bin ein professioneller Bergführer und Trekkingorganisator; (d) Ich bin der Direktor einer Schamanenschule. In Nepal und im Ausland helfen Schamanen kranken Menschen. Ich habe ihm auch alle Empfehlungsschreiben gegeben, die ich vom Alpenverein, Diplomaten und von dem Programm der Schamanen aus Santa Barbara und Colorado hatte. Bahini, bitte schreibe mir regelmäßig. Ich habe hier niemanden. Es wäre schön, wenn ich zumindest ein paar Worte von irgendjemandem lesen könnte. Guru Mahadeo und Ama Parvati werden uns Kraft geben, bis alles wieder in Ordnung ist. Ich wünsche dir alles Gute,

Dein armer Dai, Mohan Rai

Es war für Mohan völlig untypisch, sich selbst als arm zu bezeichnen. Er stand unter Schock, war deprimiert, frustriert und hatte Angst um seine Familie. Ich antwortete ihm mit der dringenden Bitte, doch endlich das Buch über Schamanismus im Himalaya zu verfassen, welches die Geschichten aus seiner Kindheit, als sein Vater ihn noch das Heilen lehrte, erzählt. Wir hatten schon vor einem Jahr, als ich in Nepal in seiner Schule Schamanismus lernte, darüber gesprochen. Nun, da er in Big Spring eingesperrt war, begann er mit den Aufzeichnungen.

bhutan

DER SOHN DES SCHAMANEN

23. Februar 1994 Häftlingsnummer 32075-054 Big Spring, Texas
Liebe Bahini Ellen,
ich wurde in einer sehr armen Familie als Sohn von Herrn Dil Bahadur und Frau Asa Maya
Rai in dem Dorf Dorokha in Bhutan geboren. Als ich ein gewisses Alter erreicht hatte, beob-
achtete ich meine Eltern und hörte ihnen zu, wenn sie miteinander sprachen. Hin und wieder
hatten sie Schwierigkeiten, weil mein Vater nicht in der Lage war, meiner Mutter zu helfen. Da
er als Schamane tätig war, konnte er uns nur sehr wenig Aufmerksamkeit widmen. Manchmal
habe ich viele Tränen auf dem Gesicht meiner Mutter gesehen. Mir gegenüber hat sie versucht,
ihren Kummer zu verheimlichen. Ich war aber schlau genug um herauszufinden, warum sie
weinte. Wir hatten finanzielle Probleme. Wenn mein Vater mit seinen Freunden darüber sprach,
hörte ich es heraus und Mutter erwähnte auch öfters, daß die Arbeit eines Dhami-Jhankri
schlecht bezahlt wird. Das Geld reichte nicht aus, um seine Frau und uns zwei Kinder zu ver-
sorgen. Er hatte auch nie Zeit, sich auszuruhen und der Familie bei der Arbeit zu helfen.

* * *

Die Sonne war hinter den Bergen verschwunden, aber der Himmel war noch hell. Mohan rannte den letzten Hügel vor seinem Haus hinauf und blickte nach unten auf das Dorf Dorokha,
das in Bhutan zweitausend Meter über dem Meeresspiegel lag. Es war das Jahr 1938. Verstreut
liegende Getreidepflanzungen überragten die sich neigenden Dächer von doppelstöckigen Häusern, die inmitten großzügig angelegter Felder und Weiden lagen. Auf Mohans Rücken rutschte
das für einen Erwachsenen angefertigte, stark abgenutzte Segeltuchbündel, wegen seiner zu
langen Riemen seitlich weg. Er zog es wieder gerade und beobachtete seinen Vater, der sich
hinter ihm den Berg hochmühte. Der Korb, den Mohan trug, enthielt einen in nasse Stofffetzen
gewickelten Fisch. Es war die Bezahlung für die Heilarbeit, die sein Vater in einem der tiefer
gelegenen Dörfer geleistet hatte.
In dem Bündel, um das Mohan so lange gebettelt hatte, bis er es tragen durfte, waren seines
Vaters heilige Kalebasse, ein polierter Messingteller, eine Tasche mit ungekochtem Reis für
Jokhanas, ein hohler Bambusstock, der mit einem Zurechtgeschnitzten Holzstöpsel verschlossen war, jede Menge Stachelschweinstacheln zum Abwehren von bösen Geistern, eine Mala
aus 108 runden, rauen Rudraksha-Samen, die aufgereiht auf einer dicken, rohen Schnur aus
Baumwolle zum Absorbieren von Krankheiten benutzt wurde und viele weitere kleine, unterschiedliche Taschen, gefüllt mit getrockneten Kräutern und Rindenstücken. Die Trommel hatten sie diesmal zu Hause gelassen, weil sie nur eine einfache Heilung am Nachmittag planten.

Eine groß angelegte Cinta wurde nachts abgehalten und der Schamane trug dabei seine ganze Tracht, während sein Bewußtsein durch alle drei Welten reiste.

Trotzdem konnte Mohan beobachten, wie sein Vater erzitterte, als er mit der Mala über den Körper der kranken Frau fuhr, ein Zeichen dafür, daß eine starke Gottheit Kraft spendend in ihn gefahren war.

Der Schamane selbst war von großer Statur mit einem scharf geschnittenen, symmetrischen Gesicht. Wenn er lachte, bildeten sich Fältchen strahlengleich aus den Winkeln seiner Augen und zur gleichen Zeit flankierten drei davon schwungvoll seinen Mund. Er war guter Laune und fühlte sich immer noch ein bisschen betrunken vom Raksi, den ihm die Familie der kranken Frau als zweiten Teil der Bezahlung gegeben hatte. Er rief: „Hat es der Fisch so eilig, in den Kochtopf zu kommen? Mach langsam!"

Auf der Hügelkette hörte Mohan die Kühe schreien, die gemolken werden wollten. Die rote, nervöse Lakshmi war immer die Erste, die sich beschwerte, indem sie sich gegen die Bambusstange drückte, welche die Tür des Kuhstalls geschlossen hielt. Er war nur ein paar Minuten zu spät und trotzdem hatte sich die liebenswerte, hellbraune Maya neben Lakshmi gedrängt und mit ihrem dumpferen Brüllen eingestimmt. Mohan hatte Gewissensbisse. Eine seiner jüngeren Tanten mußte sie von der Weide hierher getrieben haben. Er war erleichtert, daß sie nicht auch das Melken übernommen hatte. Dies war seine Arbeit.

Mit einer schnellen Bewegung streifte er das Bündel auf seinem Rücken ab, überreichte es zweihändig zusammen mit dem Korb, in dem der Fisch zappelte seinem Vater und rannte los. Von der Weide kam sein häßlicher Hund Gophle mit aufrecht wedelndem Schwanz und langen fliegenden Ohren auf ihn zu gespurtet.

Als sie gemeinsam den Hügel abwärts zum Kuhstall rannten, hörte Mohan, wie die Nachbarin seinem Vater einen Gruß zurief. Sie holte den Schamanen ein und als sie in Richtung Haus gingen, lachten sie zusammen.

Sobald Mohan mit der Arbeit im Kuhstall fertig war, brachte er die Milch herein. Seine kleine Schwester, die noch ein Baby war, weinte, hörte aber schlagartig damit auf, als seine Mutter Asa Maya, sie zum Stillen in die Arme nahm. Inzwischen war es völlig dunkel und die Luft merklich abgekühlt, aber drinnen war es warm und das Feuer in der Cula, dem einzigen Licht im Hauptraum, flackerte freundlich. Die heilige Feuerstelle bestand aus vier flachen Steinen, jeder einzelne in der Größe, die eine Frau gerade noch tragen konnte. Drei waren hochkant stehend in der Form eines Dreiecks im Erdboden des Hauses verankert worden, während der vierte flach dazwischen lag. Mohan hatte schon früher an diesem Tag Stöcke zu Feuerholz klein gemacht und griffbereit aufgestapelt. Seine Mutter hatte den Boden mit einer frischen Schicht aus Kuhdung, vermischt mit Lehm und Wasser überzogen, um ihn hart und glänzend zu machen – nun schimmerte er im Flackerschein des Feuers.

Seine Eltern saßen auf ihren Plätzen auf dem Boden am Feuer und die Nachbarin, Frau Gurung, von der anderen Seite des flachen Tals, saß weiter hinten, damit sie nicht versehentlich die Cula berühre. Diese durfte nur von den Rais berührt werden, weil sie den Ahnen der Familie galt und daher heilig war. Für alle anderen Stämme und Kasten war das Berühren der Cula ein Tabu. Ebenso für die Tibeter, die dachten, das Land gehöre ihnen und vor allem für die Hindus, die erst vor kurzem von Indien eingewandert waren und sich den einheimischen Bergleuten überlegen fühlten. Mohans Mutter stocherte mit einem langen Stock in den Flammen herum und setzte einen Topf mit Reis zum Kochen auf.

Mohan schüttete Milch aus seinem Eimer in einen Tonkrug neben der Wand, den er dann geräuschlos mit dem Deckel verschloss. Frau Gurung erzählte gerade von einem Krankheitsfall in ihrem Haus, das nämlich die Tochter ihrer Schwester Fieber hätte, als sie sich selbst unterbrach und rief: „Was für ein schöner junger Mann und wie du gewachsen bist." Sie tätschelte mit ihrer warmen Hand die Rückseite von Mohans Bein.

Er stellte den Korb mit dem großen Fisch vor seine Mutter. Aufrecht und stolz wie ein Mann, der Essen nach Hause bringt, sagte er: „Sie haben uns Fisch gegeben, Mama. Können wir ihn gleich essen?"

„Du warst nicht hier, um die Kühe in den Stall zu treiben", schimpfte sie. „Deine kleinen Tanten mußten die ganze Arbeit tun."

„Sei nicht so hart mit dem Jungen", sagte Mohans Vater. „Er war mit mir, um zu lernen. Bereits jetzt weiß er schon besser als meine Trommler zu deuten, in welche Welt meine Seele reist und welcher Rhythmus gespielt werden muß."

Mohans Mutter stand auf, um das schlafende Baby auf eine Wolldecke zu legen, die auf einem aufgeschütteten Haufen Reisstroh an der Wand ausgebreitet worden war. Sie bewegte sich langsam, seufzte und streckte sich mit in die Hüften gestemmten Fäusten nach hinten.

Frau Gurung bemerkte: „Ich wünschte, ich könnte euch beim Kochen helfen, aber ihr Rais seid ja so strikt."

„Selbst wenn du meine zweite Frau wärst", Mohans Vater blinzelte den Gast an, eine Frau deren Jugend schon lange vorbei war, „wäre es dir nicht erlaubt, die Cula zu berühren. Mohans Mutter müßte für uns alle kochen und würde sie sich weigern, müßte es meine Mutter oder meine Schwester tun. Ansonsten würden wir mit Sicherheit alle krank."

„Ich weiß, ich weiß", stimmte Frau Gurung zu. „Deine Ahnen und Familiengötter sind leicht zu erzürnen."

„Alle Rais sind jähzornig." Mohans Vater lachte. Es stimmte. Mohan hatte bereits Erfahrung mit den Launen seines Vaters und hatte gelernt, seinen Gesichtsausdruck zu deuten. Gewöhnlich war es aber eher schnell verwehender Rauch. Besonders während seiner Heilarbeit wurde sein Vater selbst oft so grimmig wie die Dämonen, mit denen er kämpfte. Mit bebenden Nasenflügeln schnüffelte er nach Krankheiten und wenn er seine schweren, schwarzen Augenbrauen bedrohlich zusammenzog, verdunkelten sich seine Augen.

Asa Maya platzierte eine Pfanne Linsen auf dem Feuer und holte einen Krug, um Wasser in die drei übereinander gestapelten, großen Eisentöpfe auf dem Platz hinter dem Feuer zu gießen. Sie verströmten einen starken, scharfen Geruch von Reis, der zu starkem Raksi destillierte.

„Ist er fertig für den Markt?" fragte Frau Gurung.

„Falls ich Mohans Vater davon fernhalten kann, ist er so gut wie fertig." Sie lachte nicht dabei.

„Du machst den besten Raksi", lobte die Nachbarin. Mohan wunderte sich, warum sie so freundlich war. Die Tochter ihrer Schwester mußte wirklich krank sein.

Der Gast erhob sich, um zu gehen. „Komm bitte später Jetha Dai", sagte sie zu Mohans Vater. „Niemand außer dir ist ein so mächtiger Heiler."

Der Reis in der Pfanne hörte auf zu sprudeln und begann zu brutzeln. Spätestens in einer Minute würde er angebrannt sein. Mohan nahm die Pfanne vom Feuer. Dann ergriff er den silbernen Fisch, schlitzte ihm den Bauch auf, entnahm die Innereien und warf sie für Gophle zur Tür hinaus. Er schnitt das Fleisch in Stücke und gab es seiner Mutter. Sie goss ein bisschen Ghiyu in einen Kochtopf und legte die Fischstücke zum Frittieren hinein. Als der Duft von gebräunter Butter die Luft erfüllte, lief ihm das Wasser im Mund zusammen.

Asa Maya servierte das Essen auf metallenen Tellern. „Vater von Mohan, möchtest du nichts essen?"

Ihr Mann starrte schon die ganze Zeit ins Feuer, blickte nun aber auf und grinste. Er nahm den Teller und stopfte sich Reis und Linsen mit den Fingern seiner rechten Hand in den Mund.

Mohan hatte noch nie gehört, das seine Mutter ihren Mann anders als „Vater von Mohan" rief. Manchmal fragte Mohan sich, wie sie ihren Ehemann wohl genannt hatte, bevor er geboren war. Ihn bei seinem richtigen Namen Dil Bahadur zu rufen, wäre respektlos. Niemand in den drei Dörfern nannte seinen Vater beim Namen. Meistens nannten ihn die Leute Jetha Dai, so wie es auch Frau Gurung getan hatte.

Mohan nahm seinen Teller und konzentrierte sich auf das Essen. Das Fleisch des Fisches war weiß und schmolz auf seiner Zunge genauso schnell dahin wie die Butter, in der er gebraten worden war. Schon bevor er begonnen hatte, seinen Reis und den weich gekochten, mit Zwiebeln abgeschmeckten Dal zu essen, spürte er, daß etwas in der Luft lag.

Seine Mutter hatte ihren Platz am Feuer verlassen und saß nun am Webstuhl mit der Spindel voll Garn, das sie aus Schafwolle gesponnen hatte. Trotz der Dunkelheit versuchte sie zu weben.

„Ich muß jetzt gehen", sagte Mohans Vater. „Du weißt, daß ich gehen muß, wenn ich gerufen werde."

„Sie könnten dir wenigsten ein bisschen Ruhe gönnen." Mit Wucht schleuderte sie den hölzernen Kamm gegen die untersten horizontalen Fäden. „Sie lassen dir nicht einmal Zeit, dich um deine eigene Ernte zu kümmern."

„Ist es meine Schuld, daß mich jeder für den besten Schamanen der Dörfer hält?"

„Sie werden dir wieder wie immer viel zu viel Raksi geben."

„Sie sind zu arm, um mir etwas anderes geben zu können."

Weder antwortete sie, noch schaute sie auf.

„Es ist der Wille Gottes, daß ich ein Schamane bin."

„Und hat er auch verordnet, daß du immer besoffen sein mußt?"

„Ist unser großer Gott Mahadeo nicht auch immer betrunken und schläft die ganze Zeit? Und ist seine arme, schöne Frau nicht auch immer alleine, so wie du? Was können wir schon anderes tun, als dem Beispiel des Himmels zu folgen?" Mohans Vater lachte und ging vor seiner Frau in die Hocke, so daß diese in sein grinsendes Gesicht schauen mußte – so lange, bis sie nicht mehr anders konnte und ein Lächeln ihre Lippen umspielte.

„Ein Schamane muß immer gehen", sagte er wieder, aber diesmal etwas sanfter. „Es spielt keine Rolle, welche eigene Arbeit unerledigt bleibt oder was seine Familie vielleicht braucht oder wie viele Tränen seine Frau vor lauter Einsamkeit weint. Er muß trotzdem gehen." Sie widersprach, doch ihr Blick war weicher geworden.

„Es ist unwichtig, ob er müde oder krank ist", erklärte Mohans Vater. „Auch wenn sein Herz schmerzt, weil seine arme Frau zuhause alleine im Dunkeln sitzt."

Er nahm ihr die Spindel aus der Hand und legte sie auf den Boden. „Nun komm und ruhe dich aus." Er führte sie zu ihrem Platz am Feuer, setzte sich neben sie und nahm seinen Teller in die Hand. „Ich bin sehr froh, daß ich eine Rai-Frau geheiratet habe und dass du das bist", sagte er.

„Liebst du mich?"

„Ich kann nicht anders", antwortete sie.

Als er mit dem Essen fertig war, hob er seine vom Rauch geschwärzte Trommel von ihrem Platz an der Wand. „Mohan kommst du?"

Mohan schaute seine Mutter an. Sie hob ihren Kopf, sagte aber nichts. Seine kleine Schwester fing an, leise zu jammern, wie es ein erwachendes Baby eben tut. Sie wand sich, ballte ihre Hände zu kleinen Fäusten, holte tief Luft und verzog das Gesicht, bereit loszuschreien. Mohan hob sie von ihrem Lager auf und trug sie schnell zum Schoß seiner Mutter. Während sie ihre Bluse öffnete, stand er neben ihr. „Ich mache den Abwasch, wenn ich wiederkomme." Er schulterte das Bündel seines Vaters und ging zur Tür. Seine Mutter schaute nicht auf, aber eine herunterfallende Träne funkelte im Schein des Feuers.

* * *

MAGISCHER PFEIL

...Ich war 6 Jahre alt. Da waren mehr als 100 Leute für Jokhanas und um zuzuschauen. Ich bemerkte, daß mein Vater seinen Guru anrief, trommelte und nach Digdumma (Unterwelt) reiste. Ich saß am Altar. Mein Vater tanzte. Plötzlich hörte ich einen durchdringenden Klang, wie von einer Glocke, an meinem rechten Ohr. Dann fing ich an zu zittern. Ich stand auf und rief zu meinem Vater: „Papa! Ban ayo!" Ich konnte sehen, wie eine große Flamme direkt auf meinen Vater zuraste. Wieder rief ich „Ban! Ban!" Dann fiel ich bewußtlos zu Boden...

* * *

Sie hatten gerade ihr Frühstück beendet und der staubige Boden hatte sich schon erwärmt. Die Wärme fühlte sich gut auf Mohans Beinen an, als er mit seiner Großmutter vor der Haustür saß. Eine frische Brise wehte von den Bergen herab und brachte einen würzigen, angenehmen Duft von Heu und Dung aus dem Kuhstall.

„Dein Vater ist der stärkste Schamane, den unsere Familie jemals hatte", sagte seine Großmutter, die noch an die große Cinta von letzter Nacht dachte.

„Wie kam es, daß Vater ein Schamane wurde?" fragte Mohan.

Großmutter hob ein großes, rundes Tablett aus geflochtenem Bambus auf, größer als Mohans Arm und platzierte es auf ihrem Schoß. Dann ließ sie eine Handvoll Linsen darauf rieseln und während sie das Tablett schräg hielt, gab sie dem Ganzen so gekonnt einen Stoß, daß die leichten Samen nach oben hüpften, während die schweren Steine nach unten rutschten. Mohan las sie dann heraus und warf sie weg. Als Linse getarnt, konnte einer dieser Steine, falls man zu fest darauf biss, sehr leicht einen Zahn ausbrechen.

„Nicht jeder kann Schamane sein", sagte sie. „Gott muß dich auswählen. Dein Vater war bereits erwählt, als er noch in meinem Bauch lag." Erneut gab sie dem Tablett einen Stoß.

Mohans kleine Finger sortierten meisterhaft die Linsen. Großmutter ließ das Tablett auf ihren Knien ruhen und starrte unbeweglich ins Leere, so daß Mohans Augen jede noch so kleine Erhebung und Rille des großen, flachen Schmuckstückes aus Gold, welches an einem Nasenflügel befestigt war, erkennen konnte. „Während Voll- und Neumond bewegte er sich viel und im sechsten Monat begann es ihn in meinem Inneren zu schütteln. Manchmal sogar stundenlang. In dieser Zeit hatte ich nur gute Träume."

Mohan schnippte die kleinen Steine auf den Boden. „Erzähl mir vom wilden Schamanen", ermunterte er sie.

„Banjhankri", sagte sie, richtete sich auf und gab dem Tablett einen weiteren Stoß, um die Linsen darauf springen zu lassen. Ihre dunklen Augen blinzelten. „Er ist klein wie ein Zwerg, hat aber eine aufrechte Haltung. Er hat lange, weiße Haare und einen Bart bis zu den Knien. Seine Augenbrauen sind buschig und weiß und reichen weit über seine Augen. Er wirkt grimmig, doch seine Augen lächeln. Er trägt eine große runde Schamanentrommel wie dein Vater und sein Trommelstock ist geschwungen wie eine Schlange."

„Erzähl mir von seinen Füßen."

„Seine Füße zeigen nach innen, fast rückwärts gerichtet. Er liebt kleine Kinder, entführt sie gerne und bringt sie dann in seine mit Gold und Juwelen gefüllte Höhle. Wenn er dort mit ihnen ankommt, versteckt er sie unter einem Korb, wo seine schreckliche Frau sie nicht finden kann. Die liebt nämlich auch kleine Kinder." Großmutter setzte zum Schein ein böses Gesicht auf und führte es so nahe an Mohan heran, das es aus seinem Blickfeld verschwand und er nur noch ihre weißen Zähne sehen konnte. „Sie hat sie zum Fressen gern."

Er kicherte.

„In seiner Höhle unterrichtet Banjhankri die Kinder. Jedes Kind, das er entführt, wird mit Sicherheit Schamane."

„Wo ist er gerade?" Mohan schaute suchend über den Garten hinweg, der von den geschäftigen Energien der wachsenden Pflanzen zu schimmern schien. Da waren Kartoffeln, Tomaten, grünes Gemüse, Kohlrüben, Knoblauch, Zwiebeln und die heilige Ingwerwurzel, die bei den Rai Bestandteil jeder Zeremonie war.

„Momentan könnte er überall sein. Im Morgengrauen und zur Abenddämmerung reist er in der Welt herum, in allen acht Himmelsrichtungen, um zu sehen, was bei den Menschen so vor sich geht. Sollte sein Schatten, während er fliegt, dich berühren, dann bekommst du Kraft. Aber die Kinder, die er entführt, werden die größten Schamanen."

„Er hat meinen Vater entführt", sagte Mohan.

„Als dein Vater vier Jahre alt war, kam der wilde Schamane aus den Bergen herab und stahl ihn hier aus diesem Garten."

Der bereits sechsjährige Mohan fing an, sich zu sorgen. Vielleicht war es für ihn zu spät und Banjhankri hatte ihn übersehen?

„Wir waren gleich dort drüben." Großmutter zeigte auf eine Stelle, die etwa drei Meter entfernt lag und in deren Nähe eine große Ansammlung von Ringelblumen wuchs, die einen eindringlichen medizinischen Geruch verströmten. „Ich grub dort am Ende des Kartoffelbeets und als ich mich umdrehte, war dein Vater verschwunden."

Die braunen Erdhügel und die voll erblühten, wunderschönen Blumen, gestützt von ihren starken, grünen Stängeln, sahen im Sonnenlicht nicht ungewöhnlich aus. Insekten summten um sie herum.

„Hatte er Angst?"

„Nein." Sie tätschelte sein Bein. Banjhankri ließ ihn im Glauben, es wäre ein Spiel. Aber sobald er mit deinem Vater in der Höhle war, wurde er sehr ernst. Dort waren auch schon andere Kinder. Er setzte deinen Vater zu ihnen und fing an, sie Trommelrhythmen und Mantras zu lehren. Die Kinder mußten alle in einer geraden Reihe sitzen und lernen."

Mohan hatte unterdessen alle Steine, die er zwischen den Linsen erspäht hatte herausgepickt, doch das Tablett lag immer noch still auf dem Schoß seiner Großmutter.

„Er gab ihnen Eier, Kaulquappen und große Würmer zum Essen. Ein kleines Mädchen zeigte deinem Vater, wie er seine Arme verschränken und das von Banjhankri angebotene Essen hinter sich werfen mußte, wenn er es nicht essen wollte.

Am Abend kam Lemlema, die furchtbare Frau des wilden Schamanen, von der Jagd zurück. Sie ist sehr böse. Ihr Haar ist lang und zerzaust und ihre Brüste hängen bis auf den Boden."

Mohan umarmte sich bei dieser angsterregenden Vorstellung.

„Sollte sie jemals hinter dir her sein, dann sei dir im klaren, das es besser ist, den Berg hinab zu rennen. Ihre Brüste werden auf dem Boden schleifen und sie stolpern lassen. Wenn du aber den Berg hinauf läufst, wird sie sich ihre Brüste über ihre Schultern werfen und dich mit Sicherheit erwischen." Schnell setzte sie das Tablett auf den Boden, schlang ihre Arme um ihn und drückte ihn fest. Er kreischte vor Vergnügen.

„Was passierte dann?"

„Sobald Banjhankri hörte, das Lemlema kam, versteckte er die Kinder unter einem großen, umgedrehten Korb. Trotzdem konnte sie die Kinder noch riechen." Großmutter drehte ihren Kopf von einer Richtung in die andere und schnüffelte dabei laut, um zu zeigen wie Lemlema sich verhalten hatte. Sie kniff ihre Augen zusammen und, ohne ihn anzuschauen, als könne sie nicht sehen, daß er direkt neben ihr saß, schaute sie sich um.

„Sie war hungrig, weil sie nicht genug Beute für ihr Abendbrot fangen konnte. ‚Ich rieche den Duft von menschlichen Kindern', kreischte Lemlema und begann in der Höhle herumzurennen. Dabei stieß sie Stühle um und schaute in jeden Schrank und Kasten, bis der wilde Schamane sie hinsetzte und ihr zur Beruhigung ein wenig Ziegenmilch zum Trinken gab."

Mohans Augen suchten die Hügelkette hinter den Feldern ab, in der Hoffnung, vielleicht einen dunklen Flecken zu entdecken, welcher der Eingang zu Banjhankris Höhle sein könnte. „Wie ist mein Vater wieder nach Hause gekommen?"

„Vielleicht hat der wilde Schamane gesehen, wie besorgt ich war und hatte Mitleid mit mir", sagte sie. „Noch in der gleichen Nacht schickte er ihn nach Hause zurück. Dein Vater sagte zu mir: ‚Mutter, ich war sechs Monate in der Höhle. Hast du mich nicht vermißt?'

„Ich antwortete: ‚Nein, Jetha. Es waren nur ein paar Stunden.' Der wilde Schamane hat das getan." Sie neigte das Tablett und gab ihm einen Stoß.

„Danach wußte jeder, daß dein Vater Schamane würde. Wann immer eine Zeremonie stattfand und er die Trommeln hörte, fiel er in Trance und es schüttelte ihn."

Noch zweimal gab sie dem Tablett einen Stoß und ließ dann die aussortierten Linsen in einen metallenen Topf fallen. „Das war das erste Mal, daß er entführt wurde." Zu Großmutters Füßen lag eine Tasche aus dickem Stoff. Sie griff mit beiden Händen hinein und brachte weitere Linsen zum Vorschein, die sie dann über die Fläche des Tabletts streute. „Dein Vater ist ein großer Schamane und vielleicht wird er dich unterrichten, wenn du älter bist. Du weißt, das es unsere Tradition ist, einen Schamanen in der Familie zu haben."

„Ich bin Papas einziger Sohn", sagte Mohan mit hängendem Kopf.

„Dein Urgroßvater war ein mächtiger Schamane, ebenso wie die vier Brüder deines verstorbenen Großvaters. Nach deinem Vater kann jeder von euch oder von euren Kindern ein Schamane werden, solange Gott euch als gute und reine Person erwählt." Sie lächelte. „Die Ereignisse der letzten Nacht sind ein Zeichen dafür, daß du ausgesucht wurdest." Mit weit geöffneten Augen schaute sie ihn direkt an.

Mohan erinnerte sich daran, zu atmen.

Als die letzten Linsen gesäubert waren, ging sie in den Garten und bückte sich, um ein Beet Zwiebeln zu jäten, die sich dunkelgrün und lanzenartig durch den staubigen Boden gebohrt hatten. Sie zog das vielblättrige Beikraut heraus und Mohan warf es aus dem Garten.

„Du bist mein ältester Enkel", sagte sie zärtlich. „Unsere Familie braucht einen guten Schamanen für alle besonderen Anlässe, wie Hochzeiten, Geburten, Beerdigungen, nicht nur um zu Heilen. Die Hindus haben die Brahmanen, die die Schriften studieren und sich daran erinnern, was die Götter einmal vor sehr langer Zeit gesagt haben. Die Buddhisten haben die Lamas, die ihre Gläubigen an die große Lehre von Buddha erinnern, aber wir Rai haben die Schamanen, die direkt mit den Göttern sprechen."

„Mein Vater unterrichtet mich schon", brüstete Mohan sich. „Ich weiß bereits, wie man einen Altar aufstellt und als letzte Nacht der Ban meinen Vater attackierte, konnte ich es sehen."

„Ja, ich weiß, du konntest den Angriff direkt beobachten. Das ist auch der Grund, warum ich sage, das du vielleicht berufen bist."

* * *

Die Cinta hatte bis weit über Mitternacht hinaus gedauert. Es waren Hunderte von Leuten aus allen drei Dörfern gekommen, um Mohans Vater zuzuschauen, wie er mit den Geistern spielte, wahrsagte und Krankheiten heilte. Es war wie ein großes Fest, wo man Nachbarn treffen konnte, die man seit Wochen oder sogar Monaten nicht mehr gesehen hatte, Reiswein trank und seine Götter durch den Mund des berühmten Schamanen sprechen hörte.

Vorsichtig, um nicht gegen die mit heiligem Wasser gefüllte Kalebasse zu stoßen, die sein Vater in ein Bett aus Reiskörnern gelegt hatte, platzierte Mohan ein frisches Ei in die Nähe der Öllampe auf dem Altar. Die Kalebasse war am Hals mit Pfauenfedern gespickt, als würden Blumen aus ihr sprießen. Hinter dem Altar hatte sein Vater kniehohe Bambusstäbe vertikal in den Boden gerammt. Sie repräsentierten die drei Welten: Unter-, Mittel- und Oberwelt. Zwischen ihnen waren kreuz und quer rohe Baumwollschnüre gespannt. Die äußeren Fasern am Holz waren eingeschnitten und in einem bürstenartigen Wirrwarr den Stock entlang nach außen gebogen worden, um die sieben Ebenen der Unterwelt und die neun Ebenen der Oberwelt darzustellen. Vor den Bambusstäben hatte er einen Zaun aus gekreuzten Stachelschweinstacheln aufgestellt, der die Arbeit des Schamanen vor Gegenzauber und bösen Flüchen schützte, die, um zu stören, oft von anderen Schamanen und Hexen geschickt wurden.

Dil Bahadur goss aus seiner mit Federn versehenen Kalebasse eine Opfergabe von geheiligtem Wasser auf den Altar und versiegelte den Platz gegen schlechte Einflüsse mit Liso, einem zähflüssigen, klebrigen Wasser, in das frische Kaulo-Blätter eingelegt worden waren. Dann, als seine Helfer die Rhythmen trommelten, tanzte er die uralten Schrittfolgen und sein langer weißer Rock mit rotem Saum wirbelte, als er sich drehte und immer schneller tanzte.

Mohan saß nahe am Altar und bemerkte, wie die Trommler in den Takt Sumni Sili wechselten, der verwendet wurde, um in der Mittelwelt zu reisen. Plötzlich hörte er ein schrilles, läutendes Geräusch. Er hielt sich die Ohren zu, begann zu zittern, sprang schließlich auf und schrie: „Ein Ban kommt. Ein Ban kommt!"

Eine große Feuerwand raste auf den Kopf seines Vaters zu und verbrannte die Luft wie Feuerholz. Mohan schrie wieder, „Ban! Ban!" und brach ohnmächtig zusammen.

Als er ein paar Sekunden später wieder zu sich kam, war sein Vater in Sicherheit. Er hatte den Ban gefangen, welcher inzwischen die Form eines kleinen, schwarzen Steines angenommen hatte und seine Kraft war von dem Messingteller, der mit Kristallen, Reiskörnern, Bier, Ingwer und Liso gefüllt war, absorbiert worden. Im Publikum waren auch andere Schamanen anwesend und verwundert schrieen sie auf, da keiner von ihnen den Lärm gehört oder die Flammen gesehen hatte.

„Wie kommt es, daß du es gesehen hast?" fragten sie Mohan.

Der Schamane sagte, so daß es jeder verstehen konnte: „Oh ja. Er kann sehr gut die bösen Geister und die von Hexen geschickten magischen Pfeile hören, sehen und riechen. Eines Tages wird mein Mohan ein Schamane sein." Dann präsentierte er allen seinen Sohn geschmückt mit einer Mala aus heiligen Rudraksha-Samen, zwei Stachelschweinstacheln und einem Paar Wildhuhnfedern. „Wenn du älter bist, werden dies deine Waffen gegen das Böse sein", sagte er.

* * *

MARKTTAG

„...Ich liebe dich, aber ich hasse deine schlechten Angewohnheiten."

* * *

Eines morgens, als Mohans Mutter gerade dabei war, mit zwei großen Krügen, gefüllt mit Raksi, das Haus zu verlassen, kreuzte sein Onkel Mani Raj auf. „Gehst du zum Basar?" fragte er. „Ja, endlich", sagte sie. „Ich bemühe mich immer, genügend Raksi für den Verkauf herzustellen, aber wenn ich nicht aufpasse, verschwindet er auf magische Weise."
Mohans Vater lachte ein wenig zu laut.
Asa Maya braute den besten Raksi im ganzen Dorf und hätte in drei Tagen fünf bis sechs Rupien verdienen können, was soviel war, wie die Arbeitskraft eines erwachsenen Mannes in zwölf Tagen einbrachte. Zu jener Zeit konnten acht Kilo Reis mit einer Viertel Rupie gekauft werden. Aber mit all der anderen Arbeit, die sie zu tun hatte, war es schon schwer genug, ausreichend Raksi für den einmal monatlich mittwochs stattfindenden Markt herzustellen.
„Was ist los?" fragte Mani Raj.
„Sie hat ein neues Versteck." Mohans Vater lachte wieder.
Asa Maya warf beiden Männern einen bösen Blick zu, was eigentlich nicht ihrer Art entsprach. Mohan wußte das seine Mutter es hasste, wenn sein Vater so viel trank, aber sie schimpfte und nörgelte nie, wie es die anderen Mütter taten. Sie hatte sogar immer ein wenig Raksi zur Hand, damit sie ihren Mann zufrieden stellen konnte, falls er danach verlangte. Aber dieses Mal hatte sie die ganze Woche sehr hart gearbeitet und soviel gebraut, daß sie Raksi für Salz und ein paar zusätzliche Hühner für das Namensgebungsfest ihres Babys eintauschen konnte.
Vergangene Nacht, als alle schon zu Bett gegangen waren, stand Mohans Vater auf und ging hinaus. Ein paar Minuten später kam er zurück und stupste seine Frau, um sie zu wecken. Sie drehte sich aber zur Seite und sagte sanft, aber bestimmt: „Leg dich schlafen und lass mich in Ruhe. Morgen gehe ich zum Markt und diesmal wird etwas zum Verkaufen übrig sein."
Mohan wußte, was sie meinte. Am letzten Markttag hatte er sie so wütend gesehen wie noch nie zuvor. Sein Vater war in der Nacht zuvor sehr spät nach Hause gekommen und wollte etwas essen. Sie füllte seinen Teller und er sagte grinsend: „Meine liebe, geliebte, liebliche Frau, hast du für mich noch etwas Raksi übrig?"
Sie hatte sich geschlagen gegeben. „Schon gut. Bleib hier. Ich hole ihn." Mohans Vater hatte seinen Platz am Feuer eingenommen und tat so, als wäre er ins Essen vertieft. Sobald sie draußen war, stand er leise auf und schlich hinterher. Einen Augenblick später kam er gebückt zurück, eilte zu seinem Platz und schlang schnell einige Handvoll Reis hinunter.

Kurz darauf kam seine Frau mit dem Raksi herein. „Deine Kochkünste werden von Tag zu Tag besser", sagte er und wischte seine Lippen. Er rülpste, dann setzte er den fast geleerten Teller auf den Boden.

„Es ist so wie immer." Sie goss ihm eine Tasse halbvoll mit dem klaren Reisschnaps, drückte den geschnitzten Holzstöpsel in den Krug und stellte ihn in die Ecke. „Ich kann dir nicht so viel zum Trinken geben. Ich hebe ihn für den Markt auf."

„Das ist schon in Ordnung. Ich brauche nicht viel." Dil Bahadur zwinkerte Mohan zu und sagte: „Erzähl mir, was du heute getan hast. Hast du deiner Mutter geholfen, so wie es ein guter Junge tun sollte?"

„Ja Papa." Mohan half seiner Mutter jeden Tag.

Am nächsten Morgen erwachte Mohan mit dem ersten Hahnenschrei. Seine Decke hatte er sich bis unter das Kinn gezogen. Es war kalt und er verspürte keine Lust aus dem Bett zu steigen. Seine Mutter war bereits aufgestanden. Sie goss das Wasser vom Vortag aus ihrem großen Krug in einen Topf bei den Kochsteinen und hob dann den leeren Krug auf ihre Hüfte. Sobald sie das Haus verlassen hatte, sprang Mohans Vater auf, ergriff den Topf, schüttete das restliche Wasser zur Tür hinaus und versteckte ihn unter seinem Hemd. Auf Zehenspitzen schlich er zur Tür hinaus. Einen Moment später hörte Mohan die Hühner, die hinter dem Schuppen auf Stangen saßen empört gackern, als würde dort ein Fuchs herumschleichen.

Ungefähr zwanzig Minuten später vernahm Mohan die Schritte seines Vaters, die nun schwerer klangen. Flüssigkeit schwappte aus dem Topf, als der große Mann gegen den Türrahmen taumelte. Seine Augen waren groß und leuchtend wie der Mond.

Mohans Mutter brachte den täglichen Bedarf an Wasser herein. Da sie eilends zum Markt wollte, bemerkte sie nicht was vor sich ging, nahm das Baby und ging hinaus.

Mohan hörte die Hühner, die die Auswahl an Getreidekörnern, die Asa Maya beim Schuppen ausstreute mit „A-a-w" und „U-u-h" beurteilten. Sie kam nicht zurück, um die Krüge mit Raksi zu holen. Deshalb vermutete er, daß sie sie draußen bei den Hühnern versteckt hatte.

Drei Stunden später, als Mohan gerade das Haus verlassen und zu seiner Großmutter gehen wollte, kam plötzlich seine Mutter geradewegs an ihm vorbei durch die geöffnete Tür marschiert. Ihr Mund war zu einer wütenden Linie verzogen. Mit einem Arm hielt sie einen vollen Krug umschlungen, während ein Leerer in der anderen Hand baumelte.

Mohans Vater, der bei den heiligen Steinen der Cula vor sich hin träumte, zuckte schuldbewusst zusammen.

„Willst du mich nicht fragen, warum dieser Krug immer noch voll ist?" fauchte sie herausfordernd.

Sie ließ den leeren Krug zu Boden fallen, öffnete den Vollen und goss die klare Flüssigkeit auf den Boden, so daß sie sich spritzend zwischen den Füßen ihres Mannes verteilte. „Hast du gedacht, ich könnte dafür Geld verlangen?" Sie führte den Schwall Flüssigkeit über seine Tasse. „Trink! Los mach schon und trink!" Sie schnappte sich die Tasse und presste sie an seine Lippen.

Er erschrak und wich zurück, erholte sich aber sogleich wieder und blickte sie verdutzt und spöttisch an.

„Ich habe Tage gebraucht, bis der Raksi fertig war. Ich trage die schweren Krüge zum Markt und dann finde ich heraus, daß nichts als Wasser in ihnen ist. Und rate mal, wie ich es herausgefunden habe? Meine Kunden beschweren sich und bringen mich in Verlegenheit!"

Mohans Vater nahm die Tasse und probierte, schmatzte mit den Lippen und kasperte herum, um sie zum Lachen zu bringen.

Fast hätte es geklappt

„Ich vermute, du hast ein Mantra benutzt, um meinen Raksi in Wasser zu verwandeln."

„Ich habe nur ein kleines Mantra auf zwei Krüge gesungen.“

„Wann?“

„Früh am Morgen, bevor du weggegangen bist.“ Er schien kein bisschen beschämt zu sein. Für Mohan war es offensichtlich, das beim geringsten Anzeichen von Reue sie ihm wahrscheinlich vergeben hätte. Stattdessen schenkte er ihr, wie gewöhnlich, sein bezauberndes Lächeln.

Ihre Augen blitzten ihn warnend an. „Versuch nicht mit mir zu spielen!“ Sie trat zurück, bis sie mit dem Rücken flach an der Wand lehnte. Sie war es nicht gewohnt Wut zu zeigen, aber nun schaute sie ihn unentwegt an.

„Ich bin ein schlechter, schlechter Mensch“, sagte er und breitete die Arme aus. „Ich gebe auf. Bitte beruhige dich.“

Es tat ihm nicht wirklich Leid. Sogar Mohan konnte das sehen. Doch ihr Gesichtsausdruck wurde wieder weicher und sie seufzte. „Ich werde ein besseres Versteck finden müssen.“

Sein Vater füllte eine Tasse mit echtem Raksi aus dem Wassertopf und gab sie ihr. Sie roch daran, verzog ihr Gesicht und trank. „Ich liebe dich“, sagte sie, „aber ich hasse deine schlechten Angewohnheiten.“

* * *

Nun war wieder Markttag. Vor seinem Vater und Onkel Mani Raj probierte Mohans Mutter vorsichtig den Inhalt eines jeden Krugs, um sicher zu sein, das jeder Raksi enthielt.

„Dieses Mal ist es ihr gelungen zu verhindern, daß ich mich daran vergreifen konnte“, witzelte sein Vater.

Sie band das in ein Schal gewickelte Baby vor ihrem Bauch fest und ging mit zwei schweren Krügen los.

„Lasst uns auch zum Markt gehen“, schlug Mohans Vater vor, als sie fort war. „Wir werden unsere Mantras benutzen.“ Mit weit aufgerissenen Augen schaffte er es, gleichzeitig inspirierend und heimtückisch auszusehen.

„Weshalb?“ fragte Mani Raj.

„Möchtest du keinen kostenlosen Raksi?“ antwortete sein Vater.

Sie nahmen eine große Tasche. Mohans Vater winkte mit abwärts zeigender Hand und nach innen gekehrter Handfläche, dabei alle Finger bewegend: „Laß uns gehen, Sohn. Wir werden etwas zusätzliche Nahrung für Mama besorgen.“ Er wiederholte die Geste, nun aber mit nach oben zeigenden Fingern, um seinen Hund zu rufen.

Den ganzen Weg entlang, an jeder Kreuzung und Häuseransammlung, grüßten die Leute den Schamanen als erstes, ältesten Bruder. In allen drei Dörfern gab es nicht eine Familie, die Dil Bahadur keinen Dank für die Heilung eines geliebten Menschen schuldete.

Auf dem Markt bahnten sich Mohans Vater und der Onkel einen Weg an den Ständen vorbei. Gleich am ersten Stand rührte ein kleiner dunkler Mann in einem Eimer mit lebenden Fischen. „Wie läuft das Geschäft, Kumar?“ fragte der Schamane. „Wie geht es deinem kleinen Jungen?“

„Das Geschäft läuft gut und mein Sohn entwickelt sich prächtig. Vielen Dank, älterer Bruder.“ Der Fischer lächelte und zeigte ein lückenhaftes Gebiss mit braunen Zähnen. „Schon bald kommt mein zweites Baby.“ Er langte in den Eimer, hakte einen Finger in die Kiemen eines zappelnden silbernen Fisches und gab ihn dem Schamanen.

„Oh nein. Ich brauche keinen“, sagte Mohans Vater höflich.

Aber ebenso höflich insistierte der Fischer.

Also verstaute Dil Bahadur den sich windenden Fisch in seiner Tasche, die bereits halb voll mit Wurzeln, Gemüse und Grünzeug war.

Die Stände der Frauen waren die besten. Die Meisten verkauften Raksi zusammen mit Eiern, Gemüsesorten, Pickles und gekochtem Fleisch, das für die Kunden frisch auf einem kleinen Feuer zubereitet wurde. Mohans Vater und sein Onkel Mani Raj hielten ständig an, um mit jedem Straßenhändler zu plaudern.

Mani Raj überreichte seine Tasse einer freundlich aussehenden Frau und sie füllte sie mit einer Probe aus ihrer Kanne.

„Sehr gut. Einfach köstlich." Er nahm einen Schluck und ließ ihn auf der Zunge kreisen. „Aber vielleicht habe ich heute schon genug gehabt." Er schluckte den Rest hinunter und versprach jedem zu erzählen, wie gut ihr Gebräu wäre.

„Ein kleines Leckerli für den Jungen? Bist du hungrig mein Sohn?" Insgeheim hoffte sie, die Männer zum Bleiben und zum Zahlen ihres Getränkes bewegen zu können. Sie fischte zwei mundgerechte Stücke aus gekochtem Hühnerfleisch aus dem Topf und legte sie für Mohan auf ein großes Blatt, das den Teller ersetzte. Er schlang das Essen schnell hinunter, verbrannte sich aber trotzdem die Zunge.

„Wir sollten jetzt nichts mehr trinken", sagte sein Vater mit einem Grinsen zu der Frau, als er mit seiner eigenen Verköstigung fertig war. „Es fällt mir wirklich schwer, weil es hervorragend schmeckt."

Sie gingen weiter. Die Empörung der Frau würde nicht lange anhalten. Auf dem überfüllten Basar gab es eine Menge echter Kunden.

Am Ende des Tages war die Tasche gefüllt mit Lebensmitteln. Onkel Mani Raj und Mohans Vater waren betrunken und Mohans Bauch gefüllt mit Fleisch. Das Leben mit Papa war ein nie endendes Fest. Mohan dachte daran, wie zufrieden seine Mutter sein würde, wenn sie die ganzen Lebensmittel sah.

Aber sein Vater war gegenüber jedem, dem sie auf der Straße begegneten, ebenso großzügig, wie die anderen zu ihm und Stück für Stück leerte sich die Tasche. Als sie Dorokha erreichten, war die Tasche leer.

* * *

DIE WALDGÖTTIN

...Eines Tages war ich mit den Kühen auf der Weide. Zwei andere Jungen aus der Nachbarschaft waren auch dabei. Als wir drei gerade zusammen spielten, hörte ich plötzlich ein Geräusch. „Rin...ni." Ich schwitzte sehr stark und mußte mich setzen. Unter uns war ich der Jüngste. Einer von den beiden hatte Wasser geholt und schüttete es über meinen Kopf, da ich fast bewusstlos war...

* * *

Insgeheim hielt der kleine Mohan weiterhin Ausschau nach dem wilden Schamanen. In der Hoffnung, das lange weiße Haar oder einen von Banjhankris Trommel reflektierten, goldenen Lichtstrahl zu sehen, suchte er mit den Augen die steinigen Abhänge hinter dem Feld seines Vaters ab. Aber das einzige Wesen, das ihn aufsuchte, war sein Hund Gophle, der an seiner Brust hochsprang und ihm das Gesicht leckte.

Sein Lieblingsspiel war es, einen Spielaltar aufzustellen und so zu tun, als wäre er ein Schamane, während ein anderes Kind, sich den Bauch haltend und stöhnend, die Rolle der kranken Person übernahm. Eine alte Ölkanne ersetzte die Trommel und es gab eine Menge grüner Blätter, die genauso benutzt werden konnten, wie die Schamanen die stechenden Blätter der Sisnu-Pflanze verwendeten. Eine mit Wasser gefüllte Tasse, in die sie Hühnerfedern gesteckt hatten, diente ihnen als heilige Kalebasse.

Mohan ahmte nach, was er von den Ritualen bei den Cintas seines Vaters erinnerte, obwohl er noch nicht wußte, welche Gottheiten man rufen mußte und wie man es tat. Er hatte gesehen, wie sein Vater und dessen Schüler von Hanuman dem Affengott besessen, auf allen Vieren Kapriolen schlugen, auf Bäume kletterten und Gärten zerstörten. Also tat er so, als sei Hanuman in seinen Körper gefahren, krabbelte zwischen den Felsen herum, grunzte und riss Blätter von den Büschen. Zwei alte Frauen pausierten auf ihrem Weg zum Fluß, um ihn zu beobachten und ein alter Mann, der auf einem anderen Weg herankam hielt auch an. „Dieser Junge ist der Sohn des Schamanen", sagte er.

Als Mohan sich das Gesicht des Affengottes bildlich vorstellte, begann sein Magen mit einem seltsamen, unkontrollierbaren Gefühl zu zittern. ‚Wahrscheinlich bin ich müde', dachte er und legte seinen Kopf auf den Boden. Er wollte sich zum Altar setzen, doch aus irgendeinem Grund konnte er nicht aufstehen. Er schwitzte und ein starker Geruch von brennenden menschlichen Körpern und frischem Wasserbüffelblut erfüllte seine Nase. Neben einem großen Felsen rollte er sich zusammen. Er presste die Knie gegen den Magen und wartete, daß der Schwächeanfall vorüber ging.

„Was ist los mit unserem Schamanen?" Der kleine ‚Patient' hörte auf zu stöhnen und stand nun über ihm. Die Kinder drängten sich vor.

„Was ist hier los?" verlangte eine der alten Tanten zu wissen.

„Seid leise." Mohan hob eine Hand, um sie zum Schweigen zu bringen, so daß er den fernen Klang eines Schamanenliedes hören konnte, das jemand sang. Schwach hörte er hinter dem Bergrücken Trommelschläge, sowie das Geschepper eines Messingtellers, auf den jemand rhythmisch schlug und das Bimmeln von Schamanenglocken.

„Mohan, steh auf. Los steh auf." Seine Freunde schüttelten ihn.

„Gebt mir Wasser zu trinken", verlangte er, so wie es sein Vater tat, wenn er während einer Zeremonie eine Pause einlegte. „Zieht mich hoch." Er fühlte sich immer noch schwach und müde. Er schwitzte und sein Magen zitterte. In seinem Geist bewegten sich Dinge und wurden umgeordnet. Sein Kopf pochte vor heftigem Schmerz.

Die Kinder, immer noch lachend, führten ihn zurück zum Spielaltar und fragten, was passiert sei. Mohan steckte seinen Kopf zwischen die Knie.

„Oh, oh, vielleicht waren das echte Götter." Die Kinder wurden plötzlich ernst. „Das kann schon sein. Laßt uns diesen Altar wegschmeißen."

„Nein, laßt ihn wie er ist", beharrte Mohan. Er nahm den Geruch von verbrannter Kleidung wahr. „Riecht ihr das? Etwas brennt hier."

„Nichts brennt hier." Schnüffelnd drehten sie sich in alle vier Richtungen.

„Bringt diesen Altar zum Fluß und werft ihn ins Wasser", befahl der alte Mann.

Die Kinder gehorchten, hoben die Altargegenstände, die Blätter, die Federn, sowie den Wasserbecher auf und rannten den Hügel hinunter.

„Mohan, du mußt mit dieser Art von Handlung sehr vorsichtig sein. Einen Altar aufzustellen und Schamane zu spielen kann unvorhergesehene Folgen haben", warnte ihn eine der alten Tanten. „Manchmal kann eine Gottheit plötzlich in dich fahren und dann bist du in großen Schwierigkeiten, weil dir das Wissen vom Umgang mit ihnen fehlt."

„Ja, gnädige Frau", antwortete Mohan. Er wußte, daß sie Recht hatte, aber es gefiel ihm nicht.

* * *

Meistens stand er im Sommer frühmorgens auf und trieb zusammen mit seinen Freunden Bir und Sham die Kühe auf die Weide. Von den Jungen wurde erwartet, daß sie die Kühe hüteten, ihren Mist zum Düngen sammelten und am Abend wieder heimbrachten. Ihre Mütter packten ihnen für die Mittagspause Reis mit weißem Joghurt, aus dem die Flüssigkeit gepresst worden war und manchmal auch ein, in ein Blatt gewickeltes, kleines Stück Fleisch als Mahlzeit ein. Sie aßen im Schatten eines kleinen Baumes in der Nähe eines Felsblockes, während sich die Kühe langsam, mit wedelndem Schwanz die Stechmücken vertreibend, einen Weg durch das derbe Gras mampften. Zur heißesten Tageszeit legten sich die Kühe zum Ruhen hin, aber Mohan und seine Freunde, dünn und überaus aktiv, hörten nie auf zu spielen. Sie rannten und sprangen in einer Art Fangspiel mit einer Tasche Orangen zwischen den Felsen herum.

Mohan verweilte, um Luft zu holen. Für eine ganze Weile war er ‚es' gewesen, was eher selten vorkam. Obwohl Jüngster, war er schnell und drahtig und mußte sich oft dazu zwingen langsamer zu laufen, damit die Anderen aufholen konnten und das Spiel fair blieb. Aber nicht heute. Er lehnte sich gegen einen Felsen. Die Weide flimmerte vor Hitze. Das Licht schien sich zu verändern und er wurde sich eines seltsamen Klanges bewußt. „Rin...ni, rin...ni." Wie lange ging das schon so? Er begann zu schwitzen und rutschte am Felsen hinunter auf den Boden. Bir hüpfte vor ihm auf und ab, während er die Tasche mit den Orangen von einer Hand in die andere warf. „Los fang sie! Komm und hol sie dir!"

Aber Sham, älter und bereits wesentlich verantwortungsbewußter, bemerkte Mohans seltsamen Gesichtsausdruck. „Halt den Mund", sagte er. „Kannst du nicht sehen, daß es ihm nicht gut geht?" Er holte kaltes Wasser vom Fluß und schüttete es Mohan über den Kopf.

Die Sonne brannte herab. Um Mohan herum wurde es dunkel. Die Jungen führten ihn zum flachen Felsen unter dem Baum, wo sie schon gegessen hatten. Sham stand schemenhaft über ihm. „Deine Augen sind rot. Du mußt krank sein. Bleib hier." Sie ließen ihn alleine beim Felsen zurück und führten die Kühe zum Fluß.

Langsam bewegte sich der Schatten des Baumes vom Felsen fort und gab Mohan der sengenden Hitze preis. In der Absicht, sich in den Schatten zu begeben, stand er mühsam auf, als ein wunderschönes, kleines Mädchen in einem hellroten Kleid so anmutig über das holprige Gras auf ihn zugelaufen kam, daß der Eindruck entstand, sie würde schweben. Sie setzte sich neben ihn auf den Felsen. Eine Wolke zog über ihren Köpfen hinweg und eine frische Brise kam auf. Sie sprach mit einer sanften, singenden Stimme. „Älterer Bruder, willst du mit mir kommen und meine Freunde kennen lernen?"

Er starrte sie blinzelnd an. „Wo?" krächzte er endlich. Sie zeigte auf ein Loch in den Felsen, weiter unten, nahe am Fluß. Ihr rotes Kleid im Blick folgte er ihr mühelos, aber beim Höhleneingang verschwand sie.

Das Sonnenlicht ließ seinen Kopf schmerzen. Er trat ein. Es war kühl und roch nach abgestandenem Wasser. Als sich seine Augen an die Dunkelheit gewöhnt hatten, sah er, verstreut zwischen den Felsen auf dem Boden, dutzende winzige Kopfhäute von Kleinkindern liegen. ‚Das ist also der Ort, an den sie verstorbene kleine Kinder bringen', dachte er. Er wisperte ein Schutz-Mantra, das sein Vater ihn gelehrt hatte. Ihm war schwindelig und übel. Er verließ die Höhle, überquerte das helle Feld und sank im Schatten auf den großen, flachen Stein, um auf seine Freunde zu warten.

An jenem Abend fühlte er eine bleierne Müdigkeit. Hinter seinen Augen pochten Kopfschmerzen. Seine Mutter befühlte seine Stirn und sagte, er habe Fieber. Sein Vater blies, um ihn zu heilen, Mantras auf ihn, aber es wurde immer dunkler und dunkler um ihn.

Mit weit geöffneten Augen und starrem Blick lag er im Bett. Seine Augenhöhlen waren so trocken, daß ihn jede Augenbewegung schmerzte und die Lider so stark angeschwollen, daß er sie nicht mehr schließen konnte. Die Familie schlief und im Haus war es still. Er bemerkte, daß das kleine Mädchen in dem roten Kleid vom Feld an seinem Bett kauerte. Er dachte, daß sie schon eine ganze Weile hier sein mußte und ihm seine Kraft raubte. Er sah sie so klar wie bei Tageslicht. Sie sprach zu ihm, aber später konnte er sich nicht mehr erinnern, was sie gesagt hatte. Unentwegt in sein Ohr flüsternd verbrachte sie die ganze Nacht an seiner Seite und er hatte das Gefühl, es wäre falsch, seinen Eltern davon zu erzählen.

In der nächsten Nacht kam sie wieder, in den darauf folgenden Nächten auch und beim sechsten Mal sagte sie in einer Lautstärke, die eigentlich seine Eltern hätte wecken müssen: „Was ist nur los mit dir, du verrückter Junge? Ich komme nun schon so viele Nächte hierher und du hast mir noch nie etwas angeboten!"

„Aber du hast doch gar nichts verlangt", protestierte er.

Wieder sagte sie. „Du verrückter Junge! Du bist immer noch blind und taub. Erkennst du nicht, wer ich bin?" Sie wurde wütend und schrie ihn mit aller Kraft an: „Ich bin Simma, die Tochter der Waldgöttin Khoklihangma. Wenn ich wiederkomme, opfere mir den Rauch von Butterfett." Mohan schaute hinüber zu den schemenhaften Umrissen seiner schlafenden Eltern. Er wollte einwenden, daß er doch nur ein kleiner Junge sei. „Schau sie nicht an! Ich spreche mit dir!" schimpfte die Göttin. „Morgen nimmst du ein Bad und fastest. Um Mitternacht wartest du auf mich. Ich werde dann zu dir kommen."

Am nächsten Tag fühlte er sich besser, schon fast gesund. Seine Mutter gab ihm gekochten

Milchreis und obwohl er schon ziemlich hungrig war, lehnte er es ab, zu essen. Einige Leute kamen, um seinen Vater für ein Heilritual in das tiefer liegende Dorf zu rufen. Da Mohan wieder aufrecht sitzen konnte und seine Stirn sich unter ihrer Hand kühl anfühlte, beschloss seine Mutter mit zu gehen. „Versuche ein wenig zu essen, bevor du dich schlafen legst", sagte sie und deutete auf einen abgedeckten Topf, in dem sich Mohans Abendessen befand. Sie nahm das Baby auf und folgte ihrem Mann.

Alleine im Haus wusch er sich, bereitete ein kleines Feuer und gesäuberte, frische Butter als Räucherwerk vor. Dann legte er eine Decke um seine Schultern und wartend kraulte er gelegentlich die Ohren von Gophle. Wellenartig überfiel ihn die Müdigkeit, aber er zwang sich, aufrecht sitzen zu bleiben. Er war ganz in Gedanken versunken. Wäre seine Mutter da gewesen, hätte sie mit Sicherheit gesagt: „Du siehst blass aus. Leg dich besser hin."

Obwohl er sich gerne hingelegt hätte, hielt er sich aufrecht und summte, um wach zu bleiben, eine kleine Melodie. Punkt Mitternacht, genau wie versprochen, erschien Simma. Sie trug das rote Kleid und hielt eine kleine Handsichel, sowie ein Büschel grüner Kaulo-Blätter. Mohan vermutete, daß sie diese vom Kaulo-Baum hinter dem Haus seiner Mutter gepflückt hatte.

Sobald Mohan sie sah, sprang er auf und warf die Butter ins Feuer. Sie saß auf dem Boden und den guten, reichhaltigen Duft tief einatmend, wedelte sie sich den Rauch ins Gesicht. Sie klopfte auf den Platz neben sich. „Komm und setz dich her", sagte sie.

„Wirklich?"

„Wirklich!"

„Hab keine Angst. Meine Mutter schickt mich. Sie hat dich sehr gern. Du brauchst Hilfe, also werde ich dir einige Mantras geben. Diese Mantras sind wie Schlüssel, aber du mußt mir versprechen, sie niemand anderem zu sagen."

Mohan schwor, die Mantras geheim zu halten. Sie legte das kleine Büschel Kaulo-Blätter in seine Hand, lehnte sich nah an sein Ohr und flüsterte drei Mantras hinein. Aufgrund ihrer magischen Kraft brannten sie sich in sein Gehirn und er wußte, daß er sie niemals mehr vergessen würde.

„Wann immer du von Hexen oder bösen Geistern belästigt wirst, wiederhole diese Mantras dreimal". In großer Eile stand sie auf. „Solltest du mich brauchen, dann komm zur Höhle mit Kuhbutter als Räucherwerk. Ich werde dir in deinen Träumen geben, was du brauchst."

* * *

DIE GÖTTIN DES FLUSSES

...Während der Schulferien war ich es gewohnt, mit meinem Onkel Mani Raj gelegentlich zum Kuhstall zu gehen. Eines Tages spielte ich alleine am Fluß. Ich versuchte, Fische zu fangen. Eine alte Dame kam zu mir und sagte: „Was machst du hier?"...Sie setzte sich auf einen Felsen. Ihre Füße waren im Wasser. Ich glaubte, daß sie aus dem nahen Dorf kam. Ich fragte die Frau: „Woher kommen Sie?" Sie antwortete: „Ich lebe in diesem Fluß hier. Ich bin die Königin des Flusses... Schau, du bist für mich einer der besonderen Menschen. Du bist nicht Murkha. Du bist kein böser, aggressiver oder dummer Mensch, der auf niemanden hört und der mich und andere Gottheiten weder sehen, noch mit uns nicht sprechen kann. Du bist ein Schamane."

* * *

Im darauf folgenden Jahr begegnete er der Flußgöttin Jaldevi Banaskandi. Er war mit seinem Onkel Mani Raj zum Kuhstall gegangen, der nahe am Fluß Namchikhola lag, um dort für eine Weile zu bleiben und seiner Familie mit ihrer großen Herde von hundertzwanzig Kühen, zehn Büffeln und einigen Hundert Schafen und Ziegen zu helfen. Es war Mai und sehr heiß. Vorsichtig darauf bedacht, ihren langen Hörnern nicht zu nahe zu kommen, trieb Mohan die Büffel mit einem Stock zum Fluß, wo sie sich im flachen Wasser wälzen konnten. Sein Onkel, der mit einem Khukuri, einem großen, schweren, gekrümmten Messer und einer Pistole bewaffnet war, hütete die Kühe im Wald.

Mohan kletterte auf einen Baum und saß dort, um die Vögel zu beobachten und ihren Liedern zu lauschen. Er liebte jene langen Stunden, in denen er wie eine Kreatur aus dem Wald alleine auf einem Ast saß. Als er nach unten auf die großen Büffel und weiter den Fluß entlang auf zwei Rehe blickte, die zum Trinken aus dem Dickicht getreten waren, fand er etwas Neues über sich selbst heraus. ‚Ich liebe Tiere', dachte er.

Nach einer Weile kletterte er vom Baum und hockte sich an den Fluß, um nach einem Fisch, den er fangen konnte, Ausschau zu halten. Die Flußgöttin kam in Gestalt einer alten Frau und setzte sich neben ihn. Ihre Füße waren im Wasser. „Was machst du hier?" fragte sie.

„Ich warte auf meinen Onkel und versuche, ein paar Fische zu fangen." Zuerst dachte er, sie wäre nur eine alte Tante, bis er erkannte, daß es nirgends ein Dorf gab, das eine Dame dieses Alters zu Fuß hätte erreichen können. „Woher kommen Sie?" fragte er.

„Ich lebe in diesem Fluß. Ich bin die Königin des Flusses. Mein Name ist Jaldevi Banaskandi." Sie schaute aufmerksam in seine Augen. „Ich bin gekommen, um dich vor Lemlema zu beschützen."

Lemlema, wie Mohan sehr gut wußte, war die schreckliche Frau des wilden Schamanen.
Sein Herz begann zu klopfen. Er schaute stromabwärts den Fluß hinunter und ringsum in den
Wald, der in der Hitze leicht flimmerte. Aber dort war niemand. „Was wird sie mir antun? Wie
kann sie im Tageslicht angreifen?" Er schaute hinter sich und nach oben in die Baumkronen.
„Kommt Banjhankri, um mich zu holen?"
„Für Lemlema macht es keinen Unterschied, ob es helllichter Tag oder Nacht ist, wenn sie Kin-
der jagen und töten möchte", sagte sie. „Du aber gehörst zu meinen besonderen Leuten."
Irgendwie vertraute er ihr.
„Du bist nicht Murkha", sagte sie. „Du wirst ein Schamane werden. Deshalb möchte Lemlema
dich verletzen. Komm nie alleine hierher. Dieser Platz gehört ihr und sie könnte dich schwer
verwunden. Sage deinem Onkel, daß er für dich am Morgen und am Abend Räucherwerk ver-
brennen soll. Ich selbst werde dich jede Nacht, die du im Kuhstall bist, besuchen kommen."
„Werde ich dich im Kuhstall sehen können?"
„Vielleicht, vorausgesetzt du weißt, wonach du Ausschau halten mußt. Ich kann alles sein: Tier,
Vogel oder Mensch." Sie zeigte ein strahlendes Lächeln, tätschelte seine Schulter und verschwand.
Gegen vier Uhr nachmittags brachte sein Onkel die Kühe zum Fluß, wo sie sich den Büffeln
anschlossen. Mohan erwähnte den Besuch der Göttin nicht. Er rannte den Hügel zum Kuhstall hinauf, um die Kälber der Kühe und Büffel herauszulassen, damit sie spielen und Wasser
trinken konnten, bevor ihre Mütter zurückkamen. Go-phle, der dabei sein wollte, sprang ihm
hinterher.
Später kam sein Onkel Bhim vom Dorf herunter und brachte ein Fischernetz, Tabak, gekochten
Reis und Gemüse mit. Während des Essens erzählte Mohan seinen Onkels von der Begegnung
mit der Flußgöttin. Sie lachten nur und machten sich auf den Weg, bevor es zum Fischen endgültig zu dunkel wurde.
Alleine im Kuhstall, legte Mohan Räucherstoff und Butter auf die glühenden Kohlen und innerhalb weniger Minuten schüttelte es ihn wie einen Schamanen in Trance. Seine Augen waren
geschlossen und er fühlte, daß er reiste, aber hätte nicht sagen können, wohin. Als es aufhörte,
war sein Körper in Schweiß gebadet. Er war müde und sein Kopf schmerzte. Er schloss seine
Augen und als er sie wieder öffnete, sah er einen weißen Vogel mit langem Schwanz am Feuer
sitzen, dessen Augen wie kleine Lichter leuchteten. Er sprach ein Schutz-Mantra. Der Vogel
flatterte herum und starrte ihn durchdringend mit leuchtenden Augen an. „Wer bist du?" fragte
er. Der Vogel flog davon.
Seine Onkels lachten, als er ihnen davon erzählte.
Am Morgen verbrannte er Sunpati-Blätter als Rauchopfer. Jemand hatte sie von der Pflanze mit
den goldfarbenen Blättern gepflückt und unterhalb der Decke zum Trocknen aufgehängt. Den
ganzen Tag hielt er sich vom Fluß fern.
Am Abend kam aus dem Dorf eine ganze Horde junger Männer zum Fischen herunter. Sie
brachten Essen und Trinken für mehrere Tage mit und planten, die Nacht mit seinen Onkels im
Kuhstall zu verbringen. Raksi trinkend und sich Witze und alte Geschichten erzählend saßen
sie draußen. Dann berichtete Mani Raj ihnen, wie Mohan darauf bestanden hatte, die Göttin am
Fluß getroffen zu haben und das in den Kuhstall ein Vogel mit glühenden Augen gekommen sei.
Die jungen Männer brüllten vor Lachen. „Tschiep, tschiep", spotteten sie, Vogelrufe imitierend.
„Du mußt geträumt haben. Warum sollte eine alte Frau hierher kommen und wie ein Vogel
zwitschern?"
„Es ist wahr", schrie Mohan. „Ich habe wirklich mit ihr gesprochen."
„Warum bittest du sie nicht zu kommen, damit wir sie ficken können?" Wieder lachten sie laut
und herzlos.

Mohan war so wütend, daß er zu weinen anfing. „Mutter Jaldevi Banaskandi", betete er. „Komm und erteile ihnen eine Lektion!"

Durch seine Tränen sah er im Feuer einen großen Hund auf den grünen Holzklötzen, die die Kochtöpfe ausbalancierten, hin und her laufen. Er blinzelte. Es war nicht Gophle. Er war weder braun, noch hatte er einen buschigen Schwanz. Er war weiß mit schwarzen Flecken und hatte einen kurzen Schwanz. „Schaut! Ein anderer Hund", sagte er.

„Wo?" Die jungen Männer schielten und versuchten zu erkennen, worauf er zeigte.

„Dort, im Feuer."

Sie lachten. „Du wirst verrückt."

„Dort!" schrie er. Der ungewöhnliche Hund sprang aus dem Feuer und rannte in die Einpferchung. Mohan sprang auf und rief die anderen Hunde. „Gophle, hierher! Kali, komm her!"

„Ich sehe ihn!" rief Mani Raj. Nun begannen alle zu schreien und brennende Holzscheite und Steine über den Zaun zu schmeißen.

„Hört auf damit", schrie Mohan. Doch sie fuhren fort, weiterhin Beleidigungen zu rufen und Gegenstände zu werfen. Der schwarzweiße Hund lief langsam auf das Gatter zu und verschwand.

„Er ist weg", sagte Mohan.

„Mohan, du bist verrückt. Halt einfach deinen Mund. Da ist nichts." Sie gingen aber trotzdem in den Kuhstall, machten ein Feuer und hängten die Fische, die sie im Fluß gefangen hatten, zum Trocknen daneben. Aus dem Dorf hatten sie getrocknetes Schweinefleisch mitgebracht und nachdem sie mehr Raksi getrunken hatten, sagte jemand: „Warum kochen wir das Schweinefleisch nicht auf dem Feuer?"

„Nein", protestierte Mohan, weil seine Mutter ihn gewarnt hatte, innerhalb eines Kuhstalls Schweinefleisch zu kochen, sei eine Beleidigung für die Göttin. Er war aber nur ein Kind und die Männer schenkten ihm keine Beachtung. Sie warfen dicke Brocken von getrocknetem Schweinefleisch geradewegs auf die brennenden Kohlen. Rauch füllte den Raum und Mohan hustete. Die Männer zogen das Fleisch vom Feuer und fingen gerade an zu essen, als auf einmal ein starker Sturm aufkam, der Sand und kleine Steine in das Essen und in den Raksi wehte und das Feuer ausblies. Drinnen war es dunkel. Draußen bewegte sich ein Schatten.

Die Hunde waren ruhig, aber die Kühe muhten und rannten am Zaun auf und ab. Der ganze Kuhstall begann zu wackeln. Mohan schloss die Augen und flüsterte alle Mantras, die er kannte. Mani Raj erzählte später, wie ein großer Vogel durch die Tür direkt auf sein Gesicht zugeflogen kam und seinen Kopf und seine Schultern attackierte, anschließend zur Decke hinauf flatterte und sich schreiend, mit ausgestreckten Krallen und einem weit geöffneten, scharfen Schnabel auf die anderen stürzte. Mohan hörte das Schlagen der Flügel. Er überlegte, was sein Vater getan hätte, schnappte sich einen glühenden Stock aus der Feuerstelle, blies darauf, bis er Flammen schlug und goss aus einem Topf ein wenig siedende Butter als Opferung darüber, während er gleichzeitig alle Mantras aufsagte, die ihn die Waldkönigin gelehrt hatte. Sofort beruhigte sich der Sturm und der Kuhstall hörte auf zu wackeln, aber alle Kühe waren verschwunden. Sogar die Kälber waren mit ihren Müttern davongerannt. Nur die Büffel waren noch da. Die Hunde hatten die ganze Zeit geschlafen.

Seine Onkels entzündeten Bambusfackeln und rannten zum Fluß hinunter, um nach den Kühen zu schauen. Sie suchten überall. Nach Mitternacht kehrten sie erfolglos zurück. Niemand schlief. Das Schweinefleisch war restlos ins Feuer gefallen und verbrannt oder völlig mit Asche verdreckt. Die Milch war voller Staub und Sand. Sie sorgten sich um die verlorenen Kühe. Langsam ging die lange, furchtbare Nacht, die so dunkel war, das niemand etwas sehen konnte, zu Ende und mit dem ersten Tageslicht gingen die Männer wieder hinaus, um die Kühe zu suchen. Am späten Vormittag fanden sie sie auf der anderen Seite des Flusses. Sie brachten die

Kälber zurück und ließen das andere Vieh am Fluß. Eine Woche lang gaben die Kühe keine Milch. Die Kälber wurden hungrig und brüllten nach der Milch ihrer Mütter, aber es kam nicht ein einziger Tropfen.

Onkel Bhim lief ins Dorf. Er wollte Mohans Vater finden und um Rat fragen. Als der Schamane dann zum Kuhstall herunterkam, erzählte Mohan ihm von seiner Begegnung mit Jaldevi Banaskandi, von den vulgären Witzen der Männer und von dem verbrannten Schweinefleisch. Sein Vater machte eine Puja, in der er Milch und Räucherwerk auf einem Altar, den er draußen aufgebaut hatte, opferte. Am Mittag und am Abend des nächsten Tages wiederholte er die Opferung und sagte dann zu Mani Raj, daß er zu der Kuh mit dem Namen Gothugi gehen und sie melken sollte. Zur allgemeinen Überraschung floß die Milch in dicken, reichhaltigen Strömen und füllte den Eimer.

Der Schamane sagte streng: „Erstens habt ihr die Göttin beleidigt. Zweitens habt ihr im Kuhstall Schweinefleisch verbrannt. Sie hasst das. Ihr solltet Banaskandi dafür danken, daß sie euch nicht vernichtet hat." Die jungen Männer murmelten und ließen die Köpfe hängen. „Ihr müßt eure Gesinnung ändern. Seid respektvoll und bringt niemals mehr Schweinefleisch in den Kuhstall."

Er zeigte Mani Raj, wie man aus Kuhdung eine Tasse formte und sie mit guter, frischer Milch als Opfergabe für die Göttin füllte. „Mach das einmal die Woche, bevor du ißt", sagte er.

Sie melkten die anderen Kühe und mühelos floss die Milch.

* * *

Am Morgen bat der Vater Mohan, ihm den Platz zu zeigen, an dem er die Göttin getroffen hatte. Mohan zeigte auf den großen Stein, auf dem sie, mit den Füßen im Wasser baumelnd, gesessen hatte. „In welche Richtung hast du dabei geblickt?" fragte sein Vater.

„Ungefähr so." Er drehte sich leicht in Richtung Nordosten.

„Schau mich an", sagte sein Vater, der flüsternd Mantras rezitierte. „Nun schließe deine Augen." Er sprenkelte Wasser auf Mohans Körper und blies dreimal. „Ich habe deine Seele zurückgerufen."

Sie fingen einige Fische und nahmen sie für Mohans Mutter mit nach Hause. Seine Großmutter war gekommen und als sie von der Flußgöttin hörte, sagte sie: „Du wirst ein Schamane werden. Nicht jeder Schamane ist von Banjhankri entführt worden. Die Waldkönigin, der du begegnet bist, könnte dein Guru sein. Aber es reicht nicht, sie zu sehen. Ein echter Schamane erlaubt dem Guru, in seinen Körper einzutreten, ihn zu schütteln und durch ihn zu sprechen. Außerdem mußt du deinem Vater viel Aufmerksamkeit schenken und von ihm den exakten Weg des Mundhum erlernen."

Sie aßen den Fisch mit Reis und Linsen. Großmutter rückte näher: „Alles muß entsprechend unseres Mundhum getan werden", erklärte sie. „Das bedeutet, die Dinge so zu tun, wie es unsere Ahnen uns gelehrt haben. Das ist, was dein Vater dir beibringen wird."

Mohans Mutter brachte das Baby zu Bett und saß anschließend spinnend im Feuerschein, immer wieder neu geformte Fäden aus Wolle um eine hölzerne Spindel wickelnd.

„Wenn du dem richtigen Weg fehlerlos folgst, wird große Shakti, viel Kraft, zu dir kommen", sagte Großmutter.

„Das ist mein Mundhum", lachte seine Mutter, ihre Spindel hochhaltend.

„Rundherum und rundherum und rundherum, immer wieder."

Mohan starrte, weil ihre Worte widerzuhallen schienen, um dann wie der Rauch unterhalb der Decke hängen zu bleiben. Mundhum war ein großes, wichtiges Wort. Im Geiste sah er die Mütter der Mütter und wiederum deren Mütter in einem großen Bogen aufsteigen, wie sie alle, der

Reihe nach, die verworrene Wolle durch ihre Finger zwirbelten und um die Spindel wickelten, um dann, eine nach der anderen, wieder von der bodennahen Dunkelheit verschluckt zu werden.

„Es ist jedes Mal fast das Gleiche", sagte er zu seiner Großmutter. „Aber niemals ganz genauso. Siehst du es? Jedes Mal wickelt sich der Faden an einer anderen Stelle um die Spindel."

„Leg dich schlafen, kleiner Mohan", sie lachte. „Du bist viel schlauer, als gut für dich sein kann und außerdem träumst du schon."

* * *

Dil Bahadur Rai, der Vater von Mohan. Dies ist die einzige Aufnahme, die von ihm existiert. Foto: Shamanistic Studies and Research Center Kathmandu

SCHAMANENWETTSTREIT

...Alle betrachteten die Bans und diskutierten, als es plötzlich sehr laut wurde. Der Lärm wurde von Honigbienen verursacht, die sofort zum Altar meines Vaters flogen. Sie waren überall im Zimmer. Jeder konnte sie sehen. Mein Vater sprach gerade mit seinem Helfer, dem Kenchariva. Sogleich sah er die Honigbienen. Mein Vater drehte sich zu seinem zweiten Altar um und bemerkte, daß er über und über mit Bienen bedeckt war...

* * *

Mohans Vater war der beste Schamane aller drei Dörfer. Die meisten Leute sagten, er sei mächtiger als der alte Bhangale, ein älterer Schamane, der früher, als Dil Bahadur noch jung war und lernte, gewöhnlich gerufen wurde. Bhangale war neidisch.

In einer heißen Frühsommernacht hörte Mohan Trommeln im Haus von Herrn Horsung, nur zehn Minuten Fußweg entfernt, wo sein Vater eine Cinta abhielt. Der schnelle Rhythmus Paru Sili sagte ihm, daß sein Vater nach Ninamma in die Oberwelt reiste. Etwas schwächer hörte man den Klang einer zweiten Trommel über dem Fluß. Das mußte der alte Bhangale sein, der dort eine andere Cinta durchführte. Auch Bhangales Helfer trommelte den Rhythmus für die Reise in die Oberwelt.

Während Mohan zur Cinta seines Vaters rannte, wurden die Trommelschläge von der anderen Seite des Flusses immer lauter und Dil Bahadurs Helfer stockte. Keuchend kam Mohan gerade noch rechtzeitig durch die Tür von Herrn Horsung, um zu sehen, wie sein Vater „Ho, ha!" rief und mit dem Tanzen aufhörte. Sein Helfer unterbrach das Trommeln.

Während Mohan sich leise unter das Publikum mischte, flüsterte sein Vater mit den Helfern. Sie stellten drei Altäre auf. Einen auf einem Messingteller, einen auf einem Bananenblatt und einen auf dem Boden. Sie platzierten auf jedem besondere Steine, Stachelschweinstacheln und andere mächtige Kraftobjekte.

Dem Publikum schwirrte der Kopf vor lauter Fragen. Herrn Horsungs Neffe fragte Mohan, was der Schamane plante, aber er wußte es selbst nicht.

Nachdem alles zu seiner Zufriedenheit angeordnet worden war, wandte sich Mohans Vater dem Publikum zu und sagte: „Bevor ich Jokhanas mache, um die Ursache des Problems dieser kranken Frau zu finden, euch Leuten wahrsage oder eine Heilung durchführe, möchte ich Bhangale eine Lektion erteilen. Er hat nun schon mehr als Fünfzigmal versucht, mich zu stören und sich über mich lustig zu machen. Ich bin nun bereit, zu kämpfen, um herauszufinden, wer der mächtigere Schamane ist. Wenn ich verliere, werde ich zu ihm gehen und meine Schamanentracht vor ihm auf den Boden legen. Ich werde ihm Gaben darbringen und ihn als

meinen Guru annehmen. Falls aber er verliert, sollte er hierher kommen und sich vor mir verneigen. Wundert euch nicht, wenn ihr ihn kommen seht."

„Das ist eine große Herausforderung zwischen Bhangale und Dil Bahadur", sagte einer der
Ältesten. „Beide haben große Macht. Es wird vielleicht sehr seltsam und unheimlich werden."

Das Trommeln begann. Mohans Vater sang und sprang auf und verneigte sich vor den heiligen
Gegenständen auf allen drei Altären. Er tanzte. Der Takt ging weiter und immer weiter. Acht
starke Männer saßen in seiner Nähe um ihn aufzufangen, falls er fiel. Er hob einen großen
Kristall und mehrere Stachelschweinstacheln auf. Mohan wußte, daß er sie als magische Pfeile
gegen den rivalisierenden Schamanen benutzen würde. Der alte Bhangale würde das gleiche
tun. In der Nähe der Altäre hatte sein Vater ein Cakra-Rekhi, ein besonderes Diagramm mit
Reismehl auf den Boden gezeichnet. Von Zeit zu Zeit, immer dann wenn der Haupthelfer
„Ban!" rief, verengte der Schamane die Augen, streckte sich aus und fing einen Gegenstand in
der Luft, den er auf das Rekhi fallen ließ. Ungewöhnliche Geräusche, die jeder hören konnte
begleiteten jeden magischen Pfeil, den der Schamane fing.

Nach zwei Stunden andauerndem Wettstreit unterbrach Mohans Vater und zählte die Bans. Der
erste war ein Hirsekorn, der zweite ein kleiner, dünner Kristall, der dritte ein halb verbrannter
Stachelschweinstachel und der vierte eine schwarze Perle. Als Mohan hinguckte, sah er, wie
sich der verbrannte Stachel von selbst auf dem Rekhi bewegte.

Der Schamane machte eine Pause, trank Raksi und unterhielt sich mit seiner Anhängerschaft.
Dann schaute er sich um und sagte mehr oder weniger zu sich selbst: „Herr Bhangale, es ist
noch ein langer Weg zu gehen." Die Leute begutachteten die Bans und diskutierten darüber.

Auf einmal flog mit einem lauten Brummen ein Schwarm Honigbienen in das Zimmer – echte
Bienen und keine Geister, die außer dem Schamanen niemand sehen konnte.

Mohans Vater hatte sich mit seinem Haupthelfer unterhalten, drehte sich jetzt aber zu seinem
dritten Altar und begann zu beten und Mantras zu rezitieren. Überall auf dem Altar krabbelten
Bienen herum und hatten schon fast die heilige Öllampe zum ersticken gebracht. Der Schamane packte eine Schüssel Liso, goss es über die Bienen auf dem dritten Altar und fing dann
schnell eine davon ein, die er in seine ausgehöhlte Kalebasse steckte. Diese war zur Hälfte mit
heiligem Wasser, in dem eine winzige Menge Hirse und Gärkräuter schwamm, gefüllt. Er verschloss den Hals der Kürbisflasche mit einem Stück Ingwerwurzel und verkündete: „Das Spiel
ist aus."

Mohan starrte verwundert in das Zimmer. Alle Bienen waren verschwunden.

„Ich brauche zwei Leute, die schnell dorthin gehen können, wo Bhangale seine Cinta durch-
führt", sagte der Schamane. Es war nicht weit, aber wer auch immer sich auf den Weg machte,
mußte einen steilen Abhang hinuntersteigen, den Fluß Gangate durchqueren und auf der anderen Seite wieder hochklettern. Herr Mangale und Bhim Bahadur meldeten sich freiwillig. „Be-
eilt euch und bringt mir Nachricht, wie es ihm geht." Die Männer schnappten sich Fackeln und
rannten in die Nacht hinaus.

Nach fünfundvierzig Minuten kamen die Botschafter mit zwei verängstigt wirkenden Männern
aus Bhangales Gruppe zurück. „Bhangale hat alle seine Malas verloren und seinen Altar zerstört", berichteten sie. „Er wird verrückt."

Bhangales Männer näherten sich Dil Bahadur und verneigten sich. „Wir sind geschickt worden,
um dich um Vergebung für unseren Schamanen zu bitten."

Mohans Vater kehrte zu seinem Altar zurück. „Sagt Bhangale, daß er kommen und mich sehen
muß, sobald er seine Cinta beendet hat." Er hob seine Kalebasse auf. Mantras singend zog er
den Ingwerstöpsel heraus und entließ die gefangene Biene.

Als später auf beiden Seiten des Flusses kein Trommeln mehr zu hören war und beide Schamanen ihre Cinta beendet hatten, traf Herr Bhangale mit einem Gehilfen, der einen lebenden Hahn

verkehrt herum an den Füßen trug, am Haus von Herrn Horsung ein.

Der ältere Schamane umarmte Dil Bahadur. „Ich bin der Verlierer. Du hast mich erwischt", sagte er. „Aber du solltest mir sagen, welche Mantras du für die Bienen benutzt hast."

„Das hättest du auch selber wissen können." Dil Bahadur lachte. „Du bist viel älter als ich. Jeder kennt dich als mächtigen Schamanen. Was war heute los mit dir?"

Der alte Bhangale schüttelte den Kopf.

„Macht doch nichts", beruhigte in Dil Bahadur. „Das war nur ein freundlicher Wettkampf, wie wir ihn schon einige Male miteinander ausgetragen haben. Aber von nun an würde ich sagen, daß du mich nicht mehr stören solltest, wenn ich an meinem Altar reise."

Die zwei Schamanen tranken wie die besten Freunde miteinander Raksi. Dann führte Bhangale für Mohans Vater das Ritual Shir Uthaune durch, in der die Energie zum Scheitel erhoben wird und verwendete dafür den mitgebrachten Hahn.

Später gratulierten die Anwesenden Dil Bahadur und fragten ihn, wie er denn nun letztendlich gewonnen hätte, aber er lachte nur. „Ich bin eben ein sehr mächtiger Schamane", sagte er.

Es war nicht viel später, als er auf dem Weg nach Hause mit Mohan das Geheimnis unter einem sanften Sommerhimmel mit Sternen so dick wie Honigbienen lüftete. „Es war Sharmadeva."

Er benutzte dafür das Rai-Wort Khakciva. Mohan wußte, daß er von Liso, dem Wasser sprach, das, vermischt mit Kaulo-Blättern klebrig wurde und das er über den Altar gesprenkelt hatte. Er nannte den Namen der Gottheit, statt einfach nur Liso zu sagen.

* * *

WUNDERBARE KRÄFTE

...dann ging Papa zum Altar zurück. Nachdem er eine Weile getanzt hatte, sagte er: „Hut!"
Gleichzeitig pfiffen die Kencharivas sehr laut. Ich bemerkte, daß am Altar eines Capagain-
Brahmanen großer Lärm war. Er hatte seine Dhyangro (Trommel) und seinen Gaja (Schlag-
stock), wie auch seine Mala fortgeworfen, lief in den nächsten Garten und pflückte die gesam-
ten Früchte, Maiskolben und Kürbisse. Auf ähnliche Weise spielte die ganze Schamanengruppe
verrückt und lief in das Maisfeld...

* * *

Dil Bahadur zeigte zur Guru Puja noch mehr Wunder. Im August, als der Mond das erste mal
voll war, versammelten sich Dil Bahadur und seine Schüler mit anderen Schamanen und deren
Schülern, um den Göttern und Hilfsgeistern, die ihnen das Jahr hindurch geholfen hatten, Opfergaben darzubringen und sie zu ehren.

Wenn sie eine kranke Person heilten, riefen sie, um Beistand zu erhalten ihre Hilfsgeister oder
versprachen einem bösen Geist Opfergaben, um ihn zum Weggehen zu bewegen. Die Guru
Puja war der Zeitpunkt, an der den Hilfsgeistern besonders gedankt wurde. Die Schamanen
schlachteten viele Hühner, gossen deren Blut auf die Altäre und überreichten sie dann den
Frauen, damit sie zum Essen gekocht wurden. Manchmal konkurrierten die Schamanen miteinander, indem sie sich mit ihren magischen Kräften gegenseitig ausspielten, um zu sehen, wer
der Stärkste war.

An die hundert Schamanen und siebzig Schüler stellten getrennt voneinander ihre Altäre in Dil
Bahadurs Feld, gleich hinter seinem Garten auf. Es waren hinduistische Brahmanen und Chet-
ris, Schamanen der einheimischen Rai, Limbu, Tamang, Gurung gekommen. Außerdem waren
Schamanen der tibetischen Bergstämme, Schamanen der niederen Kasten, wie der Kami und
Damai, sowie Schamanen von Stämmen aus Indien anwesend. Die Hindus, die sich vor einigen
Generationen in den Bergen angesiedelt hatten, ordneten innerhalb ihres Kastensystems die Rai
und andere Bergvölker unterhalb der Brahmanen und Chetris, aber höher als die Schmiede und
die Schneider ein. Jede Gruppe mußte ihren Altar entfernt von den anderen aufstellen und ihre
Öllampen übersäten das Land mit winzigen Lichtpunkten.

Eine große Menge gewöhnlicher Leute aus kilometerweit entfernten umliegenden Dörfern hatte sich mit Proviant und Decken eingefunden, um den konkurrierenden Schamanen bei ihren
Machtdemonstrationen zuzuschauen.

Um zwei Uhr nachmittags ging Mohans Vater hinaus zur Mitte des Feldes und rief die erfahrenen Schamanen zusammen. „Macht keinen Ärger", sagte er. „Ihr seid alle Freunde. Führt einen

freundschaftlichen Wettstreit und streitet nicht, denn zuerst muß harte Arbeit erledigt werden." Sie gingen zu ihren Altären und begannen ihre Cintas, jeder auf seine Weise die Götter und Geistwesen in den Körper rufend. Abwechselnd demonstrierten sie dem Publikum ihre Kraft, indem sie Ingwer- und Yamswurzeln mit Federn klein hackten, tanzten und zu Boden fielen. Jeder versuchte den anderen zu übertreffen. Nur Mohans Vater saß still für sich alleine.

Die Zeremonien dauerten den ganzen Tag und bis in die Nacht hinein. Trotz der großen Anzahl geopferter Vögel gab es kein Gekreische. Die Schamanen hypnotisierten ihre Opfer zuerst und sprenkelten dann Wasser auf ihre Köpfe, bis sie diese schüttelten. Dies galt als Zeichen für die Bereitschaft, ihr Leben den Göttern hinzugeben. Nachdem die Vögel gerupft und gekocht waren, wurde das Fleisch unter den Leuten verteilt. Den Schamanen war das Essen während der Guru Puja nicht erlaubt, statt dessen tranken sie sehr viel Raksi und Reisbier, den so genannten Chang. Bis in die Abenddämmerung hinein erklang das Feld von Geschrei und Gelächter.

Die Sonne stand bereits am Himmel, als Mohans Vater endlich aufstand und sich seinem Altar näherte. Die meisten Leute schliefen noch. Jene, die noch wach waren, hielten inne um zuzuschauen und jemand rief: „Jetha Dai, wirst du uns nun deine Macht zeigen?"

„Deine Kraft soll am größten sein", sagte eine alte Frau.

„Oh, ich bin müde", antwortete er. „Ihr habt viele aufregende Wettkämpfe zwischen unseren Freunden und von anderen Schamanen gesehen. Warum sollte ich das tun? Ist es wichtig für euch?" Er heuchelte Widerwillen, bis sie riefen: „Jetha Dai, Jetha Dai", und die anderen damit weckten. Seine Schüler und die meisten der anderen Schamanen forderten ihn lautstark heraus, weil sie ihn schamanisieren sehen wollten. „In Ordnung", sagte er endlich. „Ich werde euch magische Kraft zeigen."

Er begann zu trommeln und übergab dann die Trommel seinem Haupthelfer, dem Konchariva, der die spirituellen Worte und Rhythmen zum Reisen in allen Welten kannte. Der Helfer mußte sehr aufmerksam sein und jederzeit wissen, wo der Schamane reiste, weil ein falscher Takt ernsthafte Konsequenzen haben konnte. Der andere Gehilfe des Schamanen war der Dhupaure, der die Rauchopfer am Brennen hielt und wußte, wann das heilige Wasser versprengt wurde, der Dochte entzündete, Knoten in der Schamanentracht oder Glocken, die sich gelöst hatten wieder festband und auf dem Altar Gegenstände wieder aufrichtete, die unbeabsichtigt umgeworfen worden waren.

Mohan erkannte den Trommelschlag zum Reisen in die Unterwelt, die auch Digdumma genannt wird. Sein Vater tanzte und als er herumwirbelte, schwang seine Naga Mala, welche aus den Knochen einer Schlange gefertigt und vorsichtig in der gleichen Reihenfolge wie bei einer lebenden Schlange aufgefädelt worden war, nach außen. Dil Bahadur streifte sich die Naga Mala vom Hals und legte sie auf den Boden. Dann nahm er die Mala aus Rudraksha-Samen ab und legte sie neben die Naga Mala. Über die Ketten aus Knochen und Samen gab er eine Opfergabe von Reiskörnern, Liso und reiner Kuhmilch. Er verlangte Räucherstoff und Mohan bröselte Wacholderbeerenblätter auf glühende Kohlen in einer Schale.

Flüsternd beschwor der Schamane die Schlangengeister: „Nagaraja, Nagarani, Simeraja, Simerani, Bhumeraja, Bhumerani, Karkat Naga, Kulira Naga, Basuki Naga, Sesha Naga." Dann sang er Mantras, um Bir Masan, Anführer der schrecklich aussehenden Masans, der Seelen jener, deren Tod gewaltsam war und Kalo Bhairung, den Herren der Masans zu rufen und blies in einen hohlen menschlichen Oberschenkelknochen, dessen dumpfer Ton furchterregend klang. Er warf eine große Handvoll ungekochten Reis auf die Malas und schrie: „Hut!" Seine Augen rollten zurück und fast wäre er hingefallen.

Mohan packte die machtgeladene Kalebasse vom Altar seines Vaters und goß ihm heiliges Wasser über den Kopf, während er seine Seele in den Körper zurückrief.

Schweigend schauten die Leute zu. Der Schamane, wieder belebt, fuhr mit seinen beiden

Phurke-Stöcken, durch die er, wie bei einem Fernglas, in andere Welten blicken konnte, über der Mala aus Schlangenknochen hin und her und bewegte sich dabei zurück in Richtung des Publikums. „Tschuh-tschuh, tschuhtschuh", sagte er. Die Schlangenknochen bewegten sich und folgten ihm. Die Rudraksha-Kette blieb an ihrem Platz und während die Naga Mala über den Boden kroch, vergrößerte sich der Abstand zwischen den Malas immer mehr. Mohans Vater sang weiterhin Mantras. Als die Schlangenknochen sich das erste Mal bewegten, begannen die Leute zu murmeln und jetzt, da die Naga Mala mehr als einen halben Meter gewandert war, schrieen sie auf und riefen einen Gruß an das Geistwesen: „Lau-Parameshvar."

Der Schamane stoppte und drehte sich zum Publikum. Die aufgefädelten Schlangenknochen lagen still da. Er führte seine Hände darüber, hob sie auf, faltete sie und legte sie schlafen, indem er ein Mantra darauf blies.

Vorsichtig legte er die Naga Mala auf den Altar. Um sich zu überzeugen, daß sie liegen blieb beobachtete er sie und sprach dann zu seinen Schülern, als sei überhaupt nichts Außergewöhnliches passiert: „Ich bin sicher, daß ihr alle hierher gekommen seid, um zu lernen und euer Wissen zu erweitern. Solltet ihr um etwas anderes bitten, verschwendet ihr eure Zeit. Denkt daran, daß ihr mindestens zwölf Monate lang üben müßt, um das hier zu beherrschen." Der Reihe nach schaute er in jedes Gesicht. „Sagt mir, was ihr heute lernen möchtet?"

„Eine Besessenheitstrance", rief ein Schüler. Ja!" Stimmten die anderen in das Rufen ein.

„Jeder nimmt seinen Helfer und geht zu seinem eigenen Altar. Beginnt eure Reise auf eure eigene Weise. Aber hört genau zu. Möglicherweise begegnet ihr Schwierigkeiten oder Hindernissen, während ihr reist. Ihr müßt den Pfad in die andere Welt finden und eure Probleme selbst lösen. Solltet ihr aber echte Schwierigkeiten haben, dann ruft mich. Ich werde euch dann helfen."

Die Schüler gingen zu ihren Altären zurück und fingen an zu trommeln, jeder in seinem eigenen Tempo und Rhythmus, als wäre er alleine auf dem Feld. Hier und da erhob sich einer, um zu tanzen. Der Klang ihres Singens und Trommelns wurde immer lauter, als jeder versuchte, den anderen zu übertönen. Mohans Vater saß beobachtend, Kalebasse und Phurke-Stöcke haltend, da. Seine Helfer, einschließlich Mohan und der Kencharivas, hatten alles griffbereit hingestellt, so daß er mühelos finden konnte, was er brauchte.

Eine Zeit lang meditierte er und flüsterte Mantras. Dann nahm er Reiskörner vom Altar und tanzte mitten unter seinen Schülern, den Reis auf ihre Köpfe und Körper werfend. Immer noch tanzend kehrte er zu seinem Altar zurück und rief: „Hut!" Die Kencharivas pfiffen.

Vom Altar eines Brahmanenschülers kam lauter Lärm. Der Schüler schleuderte Trommel und Schläger beiseite, riss sich die Mala vom Hals, ging hinunter auf alle Viere und hetzte in den Garten, wo er Früchte abriss, Maiskolben von ihren Stängeln abknickte, Kürbisse von ihren Ranken trennte und so hart auf den Boden warf, daß sie zersprangen. Erst wurde einer nach dem anderen und dann alle auf einmal verrückt. Die ganze Gruppe von Schülern tanzte und rannte, zuerst in den Garten und danach in das Kornfeld, wo sie alles zerstörten. Von allen Schülern und Schamanen, die an ihrem Altar geübt hatten, blieben nur Shyam Lal Rai, Basante Saila und Mohans Großmutter mütterlicherseits zurück.

Die Leute im Publikum waren überrascht und verängstigt. Kinder und Frauen fingen an zu weinen und fragten, was hier passiere. Eine halbe Stunde lang ließ Mohans Vater die Schüler sich wie wild gebärden, dann nahm er seinen Platz am Altar ein und sang die Mantras für Bir Hanuman, den obersten Affengott. Er opferte ihm Reiskörner, heiliges Wasser, Früchte und zinnoberrotes Pulver. Anschließend schnitt er mit einem kleinen gekrümmten Messer in seinen Daumen und quetschte einen Tropfen Blut auf den menschlichen Oberschenkelknochen, der unter den heiligen Objekten auf dem Altar lag.

Stehend hob er seinen Messingteller und Trommelstock auf und begann zum scheppernden

Rhythmus zu tanzen. Dann lief er langsam zwischen den Altären seiner Schüler umher. Viele waren zerstört und die Öllampen erloschen. Er befahl den Trommlern und Helfern, an jedem Altar die Lampen wieder anzuzünden und Räucherstoff zu verbrennen.

Die Schüler des Schamanen rannten immer noch im Garten umher, kletterten auf Bäumen und in Felswänden herum und krausten wie Affen schnüffelnd ihre Nasen. Mohans Vater sprang auf einen großen Felsen, pfiff dreimal laut und rezitierte ein Mantra. Die Schüler kamen wieder zu sich und gingen zu ihren Altären zurück. Sie hoben ihre Trommeln auf, während es sie weitere zehn bis fünfzehn Minuten schüttelte und opferten dann ein letztes Mal Reiskörner. Danach legten alle ihre Trommeln nieder und lachten. Sie waren müde und schmutzig von der Erde aus Garten und Feld. Ihre Körper, Haare und Gesichter waren verschmiert mit den klebrigen Überresten von Früchten und Gemüse. Ihre Kleidung war schmutzig und nass.

Mohans Vater fragte: „Wie war eure Reise? Was habt ihr gefunden? Habt ihr auf dem Weg dorthin und zurück irgendwelche Schwierigkeiten gehabt?"

Sie konnten mit dem Lachen nicht aufhören und fragten ihn, ob er sie lehren würde, wie man Hanuman Deva, den Affengott, der sie besetzt hatte, kontrollieren könne.

Für zwei weitere Stunden lehrte er, zwischen ihren Altären auf und ab gehend und Mantras in die Ohren seiner Schüler flüsternd. Basante Saila und Mohans Großmutter halfen, weil sie als Schamanen schon wußten, wie man Bir Hanuman und die schreckenerregenden Masans mit Mantras rief.

* * *

Am Mittag des zweiten Tages rief Mohans Vater das Ende der diesjährigen Guru Puja aus. Die meisten Schamanen waren müde und legten sich schlafen. Einige räumten den Platz auf, während andere Karten oder Paraso, ein tibetisches Spiel, spielten. Die Frauen, alt wie jung, waren eifrig damit beschäftigt, für die Schamanen und deren Helfer, die schon seit Anbeginn der Zeremonien fasteten, Essen zu kochen.

Mohans Vater saß plaudernd mit einigen der Ältesten zusammen, während die Jüngeren zuhörten. Sie sprachen von Dieben, da es in letzter Zeit in dieser Gegend einige Probleme gegeben hatte – Surti, war von den Feldern und Früchte und Gemüse aus den Gärten gestohlen worden. Hauptsächlich wurde vermutet, daß die Diebe junge Tibeter waren. „Wenn jeder damit einverstanden ist und ihr mir die Erlaubnis gebt, dann wird es nicht schwer für mich sein, euch zu helfen", sagte er.

Die älteren Männer nickten, aber einige der jüngeren waren überrascht und riefen: „Nein! Wie kannst du so etwas machen?"

„Ich habe eine unsichtbare Polizei, die eure Diebe fangen wird", sagte der Schamane. „Aber ihr dürft die Täter weder schlagen, noch sonst irgendwie verletzen. Sie werden von alleine gute Menschen werden."

Inzwischen war so gut wie jeder betrunken und jemand forderte ihn stürmisch heraus: „Warum machst du es nicht gleich?"

„Schau, alles hängt vom richtigen Zeitpunkt ab. Es ist einfach, darüber zu sprechen, aber es braucht Zeit und die richtige Unterstützung von dort, wo eure Sachen gestohlen wurden. Mein Kuladeva ist sehr stark, aber gemäß unserem Mundhum muß alles zur richtigen Zeit getan werden."

Diejenigen, die keine Rai waren, lachten. Sie glaubten nicht an die angestammten Götter der Rai, an ihre Ahnengötter, die Kuladevas und Pitris und an die Macht des Mundhum. Einige junge Tibeter gingen weg und tuschelten miteinander: „Diese Rai sagen, daß ihr Kuladeva sehr stark ist und sie beschützt, aber wir stehlen schon seit langer Zeit aus den Gärten der Rai und wurden noch nie erwischt. Das ist nur ein schlauer Trick, um uns auf die Probe zu stellen und uns Angst einzujagen." Tensing Gyaltsen, ein drahtiger Zwanzigjähriger mit einem langen, knochigen Gesicht rief: „Vielleicht ist der Kuladeva euer Gott, aber uns kann er nicht verletzten!" „Es mag wahr sein, daß du vom Kuladeva nicht verletzt wurdest, als du Reis von den Rai gestohlen hast", sagte der Schamane. „Aber das war nur, weil der Besitzer den Kuladeva nicht beauftragt hat, seinen Garten zu bewachen. Der Kuladeva braucht einen Befehl vom Eigentümer." Die jungen Tibeter lachten und sagten, daß sie keine Angst hätten.

„Wenn ihr es ausprobieren wollt, dann werde ich es euch zeigen. Wartet nur ein paar Minuten", stichelte Dil Bahadur.

„Gute Idee", spotteten sie. „Wenn du ein wirklich mächtiger Schamane bist und dein Kuladeva so stark ist, dann mußt du unbedingt weitermachen."

„Ihr werdet es nicht mögen. Ich möchte, das alle anwesenden Rai mir ihr Einverständnis geben und ihr ebenso. Wenn ihr Schwierigkeiten bekommt, dann macht uns keine Vorwürfe. Erinnert euch, das ihr es so gewollt habt."

Bomjon Tamang warnte die jungen Tibeter: „Ich habe mit deren Ahnengöttern schon Bekanntschaft gemacht. Es ist gefährlich. Seid nicht so dumm, Älteren Bruder herauszufordern." Aber sie waren ziemlich betrunken und stolz. Außerdem waren sie neugierig, die Kraft der Rai-Ahnen zu sehen.

Die anderen Rai stimmten zu. „Zeig es ihnen, Älterer Bruder. Erteile ihnen eine Lektion."

Mohans Vater ging durch seinen verwüsteten Garten und warf nach allen Seiten Reiskörner und Stückchen von Ingwer. Dann ging er ins Haus und setzte sich vor die Cula. Für ein paar Minuten betete er bei den drei heiligen Kochsteinen, ging dann wieder hinaus und verkündete: „Wir sind soweit. Jeder kann in den Garten gehen und versuchen, etwas zu nehmen. Pflückt, was immer ihr wollt und bringt es dann zu mir."

Tibeter, Rai und junge Leute von anderen Stämmen und Kasten liefen in den Garten. Nichts schien sich verändert zu haben. „Wir können nichts fühlen", sagten sie.

Onkel Mani Raj pflückte einige Chilis und als die anderen versuchten, es ihm gleichzutun, blieben ihre Finger an den Blättern hängen. Gleich darauf klebten die Leute schnell an den Getreidepflanzen und Obstbäumen fest. Pongi Gurung, der im Ingwerbeet grub, klebten alle zehn Finger an einer Wurzel, während es bei anderen nur zwei oder drei Finger waren. Alle waren sie gelähmt. Niemand konnte sich bewegen. Es fing sehr stark zu regnen an. Das Publikum rannte ins Haus und in den Kuhstall, aber diejenigen, die fest an den Pflanzen hafteten, wurden klitschnass.

Nach einer halben Stunde rief Mohans Vater endlich: „He, wollt ihr da draußen schlafen oder wollt ihr nach Hause gehen?"

„Bitte befreie uns von deinem Deva", bettelten sie. „Wir glauben dir nun. Er ist zu stark für uns." Der Schamane kaute eine Ingwerwurzel, flüsterte Mantras und spuckte überall hin. Dann opferte er an der Cula Wasser, ein Stück Ingwerwurzel und Räucherwerk. Innerhalb von fünf Minuten konnten sich die Leute lösen. Dil Bahadur lachte: „Meine Chilipflanzen sind wohl zu stark für euch oder was?"

Die beschämten jungen Männer gingen stillschweigend fort, nur Pongi Gurung mußte bleiben und um Hilfe für seine verdrehten Finger bitten. Mohans Vater warf Reiskörner, Ingwer und Khakchiwa auf Kopf und Hände von Pongi und seine Finger entspannten sich wieder. Das verbliebene Publikum tuschelte.

Das Gesicht des Schamanen wirkte ärgerlich: „Gibt es Freiwillige, die meine Chilis, Blumen oder mein Getreide pflücken möchten?"

Niemand antwortete.

Er befahl einem Brahmanen-Jungen: „Geh und pflücke ein paar Chilis. Habe keine Angst. Ich habe mit meinem Kuladeva gesprochen."

Der Junge pflückte ein paar Chilis und brachte sie.

„Seht ihr", sagte der Schamane. „Der Kuladeva ist sehr stark, aber jetzt ist er zu meiner Cula zurückgekehrt." Er beugte seinen Kopf zu Mohans Ohr und erklärte: „Weil wir unsere angestammten Devas schon seit Jahrhunderten verehren helfen sie uns. Wenn wir die Dinge auf die richtige Weise tun, das heißt in Übereinstimmung mit unserem Mundhum, müssen sie uns beschützen, wie sie es schon immer taten. Aber erinnere dich, im Mundhum muß alles ganz korrekt, ohne Fehler ausgeführt werden. Wenn du Fehler machst, werden die Ahnen nicht nur ihre Hilfe verweigern, sondern sie werden wütend sein und dich außerdem krank machen."

Mohans Mutter blickte hinaus über das ruinierte Feld und den Garten. Sie seufzte: „Ich fühle mich jetzt schon krank."

„Mach dir keine Sorgen, Mama. Ich werde dir beim Aufräumen helfen", versprach Mohan.

* * *

SCHAMANENLEHRLING

...Ich schlief mit zwei anderen Jungen beim Feuer. Als ich meine Augen öffnete, saß neben uns am Feuer eine alte Frau. Ich versuchte, meine Freunde aufzuwecken, aber es war nicht möglich. Sie schaute mich an. Sie winkte mich zu sich. Ich wollte etwas sagen, doch meine Stimme versagte. Sie kam an meine Seite und signalisierte mir mit der Hand, während sie in mein Ohr flüsterte: „Lass uns zu mir gehen." Ich ging mit ihr. Wir erreichten ein kleines Tal. Am Ende des Tals war ein schönes Haus, in dem Lichter an den Wänden hingen und schöne Rehfelle auf dem Boden lagen. Es gab auch eine Gebetsnische mit ein paar Öllampen...

* * *

Jedes Frühjahr, bevor der Monsun kam, wanderte eine Gruppe aus Dorokha in die hochgelegenen Gebirgswälder, um Feuerholz, grünes Gemüse, wilde Baumwolle, Bambustriebe und Blätter zum Flechten von Körben und Ghums, die ähnlich wie Regenschirme zum Schutz vor Regen benutzt wurden, zu sammeln. Mohans Vater führte die Gruppe an, die in das höchstgelegene Gebiet kletterte – zu den kalten Teichen, wo es jetzt, Ende April, im Überfluss fettgewordene Ochsenfrösche gab, die gegessen werden konnten.

Aus irgendeinem Grund sehnten sich in diesem Jahr alle nach Froschschenkeln und jeder wollte sich Dil Bahadurs Gruppe anschließen. Nur die Brahmanen und Chetris der Hindus, deren Kastengesetze es nicht erlauben Frösche zu essen, blieben zurück. Insgesamt stapften siebzig Leute, sich einen Weg durch dichtes Unterholz und Bambusgruppen bahnend, den schmalen Waldpfad nach oben, um schließlich eine hochgelegene Region mit gigantischen Bäumen zu erreichen. Dort gab es keine Sonne und der in Dämmerlicht getauchte Ort war mit umgestürzten Baumstämmen übersät. Es war seltsam und ein wenig Ehrfurcht gebietend so weit weg vom Dorf und den vertrauten Weiden zu sein, aber sie waren viele Leute und hatten keine Angst. An einem Ort, der Gomolakha hieß und viertausendfünfhundert Meter über dem Meeresspiegel lag, schlugen sie ihr Lager in Form eines Kreises aus zwanzig Lagerfeuern neben einem kleinen Fluß im Königreich der Bergvögel und der wilden Tiere auf.

Jeden Morgen verließen einige Männer das Lager mit Pistolen, um zu jagen, während andere den Wald nach Bambustrieben, Baumsaft und besonderem Holz, das als Räucherstoff benutzt wurde, durchsuchten.

Mohans Vater, der Teile der Frösche als Bestandteil seiner Medizin brauchte, übertrug einer Gruppe die Aufgabe, nachts Ochsenfrösche zu fangen. Es gab tausende umgestürzter Bäume und die sechs Kinder in Mohans Alter sammelten totes Holz, das genügend Brennmaterial für die Feuer am Abend hergab. Nach einer Mahlzeit aus Ochsenfröschen würden die Männer Karten spielen, während Flötenspieler musizierten und wenn es vollkommen dunkel war, würden die Ochsenfroschjäger, einschließlich Mohans Vater, mit Fackeln aufbrechen.

Ursprünglich hatte die Gruppe geplant, für zehn Tage im hochgelegenen Wald zu sammeln und zu jagen, weil aber das Land so freigiebig eine reiche Ernte bescherte, beschlossen sie, zu bleiben und weiterzumachen. Einige starke Männer kehrten zum Dorf zurück, um Vorräte zu holen. Mohan und zwei seiner Freunde schlugen ihr Nachtlager unterhalb eines Baumes, neben einem kleinen Feuer auf. Eines Nachts erwachte Mohan und sah bei den Flammen eine alte Frau kauern. Sie gehörte nicht zum Dorf. Er streckte sich nach seinen Freunden aus, um sie wachzurütteln, aber sie schliefen tief und fest weiter.

Die alte Frau schaute ihm in die Augen und deutete mit ihrem Kopf seitwärts in Richtung des Waldes. Dann rutschte sie zu ihm hinüber und flüsterte: „Lass uns zu mir gehen."

Er stand auf und ließ seine Decke auf den Boden fallen. Sie ging auf dem Weg zwischen den Bäumen voraus und er folgte, kaum imstande ihre Gestalt zu erkennen, denn durch das dichte Blätterwerk drang kaum Mondlicht. Sie stiegen in ein flaches Tal hinab und liefen neben einem kleinen Fluß her. Als das Tal sich verengte, erreichten sie endlich ein kleines, gut gebautes Haus, das auf einem kurzen Felsvorsprung stand. Aus einer Felsspalte plätscherte Quellwasser hervor. Sie gingen hinein.

An der gegenüberliegenden Wand brannten in einer Nische Öllampen, die kleine gelbe Lichtpunkte erzeugten. Ein wunderschönes Rehfell lag auf dem Boden vor einem Altar, auf dem weitere Öllampen mit stiller, gleichmäßiger Flamme brannten.

Die alte Frau deutete auf das weiche Rehfell. „Setz dich." Sie legte ihre kleine Handsichel und ihre Tasche auf ein niedriges Regal beim Altar. „Was möchtest du essen und trinken?"

„Nichts. Danke schön", sagte Mohan höflich.

„Das ist mein Haus, alles darin gehört mir." Sie gab ihm einen Messingteller mit ungekochtem Reis und einigen Blütenblättern. „Lass uns eine Puja machen." Sie opferten den Reis, die Blütenblätter und Milch, die sie aus einem metallenen Gefäß in der Ecke schöpfte.

Dann betrachtete sie ihn und ergriff seine Hände. Ihre Hände waren von gleicher Größe, obgleich er dicke Kinderhände hatte und ihre stark und schlank waren, mit geschickten Fingern. „Junge, ich bin Khoklihangma, die Königin des Waldes. Hör mir zu. Du bist mit zu vielen Leuten gekommen. Ihr brennt den ganzen, trockenen Wald ab, fällt Bambus, tötet die Tiere und verschmutzt mein Land. Wenn die Anderen aufwachen, dann sage ihnen, daß sie das Lager nach unten, weiter östlich, verlegen sollen. Räumt die Gegend vorher auf und macht ein Rauchopfer. Frage deinen Vater Dil Bahadur, warum er mich nicht respektiert. Du mußt das beenden oder es wird für dich und deine Leute nicht gut sein."

„Sie werden nicht auf mich hören", sagte Mohan. „Ich bin nur ein kleiner Junge. Bitte geh selbst hin und sag es ihnen. Lass uns zurückkehren. Ich werde sie aufwecken."

„Nein", antwortete sie. „Ich kann dort nicht wieder hingehen." Sie starrte in seine Augen, drückte seine Hände und schüttelte seine Arme. „Du mußt tun, was ich dir gesagt habe."

Sie ließ ihn los und holte einige Sachen vom Regal hinter sich. Eine Frucht, die er noch nie zuvor gesehen hatte und einen schwarzen, rechteckigen Stein, der eine besondere Ausstrahlung hatte. Sie reichte ihm die Frucht und er biss hinein. Sie war frisch und breiig, mit der Beschaffenheit von dicker Creme. Süßer, würziger Saft rann seine Kehle hinunter und löschte einen tiefen, unbekannten Durst. Als er fertig gegessen hatte, gab sie ihm den Stein. Er hatte die Größe einer Spielkarte, war glatt mit abgerundeten Ecken und fühlte sich kühl an. Seine glänzende Oberfläche zierten unregelmäßige, hellbraune Kreise, die, wie es schien, eine Botschaft enthielten, die er fast lesen konnte. Sie schloss seine Finger um den Stein und sagte: „Lass uns gehen."

Sie führte ihn nach draußen, hundert Schritte durch die Dunkelheit, hielt dann an und flüsterte:

„Vergiß nicht, es ihnen zu sagen." Sie drehte sich um und verschwand. Augenblicklich war er wieder im Lager und lag mit zerknitterter Decke am Feuer.

Der Morgen dämmerte und das Lager erwachte. Mohans Vater hockte ein paar Meter entfernt und entfachte gerade ein Feuer. Mohan roch, daß etwas in Butter frittiert wurde. Es war kalt. Er kauerte sich mit den anderen Jungen an das Feuer seines Vaters und beobachtete die Flammen. Als er sich dann langsam an die Nacht erinnerte, bekam er Angst. Er sank auf den Boden und studierte die Gesichter seiner Freunde und das seines Vaters, als hätte er sie noch nie gesehen, unsicher, ob die alte Frau ein Traum gewesen war oder ob er jetzt träumte.

Sein Vater bemerkte, wie still Mohan war. „Vielleicht hatte er einen Albtraum und Latidevi hat ihn angegriffen", dachte er laut. „Es wäre nicht das erste Mal." Der Schamane sprach ein Mantra und blies es mit einem sanften Hauch über Mohans Gesicht und Kopf. Dann bewarf er ihn solange mit Reiskörnern und Wasser, bis sein Blick sich wieder zentrierte.

„Diese Mutter war so nett", sagte Mohan. „Sie kam in der Nacht und hat mich mit in ihr Haus genommen." Er fühlte etwas Hartes in seiner Hand, öffnete sie und es zeigte sich der rechteckige Stein. „Das hat sie mir gegeben."

Einige Leute versammelten sich, schüttelten ihre Köpfe und sagten, er hätte einen Traum gehabt. Sein Vater kniete sich neben ihn, musterte ihn aufmerksam und fühlte seinen Puls.

„Papa was machst du? Mir geht es gut." Er entzog sich. Ich sage dir, daß die Königin dieses Ortes gekommen ist und mich mit in ihr Haus genommen hat. Sie sagte, daß ich dir eine Botschaft überbringen soll: ‚Dil Bahadur', sie kannte deinen Namen. ‚Warum respektierst du mich nicht? Warum verunreinigst du mein Gebiet, nimmst dir Sachen und erschießt die Tiere? Du mußt dein Lager weiter nach unten in den Osten verlegen.'"

„Das sagte sie?" Dil Bahadur ergriff Mohans Arm und starrte ihm ins Gesicht.

Onkel Desh unterbrach ihn: „Wo ist sie jetzt?"

„Ja, wo? Bring uns dorthin", drängten die anderen ihn.

„Welche Königin würde nachts alleine hier oben im Wald sein? Ich glaube dir nicht", spottete ein älterer Junge. Die großen Jungen lachten und machten sich solange über Mohan lustig, bis er weinte.

„Wartet", sagte sein Vater. „Mohan ist schon früher mit der Tochter der Waldgöttin gereist und nicht immer im Traum. Ich sollte herausfinden, was passiert ist."

Eine Frau kam herüber und beugte sich hinunter. „Mohan, bist du in Ordnung?"

Eine Kusine bückte sich und schaute ihm in die Augen. Ihre Freundin kniete sich zu Mohan und fragte sanft: „Wo ist dieses schöne Haus deiner Königinmutter? Willst du uns nicht hinbringen?"

„Ja." Er wollte es ihnen zeigen.

Er führte die Kusine, ihre Freundin und mehrere Jungen flussaufwärts durch das enge Tal, soweit er sich erinnern konnte, aber im Tageslicht sah alles anders aus. Sie liefen eine lange Zeit, aber er konnte das Haus der Waldkönigin nicht finden. „Es ist nur noch ein bisschen diesen Weg entlang...glaube ich." Aber sie weigerten sich, ihm zu folgen.

„Ich bin sicher, daß wir es verpaßt haben", sagte seine Kusine. „Aber wir können nicht mehr länger suchen." Sie gingen zum Lager zurück.

„Ich weiß, daß sie echt war", erklärte Mohan seinem Vater. „Khoklihangma verlangte, daß wir das Lager verlegen. Papa, wir können hier nicht bleiben."

Sein Vater nickte langsam. „Das ist wahr."

Aber die Anderen protestierten: „Die Jagdbedingungen sind gut hier. Wir brauchen noch ein paar zusätzliche Tage." Sie weigerten sich, wegzuziehen.

Nach dem Morgenmahl verschwanden die Jäger mit den Sammlern im Wald und Mohans Freunde begannen zu spielen und Feuerholz aufzulesen, aber Mohan blieb am Feuer, fütterte es mit Zweigen und dachte an Khoklihangma und ihre Warnung.

Mit der Abenddämmerung kehrten die Leute aus dem dunklen Wald in den hellen Feuerkreis zurück. Nur die Jäger, vier starke Männer mit Pistolen, fehlten noch. Immer wieder gingen Leute, soweit der Feuerschein reichte, in den Wald hinein, um nach ihnen zu rufen. Endlich kam eine Antwort: „Wir sind hier."

Schritte kamen näher. Der erste Jäger trug Beine von einem großen Rehkadaver, die er um seine Schultern geschlungen hielt. Dann traten zwei weitere Jäger in den Feuerschein, die unbeholfen einen bewußtlosen Körper trugen, der zwischen ihnen durchsackte. Der linke Arm des Verletzten war nur noch ein auf die Brust gebundener Stumpf. Vom Ellbogen an abwärts, war der Arm abgerissen. Leuchtendrotes Blut tränkte seine Kleidung und verschmierte die Hände und Arme der Träger.

Sie legten ihn auf eine hastig herbeigebrachte Unterlage aus Decken. Mohans Vater hockte sich neben ihn. „Seine Pistole ist explodiert", erklärten die Jäger. Sie legten ein mit Blättern umwickeltes Bündel neben ihren bewußtlosen Kameraden auf den Boden. Mohan zog eines der Blätter am Rand zur Seite und sah darin fünf Finger hin und her kullern.

Der verletzte Mann, Rekhi, hatte viel Blut verloren. Seine Haut war aschfahl und sein Puls schwach. Um Asche herzustellen, verbrannte der Schamane in einem Topf ein kleines Stück Decke, fügte Senföl, Holzkohlenstaub und eine Flüssigkeit aus zerstampften, grünen Blättern hinzu, weichte in der Mixtur einen Bausch wilder Baumwolle ein und umwickelte damit Rekhis Ellbogen. „Mit dem ersten Licht müssen wir ihn nach unten ins Dorf bringen", entschied er. Sie wickelten ihn in Decken und legten ihn neben das Feuer, aber binnen kurzer Zeit begann er zu stöhnen und so bemitleidenswert zu schreien, daß niemand mehr schlafen konnte. Die Leute blieben wach und saßen die ganze Nacht flüsternd am Feuer. Im Morgengrauen brachen die Jäger auf, um Rekhi den Berg hinunter zu tragen. Als sie ihn bewegten, schrie er auf und seine Stirn war heiß.

Mohan sagte zu seinem Vater: „Ich weiß, daß Khoklihangma diesen Unfall verursacht hat. Falls wir länger hier bleiben, werden wir mehr Schwierigkeiten bekommen."

„Vielleicht hast du Recht." Der Schamane dachte lange nach. Endlich hellte sich seine Miene auf. Er hatte eine Entscheidung getroffen. „Ich werde ihnen vorschlagen, das Lager hinunter nach Tallo Chaur zu verlegen."

Nach dem Frühstück stellte sich Mohans Vater der Herausforderung, die anderen zu überreden, das Lager zu verlegen. Der neue Platz war nur zehn Minuten entfernt, den Berg hinunter, hinter einem kleinen Hügel.

Die Hälfte der Leute willigte ein mitzukommen, aber der Rest entschied dagegen. Es war ihnen zu viel Aufwand, erneut ihre Sachen zu schleppen und ein neues Lager aufzubauen.

Mohan lief einige Male hin und her, bis alle Sachen im unteren Lager waren. Sie hatten einen offenen Platz in der warmen Sonne gefunden und verbrachten eine friedliche Nacht.

Am nächsten Morgen kamen mit dem ersten Licht aus dem oberen Lager Harka Bahadur Rai und Chengta Tamang, zwei junge Jäger, nicht älter als zwanzig, die Mohan sehr bewunderte, mit ihrem ganzen Gepäck ins Tallo Chaur Lager. „Wir fanden keinen Schlaf", erklärte Harka. „Die ganze Nacht war die Hölle los."

„Von neun Uhr abends bis drei Uhr morgens waren viele Bhutas und Pretas überall im Lager und zertrümmerten Sachen", fügte Chengta hinzu.

Die Leute versammelten sich, um die Neuigkeiten zu hören.

„Es begann am Abend, als ein Koili-Vogel direkt neben unserem Lager ‚kuii, kuii,kuii' sang", sagte Harka.

„Das war die Waldgöttin. Das hättet ihr aber wissen müssen." Mohans Vater preßte seine Lippen aufeinander.

„Jeder begann, brennende Gegenstände in Richtung des Vogels zu werfen. Wir machten große Feuer und grillten das Rehfleisch. Die Feuer rauchten so stark, daß man kaum etwas sehen konnte. Ungefähr um Mitternacht rannten plötzlich aus irgendeinem Grund Tiere im ganzen Lager herum und sogar durch die Feuer. Die Steine und das Holz machten laute Geräusche." Chengta fiel ihm ins Wort. „Die Leute wurden verrückt und rannten durch die Feuer, die sich ausbreiteten und das ganze Lager in Brand steckten. Es sah so aus, als würden die großen Bäume auf uns herabstürzen. Drei Leute haben alles verloren. Die Bambustriebe, die sie gesammelt haben, seit sie hier sind und ihre Kleidung – alles ist im Feuer verbrannt."

Die Zuhörer murmelten erstaunt und Harka nahm den Faden der Geschichte wieder auf. „Es war entsetzlich. Als wir die Bäume fallen sahen, dachten wir, unsere letzte Stunde hätte geschlagen. Zum Glück machte Nahibir Rai ein Rauchopfer aus Kuhdung und alles beruhigte sich wieder."

„Mmh", Mohans Vater brummte grimmig Anerkennung.

Bis zum späten Nachmittag waren alle Leute vom oberen Lager nach Tallo Chaur heruntergekommen.

Ein paar Tage später kehrten die Dorfbewohner nach Hause zurück. Einige Heiler, die Dhamis genannt werden und bei ihrer Arbeit nicht in Trance gehen, hatten den verletzten Mann behandelt. Seine Wunde heilte gut, ohne sich zu entzünden.

* * *

An einem Spätnachmittag zur Vollmondzeit spielte Mohan auf dem Feld, als er bemerkte, daß sich vor seinem Haus Leute versammelten. Es wurde viel gekocht. Mohan erkannte einige Schüler seines Vaters, spielte aber mit seinen Freunden weiter, bis es dunkel wurde. Als er hinein ging, sah er, daß sein Vater auf einem flachen, geflochtenen Tablett alle schamanischen Kraftobjekte ausgebreitet hatte. Eine mit heiligem Wasser gefüllte Kalebasse, eine Öllampe, eine Ingwerwurzel, ein Khukuri und den braunen, rechteckigen Stein, den Mohan von Khoklihangma bekommen hatte. Dil Bahadur setzte seinen Sohn an den Altar und präsentierte ihn mit den heiligen Objekten in einem besonderen Ritual seinen sechzig Schülern. Stolz verkündete er: „Von diesem Tag an ist Mohan nicht nur mein Sohn, sondern auch offiziell mein Lehrling."

* * *

DER HEILIGE EINSIEDLER

...Dann war da eine große Höhle. Drinnen war es dunkel. Ich konnte einige Lampen erkennen. Ich sah, daß ein paar Leute, die lange Holzstäbe in den Händen hielten, sich wie Schatten auf uns zu bewegten. Als sie uns erreicht hatten, sagte einer von ihnen zu meinen drei Freunden: „Warum ist dieses Kind hier?" Ich erinnere mich, daß sie alle wie hinduistische Sadhus (heilige Männer) aussahen. Dann umkreisten sie mich und schauten mich so seltsam an. Sie hatten große Augen, ihre Hände und Beine waren mit langen, weißen Haaren bedeckt und sie trugen Kleider aus Baumrinde. Ich bekam Angst...

* * *

Jener Frühling war ungewöhnlich warm. Mohan hütete mit seinen Freunden viele Stunden lang die Kühe und Büffel am Fluß Gangate. Obwohl nicht besonders tief, war der Fluß breit und flach mit vielen kleinen Seen und Nebenflüssen, wo sich die Büffel suhlten, um der Hitze zu entfliehen. Zu beiden Seiten des Flusses graste das Vieh. Die Kinder planschten, stimmten Lieder an, fingen Fische und kleine Krabben und waren einfach glücklich und zufrieden.

Mit drei weiteren Kindern wanderte Mohan flussabwärts. Hinter jeder Biegung waren sie von einer neuen Attraktionen fasziniert – ein großer Felsen, gut zum Tauchen, eine schattige Stelle mit Kaulquappen und ein Rehrudel, das zum Trinken ans Ufer gekommen war. Der Himmel war klar und breit gefächerte Bäume warfen ihre Schatten auf das Wasser.

Schon bald waren die Kinder so weit gelaufen, daß das Vieh völlig aus ihrer Sicht verschwunden und sie einen Teil des Flusses erreicht hatten, der neu für Mohan war.

„Vielleicht sollten wir umkehren", schlug er vor. „Wir entfernen uns zu weit von den anderen."

„Warte, lass uns dorthinunter zu diesem kleinen Teich bei den Bäumen gehen. Dort muß es eine Menge Fische geben." Die hellen, aufgeregten Stimmen seiner Freunde drängten ihn.

Mohan schaute zu den Bäumen, auf den Boden und in die schillernde Spiegelung des Sonnenlichts auf dem Wasser, nur nicht zu seinen Freunden. Zwei Stunden verstrichen und sie fanden sich spielend neben einem Wasserfall wieder, wo der breite, freundliche Fluß plötzlich spiegelglatt über eine sechzig Meter tiefe Klippe stürzte und sich spritzend wie ein weißer Seidenschal ausbreitete. „Das muß der Ort sein, den sie Malibanse nennen", sagte er.

Die Kinder kicherten. Erstaunt schaute er in ihre Gesichter. Er kannte sie nicht. Das waren andere Kinder. Zwei Jungen und ein Mädchen, die er noch nie gesehen hatte.

„Wer seid ihr? Woher kommt ihr? Was ist mit meinen Freunden passiert?"

Die Sonne würde bald untergehen. Die fremden Kinder schauten sich gegenseitig in die Augen und versuchten, ein Lachen zu unterdrücken, aber schließlich brach es wie Glockenläuten hervor. „Mach dir keine Sorgen. Wir sind auch deine Freunde. Du wirst mit uns gleich nach Hause gehen, aber erst müssen wir noch unsere Arbeit beenden."

Sie liefen weiter, während sie ihn zum Eingang einer großen Höhle führten. Die Höhle war sehr dunkel, aber tief im Inneren brannten kleine Lichter, wie die von Öllampen und es schien, als würden sie an- und ausgehen. Er bemerkte schnell, daß dieser Eindruck entstand, weil Gestalten aus dem hinteren Teil der Höhle auf sie zu kamen und dabei gelegentlich die Lichter verdeckten. Sie kamen leise, wie Schatten und trugen lange Holzstäbe. Endlich konnte er drei große Männer mit langen Bärten erkennen.

Sie sahen aus wie Sadhus, die heiligen Männer der Hindus und waren nahezu nackt. Um ihre Hälse hingen Malas aus Rudraksha-Samen. Rote Trishuls markierten ihre Stirn und ihre Bärte reichten bis zum Nabel. Der letzte Mann, der der Anführer zu sein schien, trug einen metallenen Trishul aufrecht in der Hand. Die andere Hand rotierte eine kleine zweiseitige Trommel, so daß der Ball an einer Schnur, die an einer Seite befestigt war, mit jeder Drehung auf ein Fell schlug und einen ratternden Lärm verursachte. Die Sadhus umkreisten die Kinder, drängten sie in die Höhle und schnitten sie so vom Licht am Höhleneingang ab. „Warum ist dieses Kind hier?" fragte der Anführer.

„Das ist Mohan Rai", antworteten die Kinder. Mohan war überrascht, daß sie seinen Namen kannten. Die Sadhus umkreisten sie weiterhin merkwürdig still. In ihren großen, runden Augen leuchtete ein unpersönliches Licht. Ihre Handrücken waren genauso behaart wie ihre langen Beine und weiß von Asche. Röcke aus Rinde bedeckten ihre Blöße. Mohan, von Ehrfurcht ergriffen, wollte aufschreien, aber seine Stimme versagte. Fest klammerte er sich an seine, mit Fischen und kleinen Krabben gefüllte Tasche. Die Männer gingen an den Kindern vorbei und versperrten den Höhlenausgang mit einem Gatter. Sie waren eingeschlossen.

Die Sadhus führten sie tief in die Höhle auf die kleinen Lichtpunkte zu. Es war so dunkel, daß man die eigenen Füße nicht sehen konnte. Nach zwanzig Minuten erreichten sie einen kleinen Teich, neben dem zwei kleine Bäume wuchsen. Die Öllampen erzeugten plötzlich ein unglaublich helles Licht, das die Szenerie um den Teich herum beleuchtete. Ein Hahn pickte in der Erde und gleich hinter den kleinen Bäumen graste ein rotes Reh neben einer kleinen, dennoch ausgewachsenen Kuh mit schwerem Euter.

„Du sitzt hier", befahl der Sadhu mit dem Trishul. Er legte eine Hand auf Mohans Schulter und drückte ihn nach unten in den weichen, nach Schimmel riechenden Staub. Die beiden anderen Sadhus brachten vier Tassen mit Wasser und vier große Blätter von einem Baum, die einem Tablett nicht unähnlich waren. Auf jedem war ein kleiner Kuchen aus Hirsemehl. Sie gaben jedem Kind ein Blatt und eine Tasse.

„Ich bin nicht hungrig", sagte Mohan höflich.

„Das ist eine Opfergabe aus unserem Tempel", sagte der Sadhu, der ihm den Kuchen gegeben hatte. „Du solltest essen."

Mohan trank ein bisschen Wasser, brach ein Stück vom Kuchen ab und kaute bedächtig. Er war trocken, staubig und geschmacklos. Mohan wickelte den Rest in das Blatt und packte es zu den Fischen in seine Tasche.

Der Sadhu mit dem Trishul sprenkelte heiliges Wasser über die Kinder und zeichnete damit anschließend jedem einen Trishul auf die Stirn. Mohan fühlte die kühlen Linien, die einen Stiel zwischen seinen Augen und drei nach oben schwingende Zinken bildeten.

„Nun dürft ihr gehen", sagte der Sadhu.

Die beiden anderen heiligen Männer brachten die Kinder zum Höhleneingang und nahmen den Zaun weg. Sie liefen mit ihnen zum Flußbett über dem Wasserfall und sagten Lebewohl.

„Wann immer du etwas möchtest, komm einfach hierher zurück. Unser Guru ist eine sehr gute Person", versicherten sie.

Mohan und die drei merkwürdigen Kinder folgten dem Fluß stromaufwärts, zurück zu dem Platz, woher sie gekommen waren.

Inzwischen war es spät und das Vieh war schon nach Hause getrieben worden. „Dort ist dein Dorf Mohan." Seine Gefährten zeigten in Richtung Dorokha. „Von hier aus kannst du alleine weiterlaufen."

„Wir müssen zu unserer Arbeit zurück." sagte das kleine Mädchen. „Wir verlassen dich hier."

„Was müßt ihr jetzt noch arbeiten?" fragte er. „Es wird dunkel. Wo lebt ihr?"

Das kleine Mädchen kicherte. „Dummkopf. Wir haben keine Häuser." „Wir leben mit dem Wind...und den Wolken", mischten sich die Jungen ein.

„Habt ihr keine Eltern?"

„Doch. Wir haben Eltern." Sie lachten, als hätte er etwas Lustiges gesagt. „Sie leben auch in der Luft und in den Wolken." Die Kinder drehten sich um und rannten leichtfüßig, mit tanzenden Schritten davon.

„Wartet! Wer waren diese Sadhus?"

Sie kamen zurück, umstellten ihn und rannten im Kreis um ihn herum, so daß er nicht wußte, wohin er sich wenden sollte. „Der König dieser Gegend und seine Helfer. Sie sind die Lehrer der Weisheit für die Geistwesen und die Beschützer von uns Schamanen."

„Uns Schamanen?"

„Ja." Sie umkreisten ihn mit schnelleren Schritten, er drehte und drehte sich.

„Kann ich sie wieder sehen?"

„Nein. Aber du wirst sie in deinen Träumen treffen." Sie lachten noch einmal und verschwanden.

Er hörte seinen Onkel rufen. „Wo warst du?" fragte Mani, der mit langen Schritten zu ihm hereilte. „Du bist nicht mit den Kühen nach Hause gekommen! Deine Freunde sagten, daß du zurück zum Fluß gegangen wärest, um deine Tasche mit Fischen zu finden." Er legte eine Hand auf Mohans Hinterkopf und steuerte ihn nach Hause.

Drinnen machte seine Mutter Milch warm. „Warum kommst du so spät?" Wollte sie wissen.

„Ich habe mit Freunden gespielt. Schau, was ich bekommen habe." Er öffnete seine Tasche, um ihr den Fisch und das Stückchen Hirsekuchen zu zeigen.

„Phuu, was ist das?" Sie fächelte mit der Hand frische Luft zu ihrer Nase, langte mit zwei Fingern in die Tasche und holte vorsichtig den eingewickelten Kuchen heraus. Sie hielt ihn so weit wie möglich vom Körper weg. Das Blatt klappte auf. Der Kuchen war völlig schwarz und verschimmelt. Sie schleuderte ihn zur Tür hinaus. Mohan fühlte, daß er krank wurde.

Später kam sein Vater von einer Cinta aus dem unteren Dorf nach Hause. Zu diesem Zeitpunkt war Mohan fiebrig, weinte und schrie, von Alpträumen geplagt. Lange nach Mitternacht kam er wieder zu sich und fühlte den kühlen Atem seines Vaters, der Mantras auf sein Gesicht und seinen Körper blies. Sein Kopf tat fürchterlich weh und überall im Körper waren Schmerzen. Er begann karg und rasch Wörter zu sprechen, die keinen Sinn ergaben und fiel dann in einen Halbschlaf.

Sein Vater stellte einen Altar auf. Seine Mutter rannte los, um seine beiden Großmütter zu wecken und sie an sein Bett zu holen. Die Großmutter mütterlicherseits war Schamanin. Sie fühlte seinen Puls und schnalzte mit der Zunge. „Schwiegersohn, dein Junge ist in etwas Seltsames verwickelt."

Mohans Fieber stieg und fiel. Er zitterte und schwitzte, schrie, kämpfte und strampelte. Sein Delirium, in dem sich Anfälle von extremer Aufregung mit kurzen Perioden von Ruhe abwechselten, hielt an. Er war von der Krankheit völlig ausgelaugt und am vierten Tag weinte er wie ein Säugling. Es schien, als sei jemand in seinen Körper eingedrungen und schüttele ihn von Innen heraus. Seine Mutter, die auch weinte, hielt seinen Kopf und versuchte, ihn zu füttern.

Mohan sprang auf und wollte wegrennen, fiel aber völlig geschwächt zurück in ihren Schoß.
Im Feuerschein kam er wieder zu sich. Sein Vater studierte gedankenvoll ungekochte Reis-
körner, die er auf einem Teller aus Messing herumstieß. „Ich weiß, was passiert ist", sagte der
Schamane endlich. „Ich habe es herausgefunden."

„Was ist passiert?" verlangte Mohans Mutter zu wissen. „Was hast du gefunden? Mit wem hat
er in seinen Träumen gesprochen?"

Dil Bahadur antwortete nicht. Stattdessen sang er mit Mohans Großmutter mehrere Stunden
lang Mantras für die Familiengötter. Dann warfen sie Reiskörner, Ingwerstückchen und sprenkelten heiliges Wasser auf Mohan.

Die Verwandtschaft versammelte sich. Die Großmutter ließ die Kinder einen Altar separat von
dem seines Vaters aufbauen und rief ihre Helfer zum Trommeln. Sie veranlasste, daß Mohan
nahe bei ihr saß, während seine Mutter sich hinter ihn setzte, damit er sich wie ein kleines Kind
an sie lehnen konnte. Seine Großmutter tanzte mit ihren beiden Phurke-Stöcken. Dabei hielt sie
ihre heilige Kalebasse und sprenkelte Wasser und Liso auf seinen Körper. Noch während sie
für ihn arbeitete, ließen die Kopfschmerzen und seine Lethargie nach.

„Schwiegermutter", rief Mohans Vater plötzlich. „Dort am Altar sind drei Geistwesen!" Er
packte die Schüssel mit Liso und schleuderte es in langen, schimmernden Fäden zur Tür. Jeder-
mann stockte der Atem.

Dann warf Mohans Großmutter, Schutz-Mantras schreiend, ebenfalls Reiskörner und Wasser
in Richtung Tür. „Schlagt die Trommel!" schrie sie. Ihr Helfer begann mit dem Rhythmus zum
Reisen in der Mittelwelt und die alte Frau tanzte eine halbe Stunde. „Wer hat Mohan diese Bestrafung gegeben?" fragte sie. Sie setzte sich auf den Boden und es schüttelte sie in Trance.
„Ja, wer?" rief sein Vater.

Es schüttelte die alte Frau noch ein wenig und dann schrie sie: „Ho, ha!"

Mohans Vater erklärte allen Freunden und Nachbarn, die sich versammelt hatten, um Mohans
Heilung zu unterstützen: „Die Geistwesen waren hier, aber nun sind sie fort. Jedermanns Seele
ist in Sicherheit. Wir haben einen Schutzzaun gezogen. Macht euch keine Sorgen."

Aber Mohans Blick war auf den Hauptstützbalken des Hauses fixiert. „Papa sie sind nicht weggegangen. Die drei großen Sadhus verstecken sich im Stützbalken. Papa sie sind immer noch
da und lachen mich an. Genau dort, Papa!"

Alle erschraken und schauten sich überall um, aber niemand konnte die Sadhus sehen. Mohan
nahm eine Handvoll Reiskörner vom Altar, sprach ein Schutz-Mantra und warf den Reis im
Raum herum. Sein Vater und seine Großmutter sprangen auf und verbeugten sich vor dem
Stützbalken. Wieder schüttelte es sie. Seine Großmutter schlug sich auf die Wangen und sein
Vater heulte: „Vergebt mir, vergebt mir!" Weder er selbst, noch Mohans Großmutter konnte
sich von dem Balken abwenden.

Mani Raj schrie auf: „Ich kann sie auch sehen."

Mohan sah zu, wie die drei Geistwesen den Balken verließen und zur Tür hinausgingen. Über
ihre Schultern blickend, schauten sie ihn noch einmal an und der Letzte lächelte.

Für einen langen Augenblick blieb jeder still. Dann begann Dil Bahadurs Mutter zu rufen:
„Was ist hier los? Was ist mit ihnen passiert?" Sie hatte zu viel getrunken. Nun redeten alle
durcheinander.

„Es ist spät", sagte Dil Bahadur. „Wir lassen den Altar wie er ist. Morgen werden wir für Mohan eine Zeremonie ausrichten."

Am nächsten Tag, einem Samstag im Monat Bishakh, im Jahre 1094 Sandeep Sabat, im westlichen Kalender April 1943, begannen Mohans Vater und die Großmutter zu trommeln, fielen in
Trance und reisten in alle drei Welten. Mohan, der nun wieder kräftig genug war, um aufrecht
sitzen zu können, schüttelte es auch. Die Schamanen tanzten mit ihren Kraftobjekten und ma-

gischen Waffen um ihn herum und schlugen mit Phurke-Stöcken und mit Büscheln aus Kaulo-Blättern auf ihn ein.

Mohan sprach in Trance von seiner Reise zur Höhle, von den Sadhus und den seltsamen Kindern, dann geriet er in Aufregung und schrie: „Warum schlagt ihr mich?" Er befahl, daß Räucherstoff und eine Öllampe gebracht werden sollten. Die Trance lies ihn stärker schütteln. Er griff nach seiner Mutter und verlangte nach dem Stück schwarzen Kuchen aus Hirse, das sie weggeworfen hatte.

Seine Mutter, sein Vater und beide Großmütter verneigten sich vor ihm, um das Geistwesen zu ehren, das ihn schüttelte. Sein Vater bröselte Sunpati-Blätter auf die Kohlen in der Feuerstelle und duftende Rauchwolken stiegen auf. „Der Kuchen ist weg", sagte sein Vater.

Abwechselnd versuchten sie, das Geistwesen mit Opferungen und Versprechungen zu beschwichtigen. „Wir werden für dich einen neuen wunderbaren Kuchen zubereiten, auch Brot und andere Opfergaben, was immer du möchtest. Bitte beruhige dich."

Schließlich rief Mohan: „Hut, hut, hut", wie er es bei seinem Vater gesehen hatte, der damit das Schütteln seines Körpers und die Trance beendete, kam wieder zu sich und wiederholte mit normaler Stimme seine Geschichte von der Höhle.

„Hier in der Gegend gibt es keine Höhlen", sagte sein Vater

„Er lügt", sagte ein neidischer Vetter. Die Menschenmenge murmelte zustimmend.

„Aber man hat mich zu dieser Höhle gebracht. Darin waren Lampen und ein Teich", beharrte Mohan.

„Bring uns dorthin", antwortete sein Vater.

Die Schamanen häuften ihre Malas, Kristalle, Öllampen, Trommeln, Schamanentrachten und Kraftobjekte auf einem Messingteller auf und boten alles Mohan an. „Wir geben dir all das hier, unseren Schmuck und unsere Kraft, wenn du uns diesen Platz zeigst."

Mohan zögerte. Er spürte, daß die Höhle heilig war und nicht geteilt werden sollte, besonders nicht mit Leuten wie seinem neidischen Vetter, aber sie drängten weiterhin und er mochte nicht, daß sie an ihm zweifelten. Schließlich sagte er: „Ich brauche unverdünnte Kuhmilch, Reis, Ingwer, Gärkräuter, eine Kalebasse, einen Hahn, ein Khukuri, Pfeil und Bogen, eine Tasche und einen gelben Turban." Respektvoll hörten sie zu und alles, außer dem gelben Turban, war schnell besorgt. Mohans Großmutter mütterlicherseits bot stattdessen ihren rot-weißen Turban an, der ein Teil ihrer eigenen Schamanentracht war. Mohan machte eine Puja, um die Gegenstände zu reinigen.

Es war früher Nachmittag. „Lasst die Sonne bis dorthin untergehen", sagte er und zeigte auf eine Stelle zwischen zwei Hügeln am westlichen Himmel.

Während des ganzen Nachmittags versammelten sich Leute unterschiedlicher Stämme und Kasten, sowie Rai aus dem Dorf, die alle aufgeregt über das plauderten, was der Junge ihnen vielleicht zeigen würde. Seit einigen Jahren wußten sie, daß er wie sein Vater zum Schamanen berufen war und nun schien es an der Zeit zu sein.

Als die Sonne zwischen den beiden Hügeln verschwand, bat Mohan seinen Vater, die heiligen Gegenstände zum Mitnehmen einzupacken. Er lief los und führte die große Gruppe zum Fluß. In der Abenddämmerung erreichten sie den Wasserfall. Die Prozession folgte einem sich abwärts schlängelnden Pfad, der vom Fluß weg und durch ein Gehölz aus großen Bäumen führte. Eichhörnchen jagten sich gegenseitig die hohen Stämme hoch und wieder herunter, dann über eine aus dem Boden ragende Felsenlandschaft. Mohan suchte nach der Höhle, aber alles schien verändert zu sein. Endlich deutete er auf eine schmale Öffnung zwischen zwei Felsen. „Das ist die Stelle", sagte er.

Der Spalt in den Felsen war zu schmal, als das eine Person hätte hindurch gehen können, selbst wenn es ein Kind gewesen wäre. Sein Vater und seine Großmutter mütterlicherseits spähten hinein. „Tief im Inneren sehe ich Lampen brennen", sagte sein Vater.

„Wir wollen nicht hineingehen." Seine Großmutter trat kopfschüttelnd zurück.

Sie opferten Chang, Räucherwerk, Blumen, Früchte, verschiedene Getreidesorten und sprenkelten heiliges Wasser auf Mohan, die Felsen und die Öffnung. Niemand sonst konnte die Lichter sehen. Die Schamanen sagten, daß die Höhle in der Geisterwelt groß genug sein konnte, um einen Teich mit Bäumen, ein Reh, eine kleine Kuh, einen Hahn und drei heilige Sadhus zu beherbergen. Die anderen waren mit der Aussage ihrer Schamanen zufrieden.

Am nächsten Tag pflanzte Mohans Vater Bambustriebe und kleine Bananenbäume an diesem Platz und erklärte ihn zu einem heiligen Ort der Verehrung, an dem Opfergaben für den großen Gott Mahadeo und Apturung, den Herrn der Wildnis dargebracht werden konnten. Es wurde jedem verboten, in dieser Gegend Bäume zu fällen oder Steine zu bewegen. Später baute der reiche Brahmane Maila Purahil ein Wasserbecken und installierte dazu einen Wasserhahn für das nahe gelegene Dorf.

* * *

URGROSSVATER

...Plötzlich sah ich dort einen riesigen sich hin und her bewegenden Schatten. Langsam verwandelte sich der auf mich zukommende Schatten in eine menschliche Gestalt. Ich dachte, es wäre eine Art Bhut, der mich anzugreifen versuchte. Hastig hob ich etwas Staub vom Boden auf, sprach ein Mantra, das mein Vater mir gegeben hatte darüber und warf alles über meinen Kopf und Körper. Inzwischen war der Mann nur noch ein paar Schritte entfernt. Es war der alte Mann Khokpa...

* * *

Das Haus war leer. Mohans Mutter hatte seine Schwestern auf einen Besuch zur Nachbarin mitgenommen. Mohan zündete ein Feuer an. Er begann, Kartoffeln und Blumenkohl klein zu schneiden, sowie grünes Gemüse für das Abendessen zu waschen. Während er arbeitete, kam ein alter Mann, den er nicht kannte, wortlos herein und setzte sich auf die Matte aus geflochtenem Reisstroh neben der Cula.

„Meine Eltern werden bald zu Hause sein, mein Herr", sprach Mohan ihn respektvoll an.

Der alte Mann blieb sitzen, ohne zu antworten. Mohan glaubte, er wäre taub. Allmählich bemerkte er einen fauligen Geruch, wie der von verwesten, menschlichen Körpern. Ein überwältigender Gestank, der immer stärker und stärker wurde. Er hielt die Luft an und rieb sich die Nase.

Der alte Mann grinste und lachte laut auf. „Hast du Angst?" fragte er.

„Ich habe nie Angst", antwortete Mohan.

„Ich bin dein Urgroßvater, Khokpa."

„Du bist nicht der Urgroßvater, den ich kenne." Mohan glaubte, daß der alte Mann log, weil sein Urgroßvater schon vor langer Zeit gestorben war.

„Ja, das ist wahr", stimmte der alte Mann zu. „Ich bin eine Seele."

Mohans Mutter hatte ihm erzählt, daß man Bhutas Angst einjagen konnte, wenn man etwas Brennendes in ihre Richtung warf. Einige Stöcke in der Feuerstelle brannten, aber als Mohan versuchte, ein Ende davon zu ergreifen, bemerkte er, daß er sich nicht mehr bewegen konnte. Er klebte am Boden fest.

„Ich bin nicht hier, um dir weh zu tun", sagte der alte Mann. „Ich weiß, daß du manchmal deine Seele verlierst und ich möchte dir helfen, deinen Weg zu finden. Geh nach draußen und hole ein Bananenblatt."

Jetzt bemerkte Mohan, das er ganz einfach aufstehen konnte. Er ging hinaus, um ein großes, flaches Blatt zu finden. Der alte Mann verlangte nach einer Öllampe und Reismehl und lehrte

ihn, wie man die Götter rief und aus Reismehl ein Diagramm als zeitweiligen Wohnsitz für sie machte. Dann stand Khokpa abrupt auf und ging hinaus
Sobald er fort war, schossen Mohan Hunderte von Fragen durch den Kopf. Wo lebst du? Wie ist es, wenn man tot ist? Kannst du von dort, wo du bist, unsere Familie sehen?

* * *

Khokpa kam im Mai wieder. Mohan war mit seiner Familie zum Arbeiten in die Felder gegangen, aber er fühlte sich krank und seine Mutter schickte ihn deshalb in den Schatten, damit er sich dort hinlegen konnte. Er hörte, wie etwas durch das trockene Laub ging, „krisch, krisch" und hob seinen Kopf. Der Schmerz, der sich zuerst bei der Arbeit bemerkbar gemacht hatte, überfiel ihn nun schlagartig und pochte in seinen Schläfen. Nichts war da. Er legte seinen Kopf auf den Arm und schlief ein.
Als er erwachte, sagten ihm die Stille und Hitze, daß es fast fünfzehn Uhr sein mußte. Die Arbeiter ruhten am weit entfernten anderen Ende des Feldes. Er nahm seinen Hut und seine Tasche und machte sich auf den Weg nach Hause, vorbei an einer Baumgruppe und in ein Kornfeld hinein, durch lange Reihen schulterhoher Pflanzen.
„Mohan. Hier drüben!" Der alte Mann saß auf einem großen, flachen Felsen mit dem Rücken zu Mohan und rief ihn. Als Mohan näher kam, drehte der alte Mann sich um und zeigte sein Gesicht. „Erinnerst du dich, wie wir in deinem Haus miteinander gesprochen haben? Aber damals war es dunkel. Vielleicht erkennst du mich nicht. Oder doch? Komm."
Der alte Mann ließ ihn gar nicht zu Wort kommen. Er sprang vom Felsen und verschwand zwischen den Bäumen. Mohan folgte ihm. Bei Sonnenuntergang hatten sie den Fluß Dipsa durchquert und erreichten eine Gegend, die Chiyane Dan-da hieß. Der Weg dort war bequem und ausgetreten. „Du bleibst hier", sagte der alte Mann. Langsam bahnte er sich einen Weg in Richtung des Kanals, der vom Fluß abzweigte und verschwand zwischen einer Baumgruppe. Mohan saß auf dem Boden und wartete, als er bald darauf einen riesigen, schwarzen Schatten, wie der von einer Wolke, über das Land auf sich zurasen sah, aber am Himmel waren keine Wolken. Während er näher kam, schrumpfte der Schatten auf die Größe einer menschlichen Gestalt, die sich weiter auf ihn zu bewegte. Es mußte ein Bhuta sein. Mohan sprang auf, kratzte eine Prise Staub vom Weg zusammen, sprach das Schutz-Mantra seines Vaters darauf und warf alles über seinen eigenen Kopf und Körper.
Als er ihn fast erreicht hatte, verwandelte sich der Schatten in seinen Urgroßvater Khokpa, der sich vor Lachen schüttelte und zustimmend nickte. „Ganz schön klug", sagte er. „Setze dich und hör zu." Er griff in seinen Tornister und holte eine kleine Tasche heraus, die aus unterschiedlichen, farbigen Stoffstücken zusammengenäht war. „Das ist für dich." Er reichte ihm die Tasche. „Ich wollte sie jemandem aus unserer Familie geben, aber bis jetzt war ihrer niemand würdig. Sie wird sich als nützlich erweisen. Gebe nichts davon an andere weiter." Er stand auf und verschwand in der Dunkelheit.
Die Tasche enthielt Feuersteine, einen kleinen Schlagbolzen, einen braunen Stein und eine Messingmünze an einer Schnur aus Nesselfasern. Da war auch eine kleine Schachtel mit einer verspiegelten Seite. Mohan öffnete den Deckel. Darin waren, in Stoff gewickelt, etwas zinnoberrotes Pflanzenpulver, sowie viele kleine weiße Samenkapseln von dem Baum Totala, die die Schamanen hauptsächlich den Schlangengeistern opferten. Zu Hause verstaute Mohan die Tasche unter seiner Schlafmatte.
Am nächsten Tag zeigte Mohan die Tasche mit den darin enthaltenen Gegenständen seinem Vater. Dil Bahadur suchte seine zeremoniellen Objekte zusammen und baute sie auf dem Ahnenaltar im Mangchama, dem kleinen, fensterlosen Raum auf dem Dachboden, in dem das Ge-

treide lagerte, auf. Er zog sein Khukuri aus der Scheide und legte es auf den Altar. Dann brachten er und Mohan solange Opfergaben dar und beteten, bis es beide schüttelte. „Rufe deinen Urgroßvater", befahl der Schamane. „Sprich die Worte, die er dir beigebracht hat!" Schließlich gab der Vater Mohan ein Zeichen aufzuhören, sprach Mantras und bewarf ihn mit Reiskörnern. Sie gingen wieder in den Hauptwohnraum, den Samkhama hinunter und kochten an der Cula, dem anderen Ahnenaltar im Haus, Gemüse mit Reis zum Mittagessen. „Er ist der Vater meiner Mutter", erklärte der Schamane. „Er ist derjenige, der unsere Familie beschützt und führt. Schenke allem, was er dir sagt, deine ganze Aufmerksamkeit und du kannst ein mächtiger Schamane werden, aber um das zu erreichen, mußt du dein Herz rein halten.

* * *

Khokpa kam im Winter wieder. Im Haus eines Nachbarn hatte ein Fest stattgefunden. Mohans Mutter brach dort früh auf, um die Mädchen nach Hause zu bringen. Kurz nach dem Sonnenuntergang war es bereits ziemlich kalt. Mohan und die Gruppe gleichaltriger Jungen, die barfuß liefen und nur ärmlich bekleidet waren, fröstelten. Sie zündeten zwei Fackeln an und machten sich auf den Heimweg. Unter einem Vollmond, so hell, daß sie gegenseitig ihre Gesichter erkennen konnten, rannten sie den Berg hinauf. Als die Jungen an der Leichenverbrennungsstätte und einer Grabanlage vorbeiliefen, bekamen sie Angst und baten Mohan, ein Schutz-Mantra zu sprechen. Sie durchquerten einen Bambushain, rannten über ein offenes Feld, danach durch einen schmalen, von Büschen flankierten, matschigen Bach. Schließlich liefen sie einen Pfad hinunter, der an einem Haus entlang führte, in dem einer der Jungen lebte.

Als Mohan das Mantra sprach, spürte er einen Schatten neben sich auftauchen und als er sich nach seinen Freunden umschaute, waren sie verschwunden. ,Sie müssen in das Haus gerannt sein', dachte er. Ein lang gezogener Pfiff ertönte und plötzlich fand er sich mitten im Reisfeld seines Vaters wieder, wo zur Erntezeit das Stroh aufgehäuft und der Reis heraus gedroschen wurde. Urgroßvater Khokpa stand neben ihm.

„Wo sind die anderen?" fragte Mohan.

„Die anderen interessieren mich nicht", erwiderte der alte Mann. „Du bist derjenige, den ich liebe und der unter meiner Fürsorge steht." Er lachte. „Warte hier."

Mohan blickte ängstlich umher und fragte sich, ob das ein weiterer Test würde. Er hörte ein klapperndes Geräusch und im gleichen Augenblick war der alte Mann zurück. Er trug ein Brett, an dem einige Objekte festgebunden waren, die klappernd nach unten baumelten. Khokpa drehte das Brett um, setzte es auf den Boden und stellte die Objekte auf dessen Oberfläche vorsichtig hin. „Das ist meine kleine Welt", erklärte er.

Er deutete auf einen Pfeil mit Bogen. „Das ist den Rai heilig. Es ist unser Gott." Er gab Mohan ein Zeichen, sich auf den kalten, nassen Boden zu setzen. „Das ist Apturung." Er band Pfeil und Bogen vom Brett los und beide schwenkend, vollzog er einen seltsamen Hüpftanz. „Frag deinen Vater. Er weiß es."

Er begann ein Lied zu singen, unterbrach sich kurz und mahnte: „Erinnere dich an diese Worte." Es waren Worte der Rai, so alt, daß sie von gewöhnlichen Leuten nicht mehr gesprochen wurden. Erneut begann er das Lied zu singen, so daß Mohan es sich einprägen konnte. Es erzählte vom Anfang der Kirati, lange bevor sie sich in mehrere Stämme aufteilten, vom Licht und vom Mond, von den Gesetzen des Mundhum, vom heiligen Chang und wie er gemacht wurde, von einem Becher aus Bananenblättern und von Amuletten aus Kupfer, die aufgeladen mit Mantras, zum Schutz am Arm getragen wurden. Simma, Khoklihangma und Apturung wurden im Lied als eine in der Wildnis asketisch lebende Menschenfamilie beschrieben.

„Das ist das letzte Mal, das wir uns auf diese Weise treffen können", sagte der alte Mann.

„Aber wenn du mich brauchst, dann rufe mich." Er hielt den heiligen Pfeil und Bogen hoch.
„Wenn du das siehst, dann wirst du wissen, daß ich hier bin." Er bückte sich und hob eine kleine Handsichel vom Brett auf. „Wenn du das siehst, dann ist es die Waldgöttin."
Anschließend schulterte er das Brett mit den ganzen klappernden Gegenständen und hob die Hand zum Abschied. „Ich verlasse dich nun, mein reines Herz." Ein Nebel bildete sich um ihn und er verschwand.

Mohan rannte nach Hause. Es wurde bereits Tag. „Wo warst du?" fragte seine Mutter. „Wir haben überall in der Nachbarschaft nach dir gesucht!" Sie gab ihm Reis mit Milch und wuselte dann hektisch herum, weil sie zur Hochzeit im Nachbardorf rechtzeitig aufbrechen wollte.
Mohan beschloss, zu Hause zu bleiben und auf seinen Vater zu warten. Als Dil Bahadur eintraf, erzählte Mohan von den Dingen, die Urgroßvater Khokpa ihm gezeigt hatte. Sein Vater kletterte auf den Dachboden und brachte einen uralten Pfeil und Bogen mit nach unten.

„Ich wußte nicht, daß sie hier sind", staunte Mohan.

„Ich halte sie beim Dachbalken versteckt, damit kein Angehöriger einer anderen Kaste oder eine Frau sie berühren können", erklärte der Vater. „Nicht einmal zur Guru Puja bringe ich sie herunter: Ich gehe hoch auf den Dachboden, um dort zu beten und Opfergaben darzubringen."
Er legte Pfeil und Bogen mit anderen heiligen Objekten auf einen Altar bei der Cula. Als Mohans Mutter mit seinem Vetter Nanibir nach Hause kam, kündigte der Vater an: „Wir müssen für Mohan eine rituelle Feier ausrichten."

„Warum? Für sein ungezogenes Benehmen?" spottete die Mutter.

„Für seine Arbeit."

Sie holten von draußen einen Hahn herein und sein Vater befestigte um Mohans Hüfte einen Gürtel in den er ein Khukuri samt hölzerner Scheide steckte, gab ihm eine Kalebasse, deren Hals mit Wildhuhnfedern gespickt war und überreichte ihm vorsichtig den heiligen Pfeil und Bogen. Mohan klemmte sich die Kalebasse unter den Arm. „Nun tanze und spring um die Cula herum!" wies ihn sein Vater an.

Während Mohan die von Khokpa erlernten Schritte tanzte, rezitierte sein Vater die Namen aller Ahnengötter und sang Mantras. Seine Mutter und sein Vetter Nanibir folgten Mohan singend um die Cula. „Viel Glück, Gesundheit, bleib aufrecht, erlange Wissen und Macht."

„Du mußt deinem Großvater Khokpa, der als Apturung umherstreift, im Freien Opfergaben darbringen", sagte sein Vater. „Vernachlässige ihn niemals. Erinnere dich daran, wenn du erwachsen bist, ihn jedes Jahr zu verehren, auch dann, wenn es deine Aufgabe ist, jeden Frühling und Herbst die Zeremonien Udhauli und Ubhauli für die Natur- und Ahnengeister auszuführen.

* * *

MUT

...Gleich nachdem wir den letzten Fluß durchquert hatten, erreichten wir Khesangs Feld. Es war flach und ungefähr hundertfünfzig Meter lang. Auf beiden Seiten des Weges stand der Mais mannshoch. Es war völlig dunkel. Mama ging voraus. Sie sagte: „Schweine." ...Dann begann sie zu rufen: „Au, au!" was bedeutet, kommt, kommt. Sie lief vor den Schweinen. Nach zwei Minuten waren da mehr als hundert Schweine, die uns überholten. Dann sagte sie: „Mohan, was ist das?" Ich griff nach Mama und schob sie hinter mich. Mit beiden Händen hob ich Staub auf, sprach ein Mantra darüber und warf alles in Richtung der Schweine...

* * *

Das Setzen der Reispflanzen war in den Bergdörfern von Bhutan eine gemeinschaftliche Angelegenheit. An einem Frühlingsmorgen brachen Mohan, seine Mutter und deren Schwestern in das acht Kilometer westlich gelegene Dorf Manigaun auf, um dort zu helfen. Mehr als eintausend Leute versammelten sich – Männer, Frauen, Kinder und Schamanen mit ihren Trommeln und Flöten. Sie setzten die empfindlichen Reispflanzen von morgens bis zum späten Nachmittag. Singend erledigten sie die Arbeit. Zum Abschluss wurde ein Mahl aus Reis, Kartoffeln und grünem Gemüse gereicht. Danach machte sich die Gruppe aus dem hochgelegenen Dorf Dorokha auf den Heimweg.

In Phalaincha Danda, bei einem der beiden Teehäuser, die Raksi ausschenkten, machten sie eine Pause. Der Platz war schon bevölkert von einer anderen Gruppe, die ebenfalls nach getaner Pflanzarbeit in einem anderen Dorf auf dem Nachhauseweg war. Freunde zu treffen bot immer einen Anlass, mit Tanzen, Singen und Trinken zu feiern. Mohans Mutter und ihre Schwestern waren gute Sängerinnen, die alle einheimischen Volkslieder der Rai kannten und als die Letzten aus der Gruppe von Dorokha gingen, bat die andere Gruppe sie, zu bleiben. Es war schon lange dunkel, als sie endlich nach Hause aufbrachen. Kurz vor Dorokha bogen Mohans Tanten ab und er ging mit seiner Mutter alleine weiter. Sie überquerten einen kleinen Fluß, kletterten zehn Minuten lang bergaufwärts, balancierten auf einem Baumstamm über einen weiteren Fluß und durchquerten das flache, hundertfünfzig Meter lange Feld der verstorbenen Frau Khesang, das in dieser Saison mit Mais bepflanzt war. Der schmale Pfad schlängelte sich zwischen den Pflanzen hindurch. Der Vollmond lugte ab und zu hinter einer langen Serie von grauen Wolken hervor. Mohans Mutter wirkte nervös. Ihr Blick eilte über das raschelnde Feld und suchte eine dunkle Pflanzengruppe von oben bis unten ab. Sie senkte ihr Atemgeräusch und flüsterte:„Mohan, sprich ein Schutz-Mantra."

Er rezitierte ein Mantra, das sein Vater ihm beigebracht hatte und blies, „Phu, phu, phu", seinen Kopf in beide Richtungen drehend.

Seine Mutter, vor ihm auf dem gewundenen Pfad, hielt plötzlich an und sagte: „Schwein!" Sie imitierte den Ruf eines Schweins: „Oink, oink, oink."

Mohan hinter ihr, konnte nichts sehen.

„Eines unserer Schweine muß ausgebrochen sein. Komm her, Schwein."

Innerhalb einer Minute sah er mehr als hundert Schweine vor ihnen auf dem Pfad rennen.

„Was ist hier los?" rief seine Mutter.

Mohan griff nach ihr und schob sie hinter sich. Gebückt schaufelte er mit beiden Händen Staub auf, sprach ein Schutz-Mantra darüber und warf alles in Richtung der Schweine. Unter wütendem Grunzen versammelten sich die Tiere an der nächsten Wegbiegung. „Oink, oink, oink." Der Lärm war ohrenbetäubend.

Ihr Haus war weniger als hundert Meter entfernt. Mohan pfiff und Gophle kam zu ihnen gerannt. Er schnüffelte auf dem Weg, bellte und lief aufgeregt hin und her. Alle Schweine waren verschwunden.

Mohans Mutter eilte ins Haus. „Tschu, tschu", stieß sie spuckend hervor. „Ram, Ram, Ram", rief sie den Gott der Hindus an.

„Was ist los mit dir?" fragte Mohans Vater.

„Im Feld von Frau Khesang waren Schweine." Sie presste ihre Hände auf die Wangen.

Dil Bahadur lachte.

„Es stimmt", bestätigte Mohan. „Es waren mehr als hundert."

„Nun, warum habt ihr keins getötet und zum Abendessen mit nach Hause gebracht?"

„Es kümmert dich nicht einmal?" fragte Mohans Mutter. „Wir hatten Angst!"

„Diese Schweine sind Frau Khesangs Seele." Der Schamane lächelte immer noch. „Sie tun uns Menschen kaum etwas und sie bleiben in der Nähe des Felds. Nur bei Neumond sind sie in der Mittagsstunde und vom späten Abend bis Mitternacht gefährlich."

„Sie sahen ziemlich bedrohlich aus", antwortete Mohans Mutter.

„Falls sie Ärger machen", wandte der Vater sich an Mohan, „dann opfere ihnen schwarze Reiskörner, duftenden Rauch und einen brennenden Docht, oder, wenn sie sehr wild sind, dann gib ihnen eine Kugel aus Eiern und Asche. Versuche, sie gut zu behandeln, denn eigentlich sind sie die Seele von Frau Khesang. Als ich klein war, starb sie alleine in ihrem Haus. Drei Tage später entdeckte meine Mutter ihren Körper, aber die Schweine waren bereits in das Haus eingedrungen und hatten sie berührt. Deshalb hat ihre Seele die Form von Schweinen, die nun in ihrem Feld leben, angenommen."

„Sie waren so groß und wild", sagte die Mutter. „Ich hatte Angst, aber Mohan hat mich mit seinem Mantra gerettet."

Mohan sagte voller Stolz: „Ich habe keine Angst vor Geistern."

„Wir werden ja sehen, wie viel Angst du hast, wenn du einem Masan begegnest", antwortete sein Vater.

* * *

Bald darauf hatte Mohans Vater Gelegenheit, den Mut seines Sohnes zu testen. Mohans Mutter kam verspätet nach Hause. Sein Vater und Onkel Mani wollten nicht länger auf ihr Abendessen warten und beschlossen deshalb, fischen zu gehen. Mit einem Netz und Senkgewichten liefen sie bergabwärts zu einer Hängebrücke, die einen kleinen Bach an der Einmündung in einen großen Fluß überspannte. Sie kletterten am Ufer hinunter und fanden einen ruhigen Platz. Onkel Mani und Mohan warfen das Netz aus und zogen es durch das Wasser. Nach dem dritten erfolglosen Versuch sagte Mohans Vater: „Ihr jungen Leute habt keine Ahnung wie man fischt. Gebt mir das Netz." Zweimal warf er es aus und fing sechs Fische. „Das ist genug", sagte er. „Lasst uns gehen."

„Nur noch einmal", sagte Mani. Er nahm das Netz und warf es aus. Sofort wurde es zur Fluß-mitte hingezogen und riss ihn mit. Etwas Großes und Schweres zappelte darin.

„Hol dein Messer heraus!" schrie Mani. Das Netz hatte sich um seine Hüften gewickelt und zerrte mit immenser Kraft an ihm, als hätte sich ein ertrinkender Mann darin verfangen, der entschlossen um sein Überleben kämpfte oder Mani mit sich nahm. Mani stand bis zu den Kni-en im Wasser und stemmte sich dagegen.

Mohans Vater watete mit gezücktem Messer zu ihm. Er schnitt und sägte solange am Netz, bis es sich in Fetzen von Manis Hüfte löste und in dem spritzenden Tumult verschwand. Mani taumelte zurück ans trockene Ufer.

Dil Bahadur hob eine Handvoll Sand auf, flüsterte Mantras darauf und warf den Sand danach in das aufgewühlte Wasser. Augenblicklich hörte das Brodeln auf und das Wasser wurde ruhig, aber das Netz war auf Nimmerwiedersehen verschwunden.

Was war das?" fragte Mohan „Ein verdammt großer Fisch", meinte Mani.

„Masans", antwortete Dil Bahadur und meinte damit jene schrecklich aussehenden Geister, die einst als gute Menschen auf der Erde lebten, aber dann gewaltsam ums Leben gekommen waren.

Mani zog hoch und spuckte aus.

Mohans Vater hob die Tasche mit den Fischen auf und drehte sich zum Gehen. „Willst du voran gehen?" fragte er Mani herausfordernd.

Mani zögerte.

Mohan wußte, daß sein Vater Feiglinge am wenigsten mochte.

„Ich gehe zuerst", meldete er sich freiwillig.

„Ich gehe als letzter." Mohans Vater grinste. „Du gehst in der Mitte", verhöhnte er Mani. „Dann wird dich kein großer Fisch beißen."

* * *

Mohans Vater zeigte ihm in jenem Sommer weitere Masans. Eine Gruppe von dreißig Leuten lagerte, um zu fischen und Kräuter und Bambustriebe für Körbe zu sammeln, am Fluß Namchi. An diesem Platz konnte man das kostbare Kraut Pipla finden. Ein Heilkraut, das unten an der indischen Grenze einen höheren Preis als Kardomon erzielte. Der nahe Kuhstall war zu klein für die ganze Gruppe und deshalb hatten sich einige der Männer aus Bambus und grünen Blät-tern Unterstände nahe am Flußufer gebaut. Mohan und sein Vetter Ratna spielten im Wasser, während Mohans Vater die Fische und Bambusschößlinge zum Trocknen auslegte.

Als die Sonne langsam am Himmel verschwand, gingen Mohan, Ratna und einige andere Jungen zum Fischen. Flussaufwärts war Getrommel zu hören, das immer näher kam. Jeder der Jungen konnte es hören, aber nur Mohan sah den kleinen Mann mit langem spitzem Bart, der auf dem Fluß tanzte. Der Mann war nackt bis auf einen Streifen weißer Rinde, die seine Genitalien bedeckte und über einer Schulter hing eine Rudraksha-Kette. Auf seinem Kopf trug er eine lustige Kappe, die mit Stachelschweinstacheln geschmückt war und an deren Ecken Wildhuhnfedern steckten. Während er tanzte, glitt der kleine Mann ins Wasser hinein und wie-der heraus, tauchte und kam danach hoch, um auf der gekräuselten Wasseroberfläche herum zu tollen.

„Ratna! Papa, Papa! Schaut, ein kleiner Mann tanzt auf dem Wasser", rief Mohan. Er begann hinein zu waten.

Mohans Vater hastete zum Rand des Wassers und ergriff den Arm seines Sohnes. „Scht! Mach nicht so einen Lärm. Sprich nicht über das, was du siehst, aber sage schnell ein Mantra für deinen Guru."

Mohan flüsterte das Mantra, das er von der Waldkönigin bekommen hatte, aber er fühlte bereits eine Ohnmacht aufsteigen. Ratna und Dil Bahadur zogen ihn ans Ufer. Aufgeregt und schwitzend stürzte er in den warmen Schlamm. Als die Nacht hereinbrach, bekam er Fieber und verlor das Bewußtsein. Sie trugen ihn zum Lager.

Mohans Vater beauftragte Ratna, einen Topf mit glühender Holzkohle zum Verbrennen von Räucherstoff vorzubereiten. Er selbst baute einen kleinen, improvisierten Altar mit einer Öllampe, etwas Wasser und ein paar Reiskörnern in einer Tasse auf und begann Mantras zu singen.

Als Mohan wieder zu sich kam, hörte er seinen Vater die Namen der Wassergeister rufen. Reiskörner und Ingwerstücke regneten auf seinen Kopf und seine Brust. Kälteschauer jagten durch seinen Körper und es schüttelte ihn in Trance. Kleine Lichter flogen wie Insekten um den Altar herum.

„Was siehst du am Altar?" fragte der Vater.

„Einen alten Mann mit einem langen, weißen Bart." Die Vision lächelte, hob die rechte Hand und verschwand. Danach hatte Mohan ein Gefühl von Bewegung, so als würde er reisen. Visionen von Höhlen, Hängebrücken, Teichen und Wäldern erschienen und verschwanden. Er zitterte und schwitzte. Dil Bahadur weckte mit Mantras Banjhankri auf, damit er ihnen half und sie vor etwaigen Gefahren beschützte. Als Mohans Schütteln endlich aufhörte und er sich umschaute, erklärte sein Vater: „Du bist nach Digdumma in die Unterwelt gereist."

Später, nach dem Abendessen, fühlte Mohan sich besser. Während einige aus der Gruppe bereits schliefen und andere im Laternenlicht noch Karten spielten, nahm ihn sein Vater zu einer hohen Hängebrücke mit, die vom Lager und von einer Leichenverbrennungsstätte flussaufwärts fünf Minuten Fußweg entfernt lag. Als sie am Ufer standen, holte der Vater sein Päckchen mit hausgemachtem Tabak heraus und wickelte eine kleine Menge davon in ein getrocknetes Pflanzenblatt. Mit seinem Feuerstein und dem Cakmak, einer kleinen Klinge aus Eisen, die in der Scheide seines Khukuris steckte, schlug er zusammen mit einem Bausch weichem, trockenem Zunder Funken bis Rauch aufstieg. „Möchtest du Masans sehen?" Er zeigte auf den Teil des Flusses, der im Schatten der Hängebrücke lag. „Wie viele sind dort?"

Mohan starrte und starrte in die Dunkelheit. Mondlicht glitzerte auf dem Wasser, aber unter der Brücke konnte er außer vielen Schatten nichts erkennen.

„Sprich das Mantra für die Masans, das du von mir gelernt hast und nimm das hier in die Hand." Sein Vater gab ihm ein wenig Ingwer und ein paar Reiskörner aus seiner Tasche.

Während Mohan das Mantra flüsterte, verwandelten sich die schwankenden Schatten auf dem Wasser lautlos in menschliche Gestalten, die lange Bambusstangen auf den Schultern und Pfähle in den Händen trugen. Er hörte lediglich das Gurgeln und Plätschern des Flusses. Er bemerkte, daß jemand am Ufer ein Feuer entfacht hatte. Gelegentlich spritzte ein Tropfen Wasser von den Wellen in das Feuer und verdunstete zischend. Die Silhouetten zweier Männer ohne Hände, schwarz wie Kohle, mit Löchern an Stelle von Bäuchen und mit Rücken, die aussahen wie große, rechteckige Tabletts, liefen vor dem Feuer auf und ab. Ihre Augenhöhlen waren so leer wie bei Totenköpfen und sie trugen keine Kleider.

„Masans", wisperte Dil Bahadur während er Mantras sprach und eine Handvoll Reis warf. Auf Zehenspitzen schlich der Schamane zu den schwarzen Gestalten und Mohan folgte dicht hinter ihm. Als Vater und Sohn sich näherten, entzogen sich die zwei schwarzen Gestalten ihrer Sicht und verschwanden unter der Wasseroberfläche.

Sie erreichten das Feuer, in dem immer noch ein paar Pfähle und grüner Bambus brannten, der einen starken Gestank verursachte. Mohan hielt sich mit einer Hand Mund und Nase zu. Mehrere weiße Kleidungsstücke lagen am Ufer. Er fühlte sich stark und konnte so klar wie am Tag sehen. Dort wo die Gestalten verschwunden waren, suchte er die Oberfläche des Wassers ab. Sein Vater zeigte auf die lange Brücke über ihnen. Hunderte von Masans standen dort aufgereiht und schauten still auf sie herab.

„Siehst du sie?" fragte sein Vater leise.

Mohan nickte. Es war unheimlich, aber er fühlte sich nicht bedroht.

Dil Bahadur bückte sich, hob etwas von der Feuerstelle auf und wickelte es flüsternd und dreimal zum Feuer blasend in ein kleines Tuch.

Dann drehten sie der Brücke und all den starrenden, hohlen Augen ihre Rücken zu und liefen zum Lager zurück, wo immer noch Leute wach waren und Karten spielten. Einer der Männer kochte Tee. Mohan glaubte, daß es zwischen zwei und drei Uhr morgens sei. „Erzähle ihnen nicht, wo wir waren und was wir gesehen haben", wies sein Vater ihn an. „Sie würden sich nur fürchten und das Lager abbrechen wollen."

Am Morgen, als Dil Bahadur aus Schnüren ein Fischernetz knüpfte, fragte Mohan: „Warum hast du letzte Nacht am Feuer Asche aufgehoben?"

„Das war keine Asche, sondern ein Knochen. Sie verbrannten eine tote Hexe aus der Kaste der Wäscher und ich wollte einen Knochen von ihr haben." Er öffnete seine Tasche und zeigte ein kleines, weißes Bruchstück, das am Rand braun verschmort war. „Am besten sind die stabilen Knochen vom rechten Bein, aber als wir dort ankamen, waren die schon völlig verbrannt. Ich konnte nur noch dieses kleine Stück vom Knie finden. Trotzdem wird es eine mächtige Waffe für mich sein und später, wenn du die Masans vollständig beherrschen kannst, für dich." Er polierte mit seinem Daumen die Oberfläche des Knochens. „Wir können ihn auch bei Besessenheit durch einen Moch einsetzen. Wenn der böse Geist eines Kindes eine schwangere Frau oder ein neugeborenes Baby angreift, oder wenn das Baby bei der Geburt nicht kommen will, dann wickeln wir den Knochen zusammen mit einer Silbermünze in einen weißen Stoff ein und legen das Bündel in den Nacken der Mutter. Dann zeigen wir ihr das eigene Gesicht in einem Spiegel. Mit Sicherheit wird sie in zehn bis fünfzehn Minuten gebären. Aber achte darauf, den Knochen und die Münze, noch bevor das Baby von der Mutter getrennt wird, wegzunehmen."

„Deshalb hast du mich mit zum Fluß genommen? Um den Knochen zu holen?"

„Teilweise. Ich wollte auch die Kraft deiner Vision testen." Sein Vater schaute sich, um sicher zu sein das niemand mithörte, um. „Wie gut du Bhutas und Masans auch ohne Mantras sehen kannst. Ich muß schon sagen, du kannst sehr gut sehen." Er grinste. „Ich wollte wissen, ob du dich fürchtest."

„Vielleicht hattest du ja Angst, Papa", witzelte Mohan.

„Wie meinst du das?"

„Du warst so leise und bist geschlichen wie eine Katze."

Sein Vater lachte. „Du bist gut."

* * *

Aber Mohans schrecklichste Begegnung mit einem Bhuta stand noch bevor. Als er eines Abends verspätet nach Hause kam, fand er die Haustür verschlossen vor. Er lief zur nächsten Nachbarin, Tante Dema, die ältere Schwester seiner Mutter. Sie gab ihm Milch zu trinken und teilte ihm mit, daß seine restliche Familie einer Cinta beim vierten Bruder seiner Mutter beiwohnte. Die Frau des Bruders, Maiju, war ernsthaft krank.

Mohan wischte sich den Mund. „Gib mir eine Fackel", sagte er. „Ich werde hingehen."

Dema protestierte. „Es ist sehr dunkel und es gibt dort Bären." Der Weg führte durch eine

Bambusgruppe, bei der sich nachts Bären herumtrieben, dann durch einen kleinen Fluß und an einer tibetischen Leichenverbrennungsstätte vorbei. „Möglicherweise spuken dort auch Bhutas herum."

„Ich habe keine Angst", wiederholte er, während er sich aufrichtete. Sie sollte wissen, daß er ein Junge war, der sich nicht vor bösen Geistern fürchtete. Er versuchte, nicht an die Bären zu denken. „Gib mir ein wenig trockenen Bambus als Fackel und ein Khukuri."

Sie hielt ihn nicht länger auf. Er zündete die vorbereitete Fackel an. Mit gezücktem Khukuri in der rechten Hand und dem brennenden Bambusholz in der Linken machte er sich auf den Weg. Zehn Minuten lang lief er bergauf zu der dicht stehenden Bambusgruppe. Mit dem Licht der Fackel konnte er den Weg durch das hohe Gehölz gut erkennen. Fünfzig Meter bergab entsprang an einer Baumwurzel eine kleine Quelle, die sich in einen Teich neben einem Bach ergoss. Plötzlich knackte ein Ast. Er blieb stehen und hielt seine Fackel hoch. Das Licht wurde von einer Erscheinung reflektiert, so weiß wie ein Knochen und er hörte ein Geräusch wie von knirschenden Zähnen.

Mohan sprang zur Seite und lief los. Während er mit langen Schritten immer schneller rannte, hielt er nach einer geeigneten Stelle zum Überqueren des Baches Ausschau. Plötzlich stieg ein kaltes phosphoreszierendes Licht, in dessen Mitte sich die Umrisse einer dunkleren kopflosen Gestalt abzeichneten, vor ihm auf. Es war kein Bär und es nahm keine Notiz von seiner Fackel. Es kam so nah, daß es ihm die Sicht nahm, trat dann plötzlich zur Seite, verschwand und er sah nur noch den Feuerschein seiner Fackel auf dem Bambus.

Mohan machte einen Schritt vorwärts und dann noch einen, als sich etwas Hartes in seinen linken Arm unterhalb des Ellbogens krallte. Er schrie auf und wirbelte mit einer ausholenden Geste zum Angreifer herum. Mohan schlug mit dem schweren Khukuri zu – und traf auf keinen Widerstand. Er schlitzte die leere Luft und verfehlte nur um Haaresbreite sein eigenes Bein. Ohne sich umzuschauen rannte er durch den Bach und keuchte die Anhöhe vor Maijus Haus hoch.

„Was ist los mit dir, Junge? Warum bist du so blass?" fragte sein Vater.

Mohan streckte seinen verletzten Arm aus.

Der Schamane untersuchte ihn gründlich. „Hier sind Abdrücke von vier Zähnen. Zwei Bisse." Er blies ein Mantra auf die verletzte Stelle, die sich bereits lila verfärbte.

„Ich wurde von einem Bären angefallen", erklärte Mohan den neugierigen Gesichtern, die ihn umringten.

„Nein, das war kein Bär", sagte Dil Bahadur. „Das war ein Mudkutta."

Mohan hatte schon von diesen furchtbaren Bhutas, noch gefährlicher als Masans, gehört. Sie hatten einen gewaltsamen Tod erlitten und wandelten nun kopflos und Unheil bringend über die Erde.

„Bei Sonnenaufgang und Sonnenuntergang greifen sie an. Wären deine Planeten nicht so stark gewesen, hättest du sterben können. „Zum Glück bist du stark und nur ein wenig verletzt." Der Vater betrachtete Mohans Arm im Feuerschein. Die Hand war geschwollen und Blut sickerte von einer Wunde nahe am kleinen Finger.

Als Mohan begriff, wie knapp er dem Tod entronnen war, begann er zu zittern.

„Gut, daß du Mudkuttas Hand abgehackt hast", sagte sein Vater. „Nun wird er sich mehr in die Nähe der Höhle zurückziehen und die Leute, die den Bach überqueren wollen, in Ruhe lassen. Dein Mut hat jedem geholfen."

* * *

DER TRAUM VON DEN KRABBEN

...Ich träumte Folgendes: Ich fing Fische in einem Fluß, den ich noch nie zuvor gesehen hatte. Er war zweifarbig. Blau und weiß. Eine Seite war blau und die andere weiß. Während ich fischte, entdeckte ich drei große Krabben, die mit einem Fisch kämpften. Eine attackierte ihn am Kopf, eine in der Mitte und eine am Schwanz. Der Fisch sprang und bat mich, ihm zu helfen. Ich hob einen Stein auf, als plötzlich mein Vater zu mir kam und sagte: „Wirf diesen Stein nicht." Dann brachte er den Fisch langsam ganz nah an die blaue Seite des Flusses. Der arme Fisch, der mich immer noch anschaute, bat um Hilfe. Ich weinte und lief in den Fluß hinein. Papa sagte: „Mohan, überquere nicht den weißen Fluß. Halte an. Komm zurück, komm zurück."...

* * *

Mohans Mutter hatte fünf Brüder. Seine Lieblingsonkels waren der zweite Bruder, Harka und der fünfte Bruder, Bhim. Onkel Harka, ein starker Mann in mittleren Jahren, lebte und arbeitete als Bauer mit seiner Frau nicht weit entfernt von Mohans Haus. Ihre einzige Tochter war erwachsen und verheiratet. Onkel Harka war genauso alt wie Mohans Vater und beide waren gute Freunde. Onkel Bhim, dessen Haus fünfzehn Kilometer östlich von Mohans stand, war jünger und lebhafter. Er war ein reisender Kaufmann, der oft lange von zu Hause fort war, während er Waren von Einheimischen aus der Gegend von Kasiboka auf Märkten in Indien vertrieb. Seine Frau hatte Mohan sehr gerne und mochte es, wenn er sie besuchte und ihr mit den Kindern half. Sie war eine schlanke Schönheit und trug immer ein fein gearbeitetes Schmuckstück aus Gold in der Nase, sowie goldene Ohrringe, die sie nie ablegte. Mohan liebte sie wie eine zweite Mutter.

Eines Nachts als Onkel Bhim nach Dumpte, jenseits des Flusses Namchi gegangen war, bereitete seine Tante ein spätes Abendessen zu. Es war dunkel. Die meisten Leute im Dorf waren schon zu Bett gegangen. Mohans Tante wusch den Kochtopf mit Wasser aus einer Schüssel und bemühte sich, ihn mit Asche und den Fingern sauber zu schrubben. Plötzlich hörten sie draußen ein schweres, dumpfes Geräusch, als würde jemand zwei lange Bambusstangen aneinander schlagen. Sie erstarrten und schauten sich an. Die Augen der Kinder leuchteten groß im Feuerschein. Wieder hörte man dumpfe Schläge, danach noch ein drittes und viertes Mal.

Mohan nahm seinen ganzen Mut zusammen und rannte nach draußen in den Hof. Eine leichte Brise wehte, aber er sah keine Bambusstangen. Niemand war zu sehen. Seine Tante und die kleinen Kusinen, still und angespannt, schauten ihn fragend an, als er wieder herein kam. „Niemand", berichtete er und nahm das jüngste Kind auf den Schoß. Dabei bewegte er sich leise und achtete wachsam auf jedes Geräusch.

Nach einer Weile nahm die verschreckte Familie das Gespräch wieder auf, aber leise und immer noch lauschend. Seine Tante setzte ihre Arbeit am Spinnrad fort. Sie spann Wolle vom Simal-Baum zu Fäden, um daraus Decken und Jacken für den Markt zu fertigen. Wenn es Yakwolle gab, spann sie auch die.

Mohan begann ein Spiel mit den Kindern. Sie warfen einen kleinen Stein in die Luft und fingen ihn wieder auf. Wer die meisten Steine fangen konnte, bevor sie den Boden berührten, hatte gewonnen. Schließlich wurden sie schläfrig. Mohan brachte sie zu Bett, legte sich neben sie und schlief ein.

Er träumte, daß er in einem Fluß fischte, den er noch nie zuvor gesehen hatte. Auf der einen Seite war das Wasser weiß und am gegenüberliegenden Ufer blau. Der Körper eines riesigen Fisches an dem drei große, goldene Krabben, eine am Kopf, eine in der Mitte und eine am Schwanz hingen, tauchte auf. Die Krabben kämpften mit dem Fisch. Als er ihn anschaute, sprang der große Fisch, immer noch von den Krabben attackiert, aus dem Wasser und rief: „Hilf mir, hilf mir!"

Mohan hob einen Stein auf und zielte auf eine der Krabben, aber nun war sein Vater da und ergriff seinen Arm. „Wirf den Stein nicht!"

Der Vater watete ins Wasser und lenkte den großen Fisch langsam zum weit entfernten blauen Ufer. Der Fisch drehte den Kopf. Er schaute Mohan mitleiderregend an und bettelte um Hilfe. Mohan begann zu weinen und lief in den Fluß hinein.

Sein Vater rief: „Mohan! Geh nicht durch den weißen Fluß! Bleib stehen! Geh zurück, geh zurück!"

Mohan drehte sich gerade um, als etwas Schweres gegen sein Bein schlug. Der Fisch war hinter ihm, so nah, daß er den weißen Schleim auf seinem Körper sehen konnte. Die Krabben waren abgefallen und er schien tot zu sein. Als sein Körper die Wasseroberfläche durchbrach, sah er Blut auf den Schuppen und es roch nach brennenden menschlichen Leichnamen. Plötzlich bewegte sich der Fisch, sprang hoch in die Luft, erbrach Blut, fiel zurück und versank im Wasser.

Mohan wachte schweißgebadet auf und der schreckliche Gestank von verbrannten Leichen hing ihm in der Nase. Das ganze Haus roch danach. Seine Tante wachte auf und rief: „Mohan verbrennst du Fleisch auf dem Feuer?"

„Nein, das bin ich nicht." Er starrte in die Dunkelheit. Sein Blick suchte die Ecken unter der Decke ab, aber der Traum war verschwunden. Er ging nach draußen auf die Toilette. Am Stand der Sterne konnte er erkennen, daß es fast Mitternacht war. Nichts regte sich. Er ging hinein und legte sich wieder hin, ohne einschlafen zu können.

Nachdem er sich eine Stunde rastlos hin und her gewälzt und mit weit geöffneten Augen an die Decke gestarrt hatte, bemerkte er zwei kleine flammengleiche Lichter, die im Zimmer umherflogen. Mohan erkannte, daß es sich um zwei menschliche Seelen handelte, die ins Haus gekommen waren. Die längere, weniger konturierte Flamme erkannte er als die Seele von Onkel Harka, wußte aber nicht, wer die andere war. Er hatte nicht gehört, daß es Onkel Harka schlecht ging, aber nun war er sicher, daß sein Onkel in Schwierigkeiten steckte. Harkas Seele begann zu weinen, dann verschwanden beide.

Für den Rest der Nacht blieb Mohan wach. Er stand früh auf, trank die Milch, die seine Tante ihm gab und machte sich zum Aufbruch bereit. „Ich muß meinen Vater finden", sagte er. „Danach komme ich zurück."

Zu Hause erzählte ihm seine Mutter, daß der Vater zum Bezirksdirektor gegangen war. Zu dem großen Haus, das als Bezirksverwaltung diente, war es nicht weit und Mohan machte sich auf den Weg, um seinen Vater zu treffen. Als sie zusammen nach Hause liefen, erzählte Mohan sei-

nen Traum mit dem Fisch und den Krabben, von dem furchtbaren Gestank und von den Seelen im Haus, die wie Flammen aussahen.

„Das war kein guter Traum, erzähle niemandem davon", erklärte der Vater. „Harkas Familie wird bald etwas zustoßen."

Am späten Nachmittag kehrte Mohan zu Onkel Bhim zurück. Seine Tante war auf dem Hang, um für die Kälber und die Zicklein Gras zu schneiden. Er half ihr beim Tragen und blieb dann bei den Kindern, während sie das Vieh heimtrieb. Nachdem sie die Kühe gemolken und gefüttert hatte, kochte sie Essen und Milch. Nach dem Abendessen saß die Familie am Feuer und sang alte Lieder. Es war ein friedlicher Abend und als es dunkel wurde, gingen sie zu Bett.

Am nächsten Morgen kam Harkas Nachbar Ratna Bahadur, Sohn des Rupdhaj Rai, mit der Nachricht angerannt, Onkel Harka sei letzte Nacht erkrankt. „Er spuckt Blut", keuchte der Junge. „Seine Frau ruft die ganze Familie zusammen. Mohans Vater ist schon dort."

Mohan und seine Tante ließen das Vieh frei und eilten dann mit den Kindern zu Harkas Haus, wo sie Dil Bahadur weinend vor der Tür sitzend fanden.

„Was ist mit Onkel?" Mohan legte eine Hand auf die bebende Schulter seines Vaters.

„Es ist zu spät. Ich kann nichts mehr tun." Der Schamane rieb sich seine Stirn mit großen, rauen Händen und verschmierte dabei Tränen auf seinen Wangen. Mohan ging hinein. Onkel Harka lag im Bett. Seine Frau hielt seinen Kopf über einen Topf und er erbrach hellrotes Blut. Seine angsterfüllten Augen blickten Mohan für eine lange Zeit genauso mitleiderregend an, wie der Fisch im Traum. Dann fiel sein Kopf auf die Brust seiner Frau.

Sie schüttelte ihren Ehemann und schrie auf. Sein Kopf fiel nach hinten. „Nein, nein", stöhnte sie. Sanft legte sie ihn nieder. Sie brachte ihr Gesicht ganz nah an seinen Mund, um seinen Atem zu spüren, aber er war tot.

Alle waren fassungslos. Gestern war Harka noch gesund und munter. Er hatte seine Axt mit in den Wald genommen, um Holz für einen neuen Kuhstall zu schlagen und ging dann wie gewöhnlich ins Bett. Aber um Mitternacht stand er auf und ging von da an alle paar Minuten hinaus auf die Toilette. Er jammerte, daß sein Kopf schmerzte und seine Brust brannte. Seine Frau gab ihm Tee und viele Tassen heißes Wasser zu trinken. Am Morgen ging es ihm noch schlechter. Er war schweißgebadet, sein Bewußtsein getrübt. Seine Frau war zu Rupdhajs Haus geeilt und der Nachbar hatte seine Söhne in alle vier Himmelsrichtungen ausgeschickt, um Mohans Vater und den Rest der Familie zusammen zu trommeln.

Harka starb sehr schnell, um neun Uhr morgens.

Als Mohan endlich einen Moment fand, in dem er alleine mit seinem Vater sprechen und ihn fragen konnte was passiert war, erklärte Dil Bahadur: „Entsprechend meiner Voraussage wurde er um Mitternacht von einem Rakta Masan und gleichzeitig von einem wütenden Jägergeist angegriffen. Sein Herz wurde vom Masan und seine Lunge vom Jägergeist gefressen." Der Schamane ließ seinen Kopf in die Hände sinken. „Sie hätten mich früher rufen sollen. Als ich hier eintraf, war es schon zu spät."

„Papa, woher weißt du das alles? Wer sagt dir das? Wie kommst du zu diesem Wissen?" Gekrümmt auf dem Boden sitzend umschlang Dil Bahadur mit einem Arm Mohans Beine und zog ihn zu sich. „Lieber Sohn", sagte er und blieb dann für eine Weile still, so daß Mohan verstehen konnte, was auch immer einer von ihnen hätte tun können, es hätte nichts bedeutet.

„Manchmal weiß ich es von meinen Hilfsgeistern und manchmal spreche ich mit der Seele der kranken Person", erklärte der Schamane. „Dieses Mal hast du vor mir erfahren, das Harka sterben wird. Der Fisch in deinem Traum war Harka und die Krabben waren Masans."

Mohan erinnerte sich an den breiten Fluß im Traum, der auf einer Seite weiß und auf der anderen blau war.

„Gewöhnlich wusch er sich am Fluß Alaichi, wenn er aus dem Wald zurückkehrte", fuhr sein

Vater fort. „Und dort haben ihn die Masans und der Jägergeist angegriffen. Als er zu Hause ein-traf, muß er bereits halbtot gewesen sein. Das Blut und der Gestank von brennenden, menschli-chen Leichen, den du gerochen hast – das war er."
Mohan nickte bedächtig.
„Verstehst du, wie wichtig Träume sein können?"

* * *

VERSCHWEIGE DEINE TRÄUME

...Ich drehte mich gerade wieder zum Ausgangspunkt um, als ich zwei große Gestalten vor mir stehen sah. Eine trug einen schwarzen Pyjama und eine Kappe, die andere war nur mit einer khakifarbenen Hose bekleidet und oben nackt. Das Gesicht war tief rot und der ganze Körper mit Blut verschmiert. Ich sah, wie das Blut aus Nase und Ohren lief. Unterhalb des Ellbogens fehlte der Arm. Sie sprachen kein Wort. Sie sahen mich an und liefen davon...

* * *

Jedes Jahr nach der Reis- und Hirseernte, noch bevor der erste Regen im Juni fiel, reisten die Leute aus den Dörfern Dorokha, Denchokcha und Dumte hinunter nach Indien zum Basar in Chamor, um dort Tabak, Kerosin, Salz und andere notwendige Dinge einzukaufen. Hatte der Monsun erst einmal begonnen, dann schwoll der schlangengleiche Fluß Chamorchi, der auf dem Weg fünfunddreißigmal überquert werden mußte, so stark an, daß die ganze Reise unmöglich wurde. In diesem Jahr war Mohan alt genug, um mitzugehen. Sie kamen nur langsam voran, weil ständig Leute seinen Vater anhielten, ihm Chang oder Raksi anboten und ihn um Hilfe wegen ihrer Krankheiten baten.

Auf dem Basar kauften sie die Waren, die sie brauchten und packten alles in große, kegelförmige Körbe, Dokos, die sie gestützt und stabilisiert von ihren starken Rücken, mit einem Riemen um die Stirn den langen Weg nach Hause trugen. Der Weg führte durch Thulo Sanguri, ein Kontrollposten, der mit zwei Polizisten besetzt war. Es war ein kleines Dorf mit weniger als achthundert Einwohnern. Jetzt aber hatten sich mehr als doppelt so viele Menschen, hauptsächlich Tibeter, einschließlich vieler in Roben gekleideter Lamas, zu einem buddhistischen Fest mit Spielen, Wettläufen, Verfolgungsjagden und Hochsprung auf einem offenen Feld zwischen dem Dorf und einem Hang am Waldrand versammelt. Gruppen von Männern hockten Karten spielend auf dem Boden und unter den Bäumen sangen und tanzten Menschen. Alle Gasthäuser waren belegt.

Mohan, seine Eltern und andere aus ihrem Dorf blieben und die Polizisten, die Dil Bahadur kannten, versorgten sie mit Essen und fanden eine Unterkunft für sie. Schon bald war Mohans Vater betrunken. Die ganze Nacht hindurch wurde musiziert, getanzt und Karten gespielt. Der Wald war erleuchtet von Lagerfeuern und Fackeln. Jeder, der auf dem Weg nach Indien war oder von dort zurückkam hielt an, um das Fest zu genießen. Es war das erste Mal, daß es in Thulo Sanguri abgehalten wurde und die Leute aus den Nachbardörfern versammelten sich, um Eier, Hühner und Früchte zu verkaufen.

Am Morgen packte Mohans Familie für den sechsstündigen Fußmarsch zurück nach Dorokha.

Seine Mutter wollte sofort aufbrechen und als sie sich den Riemen des schweren Korbes um ihre Stirn legte, rief sie aus: „Ich kann es gar nicht abwarten, endlich meine Kleine wieder zu sehen." Sie hatten Mohans kleine Schwester bei der Großmutter zu Hause gelassen.

Sie gingen früh los, mußten aber wieder ständig wegen der Leute anhalten, die Mohans Vater von jeder Tür aus zuriefen und ihm Raksi und Chang gaben. Nach drei Stunden hatten sie nur einen halben Kilometer zurückgelegt.

Anschließend führte der Weg zwei Stunden lang steil bergauf. Am späten Nachmittag erreichten sie weit ab von jedem Dorf Tiptikharka, wo es viele gute Schlafplätze gab. Vor langer Zeit wurde es von Dakres gegründet, die gegen Bezahlung schwer beladene Körbe zwischen Dörfern und wandernden Hirten transportierten. Etliche Familien waren schon eingetroffen und entfachten Feuer. Sie boten Mohans Familie Tee an.

Mohans Vater wurde langsam wieder nüchtern und seine Frau begann zu schimpfen: „Deinetwegen haben wir es heute nicht nach Hause geschafft. Ich bin so froh, daß ihr hier draußen keinen Raksi habt."

Der Vater lachte: „Mach dir deshalb keine Sorgen. Du weißt doch, das mein Guru immer für mich sorgt."

Mohan säuberte Reis und Gemüse für das Abendessen, während seine Mutter mit Holz, das sie unter den großen Bäumen gesammelt hatte, ein Feuer machte. Elf Leute aus ihrem Dorf teilten sich das Essen. Als sie gesättigt um das Feuer herum saßen, trafen dreißig weitere Dorfbewohner auf ihrem Weg zum Fest in Thulo Sanguri ein. Im Gepäck hatten sie Waren zum Verkauf und es kamen auch mit Raksi gefüllte Krüge zum Vorschein. Entzückt begrüßten Mohans Eltern ihre Nachbarn und sein Vater trank reichlich. Die Neuankömmlinge tauschten Neuigkeiten aus und machten eine Weile Rast, bevor sie mit Fackeln zum Fest weitereilten. Sie ließen für Mohans Vater zwei Krüge mit Raksi zurück, einen, den er gleich trinken konnte und einen für später.

Die Heimreisegruppe fand einen Platz, an dem sie ihr Nachtlager aufschlagen konnte. Unter einem Baum auf ebenem Boden machten Mohans Familie und zwei weitere Männer ein Feuer. Die restlichen Sechs schlugen ihr Lager dreißig Meter weiter unten an einer kleinen Höhle bei einem Fluß auf.

Kaum hatte Mohan die Augen geschlossen, hörte er ein schabendes Geräusch, wie von einem großen Stamm, den jemand über den Boden zog. Er konnte nicht sehen woher es stammte. Er konnte überhaupt niemanden sehen. Seine Eltern waren am Feuer schnell eingeschlafen.

„Verdammt! Jemand hat Wasser über mich geschüttet." Einer der beiden Männer, die sich unter einem Baum zur Ruhe gelegt hatten, saß aufrecht und fluchend in seinem Bett. „Mein ganzes Bett ist nass."

Der Andere erwachte und betastete seine Decke. „Mein Bett ist auch nass." Sie gingen ans Feuer und hielten ihre Decken zum Trocknen an die Flammen. „Wer tut so etwas? Hast du irgendetwas bemerkt, Mohan?"

„Jemand hat einen Baumstamm über den Boden gezerrt. Ich habe es gehört." Mohan sprang von seinem Bett auf und starrte in die Dunkelheit.

Die Männer zündeten Fackeln an und gaben Mohan eine davon. Zügig ging er zu der Höhle hinunter, um zu sehen, ob im anderen Lager jemand fehlte, der vielleicht nach oben gekommen war, um diesen üblen Streich zu spielen. Aber dort schliefen alle und schnarchten. Mohan drehte sich um und als er gerade wieder bergaufwärts kletterte, erblickte er zwei gigantische Schatten an einer Wegkreuzung. Von oben kam das flackernde Licht der Fackeln. Er wollte schreien, aber seine Stimme versagte.

Eine der schemenhaften Gestalten war mit einem schwarzen Pyjama und einer schwarzen Kappe bekleidet. Die andere trug eine khakifarbene Hose, die Brust war nackt. Das Gesicht war rot und der Körper blutverschmiert. Frisches Blut lief aus Nase und Ohren, der linke Arm fehlte vom Ellbogen an. Sie wandten ihre Gesichter Mohan zu und ohne ein Wort oder Zeichen verschwanden sie bei der linken Hügelseite.

Sie müssen gekämpft haben, vermutete er, und einer hat dem anderen den Unterarm abgeschlagen. Er suchte den Boden mit seiner Fackel nach Blutspuren ab, aber seltsamerweise fand er nichts.

Er kletterte die Anhöhe hinauf. Dort fand er das Feuer seiner Eltern bis auf ein paar glühende Kohlen abgebrannt. Die Männer schliefen eingehüllt in ihre Dekken. Mit ein paar Zweigen schürte er das Feuer und legte sich dann ebenfalls hin. Die Luft war erfüllt mit dem Geruch von Blut und Fleisch. Seine Mutter drehte sich zu ihm und murmelte mit schläfriger Stimme: „Mohan, du weißt doch, das wir im Wald und auf Reisen kein Fleisch kochen sollen."

„Das tue ich auch nicht", antwortete er. „Sieh doch selbst." Seine Mutter stand auf und half ihm suchen, doch es gab in der Nähe des Feuers nirgendwo Fleisch.

„Was zur Hölle ist hier los?" Der Geruch hatte Mohans Vater geweckt.

„Niemand kocht hier", sagte die Mutter. Sie hüllte sich in ihre Decke.

Mohans Vater wühlte in seiner Tasche nach seinen Malas und dem Khukuri. „Kommt näher ans Feuer", sagte er. Er kaute ein Stück Ingwerwurzel und spuckte sie überall herum: „Tschu, tschu, tschu."

Mohan erzählte seinen Eltern von den beiden großen, schattenhaften Gestalten, die er an der Wegkreuzung gesehen hatte. Seine Mutter fürchtete sich und verkroch sich unter der Decke, bevor sie sich wieder hinlegte. Es war zwei Uhr morgens.

„Mohan, du kannst auch schlafen", sagte sein Vater, während er die Wegkreuzung nicht aus den Augen ließ.

„Nein. Ich werde nicht schlafen." Angestrengt starrte Mohan in die Dunkelheit. „Papa!" flüsterte er und deutete den Berg hinunter. Die zwei Gestalten waren noch dort und saßen zusammen auf einem umgestürzten Baumstamm.

„Halt den Mund", zischte Dil Bahadur. „Mama und die anderen werden Angst bekommen und krank werden!" Er nahm eine Handvoll Staub, mischte ein wenig Ingwerwurzel darunter, sprach zehn Minuten lang Mantras und warf dann den Staub in Richtung der Schatten auf dem Stamm. Mohan konnte sie deutlich erkennen. Sie sprangen auf, rannten an der Höhle vorbei, platschten in den Fluß und verursachten dabei einen Lärm wie ein ganzes Heer von Reitern. Es war so laut, daß im unterem Lager alle aufwachten.

„Hut, hut, hut!" riefen sie und warfen den flüchtenden Gestalten brennende Stöcke hinterher. Alle Reisenden versammelten sich am oberen Feuer, das sie nun wieder stärker entfachten.

„Lasst uns Tee trinken", schlug Mohans Vater vor. „Wer holt das Wasser?" Niemand meldete sich freiwillig. Wasser war unten im Fluß, dort wo die beiden Gestalten verschwunden waren.

„Gib mir die Fackel und den Topf", sagte Mohan. Ganz alleine kletterte er zum Fluß hinunter. In den dunklen Büschen am Wegesrand rührte sich nichts. Am Flußufer ging er in die Hocke und während er wachsam auf jedes Anzeichen von Bewegung achtete, füllte er den Topf mit Wasser. Alles machte einen normalen Eindruck. Als er den Pfad wieder hochkam und das Wasser im Topf geräuschvoll hin und her plätscherte, lächelte sein Vater anerkennend. Alle Reisenden entspannten sich. Sie kochten das Wasser und brühten damit schwarzen Tee. Dil Bahadur hatte noch ein wenig Raksi übrig, den er nun in einer kleinen Pfanne erwärmte und trank. Die Morgendämmerung brach schon fast herein.

Niemand versuchte, noch mal zu schlafen. Sie packten und zogen weiter nach Dorokha. Gegen elf Uhr erreichten sie einen kleinen Schrein, der Jharpokhari genannt wurde. Alle waren hungrig und beschlossen, bei einer bestehenden Feuerstelle unter einer Baumgruppe ihr Mittagessen einzunehmen. Sie setzten ihre Körbe und Bündel ab. Einige Leute schälten Kartoffeln und schnitten Zwiebeln klein, während andere einen langen Pfad hinunter stiegen, um Wasser aus einem Teich zu holen. Nach dem Essen lag noch ein letztes Stück Heimweg – ein bis zwei Stunden bergab – vor ihnen. Müde vom zweitägigen Klettern und einer fast schlaflosen Nacht, hielten die Dorfbewohner eine lange Rast.

Mohan fragte seinen Vater: „Was ist letzte Nacht wirklich passiert? Waren das Bhutas? Und falls ja, wer waren diese Bhutas?" Aber bevor der Schamane eine Erklärung geben konnte, tauchten zwei Männer auf, die ihn sprechen wollten. Mohan wartete ungeduldig, bis schließlich einer der Männer das Thema auf die beiden gigantischen, schwarzen Gestalten und die rennenden Pferde brachte.

Der Schamane sagte: „Das waren nur Bhutas, die gekommen waren, um sowohl Mohans, als auch meine Kraft zu testen. Aber sie konnten unsere Seelen nicht rauben."

„Was für Bhutas?"

„Das konnten wir nicht erkennen." Weitere Erklärungen gab Dil Bahadur nicht.

Nachdem Mohans Mutter alle Sachen gepackt hatte, machten sie sich auf den abschüssigen Nachhauseweg. Schon bald sahen sie vertraute Gesichter und kurz darauf kam Mohans kleine Schwester, die Großmutter hinter sich, auf sie zugerannt. Schwungvoll nahm Mohans Mutter sie in die Arme, küßte sie und gab ihr eine kleine Tasche zum Tragen. Die größere Tasche überreichte sie einem älteren Mädchen und Hand in Hand liefen sie weiter.

Mohan fand seine kleinen Tanten zusammen mit ein paar Freunden spielend in der Ramite-Hütte und blieb zurück, um sich zu ihnen zu gesellen. Es war gut, wieder zu Hause zu sein. Vor allem war es gut, wieder auf der eigenen Strohmatte schlafen zu können. Dann aber weckte ihn etwas in der Nacht. Sein Vater sprach in der Dunkelheit. Er sagte: „Es wird alles in Ordnung kommen."

Die schemenhaften Umrisse seiner schlafenden Mutter neben dem Vater wirkten ebenso vertraut, wie die Linien der Gebirgsausläufer ihres Tales im Mondlicht. Auch seine Schwestern schliefen still auf ihren Matten am Feuer. Mohans Blick suchte die Dunkelheit ab. Er wollte herausfinden, mit wem sein Vater sprach. Plötzlich sah er die Seelen zweier jüngerer und eines alten Mannes in der Luft schweben. Sie stöhnten und jammerten, während Dil Bahadur beruhigende Worte an sie richtete.

Mohan fühlte ihre schreckliche Traurigkeit als wäre es die seine und dachte: ‚Sie sterben.'

* * *

Einige Tage später unterhielten sich Mohans Vater und Großmutter über die schwarzen Gestalten, die auf ihrem Nachhauseweg von Indien in den Fluß gesprungen waren. Mohan hielt inne, um zuzuhören. „Es ist kein gutes Zeichen", hörte er den Vater sagen. „Ein Unglück wird geschehen."

„Ich glaube, zuerst wird ein alter Mann sterben und dann wird vielleicht ein jüngerer ermordet", sagte Mohan frei heraus.

Erstaunt lachten der Vater und die Großmutter. „Woher willst du das wissen?"

„Papa, in der vergangenen Nacht hast du die weinenden Seelen zweier junger Männer und die eines alten Mannes gesehen. Du hast mit ihnen gesprochen und ihnen gesagt, daß alles in Ordnung kommen wird."

„Du hast sie gesehen?" fragte sein Vater, ohne überrascht zu klingen.

„Papa, du hast gelogen! Warum? Warum hast du das gemacht? Sie waren schon halb tot und werden bald sterben, aber du hast ihnen gesagt, daß sie sich keine Sorgen machen sollen."

Seine Großmutter antwortete: „Wenn sich Seelen hoffnungsvoll an uns wenden, sagen wir nie etwas, was sie entmutigen könnte.

Das würde sie nur noch mehr weinen lassen und ihnen nicht helfen."

„Aber wenn sie gestorben sind und wiederkommen, was werden wir dann sagen?" verteidigte Mohan seinen Standpunkt. „Das wir gelogen haben?"

Vater und Großmutter begannen nun beide zu reden.

„Schau", erklärte der Vater, „wenn die Seele einer kranken Person zu dir kommt, dann sage Ihr niemals ‚Du wirst bald sterben'. Tust du es doch, dann stirbt er oder sie vielleicht sofort. Unser Dharma, die spirituelle Lehre, der wir folgen, gebietet uns, sie zu ermutigen, selbst wenn wir sehen, daß sie in ein paar Tagen oder Monaten sterben wird. Wenn wir Hoffnung geben, lebt sie vielleicht noch Monate oder sogar Jahre weiter."

„Manchmal können wir ihnen noch ein paar Jahre schenken, indem wir das Leben eines Tieres, wie das eines Schafes, eines Hundes oder einer Katze auf sie übertragen", fügte die Großmutter hinzu.

Kurze Zeit später erkrankte Mohans einziger Urgroßvater und verstarb innerhalb von zehn Tagen. Er wurde sechsundneunzig Jahre alt. Eigentlich erwartete Mohan, daß seine Seele kommen und über ihrem Bett weinen würde, aber sein Vater vollzog die traditionelle Zeremonie, um ihm den Weg in die nächste Welt zu ebnen und der Urgroßvater kam nicht mehr zurück.

Bald danach war die Zeit für eine der jährlich stattfindenden Zeremonien zu Ehren der Ahnen gekommen und Mohan ging mit seinem Vater in das von Dorokha sieben Kilometer bergabwärts liegende Dorf, um im Haus seines Vetters an dieser Zeremonie teilzunehmen. Während sie dort waren, kam ein Nachbar aus Dorokha herein und brachte Neuigkeiten von einer der tibetischen Banden, die den Süden von Bhutan für sich beanspruchten und von den dort lebenden Dorfbewohnern Tribut erpressten. Von Zeit zu Zeit ritten fünfzig bis sechzig dieser wilden Männer auf ihren Pferden mit schwingenden, langen Messern durch die Dörfer und stahlen Reis, Butter und Edelsteine von den verängstigten Einwohnern. Bhutan hatte jedoch inzwischen einen eigenen König und diese Scheinkönige hatten keine Macht mehr, wenn die rechtmäßigen Soldaten des Königs und seine Polizei zum Schutz der Menschen vor Ort waren.

„Es ist in Tiptikharka passiert", erzählte der Nachbar. „Eine große Gruppe tibetischer Räuber ritt auf ihrem Rückweg vom Basar in Chamor dort hindurch. Es gab heftige Messerkämpfe. Zwei Männer aus dem Dorf waren auf der Stelle tot. Drei Pferde und einige Dorfbewohner sind verletzt worden. Auch etliche Tibeter sind getötet worden."

Mit aufgerissenen Augen hörten die Frauen zu und murmelten: „Um-umum."

Mohan blickte seinem Vater in die Augen. „Papa, das ist dort, wo wir die blutenden Bhutas gesehen haben." Am nächsten Tag sahen sie auf dem Heimweg vor dem Gebäude der Bezirksverwaltung eine große Menschenmenge. Die Körper zweier Dorfbewohner, die im Kampf mit den Tibetern getötet wurden, waren hierher gebracht und aufgebahrt worden. Die Verletzten hatte man zur Behandlung nach Samchi gebracht.

Mohans Vater sagte zur Großmutter: „Mohan hat alles vorausgesehen. Er wird mit Sicherheit ein guter Schamane."

Beflügelt von dieser Anerkennung begann Mohan von einem anderen Traum zu erzählen, in dem er eine Gruppe von Tieren ein Feld überqueren sah. Der Traum war so real, daß er dachte, er müsse eine Bedeutung haben, aber seine Großmutter sagte: „Scht! Verschweige deine Träume, Mohan. In ihnen bekommst du Kraft und Wissen! Wenn du sie jedem erzählst, wirst du die Kraft, mit der du Menschen heilen kannst, verlieren."

* * *

Asa Maya Rai, die Mutter von Mohan.
Foto: Shamanistic Studies and Research Center Kathmandu

DÜRRE

...Gewöhnlich verbrachte ich die meiste Zeit mit meinem Vater. Ich erinnere mich, daß er hauptsächlich zu Devi und zu Indra, dem König des Himmels, der über Blitz, Donner und Regen befiehlt, gebetet hat. Im nepalesischen Jahr 1999 (1943), gab es eine große Trockenheit. Es fiel kein Regen und die Sonne schien erbarmungslos. Alle Pflanzen und Bäume vertrockneten und das Gemüse war ungenießbar. Trotz seines neun Tage andauernden Gebetes fiel kein einziger Tropfen Regen...

⚜ ⚜ ⚜

Einer alten Tradition folgend wurde jeden Mai zum Vollmond im Dorf Dorokha eine Sansari Puja zur Verehrung von Mutter Erde ausgerichtet. In diesem Jahr sollte sie auf einer Weide eineinhalb Kilometer entfernt von Mohans Haus stattfinden. Das ganze Dorf versammelte sich. Es war Pflicht, daran teilzunehmen. Jeder, der nicht erschien und sich nicht im Gästebuch einschrieb, schuldete dem Ausschuss der Sansari Puja acht Kilo Reis, einen Hahn und einen Rupie. Bei Tagesanbruch trafen Männer, Frauen und Kinder ein, die Hühner, Ziegen, Schafe, Vögel, Eier, Milch, Reis, Geld, Kleidung und verschiedene Sorten Currypulver mitbrachten. In diesem Jahr war die Puja besonders wichtig, da der Regen überfällig war. Das Reispflanzen war bereits verschoben worden. Das hatte eine spätere Ernte zur Folge und sollte diese Ernte mager ausfallen, würden die Menschen hungern müssen.

Mohans Familie stand früh auf, um als Erste am Ort der Sansari Puja einzutreffen. Alle legten die besten Kleider an. Mit Ausnahme des Schamanen, der der Zeremonie als Hauptpriester beiwohnte, hatten sie den ganzen Tag nichts zu tun außer Tanzen, Trinken, und um Geld zu spielen. Noch bevor sie losgehen konnten, schauten zwei ratsuchende Männer aus der Nachbarschaft vorbei und fragten Mohans Vater, welches Tier sie als Opfer mitbringen sollten. Als sie auf der Weide ankamen, waren bereits einige andere Schamanen anwesend, die auf ihren Trommeln und Flöten spielten. Normalerweise sorgten die Schamanen bei der Sansari Puja für Musik, wie auch bei Hochzeiten und den halbjährlich stattfindenden hinduistischen Festen Dasain und Tihar.

Mehr und mehr Dorfbewohner trafen mit Opfertieren ein. Auch kamen weitere Schamanen, die an ihren Altären sehr beschäftigt waren. Kein Tier wurde ohne dessen Einwilligung getötet. Der Schamane goss eine Handvoll Wasser auf den Kopf des Tieres und fragte, ob es sein Leben der Göttin hingeben wolle. Wenn es sich schüttelte, war es einverstanden. Der Schamane zog den Kopf des Tieres nach hinten und schnitt ihm die Kehle durch.

Was auch immer geopfert wurde, mußte am Altar gekocht werden und wurde anschließend von den Leuten als Prasad, gesegnete Nahrung, deren schmackhaften Geruch die Erdgöttin genossen hatte, gegessen. Während die Familien mit ihren Opfertieren vortraten, markierten die Schamanen die Stirn jedes Familienmitgliedes mit einem roten Tika. Aufgeregt, von der festlichen Stimmung und der Menschenmenge, spielte Mohan völlig überdreht mit den anderen Kindern. Die Opferungen, das Kochen und Essen dauerten bis in den späten Nachmittag hinein. Nun würde mit Sicherheit bald Regen fallen.

Aber nichts geschah. Der Himmel blieb leer und trocken. Die einzigen Wolken waren aus Staub, den die Leute mit ihren Füßen aufwirbelten, als sie von der Sansari Puja nach Hause liefen. Dennoch hofften sie bei jeder noch so kleinen Brise, daß sich hinter dem südlichen Horizont Monsunwolken zusammenballten.

Mehr als eine Woche verging ohne einen Wolkenfetzen, geschweige denn Regentropfen und schließlich verlangten einige der Dorfältesten Mohans Vater zu sehen. Sie klagten: „Älterer Bruder, es scheint, daß die Puja nicht richtig ausgeführt wurde. Es kommt kein Regen. Es wird zu spät für das Umpflanzen."

„Ich werde etwas tun", versprach der Schamane.

Daraufhin stand Mohans Vater jeden Morgen vor Sonnenaufgang auf und betete und meditierte vor seinem Altar. Eindringlich bat er die Erdgöttin und Indra, den Gott des Regens und des Donners, die Schleusen des Himmels zu öffnen.

Aber ohne Erfolg. Jeden Morgen erschien die Sonne heiß und gnadenlos am Firmament. Die Pflanzen und Bäume vertrockneten. Das Gemüse, das Mohans Großmutter aus dem Garten holte, war hart und ungenießbar. Neun weitere Tage lang brannte die Sonne heiß auf ihrem Weg über den Himmel, ohne ein Zeichen von Regen. Mit jedem verstreichenden Tag kamen mehr Leute zu Mohans Haus, um sich zu beschweren: „Älterer Bruder, warum gibt es keinen Regen?"

Einige Dorfbewohner unternahmen Pilgerreisen zu dem einige Kilometer entfernt liegenden buddhistischen Kloster, indem sie bei jedem Schritt zuerst auf ihre Hände und Knie fielen, um sich dann für Buddha flach und unterwürfig ganz auf die Erde zu legen. Aber Buddha zeigte kein Mitgefühl.

Mohans Großmutter väterlicherseits lief die Anhöhe vor ihrem Haus hinunter, um sich der Gruppe in Mohans Haus anzuschließen. „Die kleinen Flüsse sind alle ausgetrocknet. Für einen Krug Wasser müssen wir einen halben Tag lang laufen", sagte sie. „Überall im Dorf sterben die Tiere."

„Dürren sind schon früher gekommen und wieder gegangen", sagte ein Nachbar. „Es hat sie immer gegeben und es wird sie auch weiterhin geben."

„In meinen ganzen siebzig Jahren kann ich mich an keine Zeit erinnern, in der es so schlimm war, jüngerer Bruder", antwortete Mohans Großmutter. Als sie bemerkte, wie intensiv Mohan ihrem Gespräch lauschte, lächelte sie und fragte: „Mohan, warum unternimmst du nichts, um dieses Problem zu lösen?"

Die Nachbarn stimmten zu. „Oh ja, neuer Schamane. Warum bringst du uns keinen Regen?" Sie lachten, aber Mohan nahm sie ernst. „Wir machen nur Spaß, Mohan", fügten sie hinzu. „Dafür bist du nicht verantwortlich."

„Ich werde meinen Guru, die Waldkönigin, bitten, uns Regen zu schicken", sagte Mohan und weil die anderen lachten, lachte er auch.

Aber sein Vater und die Großmutter wechselten einen ernsten Blick. Dil Bahadur schlug vor: „Warum machen wir nicht an der Höhle, die uns Mohan gezeigt hat, wo er dem Herrn des Waldes und seinen Helfern begegnet ist, eine Puja?"

Während der nächsten drei Tage brachten sie täglich Opfergaben zur Höhle. Mohans Vater versprach dem Gott, ihm nach dem Regen Milch zu spenden und das auch die Dorfbewohner

Opfergaben bringen würden. Am vierten Tag veränderte sich das Wetter. Der Geruch von frischem Regen lag in der Luft, aber es fielen nur ein paar Tropfen. Der nächste Tag war klar, aber es türmten sich Wolken auf und am sechsten, siebten und achten Tag regnete es ununterbrochen stark. Alle Reisterassen wurden überflutet. Seit Monaten hatte es nicht mehr so viel geregnet. Es war wunderschön. Die Menschen jubelten und pflanzten im Regen den Reis.

* * *

SEUCHE

...Seit dem frühen Morgen kamen Leute in unser Haus und fragten meinen Vater: „Was passiert mit unserem Dorf?" Hauptsächlich fragten die älteren Leute. „Das ist sehr seltsam. Ein weißes Reh kommt in unser Dorf und verschwindet wieder auf dem offenen Feld."...

* * *

Den ganzen Sommer hindurch regnete es immer wieder. In diesem Jahr war die Ernte gut. Im November war das Reisfeld nahe Mohans Haus voller gebückt dreschender Arbeiter: Männer mit nacktem Oberkörper und Frauen in farbenfrohen Röcken, die Haare hochgesteckt, damit sie nicht im Weg waren. Zur Ernte bearbeiteten alle Familien zusammen ein Feld nach dem anderen. Für die Bauern war dies die arbeitsreichste Zeit im Jahr. Sobald sie mit diesem Feld, das Abi Rai, Mohans Nachbarn, gehörte, fertig wären, würden sie mit dem eines anderen Bauern weitermachen. Eine Gruppe trug große Bündel von Reishalmen zu einem zentralen Platz, wo Andere auf dem Boden den Reis heraus droschen. Ein ansehnlicher Haufen Reiskörner war bereits aufgeschüttet worden. Selbst die kleinsten Kinder halfen mit und brachten den Arbeitern Wasser aufs Feld.

Vom Feldrand aus beobachtete Mohan mit seinen beiden kleinen Tanten das Geschehen. Er genoss den Luxus, nichts Anstrengenderes zu tun, als das Vieh im Auge zu behalten. Wenn die Sonne vom Zenit ihren Abstieg begann, brachten die Mütter das Essen heraus und entfachten unter Bäumen kleine Kochfeuer, wo sich dann Mohan und die Mädchen mit allen anderen zum Mittagessen versammelten.

Der Essensduft lockte die Leute an. Aus allen Richtungen strömten sie zu den Kochfeuern im willkommenen Schatten. Plötzlich schrie Tare Kumari, eine dünne, gebeugte Frau, die Gras für ihre Büffel auf einem Hügel neben dem Feld geschnitten hatte, mit hoher, schriller Stimme: „Ein weißes Reh. Ein weißes Reh kommt!" Die Bauern hoben Steine und Stöcke auf. Sie rannten in Richtung des Wildes, um es abzufangen. Das weiße Reh kam quer über eine Hügelkuppe und drehte dann in Dil Bahadurs Kornfeld ab.

Unter lauten Rufen versammelten sich die Dorfbewohner und umstellten das Feld. Jeder sah, wie das weiße Reh ausbrach und in einem Bestand von hellgrünem Beifuß am Hang verschwand. Die Hunde, unter ihnen Gophle, waren dem Reh gefolgt und bellten die dicht gewachsenen Pflanzen an. Als die Leute sich näherten, verstummten die Hunde und drehten um. Die Männer suchten alles ab. Das Gestrüpp war niedrig und die Fläche nicht mehr als zehn oder fünfzehn Meter lang, aber nirgendwo konnte das Reh gefunden werden. Auch hatte niemand es ausbrechen und wegrennen sehen.

Jitendra Gurung, ein starker, junger Mann kam mit einem Stock angerannt und fing an, zwischen den Beifußpflanzen herumzustochern. „Hörst du auf!" schrie Tari Kumari wütend. „Wage es ja nicht, die heiligen Pflanzen zu stören!" Jitendra grinste verlegen, schulterte seinen Stock und zog sich zurück. Nun schimpften alle Frauen gleichzeitig los und schrieen wie wild durcheinander. Trotz seiner Jugend hatte Mohan genügend Verstand um zu wissen, daß man nicht zum Beifuß geht und dort herumwütet. Sein Vater betrachtete die salbeiähnliche Pflanze als mächtige Verbündete und hatte ihn schon oft an diesen Platz geschickt, um Blätter für eine Cinta zu sammeln. Seine Mutter hatte ihn gelehrt, daß man den Schmerz von Verbrennungen und Insektenstichen lindern konnte, wenn man ein paar Blätter zwischen den Fingern zerrieb und mit einem Gebet auf die verletzte Stelle auftrug. Sein Vater brachte ihm bei, dass er ein paar Beifußblätter kauen und ein Mantra sprechen sollte, wenn er nachts auf der Straße einem Bhuta begegnete.

Alle riefen nun nach Mohans Vaters und erwarteten, daß er aus der Menge hervortrat. Sicher würde der Schamane wissen, wie diese seltsame Begebenheit mit dem verschwundenen weißen Reh zu deuten wäre.

„Er ist unten im Tal bei einer Cinta", rief Mohan.

Eine der Bäuerinnen überreichte Mohan einen Blattteller gefüllt mit Reis und würzigem Gemüse. Er fand einen schattigen Platz, von dem aus er das Vieh im Auge behalten konnte. Mit den Fingern seiner rechten Hand stopfte er das Essen in den Mund, während sich die Anderen weiterhin über das weiße Reh unterhielten.

„Es muß ein Gott gewesen sein, der aus der Oberwelt herabgestiegen ist", vermutete ein älterer Mann. Seine Augen hatten einen glasigen, in die Ferne schweifenden Blick. ‚Er scheint der Oberwelt selbst schon nahe zu sein', dachte Mohan, wohlwissend, daß alte Menschen oft hinüber in die Welt ihres nächsten Zuhauses schauten.

„Das Reh ist Rama heilig", sagte die freundliche Frau, die Mohan mit Essen versorgt hatte. „Vielleicht war es Sita in der Gestalt eines Rehs." Es gab in dieser Gegend so viele hinduistische Leute, daß sogar die Bergstämme, traditionelle Buddhisten, angefangen hatten, Hindugötter zu verehren. Rama, die geliebte Inkarnation von Vishnu und seine treue Frau Sita waren besonders beliebt.

„Es war ein weißes Reh", bemerkte eine alte Rai-Frau und schloss ihre Lippen über dem zahnlosen Kiefer, mit dem sie kaute. „Man sieht nicht alle Tage ein weißes Reh. Mit Sicherheit war es ein Gott. Wir sollten beim Beifuß eine Opfergabe vorbereiten." „Wir sollten daraus einen Wallfahrtsort für Pilger machen", sagte einer von Mohans Großonkeln, der Vater seiner jungen Tante Maya. „Wir könnten neben den Büschen einen Unterstand mit Sitzmöglichkeit für jene bauen, die von weit herkommen würden." „Vielleicht war es ein Rakshas", warf ein junger Mann ein und unterdrückte ein Grinsen. „Diese Dämonen können sich in jedes Tier verwandeln." Eine untersetzte Frau mittleren Alters unterbrach ihn schnell. „Ich glaube, das war ein gutes Omen für uns. Ein Zeichen, daß die Ernte gut wird."

„Eine Göttin", vermutete jemand. Nachdem die Bauern wieder zur Arbeit auf das Feld gegangen waren, suchten Mohan und seine Tanten erneut zwischen den Beifußpflanzen. Ein Hase sprang heraus und hoppelte davon. Die Luft roch scharf und feucht nach den Pflanzen, aber von dem Reh fanden sie keine Spur. Nicht einmal ein Hufabdruck markierte den weichen, kühlen Boden. „Ich habe das Reh gesehen", sagte Mohan zu sich selbst. „Es lief in die Büsche und kam nicht mehr heraus."

Als sein Vater nach Hause kam, füllte sich das Haus mit Leuten, einschließlich einiger Regierungsbeamter. Alle wollten dem Schamanen von dem magischen Reh erzählen.

„Zeigt mir, wo es war", sagte Dil Bahadur. In einem zehnminütigem Marsch führten sie ihn zu den Beifußbüschen am Hang, wo das Reh unter den Augen von hundertfünfzig Menschen und den Nasen ihrer Hunde verschwunden war. Nun waren mehr als fünfhundert Leute an diesem Ort versammelt, die alle auf die Meinung des Schamanen warteten. Er untersuchte die Stelle. „Gebt mir zwei bis drei Tage", sagte er anschließend. „Ich werde herausfinden, ob das Zeichen gut oder schlecht ist." Überall auf dem abgeernteten Feld wurden Überlegungen laut, ob das weiße Reh nun ein Zeichen der Warnung oder eine Segnung war und was man unternehmen könnte. Der Bezirksdirektor neckte Mohan: „Warum findest du es nicht heraus? Bist du nicht der neue, junge Schamane?" Mohan stand neben seinem Vater und war erfreut, aber auch verlegen, weil auf ihn aufmerksam gemacht wurde.

Bis zum Abend war das Feld fast menschenleer. Mohan und Dil Bahadur aßen dort mit der Großmutter und den kleinen Tanten zu Abend. Als sie zu Hause ankamen, war es schon ziemlich spät. Seine Mutter war noch wach und webte.

Mohan ging sofort zu Bett, um zu schlafen. Jeder Traum in dieser Nacht würde von Bedeutung sein.

Tatsächlich fragte der Vater am nächsten Morgen beim Frühstück: „Hat sich euch ein Traum gezeigt?"

Seine Mutter hatte geträumt, daß sie Reis für eine Hochzeitsgesellschaft kochte und ihn dann für Gäste auf dem Boden aufhäufte. „Da waren so viele, viele Gäste, die bedient werden wollten und ich war so müde." Mohan war überrascht, daß ihr Traum so ruhig und gewöhnlich war.

„Ich hatte einen unheimlichen Traum", erzählte er. „Da war ein völlig ausgetrockneter Wald, den jemand in Brand gesteckt hatte. Alle vierbeinigen Tiere starben im Feuer, aber der Ort war voll mit schwarzen Schlangen, die die toten Tiere auffraßen. Es waren tausende von Schlangen, die sich übereinander wanden. Von einem darüberliegenden Felsen aus beobachtete ich alles. Es war bewölkt und begann zu regnen. Deshalb machte ich mich auf den Heimweg und wachte auf." Dil Bahadur nickte.

„Was hast du geträumt, Vater von Mohan?" fragte seine Mutter. Die ganze Familie wartete auf seine Antwort, aber der Schamane starrte nur grimmig ins Leere und behielt seine Gedanken für sich.

Den ganzen Tag lang kamen Leute, um Mohans Vater über das Schicksal des Dorfes zu befragen, aber er sagte so gut wie nichts und ließ sie statt dessen selber reden. Mohan konnte sehen, daß die meisten Dorfbewohner inzwischen besorgt waren, obwohl einige immer noch darauf bestanden, daß das weiße Reh ein gutes Omen sei.

„Weiß wie Milch", wiederholte die zahnlose, alte Frau immer wieder. „Mit Sicherheit eine Göttin." Eine kleine Delegation von Bauern aus der Nachbarschaft war am Morgen gekommen und saß den ganzen Tag mit Dil Bahadur zusammen. „Es ist schon sehr ungewöhnlich, daß ein weißes Reh in unser Dorf kommt und dann auf offenem Feld vor aller Augen spurlos verschwindet", rätselte der Älteste. „Was hast du herausgefunden, Dil Bahadur?"

Mohans Vater brach endlich sein langes Schweigen. Ohne in Trance zu gehen und die Götter zu befragen, kommentierte er: „In unseren drei Dörfern wird eine schreckliche Krankheit ausbrechen. Viele werden sterben." Er fixierte mit seinem Blick die Gesichter der Nachbarn, als wollte er sie warnen, nicht in Panik zu verfallen.

„Wann?" – „Wie?"

„Was können wir tun?" Die Männer sprachen alle durcheinander.

„Innerhalb der nächsten sechs Monate wird sie wie der Wind angeflogen kommen. Bricht die Krankheit in dieser Zeit nicht aus, bleiben wir verschont, aber ich bin ziemlich sicher, daß sie kommen wird."

Sein Gesichtsausdruck war streng und seine Augen vermittelten: „Ihr seid Männer. Bereitet euch vor. Seid stark."

„Kannst du nichts tun, um uns zu retten?"

Der Schamane schüttelte den Kopf. „Es ist unvermeidlich. Für diese Art von Krankheit gibt es keine Mantras. Aber jede Familie sollte regelmäßig ihren Hausgöttern Opfergaben darbringen und sich die ganze Zeit sauber halten. Besonders Frauen müssen während ihrer monatlichen Blutung vorsichtig sein, weil die bevorstehende Krankheit viel mit Blut zu tun hat."

* * *

Kurz nach der Sichtung des Rehs gingen drei Brahmanen und ein Chetri aus Dorokha auf eine hinduistische Pilgerreise. Nur Männer aus den höheren Kasten konnten sich diese vierzigtägige Wanderung zu den heiligen Orten nach Gaya, Jaganthpuri und Hardiwari in Indien leisten. Neun Wochen später waren sie immer noch nicht zurück. Ihre Familien gingen zum Bezirksdirektor und baten ihn, einen Kundschafter, der Nachforschungen anstellen sollte, zur Grenze zu schicken. „Du bist wie ein Gott für uns", sagten sie zum Beamten. „Ohne deine Hilfe und deine Autorität sind uns die Hände gebunden. Du bist wie unser Vater. Bitte, hilf uns."
Mohan war überrascht, daß Raj Bhandari, der Besitzer vieler Feldern und einer der reichsten Männer im Dorf, sich so unterwürfig zeigte. Die dunklen, klugen Augen des Brahmanen waren voller Angst.
„Gott muß uns allen helfen", antwortete der Bezirksdirektor seufzend und beauftragte zwei seiner Assistenten, zum grenznahen Chamorchi Basar zu reisen und etwas über die vermißten Männer in Erfahrung zu bringen. Dutzende junger Männer aus dem Dorf wollten freiwillig mitgehen.
„Ich erinnere mich an das weiße Reh und deine Voraussage. Ich hatte aber keine Ahnung, wie beunruhigt alle sind", sagte der Beamte zu Mohans Vater.
Als die Gruppe aus Dorokha die indische Grenze erreichte, fanden sie die vier vermißten Männer an Pocken sterbend in einer Klinik, betreut von schlecht ausgebildeten Krankenschwestern und Arzneimittelmischern. Auch hatten sich weitere hinduistische Pilger aus anderen, entfernten Dörfern und Städten angesteckt. Schlagartig überfiel einen die Krankheit mit hohem Fieber und Beulen, die den ganzen Körper bedeckten. Die meisten Erkrankten starben innerhalb von vierundzwanzig Stunden. Einige waren schon tot, als sie auf dem Chamorchi Basar in Zügen aus dem Inland Indiens eintrafen. Überall verpestete der Gestank von verwesenden Leichen die Luft und an den Ghats am Fluß, den Plattformen, auf denen die Toten verbrannt wurden, stank es fürchterlich nach verbranntem, menschlichem Fleisch und Haaren. Nach und nach trafen Ärzte und ausgebildete Krankenschwestern mit Medikamenten aus Kalkutta und Jalpaiguri ein. Für die meisten Erkrankten kam jedoch jede Hilfe zu spät. Sie starben. Damit sich die Seuche nicht ins Oberland ausbreiten konnte, verhängten die örtlichen Autoritäten eine Ausreisesperre. Nun gerieten drei der Männer aus der Delegation von Dorokha in Panik und brachen in den frühen Morgenstunden heimlich nach Hause auf. Fünf von ihnen hatten sich bereits angesteckt. Als die Zurückgelassenen sahen, daß die Drei erfolgreich entkommen waren, liefen sie im verzweifelten Versuch, der Seuche zu entkommen, hinterher. Niemand folgte ihnen und versuchte, sie aufzuhalten. Die Polizei war schon mit der Aufrechterhaltung der Ordnung in der Stadt überfordert.
Die Epidemie erreichte Dorokha mit der Nachricht von ihrer Existenz. Innerhalb von vierzehn Tagen nach der Rückkehr der Reisenden breitete sie sich im ganzen Dorf aus. Die Körper von hochrangigen Brahmanen und Chetris waren mit ekelerregenden aufgebrochenen Beulen übersät.

* * *

Mohans Vater kam von Krankenbesuchen nach Hause und starrte ins Feuer. Schließlich nahm er seine Trommel von der Wand und sang sanft für eine lange Zeit. Still versammelten sich im Haus des Schamanen die Nachbarn, hauptsächlich Rai und Limbu. Das Haus wurde voller und voller, bis die Leute sogar im Hof saßen, um zu hören, was er zu sagen hatte.

Endlich hörte er auf und hängte die Trommel zurück an die Wand. „Verwendet kein Ghiyu und Öl mehr, wenn ihr Gemüse kocht und Brotfladen macht. Trinkt kein kaltes Wasser und keinen Raksi", empfahl er. „Lauft nicht mehr draußen herum und besucht euch nicht in euren Häusern." Er schickte Mohan los, um das Vieh auf die Felder zu treiben, wo es frei umherwandern konnte. Er ordnete an, daß die Schweine getötet und ihr Fett auf die Beulen gerieben werden sollte. Ein Heilmittel, das für die höheren Kasten der Hindus nicht akzeptabel war, da sie nicht einmal lebende Schweine berühren durften. Alle blieben zu Hause, hielten die Feuer am Brennen, kochten und erzählten Geschichten, als wären sie von einem heftigen Sturm eingeschlossen.

Mittlerweile hatten sich einige Ärzte und deren Assistenten bis zum Dorf vorgekämpft. Da sie es nicht gewohnt waren, ständig bergauf und bergab zu laufen und in dieser Höhe nur schlecht schlafen konnten, hatten sie eine harte Zeit mit Kopf- und Bauchschmerzen. Dennoch gingen sie pflichtbewusst von Haus zu Haus, um nach Kranken und Sterbenden zu suchen.

Als Dil Bahadur sie ankommen sah, ging er hinaus, um sie zu treffen. „Ich glaube, ihr braucht euch um diese sechs Häuser keine Sorgen zu machen", sagte er und deutete mit weit ausholender Geste auf sein eigenes Heim und die Häuser seiner Nachbarn, die alle Rai und Limbu waren. „Bitte geht zu den Brahmanen und Chetris. Wie ihr sehen könnt, sind wir nicht krank."

Nach zehn Tagen war alles vorbei. Mehr als sechzig Leute, so gut wie alle aus den höheren Kasten, waren an den Pocken gestorben. Keiner von Mohans Verwandten war betroffen.

* * *

Nun war Mohans Vater bei seinen Leuten noch angesehener. Als Folge der Epidemie richtete die Regierung ein kleines Krankenhaus im Dorf ein, das Medizin für Mensch und Tier bereithielt und mit zwei Arzneimittelmischern besetzt war. In regelmäßigen Abständen kam ein Arzt aus Indien herauf. Wenn aber die Dorfbewohner krank wurden, blieb für viele Mohans Vater die erste Wahl.

Mohan begleitete seinen Vater, wenn er zum Heilen gerufen wurde und passte gut auf, um zu lernen. Manchmal trieb er sich auch bei der Klinik herum, um modernes Heilen zu beobachten. Ramakrischna, einer der Arzthelfer, erlaubte ihm, einem Herzschlag durch ein Stethoskop zu lauschen und erklärte ihm, daß die Ursache der Pocken kleine Würmer seien, die eine Person auf die andere übertrug. Ramakrischna sagte, daß jeder, der die Seuche überlebt hatte, sie nie wieder bekommen würde.

„Mein Vater meint, daß die Epidemie wegen dem verschwundenen, weißen Reh ausgebrochen ist", sagte Mohan. „Geister oder Götter machen uns nicht krank, du dummer Dorfjunge", sagte Ramakrischna. „Es sind kleine Würmer. Ich habe sie durch ein Mikroskop gesehen. Das ist ein wunderbares Gerät, mit dem man winzige, für das Auge nicht sichtbare, Dinge vergrößern kann. Wenn wir eines hätten, könnte ich es dir zeigen, aber du würdest es nicht verstehen."

* * *

DIE HEXE

...Es sprach sich wie ein Lauffeuer herum, daß Dil Bahadur Rai von der Polizei abgeholt worden war. Mehrere Leute betraten das Büro von D. C.. Dilli Ram war sehr wütend auf Papa und fragte ihn: „Wer zur Hölle bist denn du, die Frau eines Anderen als Boksi zu bezeichnen und warum verfolgst du meine Schwester?" Daraufhin wurde Papa auch sehr wütend und fragte Dilli Ram: „Und wer zur Hölle bist denn du, mir solche Fragen zu stellen? Ich bin hierher gekommen, um mit D. C. Sahib zu sprechen, nicht mit dir." Dann sagte Dilli Ram: „Verrückter Rai. Ich werde dich ohne weitere Fragen für fünfundvierzig Tage ins Gefängnis stecken und dir deinen Raksi wegnehmen. Alle Rai sind verrückt", fügte er hinzu. Noch bevor mein Vater antworten konnte, sprangen einige Rai, darunter auch Schamanen, auf Dilli Ram zu und schlugen ihn zusammen. Dann mußte die Polizei sie in Gewahrsam nehmen...

* * *

Der Monsun war schon lange vorüber und die Luft voller Staub. Die Blätter der Bäume waren zu einem trüben Grün verblasst und raschelten, wenn eine trockene Brise wehte. Es war Mitte der 40`er Jahre. Mohans Stimme begann zu kippen und tiefer zu werden.

Wenn Nachbarn Dil Bahadur besuchten, drehten sich die Gespräche nur noch um die Probleme im Nachbardorf Basante, wo viele Leute krank waren und auf den Weiden die Kühe und Büffel tot aufgefunden wurden. In kleinen Gruppen versammelten sich die Dorfbewohner auf den Wegen, schauten sich verstohlen um und sprachen mit schnellen, hektischen Gesten. Wenn jedoch jemand vom Bezirksbüro vorbeikam, lösten sich die Gruppen schnell auf und alle verschwanden in ihren Häusern oder Gärten. Jeder wußte, daß es gegen das Gesetz war, jemanden der Hexerei zu beschuldigen.

Die Boksis und Boksas kannten viele Mantras und konnten die Kraft des Todes und sogar die Götter selbst rufen, um ihre Feinde zu verfluchen. Um ihre Macht zu zeigen und ihre Schüler zu beeindrucken, würden sie jeden verletzen, nicht nur diejenigen, die sie hassten.

Mohan erinnerte sich, wie sein Vater ihn auf den Schoß genommen hatte, als er noch klein war, um ihm zu erzählen, wie die ersten Hexen entstanden.

„Einst, vor langer Zeit, saß unser Gott Shiva, der es liebt, Raksi zu trinken und vom Ganja berauscht zu sein, zusammen mit seiner schönen Frau, unserer Mutter Parvati, in seinem Haus auf dem Gipfel des Berges Kailash", begann der Schamane. An dieser Stelle unterbrach Dil Bahadur sich immer, um Mohans Mutter nach Raksi zu fragen. Wenn sie dann aufstand und ihren Kopf in die scharfen Rauchschwaden unterhalb der Zimmerdecke hob, dann dachte Mohan, daß die Göttin genauso wie sie aussehen mußte.

„Gott Shiva hatte unsere schöne Mutter gerade geheiratet und zu seiner winzigen Hütte ge-
bracht. Wie gewöhnlich schlief er vom Rauchen und Trinken ein.
Parvati wurde bald hungrig, weckte ihn auf und verlangte etwas zu Essen. Er sagte:
‚Ich gebe dir alles, was du haben willst. Trete die Tür auf.' Parvati trat gegen die Tür und sie
schwang auf. Draußen fand sie einen Beifußbusch und jegliche Art von Speisen. Aber es fehlte
Wasser und sie war auch sehr durstig. Also ließ Shiva den Fluß Ganga aus seinen verfilzten
Haarlocken hervortreten und zu ihr hinunterfließen, damit sie das heilige Wasser trinken konn-
te.
Dann schlief Gott Shiva wieder ein und seiner schönen Frau wurde es langweilig. Da fand sie
neun Schwestern und begann, ihnen Mantras beizubringen, die Unheil verursachten und Menschen krank machten. Das waren die ersten Hexen. Die Hexenschwestern schwärmten in alle
Richtungen aus, um ihre Mantras zu verwenden. Tiere und Menschen starben; Kinder wurden
gelähmt. Es gab so viele Krankheiten, daß es den Menschen schließlich zuviel wurde und sie
Narada Muni, den Götterboten, um Hilfe baten. Narada Muni suchte zunächst Vishnu auf, aber
Vishnu erklärte: „Nur Shiva kann dir helfen." Also ging Narada Muni zu Shiva, der aber unverändert tief und fest schlief. Er versuchte immer wieder, ihn zu wecken. Endlich, nach einer
langen Zeit, öffnete Shiva die Augen und runzelte mißmutig die Stirn. Als er sah, was unten auf
der Erde vor sich ging und wie sehr die Menschen litten, erweckte er sieben Brüder zum Leben, die die ersten Jhankris sein sollten, lehrte sie das Schamanisieren und gab ihnen Mantras
zum Heilen.
Parvati hatte alle Mantras, die sie den Hexen beigebracht hatte, von Shiva gelernt. Es gab aber
ein besonderes Mantra, das er ihr nicht gegeben hatte und dessen Macht er allein behielt. Welches Mantra ist das, Mohan?" Mohan schaute in das Gesicht seines Vaters, das jetzt zwar ernst,
aber von vielen Lachfalten gezeichnet war und weil er die Geschichte schon so viele Male
gehört hatte, sagte er: „Om". Seine Mutter hatte inzwischen leise ihre metallenen Teller weg-
geräumt und sie im Becken bei den Kochsteinen abgewaschen. Jetzt setzte sie sich lächelnd
zu ihnen und glättete Mohans Haare. „Das ist richtig", sagte der Vater. „Om ist das mächtigste
Mantra. Ich denke, eines Tages wirst du herausfinden, wie mächtig es wirklich ist. Om ist das
besondere Mantra, das Shiva seinen Schamanen gab, damit sie die Hexen, wo auch immer sie
diese fanden, besiegen konnten."

* * *

Mohan, inzwischen älter und kräftiger, folgte seinem Vater überall hin, um das Handwerk der
Schamanen zu erlernen. In jenem heißen Sommer waren sie nach Basante an das Bett einer
sterbenden Frau gerufen worden. Sie sollte von einem Fluch, der auf ihr lag, erlöst werden.
Den Anweisungen des Schamanen folgend, schmückte die Familie der Kranken ein Schaf mit
bunten Bändern und Farben. Dann banden sie das Tier neben der Haustür fest und setzten ein
hölzernes Tablett mit Opfergaben vor ihm auf den Boden. Mohans Vater zeichnete eine Reihe
von Diagrammen mit weißem Reismehl auf den Boden und band eine lange Schnur an einer
Locke der sterbenden Frau und am Nacken des Schafs fest.
Im Haus hatte die Familie einen aufwendigen Altar errichtet, an dem die Helfer des Schamanen die uralten Rhythmen zur Arbeit in der Mittelwelt trommelten. Mit wechselnden Stöcken
schlugen sie einen stetigen, tragenden Ton, während Mohans Vater mit seiner heiligen Kalebasse in einer einzigen Bewegung der Schnur von der Frau bis hin zum Schaf folgte und so den
Fluch auf das Tier übertrug. Dann schien es, als ergreife er etwas am Ohr des Schafs, trug es zu
der Frau und während er ihr das linke Ohr zuhielt, steckte er es in das rechte.
Mantras flüsternd und zähneknirschend tanzte er um das Schaf und die Diagramme herum.

Dabei verstreute er Opfergaben aus Reiskörnern, Korn, Hirse, Sojabohnen, Erdnüssen, Mehl, Senfsamen vermischt mit Eisenspänen, Holzkohlenstaub, roten Stoffstücken und Ingwer. Mit dem buschigen Ende eines seiner heiligen Phurke-Stöcke versprengte er zum Schutz Liso und schnitt mit einer Feder Scheiben von einer Ingwerwurzel, um das Publikum zu beeindrucken und um den Erfolg seiner Bemühungen vorauszusagen.

„Solo-lo-lo, Solo-lo-lo, Solo-lo-lo", riefen die Anwesenden um die Kraft des Patienten zu mehren. „Rogo, Rogo, Rogo, sei geheilt, sei geheilt." Das Gesicht des Schamanen hatte einen konzentrierten, aggressiven Ausdruck angenommen, während er eine ernste Schlacht mit unsichtbaren Kräften focht.

Sollte das Schaf, dessen Aufgabe es war, den Fluch zu absorbieren, nicht tot umfallen, mußten Mohan und sein Vater bereit sein, den Altar sofort niederzureißen und noch in der gleichen Nacht zurück nach Dorokha zu laufen. Inzwischen hatten sich Hunderte von Dorfbewohnern versammelt. Es war ungefähr elf Uhr nachts und der Schamane arbeitete bereits seit dem Sonnenuntergang. Er warf eine letzte Handvoll Reis auf das Schaf, das noch einmal sprang und dann zusammenbrach. Innerhalb von fünfzehn Minuten war es tot.

„Vergrabt es nahe beim Haus", befahl der Schamane. „Pflanzt in die Nähe drei verschiedene Obstbäume – Orange, Zitrone und irgendeinen anderen. Ich habe ihr Leben um fünf Jahre verlängert." Tatsächlich, erinnerte Mohan sich später, lebte die Frau von diesem Tag an noch sechs Jahre.

Sie verbrachten die Nacht in Basante. Am nächsten Tag nahmen etliche Männer aus dem Dorf Dil Bahadur beiseite. „Wir wollen wissen, wer die Hexe ist. Wir wollen die Hexe töten und dann auffressen", drohten sie mit wildem Gesichtsausdruck.

Mohans Vater dachte einen Moment nach und lachte dann. „Ihr alle seid die besten Schamanen", sagte er. „Warum gehen wir nicht durchs Dorf und finden heraus, wer es ist?" Auf dem Weg schlossen sich ihnen, flüsternd und verstohlene Blicke werfend, Andere an. Es schien, als wäre jeder Dorfbewohner aus dem Haus gekommen.

Sogar Dilli Ram, ein Brahmane, der im Bezirksbüro arbeitete und auch seine ältere Schwester, Frau Narila.

Nach Sonnenuntergang errichtete der Schamane im Haus von Kumar Rai einen Altar. Kumars Mutter und zwei seiner Kinder waren krank, außerdem hatte er in den letzten Tagen mehrere Kühe verloren. Während er seinen Messingteller gegen den Griff der Trommel hielt, spielte er auf beiden gleichzeitig, aber anstatt dem gewöhnlichen Ablauf zu folgen, bei dem er tanzend in die Unterwelt zu Sesha Naga, der tausendköpfigen Schlange reiste, um ihr seinen Respekt zu erweisen und dann wieder die Stufen der Oberwelt zu Shivas Reich hinauf hüpfte, brach er ab und ging nach draußen, um der versammelten Menge grinsend die Zähne zu zeigen.

„Dumme Hexe!" rief er in die Menschenmenge. „Du versuchst, meine Kraft zu testen!" Dann fügte er ruhiger hinzu: „Normalerweise tue ich nichts, wofür ich von Mutter Parvati bestraft werden könnte. Aber ihr habt mich darum gebeten und mir die Erlaubnis gegeben, dieser Hexe das Handwerk zu legen und ihr die Macht zu nehmen. Es wird nicht lange dauern."

Mitternacht war schon lange vorbei, als der zweite Altar ebenfalls fertig gestellt war. Im Gegensatz zum Ersten, auf dem weißer Reis aufgehäuft lag, war der Zweite mit schwarz eingefärbten Reiskörnern und mit Kohle auf schwarzem Stoff bestückt worden. Mohans Vater hatte eine Zeit lang wild getanzt, bis die Leute „Solo-lo-lo, Solo-lo-lo!" riefen. Nun hielt er inne und schaute sich leise sprechend im Raum um. „Ich verspreche, daß ich die Hexe hierher bringen und sie vor allen entlarven werde, aber ich stelle zwei Bedingungen: Erstens darf niemand sie schlagen oder beschimpfen, wenn sie zum Altar kommt. Sie wird als Schamanin eingeladen und kommt aus diesem Dorf. Zweitens müßt ihr alles geben, wonach sie vielleicht verlangen wird. Der Besitzer dieses Hauses ist für die Opfergaben verantwortlich, so daß ich von Mutter Parvati nicht bestraft werden kann, falls sie die Gaben nicht mag."

Die Dorfbewohner willigten ein und vereinbarten, daß die Hexe augenblicklich nach vorne gebracht werden mußte, noch vor Beginn der Krankenheilungen. „In Ordnung. Jetzt setzt euch alle hin", sagte Mohans Vater. Solange ich mit dem Tanzen und den Mantras nicht fertig bin, darf niemand umherlaufen. Wenn jemand gehen möchte, dann soll er es jetzt tun, nicht aber während ich reise." Die Menge musternd, zündete er sich eine Zigarette an und trank ein Glas Raksi. Anschließend tanzte er eine Stunde. Mohan erkannte am Takt, der mit zwei Stöcken kraftvoll auf der großen Trommel geschlagen wurde, daß sein Vater in der Oberwelt reiste. Schließlich packte der Schamane am Altar einen irdenen Topf Reis, vermischt mit Liso und nahm ihn mit hinaus in den Hof, in dessen Mitte Leute schwatzend und trinkend um ein großes Feuer herum saßen. „Ich werde nun zum Schutz einen magischen Zaun ziehen!" rief er, während er Reis in einem Kreis um die Leute herum streute. Danach sprenkelte er mit Liso einen weiteren Kreis. „Habt keine Angst, wenn etwas an euch vorbei fliegt oder rennt. Niemand darf den magischen Kreis verlassen."

Weitere fünfzehn Minuten tanzte und reiste er in der Oberwelt. „Ich werde jetzt die Hexe rufen", kündigte er an. „Ich kann drinnen und draußen sehen, aber wegen der Dunkelheit nicht so gut. Deshalb werde ich auf jeden Anwesenden heiligen Reis und heiliges Wasser werfen. Die Reiskörner sind meine Polizei. Sie werden herausfinden, wer die Schamanen und wer die Hexen sind und sie von selbst zum Altar laufen lassen." Pausenlos tanzend bewarf er alle im Haus Anwesenden mit Reiskörnern und rannte dann nach draußen, um dort das gleiche zu tun. Binnen weniger Minuten kamen eine junge Frau und zwei junge Männer, der eine ein fünfzehnjähriger Junge und der andere noch keine zwanzig, zum Altar gelaufen, falteten ihre Hände und verneigten sich. „Namaskar", grüßten sie Mohans Vater, indem sie die respektvollste Anredeform benutzten.

Dil Bahadur lud sie ein, auf seinem Platz vor dem Altar zu sitzen und legte dem Jüngsten eine Rudraksha-Kette um den Hals. Die beiden Anderen wichen zurück und wiesen die Mala ab. Sie würden die perlenartigen heiligen Samen weder tragen noch berühren.

Der Schamane lachte und rezitierte das Mantra für Bir Hanuman, den Affengott. Er warf auf die jungen Leute am Altar heiligen Reis und alle drei begannen, sich in Trance zu schütteln. Der Schamane rief: „Wer seid ihr? Was wollt ihr? Sprecht!" Sein Gehilfe legte eine Handvoll heiliger Sunpati-Blätter auf die Kohlen, damit duftender Rauch zu ihnen aufsteigen konnte. Der Junge stammelte zuerst in kurzen, abgehackten Sätzen, die aus ihm herausbrachen, während er sich mit verdrehten Augen in Trance heftig schüttelte. „Ich will meine...Schamanensachen...meine Malas und...heilige Lampe."

„Wo sind deine Sachen?!" rief Mohans Vater. Der Vater des Jungen, ein Schamane, war vor einigen Jahren im Fluß Ramite ertrunken. Kurze Zeit später war auch seine Mutter gestorben. Nun sprach die Seele seines Vaters durch ihn und verlangte, daß der Sohn seine Ausrüstung erhielt und das Handwerk der Schamanen erlernte.

„Bei meinem Onkel", presste der Junge hervor. Er nannte ein Dorf, das einen dreitägigen Fußmarsch entfernt lag.

Mohans Vater versprach ihm zu helfen, die Kraftobjekte wieder zu erlangen und sein Lehrer zu werden. „Ich werde dir helfen, deinen Weg zu finden", sagte er. Die Trancezuckungen des Jungen verebbten. Er schaute sich benommen um, dann zog er verlegen den Kopf ein und kehrte ins Publikum zurück. Als nun der junge Mann und das Mädchen, beide mürrisch dreinblickend vor dem Altar zurückblieben, sprach Mohans Vater: „Nun werde ich diese Beiden dazu bringen, uns zu sagen, wer sie sind. Hierzu brauche ich die Erlaubnis der Eltern, falls sie anwesend sind. Sollten sie nicht hier sein, müssen wir jemanden zu ihnen schicken, der um ihr Einverständnis bittet."

Ein kleiner, dicker, dunkelhäutiger Mann stand auf. „Janaki ist meine Tochter", sagte er. „Wir haben keine Einwände. Bitte finde heraus, was mit unserem Kind los ist."

Dann erhob sich ein dünner, hellerer Mann mit sorgenvollem Gesicht. „Bitte hilf meinem Neffen. Sein Vater und seine Mutter sind tot. Seit einer ganzen Weile schon geht er einfach weg, ohne zu sagen wohin, spricht grob mit seinen Tanten und verschwindet manchmal tagelang."

Mohan war sich nicht sicher, warum er plötzlich aufschaute und sein Blick quer über den Hof zu Dilli Rams Schwester, Frau Narila, wanderte, deren Augen wie die eines wilden Tieres im Feuerschein leuchteten und seinen Vater fixierten.

Der Schamane gab dem jungen Mann und der Frau ein Zeichen, sich vor den Altar mit schwarzem Reis zu setzen. Er selbst trommelte langsam an seinem eigenen Altar. Nach einer Weile übergab er, mit der Anweisung den Rhythmus für die Mittelwelt zu schlagen, die Trommel seinem Helfer. Den jungen Mann und die Frau schüttelte es mit zusammengezogenen Körpern und gesenktem Blick. Über sie gebeugt rief Dil Bahadur: „Sagt uns, wer ihr seid! Sprecht!" Beide schüttelte es stark in tiefer Trance. Von Zeit zu Zeit hörte das Schütteln kurz auf, um dann um so heftiger weiterzugehen. Zwei Stunden lang schrie Mohans Vater sie abwechselnd an, sang Mantras und tanzte.

Schließlich verkündete der Schamane: „Ich habe herausgefunden, daß sie nur Lehrlinge der Hexerei sind. Ihr Lehrer hat sie noch nicht vollständig ausgebildet. Ich möchte sie nun dazu bringen, uns zu sagen, was sie lernen und möglichst auch, wer ihr Lehrer ist."

Wieder tanzte und sang er, blies auf einem hohlen, menschlichen Oberschenkelknochen und rief mit einem Mantra den König der Masans. Dann beschwor er tanzend die schrecklichste Form der Göttin Kali.

„Er ruft Raktakali", erklärte Mohan mit einem unwillkürlichen Schaudern dem Sohn von Kumar.

In diesem Augenblick schüttelte es den jungen Mann heftig und er lachte. Seine Zähne schimmerten im schwachen Licht. „Sprich!" brüllte Mohans Vater. „Sag uns, wer du bist!"

Mit verzerrter Stimme begann der junge Mann Wörter auszustoßen: „Ich bin...Tsering...Dolmo", keuchte er. Die Leute murmelten und tauschten Blicke aus. Tsering Dolmo war eine sehr bekannte Hexe aus Tibet, die vor zwei Jahren gestorben war. „Ich...räche mich...an denen...mir wehgetan...haben." Schweiß tropfte vom Gesicht des jungen Mannes und er stöhnte, weil das Schütteln seinen Körper erschöpfte.

„Genug", entschied der Schamane. Er rief nach Wasser und gab dem jungen Mann zu trinken. Nun freundlicher gestimmt, setzte er sich zu den beiden Hexenschülern und sprach leise zu ihnen. Von Zeit zu Zeit unterbrach er sich, um die junge Frau grob anzufahren. „He! Mädchen!" Sie antwortete mit mürrischen, einsilbigen Worten und weigerte sich, aufzuschauen.

Der junge Mann erzählte: „Ich bin kein schlechter Mensch. In der Nacht fährt der Geist der toten Hexe in mich und weckt mich auf. Sie ist nicht zufrieden zu stellen. Bitte, älterer Bruder, hilf mir, von diesem schlechten Pfad ab zu kommen und gib mir die Kraft, all die Dinge zu vergessen, die ich lerne."

„Sei ein guter Junge." Der Schamane klopfte dem Jungen auf die Schulter und schickte ihn zu seiner Familie zurück. Der junge Mann lächelte seinen Onkel verschämt, aber mit klarem Blick an.

Nun wäre die Reihe an der jungen Frau gewesen, zu ihren Eltern zurückgeschickt zu werden. Ihre Schultern zuckten unter der Berührung des Schamanen zusammen und sie schaute niemanden an. Es war Furcht einflößend, ihre Augen zu sehen, die so tot waren, als hätte sich ihre Seele tief nach innen zurückgezogen, um ihre Wunden zu pflegen.

Dil Bahadur sagte: „Nun beginnt meine eigentliche Arbeit." Er schaute direkt zu Frau Narila. Mohan sah, wie sich ihre Lippen spannten und die Nasenflügel sich weiteten, als sie einen herausfordernden Blick zurückwarf.

Der Schamane rief nach einem großen Topf mit kochendem Wasser, Nesseln und frischen Kaulo-Blättern. Alles wurde in Windeseile herbeigebracht. „Lasst vom Altar bis zur Tür einen schmalen Gang frei", ordnete er an. Trommelnd rief er Banjhankri, den wilden Schamanen. Dann ging er hinaus und pfiff dreimal. Ein kleiner Mann, der Mohan zuvor nicht aufgefallen war, saß zwischen den Leuten im Hof. Sein Gesicht war teilweise von einer Decke verhüllt. Er erhob sich nun und bewegte sich über den schmalen Weg direkt zum Altar. Er setzte sich und weil er in Trance fiel, schüttelte es ihn. Der Schamane forderte das Geistwesen in ihm auf, zu sprechen. Unerwarteterweise begann der Mann zu weinen.

Er verbeugte sich bis zu den Füßen des Schamanen und jammerte: „Brenne mich heraus mit dem kochenden Wasser. Schlag mich mit den Nesseln. Berühre mich mit dem glühenden Löffel. Ich bin ein Hexer. Ich habe in diesem Dorf und anderswo Menschen verletzt und Tiere getötet. Ich wurde schon vorher von Schamanen herausgefordert, aber dein Wissen vom Mundhum hat mich gefangen. Ich verspreche, das ich dieses Dorf verlassen werde."

„Ich sollte dich bestrafen", antwortete Dil Bahadur. „Aber wenn du dich mir ergibst, wird dir kein Haar gekrümmt werden."

Er hielt seine Hand auf und der Mann händigte ihm zwei Rudraksha-Ketten und eine kleine Stofftasche aus, die einige Gegenstände enthielt. Der Schamane zählte die Perlen. Anstatt der gewöhnlichen hundertacht, die auf einer heiligen Mala aufgefädelt sind, waren es nur hundertsieben, ein Zeichen für schwarze Magie. Er übergab alles dem Feuer, wo es schwelend verbrannte und einen Geruch von verschiedenen Räucherstoffen und verbrennendem Haar verströmte. „Ich werde jetzt deine Verbindung zur Macht durchtrennen", kündigte der Schamane an. „Ich verspreche, nie wieder jemanden zu verletzen", versicherte der Mann.

„Es ist besser, wenn du das Dorf verlässt", erklärte Mohans Vater ihm. „Du bist kein Hexer mehr. Du kannst deine Mantras und die Macht nicht mehr benutzen."

Langsam dämmerte der Morgen. Mohans Vater nahm einen kräftigen Schluck Raksi, legte seine Tracht, die Federkrone und Malas ab und ging in den Hof, um mit Kumar Rai, dem Hauseigentümer zu schwatzen und zu lachen. Die meisten Leute standen auf und gingen nach Hause, auch Frau Narila mit ihrem Bruder Dilli Ram. Mohan sah, wie sie im Vorbeigehen seinen Vater mit einem überheblichen Blick von Kopf bis Fuß musterte, als wollte sie seine Seele an die Erde nageln. Dann zog sie ihren Schal vor das Gesicht und lief davon. Dil Bahadur spuckte auf den Boden.

„Ich bin sicher, daß sie eine Hexe ist", sagte Mohan zu Herrn Namchu von der Klinik, der zum Zuschauen gekommen war.

„Dummes Gerede", antwortete der Arzthelfer. „Wenn es im Dorf und beim Vieh eine Krankheit gibt, dann ist sie von kleinen Würmern verursacht worden. Du wirst nicht erleben, daß die Kühe aus Basante sich erholen, nur weil diese armen Leute an Hexen glauben. Aber ich muß schon sagen, dein Vater macht ein tolles Theater."

* * *

Im Herbst nach der Ernte zelebrierte Mohans Vater die Zeremonie Udhauli zu Ehren der Naturgeister und der toten Ahnen, die die Schutzgötter der Familie waren und Mohans Verwandtschaft versammelte sich. Nachdem den Naturgeistern frisch geerntete Feldfrüchte geopfert worden waren, wurde die Kiste mit der Namensliste der Vorfahren geöffnet und die Namen der guten Ahnen, die nach ihrem Tod die Familien beschützten, wurden rezitiert. Nach der Zeremonie aß die Familie gerade ein Festmahl mit Schweinefleisch und Asa Mayas Raksi, als Mohans Onkel Mani Raj mit grimmiger Miene das Haus betrat. „Die Hexe ist da", sagte er. „Gib ihr Feuer mit heißer Asche", erwiderte Dil Bahadurs Mutter laut. Sie hatte bereits eine Menge

Raksi getrunken. „Was macht sie hier?" Mohans Vater ging hinaus in den Hof. Frau Narila saß auf der Steinmauer dem Haus zugewandt. Sie starrte alle mit ihrem hässlichen Gesicht an und zeigte ihre seltsamen Zähne, die schief und krumm in ihrem Mund standen. „Hexe!" rief Dil Bahadur, rannte in den Garten und hob einen Bambusstock auf. „Was zur Hölle machst du hier, Hexe? Hau ab!" Er rannte auf sie zu und sie sprang von der Mauer. Er jagte sie durch das Feld mit wildem Pfeffer neben dem Haus und einen halben Kilometer weit bergaufwärts. Dabei schrie er die ganze Zeit: „Dankini! Hexe! Böse Frau!"

Alle Rai kamen aus ihren Häusern und lachten. Sogar die Brahmanen riefen ihm von der Tür aus ermutigende Worte zu: „Fang sie, älterer Bruder!" Jeder wußte, wer sie war. Atemlos kehrte Mohans Vater zurück. „Ich habe genug von ihren gemeinen Tricks", keuchte er.

Am nächsten Tag kamen zwei Polizisten vom Bezirksbüro und verhafteten den Schamanen. Mohan lief mit seinem Vater und Onkel Mani Raj zum kleinen Hauptquartier des Bezirksdirektors, dessen Anbau ein Gefängnis war. Als sie dort nach zehnminütigem Marsch ankamen, hatte sich bereits eine Menschenmenge versammelt, die sich hinter ihnen in das Büro drängte. Frau Narilas jüngerer Bruder Dilli Ram erwartete sie bereits. „Wer zur Hölle bist du, die Frau eines Anderen als Hexe zu bezeichnen und warum hast du meine Schwester gejagt?" verlangte er zu wissen.

„Und wer zur Hölle bist denn du, mir solche Fragen zu stellen?" antwortete Mohans Vater zornig. „Ich bin hierher gekommen, um den Bezirksdirektor und nicht, um dich zu treffen."

„Verrückter Rai", zischte Dilli Ram zurück. „Ich werde dich ohne jede weitere Frage für fünfundvierzig Tage ins Gefängnis stecken und dir deinen Raksi wegnehmen. Pah. Alle Rai sind verrückt!" Kaum hatte er diese Worte ausgesprochen, als aus der umstehenden Menge mehrere Rai, darunter Schamanen und Männer aus der niederen Kaste der Schmiede, hervorsprangen, um ihn zu verprügeln. Einige schmerzhafte Hiebe ins Gesicht und auf die Schulter mußte er einstecken, bevor die Polizei ihnen Einhalt gebieten konnte.

Frau Narila schrie Mohans Vater an: „Du hast wohl geglaubt, daß du damit durchkommst. Niemand jagt mich und behauptet, ich sei eine Hexe. Dir werde ich es zeigen. Du landest im Gefängnis!"

„Eine Hexe habe ich dich genannt und eine Hexe bist du", geiferte der Schamane zurück. „Ab jetzt werde ich dich bekämpfen."

Der Bezirksdirektor sagte: „Wir trennen sie und werden jeden einzeln befragen. Danach entscheiden wir, was zu tun ist."

Mohan ging mit seiner Mutter und seinen Tanten nach draußen, um trockene Reisflocken zu essen. Danach war es ihm nicht mehr möglich, sich durch die Menschenmenge zurück in das Büro zu schlängeln. „Was ist los?" fragte er, aber niemand schien etwas zu wissen.

Nach einer Weile kam sein Onkel Mani Raj grinsend heraus. „Sie sind sich einig geworden", sagte er. „Mit seiner eigenen Macht muß Dil Bahadur die Hexe vor seinen Altar bringen und sie muß selbst zugeben, daß sie eine Hexe ist. Gelingt ihm das, wird sie von allen Menschen aus den umliegenden Dörfern gemieden werden. Versagt er, wird er für fünfundvierzig Tage ins Gefängnis gesperrt und darf sie nicht mehr behelligen."

„Wie kann sie es wagen?" fragte jemand. „Jeder weiß, daß sie eine üble Hexe ist. Älterer Bruder wird sie zum Sprechen bringen."

„Sie ist auf ihre eigene Kraft sehr stolz", antwortete Mani Raj. „Aber er wird es schaffen. Nicht wahr, Mohan?" „Richtig", sagte Mohan.

Der Morgen nach Dil Bahadurs Verhaftung dämmerte. Ein dünner, weißer Nebel lag auf halbem Weg die Berge hinunter und die Luft roch frisch. Mohans Vater trat aus seinem Haus und stand mit einer Tasse Milch am Wegesrand. Augenblicklich wurde er von einer Gruppe Männer aus der Nachbarschaft umringt, als hätten sie schon auf ihn gewartet. Der Schamane war guter

Dinge und verkündete laut, daß er an diesem Tag mit Shivas Beistand, seiner und der Mantras Macht Frau Narila dazu bringen würde, auf eigenen Füßen zu seinem Altar zu kommen und zu gestehen, daß sie eine Hexe sei. Mohans kleine Tanten standen mit aufgerissen Augen daneben. „Was ist, wenn sie nicht kommt?" flüsterte die Kleinste. „Wird älterer Bruder dann wirklich ins Gefängnis gehen?"

Mohan drehte sich zu ihr und fuhr sie wütend an: „Halt den Mund!" Sein Vater lachte. „Macht euch keine Sorgen, Kinder. Bei meiner Macht und dem Versprechen von Gott Shiva wird heute diese alte Frau kommen und sich vor mir verneigen. Warum sonst habe ich eine Trommel, einen Trishul und eine Rudraksha-Kette? Wenn ich mir meine Brust so aufreißen würde", er hielt seine zu Klauen gekrümmten Hände auf die Brust und zog sie vom Herzen weg, „was würde wohl darin sein? Ihr würdet Gott Shiva sehen und wirklich erkennen, wer ich bin." Er grinste und ließ seine kräftigen, weißen Zähne blitzen.

Gegen zwei Uhr nachmittags begannen die Dorfbewohner sich auf der Kuhweide neben Mohans Haus zu versammeln, wo genügend Platz für alle interessierten Zuschauer war. Einige brachten Essen und Getränke mit. Es herrschte eine festliche Atmosphäre mit lautem Gerede und Gelächter. Gelegentlich wurden Herausforderungen ‚an diese alte Hexe' und Drohungen, daß der Schamane sie ‚verbrennen' würde, gerufen. Wie immer eröffnete Mohans Vater die Cinta mit Trommeln und dem Herbeirufen seiner Geister und Götter. Nach einer Weile übergab er Trommel und Messingteller seinem Haupthelfer, damit dieser den Takt weiterführte, während er in allen drei Welten tanzte. Weil es eine wichtige Zeremonie war, saß auch Mohan bei den älteren Helfern und trommelte den Rhythmus mit. Vorsichtig folgte er den Bewegungen seines Vaters, um keine Fehler zu machen. Nach ein oder zwei Stunden trafen auf der Kuhweide Dilli Ram mit dem Bezirksdirektor, seinem Freund Herrn Dorje, einigen anderen Regierungsbeamten, Herrn Namchu und Ramakrischna vom Arztposten, zusammen mit dem Schullehrer Herrn Lepcha ein. ‚Wo auch immer die alte Frau sein mag, bei ihrem Bruder ist sie nicht', dachte Mohan. Dilli Ram trug ein überhebliches Lächeln zur Schau. Er sprach mit den anderen von oben herab, dabei deutete er in einer Art und Weise in Richtung des Schamanenaltars, als wolle er sich von diesen ‚primitiven' Handlungen distanzieren.

Von Frau Narila war weit und breit nichts zu sehen. Inzwischen schwitzte Mohans Vater sehr stark. Er rief: „Ho ha!" und gab den Trommlern ein Zeichen, aufzuhören. Widerwillig setzte Mohan die Trommel ab. Er sorgte dafür, daß sie seitlich auf dem Rahmen ruhte und keines der Felle den Boden berührte.

Sein Vater ging vom Feld und schritt in der Hitze des Nachmittags langsam zu seinem Haus. Mohan folgte ihm. Drinnen nahm der Schamane seinen Platz vor der Cula ein und begann mit tiefer Stimme heilige Lieder aus seinem Mundhum zu singen. Er flehte Götter und Göttinnen der Rai aus einer Zeit an, in der der Stamm als Kinder des großen Gottes Shiva erschaffen worden war. Anschließend ging er hinaus, stieß drei lange Pfiffe aus und während er das Haus zum Schutz vollständig umkreiste, verstreute er Ingwerwurzeln, heiliges Wasser und ungekochten Reis in den Gärten.

Schließlich setzte er sich einfach hin und wartete, rauchte wilden Tabak aus den Bergen und trank Raksi. Nachdem fast vier Stunden vergangen waren, trat der Bezirksdirektor an ihn heran und fragte sehr höflich, wann sie erwarten könnten, daß etwas passierte.

„Bitte lasst mir Zeit", antwortete der Schamane. „Es ist nicht so einfach. Auch sie führt mit ihren Schülern und Mithexen eine große Zeremonie durch. Wenn ihr sie sehen wollt, müßt ihr zur Ramite-Hütte am Straßenrand gehen."

Die Ramite-Hütte war ein Rastplatz, der vor einigen Jahrzehnten von einem reichen Kaufmann unter dem verschlungenen Stammgeflecht eines riesigen Bar-Baums zur Erinnerung an seine verstorbene Frau gestiftet wurde. Wenn Reisende auf ihrem Weg dankbar waren, hier bleiben zu können, um zu übernachten oder vor einem Unwetter Schutz zu finden, erhoffte sich der Kaufmann gute Verdienste für sein nächstes Leben. Mohan sprang auf und rannte mit zweien seiner kleinen Tanten, seinen bevorzugten Spielgefährtinnen, zur Steinbank beim Rastplatz.

Auf dem Weg begegnete ihnen die junge Frau Janaki, die in Basante zum schwarzen Altar seines Vaters gekommen war, jedoch nie zugegeben hatte, eine Hexe oder zumindest ein Lehrling der schwarzen Magie zu sein. Sobald sie die Anderen sah, wandte sie den Kopf ab und zog das Ende ihres Schals über das Gesicht. Den Blick seitlich auf den Boden gerichtet, so daß sie niemandem in die Augen schauen mußte, eilte sie weiter.

„He, Janaki", rief Mohan. „Wo ist deine Lehrerin? Richte ihr aus, daß mein Vater sie nun vor seinen Altar rufen wird."

Auf dem kühlen Stein beim Rastplatz fanden sie Überreste von Holzkohle und zerschlagenen Früchten, aber keine Spur von Frau Narila und ihren Anhängern. „Sie waren hier", sagte Mohan, während er seine Finger durch den schwarzen Staub zog.

Langsam wurde es dunkel. Mohan und seine Tanten erreichten gerade noch rechtzeitig die Kuhweide neben Mohans Haus, um zu hören, wie Dil Bahadur ein großes Feuer verlangte. Außerdem benötigte er kochendes Wasser aus einem Kupfertopf, sowie drei geschnittene und gebundene Brennesselbüschel. Viele fleißige Hände halfen, um alles Nötige herbeizubringen.

„Erhitzt einen Löffel in den Flammen, bis er glüht", ordnete der Schamane an. Er befahl drei Trommlern den Rhythmus für die Oberwelt zu beginnen. „Trommelt so lange, bis ihr mich ‚Ho ha' rufen hört." „Erst dann hört ihr auf", bestimmte er.

Mohan ergriff seine Trommel und schlug mit gleichmäßig auf und ab fliegenden Ellbogen wie wild einen konstanten, vierfachen Rhythmus, Da-da-d'-da-dad', da-da-d'-da-da-d', da-da-d'-da-da-d', da-da-d'-da-da-d'. Es klang wie ein herannahendes, galoppierendes Pferd.

Nach etwa zwanzig Minuten lösten sich zwei Frauen aus Dorokha aus der Gruppe der Umstehenden, setzten sich in die Nähe des Schamanen und es begann sie zu schütteln. Eine dritte Frau trat heran und gesellte sich zu den beiden anderen. Es war Janaki. Stumm schüttelte es die Frauen mit wehenden Haaren. Schweiß lief über ihre Gesichter. Nach wie vor wartete Mohans Vater, während weiterhin getrommelt wurde. Endlich, nach fünfundvierzig Minuten, erschien mit steifen Schritten und offensichtlich wütend Frau Narila selbst. Sie trug Büschel aus getrockneten Amaliso-Blättern, mit denen einst die Urschamanen die ersten Hexen besiegten. Warum hat sie diese Blätter, die für eine Hexe nutzlos sind, wunderte sich Mohan.

Sie setzte sich zum Altar und fiel in Trance.

Falls sie geglaubt hatte, die Amaliso-Blätter würden sie beschützen, irrte sie sich.

Mohans Vater verlangte die Brennesselbüschel. Sofort wurden sie von hilfsbereiten Händen behutsam gereicht, so daß die giftigen Stacheln an Stängeln und Blättern nicht stechen konnten. Der Schamane, wegen seiner Mantras immun gegen die Stiche, schloss seine Hände um sie, legte ein Büschel auf den Boden neben Frau Narila, eines in die Nähe seiner linken Hand und hielt das dritte in seiner rechten. Dann rezitierte er flüsternd das Mantra für die Brennesseln, blies dreimal auf die Blätter und schlug sich damit wie wild ins eigene Gesicht, auf die Wangen, in den Nacken, auf die Augen und den ganzen Körper. Normalerweise, und das wußte Mohan nur zu gut, verursachten die Brennesseln, sobald sie die Haut berührten, kleine, schmerzhafte Blasen. Doch obwohl der Schamane sich damit ins ungeschützte Gesicht und auf die Ohren schlug, passierte nichts. Er schrie und peitschte, als ob er in tödlicher Wut einen Feind erschlagen wollte, aber seine Haut blieb unverletzt.

Stattdessen war es Frau Narila, die auf den Boden fiel und sich kreischend und heulend herumwälzte. Der Schamane schlug seinen eigenen Körper, aber sie war es, die litt.

„Nun werde ich dir einen glühenden Löffel schenken!" schrie der Schamane. „Und zwar so lange, bist du sprichst und uns sagst, wer du bist!" Er hob den glühenden Löffel auf, vollführte damit eine Drohgebärde und tat dann so, als wolle er sein eigenes Gesicht berühren. Der Löffel war so heiß, daß man auf seiner Wange einen roten Schimmer sah.

„Aihh!" quietschte die alte Frau. „Schon gut, schon gut, schon gut! Ich werde alles sagen! Verbrenn mich nicht!" Sie setzte sich auf und begann zu beben.

„Wer bist du?" wollte der Schamane wissen.

„Ich bin eine Göttin", grunzte sie gegen ihren Willen. Nun schüttelte es sie so heftig, daß das Büschel trockener Amaliso-Blätter in ihren Händen raschelte.

„Und was machst du?"

„Ich lebe in den Wäldern. Ich bin Kalcuri." Sie nannte ein besonders mächtiges Hexengeistwesen.

„Wie lange bist du schon Kalcuri?" fragte der Schamane. Seine Stimme klang ruhig und zuversichtlich. Mohan, der mit den anderen Helfern immer noch einen stetigen Rhythmus trommelte, bemerkte, wie die Fragen und Antworten sich diesem Takt anzupassen schienen und wie das Hin und Her zwischen dem Schamanen und der Hexe davon unterstützt und getragen wurde, wie ein schaukelndes Boot von einer sanft dahinfließenden Strömung.

„Seit ich sechs Jahre alt bin."

„Und wie hast du das gelernt?"

„Von Dari Kumari." Mohan war zu jung, um sich an diese tote Frau zu erinnern, die zu ihrer Zeit als mächtige Hexe bekannt war, aber durch die Ausrufe der älteren Leute hinter sich verstand er, wer sie war.

„Warum verletzt du Leute?"

„Weil ich gierig bin."

„Verletzt du nur Menschen oder auch Tiere?"

„Ich habe beiden wehgetan, aber seit ich meine kräftigeren Zähne verloren habe, verletzte ich nur noch Menschen und keine Tiere mehr."

„Bist du eine Hexe?"

„Ja."

Mohan wechselte einen triumphierenden Blick mit seinem Onkel Mani Raj.

„Aber alle meine Schüler nennen mich Großmutter Göttin."

Mohans Vater wandte sich den drei Frauen zu, die es sporadisch immer noch schüttelte. Ein Mann hatte sich inzwischen ebenfalls vor den Altar gesetzt. Er vibrierte und schauderte wie die Frauen mit gesenktem Blick. Alle Vier wirkten aufgebracht. Der Schamane sagte: „Ihr alle scheint gute Leute zu sein. Bitte sagt mir, von wem Ihr die Hexerei lernt. Ist es Großmutter Göttin? Wie lange unterrichtet sie euch schon?"

Der Mann sprach zuerst: „Seit langer Zeit...immer...wenn der Mond...dunkel ist", quollen die Worte hervor.

„Und wo trefft ihr euch?"

„Am Rastplatz...an der Straße...Ramite...auf Friedhöfen...an Schreinen der...Göttin...und in Höhlen."

„Und wie lange lernst du schon?" Mohans Vater richtete seine nächste Frage an Janaki."

Ihr Schütteln verstärkte sich und sie stieß einen kleinen, schrillen Schrei aus. „Nur...drei Jahre", keuchte sie.

„Und warum bist du am Nachmittag zur Hütte in Ramite gegangen?" Das gleichmäßige Trommeln ging weiter.

„Großmutter Göttin...hat uns...am Morgen dorthin...gerufen", antwortete Janaki und ihr Schütteln wurde schwächer. „Sie wollte, daß wir eine Zeremonie machen, damit du keine Gelegenheit haben würdest, sie zu fangen." Während ihr Körper allmählich zur Ruhe kam, schaute sie zum ersten Mal in das Gesicht des Schamanen und sagte mit einer normalen Stimme: „Aber wir konnten uns gegen deine größere Kraft nicht wehren – wie brennendes Feuer. Etwas zog an uns gegen unseren Willen. Wir stemmten uns mit aller Kraft dagegen, aber wir mußten aufgeben und hierher kommen, um zu sehen, was hier vor sich ging. Als wir hier ankamen, konnten wir nicht anders, als zu dir hinüber zu gehen." Mohan bemerkte, daß sich Janakis trübe Augen geklärt hatten. „Bitte vergib uns."

Frau Narila schüttelte es immer noch. Der Schamane hob einen heiligen Weihpinsel aus Bambus auf und besprengte sie solange mit klebrigem Liso, bis sie sich beruhigte. Sie ließ die Katusblätter fallen, presste ihre Handflächen zusammen und verbeugte sich tief vor ihm. Er rief: „Ho, ha!" Mohan und die anderen Gehilfen setzten ihre Trommeln ab.

„Nun, Großmutter Göttin", sagte der Schamane ruhig und freundlich, „ich werde dir nicht mehr wehtun. Du bist unsere Nachbarin und außerdem bist du eine ältere Dame, da du ja bereits das fünfundsechzigste Lebensjahr überschritten hast.

Ich sehe keine Notwendigkeit, deine Wangen oder deine Zunge mit einem Brandzeichen zu markieren, weil die Leute jetzt wissen, daß du eine Hexe bist. Das ganze Dorf weiß jetzt, wer du bist. Du bist eine schreckliche Hexe und von diesem Tag an ist es öffentlich. Stimmst du mir zu?" Mohan sah sie nicken und sich noch einmal verbeugen.

Dann begannen einige Leute zu fordern, daß die Hexe gezeichnet werden sollte, doch Mohans Vater sagte: „Beruhigt euch wieder. Das ist mein Problem. Laßt mich auf friedliche Weise mit dieser Frau verhandeln."

Die alte Frau und der Schamane führten ein langes Gespräch über Krankheiten, Todesfälle, Unglücke und Unfälle, die in letzter Zeit in Dorokha, Basante und in anderen umliegenden Dörfern aufgetreten waren und möglicherweise auch über andere Dinge. Mohan vermutete, daß sie zu einem Übereinkommen gefunden hatten, da sein Vater ihr am Ende freundlich auf die Schulter klopfte und sie sich voreinander verbeugten.

Frau Narila stand auf und schritt in die Dunkelheit hinaus. Janaki und die anderen Schüler sahen zu, wie sie wegging. Dann stand Janaki plötzlich auch auf und folgte ihr. Sie legte einen Arm um Frau Narilas Taille, um ihren gebeugten Körper, der jetzt nur noch zerbrechlich und nicht mehr furchteinflößend wirkte, zu stützen.

Nachdem alles vorbei war, kam der Bezirksdirektor mit Herrn Dorje, Herrn Namchu vom Arztposten und dem Schullehrer Lepcha zu Dil Bahadur hinüber. „Ich habe bisher nicht an Schamanen geglaubt", sagte Lepcha. „Aber das hat mich wirklich überzeugt."

„Wo ist Dilli Ram?" fragte der Schamane. Jemand drückte ihm ein Glas Raksi in die Hand und er trank. „Er wollte mich ins Gefängnis stecken und nun muß er zugeben, daß ich im Recht war." Aber Dilli Ram konnte nirgends wo gefunden werden.

„Er ist schon lange fort", sagte Herr Dorje.

Von diesem Tag an riefen Herr Dorje und Herr Lepcha, wann immer in ihrer Familie jemand krank wurde, Mohans Vater. Im Dorf gab es keine Ärzte und die Arzneimittelmischer vom Arztposten verschrieben immer nur dieselben zwei Mixturen. Dil Bahadur hingegen hatte viele Heilkräuter in seiner Tasche und wußte, wie man sie anwendete. Herr Dorje und Herr Lepcha begannen, genau wie alle anderen, darauf zu vertrauen, daß die Götter des Schamanen mächtig waren.

* * *

EIN SCHAMANE FÜR DIE KÖNIGIN

...Mein Vater war ein Schamane des Königs...

* * *

In jenen Tagen behandelten die Leute, dem Ruhm seines Vaters entsprechend, der eine Hexe entlarvt und sie zu einem Geständnis gezwungen hatte, Mohan mit größerem Respekt. Dil Bahadur hatte sogar einen Brief vom Bezirksdirektor erhalten, der ihn als mächtigen Schamanen auszeichnete und ihn in das wunderschöne Tal Paro zum alljährlichen, einwöchigen Maskentanz der Lamas und zur Versammlung der Schamanen einlud. Dort begegnete er dem König. Einige Monate später suchte ein Bote Dil Bahadur, den Schamanen aus Dorokha, auf und bat ihn, mit nach Paro zum Königspalast zu kommen, um die Königin von einer langen Krankheit zu erlösen, die bislang kein anderer Schamane heilen konnte.

Mohans Vater packte eine Tasche mit den besten Heilpflanzen, seinem Messingteller, einer Trommel, seiner rot-weißen Schamanentracht, seinen Malas, Donnersteinen, einer heiligen Kalebasse und Stachelschweinstacheln zum Abwehren des Bösen. Dann brach er mit dem Botschafter auf.

Als sie den Königshof erreichten, kam der König herausgeeilt. Die umfangreichen Falten in seinem kimonoähnlichen Gewand Gho flatterten wie Flügel, als er auf sie zu kam. Herzlich begrüßte er Mohans Vater und während er ihn zu seinem Palast führte, versprach er eine hohe Belohnung für die Heilung seiner Frau.

Man gab Dil Bahadur ein Zimmer mit frisch bezogenem Bett und einem Fenster zum Garten hinaus. Ein Diener brachte eine Mahlzeit mit einer großen Portion Hühnerfleisch. Später am Abend kam ein weiterer Diener mit einer dicken Decke aus Yakwolle und einem goldenen Ring als Geschenk. Der Schamane fragte, ob er die Königin sehen könne, aber der Diener antwortete, daß sie zu krank sei, um ihr Bett zu verlassen.

„Bring Raksi", befahl Dil Bahadur, „und bring für dich selbst auch welchen mit. Lass uns eine Weile plaudern."

Der Diener war ein alter Mann, gebeugt und langsam, mit einem Gesicht voller freundlicher Falten. Ebenso wie vor ihm bereits sein Vater, hatte auch er sein ganzes Leben als Diener im Palast verbracht. Von ihm erfuhr Dil Bahadur, welche Zeremonien die anderen Schamanen bereits durchgeführt hatten. Einige Zeremonien hatten einen Abend lang gedauert, andere bis zu drei Tagen. „Einmal hatte es sogar den Anschein, als würde sich die Königin erholen", erzählte der Diener. „Sie verlangte ihre Kleider, stand auf und begann, sich anzukleiden, aber noch bevor sie sich die Haare hochstecken konnte, überwältigte sie Trägheit und sie legte sich wieder ins Bett."

„Und der König? Besucht er sie manchmal in ihren Gemächern?" fragte der Schamane.

„Jeden Abend", antwortete der Diener. „Er schickt alle anderen hinaus. Die Hofdamen berichten, daß sie ihn manchmal schreien, manchmal weinen und manchmal freundlich sprechen hören und die Stimme der Königin ganz schwach wird, wenn er bei ihr ist."

„Sage der Königin, daß Dil Bahadur Rai gekommen ist und sie heilen wird", ordnete Mohans Vater an. „Kein Mensch und kein Geistwesen der drei Welten kann sich mit mir messen. Ich werde nicht aufgeben und weggehen wie die anderen. Richte ihr das aus und auch, daß sie alleine bleiben muß, solange ich hier bin und arbeite. Nur ihre eigenen Diener dürfen zu ihr. Der König darf sie in dieser Zeit nicht besuchen. Bitte finde heraus, wann sie ihre Menstruation hat. Sobald die Menstruation vorüber ist, werde ich anfangen."

Nach etwa einer Woche brachte der Diener die Nachricht, daß die Zeit gekommen war. Mohans Vater stellte seinen Altar draußen im Garten unter einem Baum auf, nur wenige Meter vom Fenster der Königin entfernt, das mit einem geschnitzten, reich verzierten Holzgitter bedeckt war, so daß sie hinausschauen und ihn beobachten konnte, ohne selbst gesehen zu werden. Er nahm den Messingteller auf, begann darauf einen traditionellen Rhythmus der Rai zu spielen und sang dazu unentwegt Mantras.

Er verursachte solch ein schreckliches Geklapper, daß die Vögel in den umstehenden Bäumen ihre Nester verließen. Den ganzen Tag und die ganze Nacht schlug er lange Zeit einen stetigen Rhythmus, manchmal plötzlich lauter und schneller, so daß es die Königin ans Fenster zog, um hinauszuschauen. Pausen machte er nur, um zu essen, zu trinken oder ein kurzes Nickerchen zu halten. Stündlich versorgte ihn der Diener mit Raksi. „Was für ein schrecklicher Lärm", beschwerten sich alle. „Warum benutzt du nicht stattdessen deine Trommel?"

Schließlich kam der König heraus und stellte sich in seine Nähe. Der Schamane wußte, daß er ihn bitten wollte, mit dem Krach aufzuhören, um allen ein bisschen Ruhe zu gönnen. In dem Moment, als der König zum Sprechen ansetzte, schloss Dil Bahadur die Augen, schlug noch wilder auf den Teller, flüsterte Mantras und fauchte in alle vier Richtungen. Der König zog sich zurück. Er dachte, daß dieser Schamane, der sich so sehr bemühte, die Königin vielleicht wirklich heilte.

Eine Woche später zog sich nachmittags der Himmel mit Wolken zu. Der Wind blies stark. Er ließ die heilige Kalebasse über den Boden rollen und deren Federn überall herumfliegen. Immer wieder zuckten Blitze vom Himmel und grollender Donner übertönte den lärmenden Schamanen. An der Palastwand kauerten die Diener und schützten ihre Köpfe und Gesichter mit Mänteln und Ghums.

Dil Bahadur spürte, wie sich sein Nackenhaar sträubte. Die Macht der Götter zeigte sich. Der Messingteller surrte. Ein Blitzschlag fuhr in einen nahen Baum.

Kurz darauf blitzte es noch einmal, zeitgleich mit einem lauten Knall, wie von einem Gewehrschuss, gefolgt von tönender Stille. Die Gewalt des Blitzes hatte den Schamanen zu Boden geschleudert. Nun erhob er sich taumelnd. Der Messingteller, vom Blitz in zwei Hälften gespalten, lag drei Meter entfernt. Dil Bahadur schüttelte den Kopf, um wieder klar zu werden. Mit der Faust schlug er sich vor die Stirn, stand auf, verneigte sich dankend vor den brodelnden Wolkenmassen und verkündete laut: „Die Königin ist geheilt!"

Es stimmte. Sie hatte den Sturm von ihrem Fenster aus beobachtet. Sie hatte gesehen, wie der Schamane vom Blitz getroffen wurde und seine Worte gehört. An jenem Abend kleidete sie sich in ihre schönste hellgestreifte Kira und ging selbst in die Gemächer des Königs, um ihm zu sagen, daß sie geheilt und bereit sei, ihre Pflichten als Königin wieder zu erfüllen.

Mohans Vater erhielt eine ganze Tasche voller Geld und viele schöne Dinge – gute Stoffe mit aufwendigen, tibetischen Mustern, verzierte Wasserkrüge aus kostbaren Metallen, mit Edelsteinen verzierten Haarschmuck, passende Festkleidung und Körbe voller konservierter Früchte, Getreide und anderer Nahrung. Es waren so viele Gaben, daß zwei Diener beauftragt wurden, ihm beim Tragen zu helfen.

Der Schamane war immer ein großzügiger Mann gewesen und als er zu Hause eintraf, hatte er bereits das Meiste an alte Freunde und an neue, die er auf seiner Reise kennengelernt hatte, verschenkt. Asa Maya, Mohans Mutter, freute sich sehr über den Haarschmuck und die goldenen Ohrringe, die er für sie aufgehoben hatte und die Mädchen schliefen behaglich in ihren neuen Decken. Jeden Abend war ihr Haus erfüllt vom Palaver und Gelächter der eintreffenden Dorfbewohner, die die Geschichte vom Triumph des Schamanen hören wollten.

* * *

GURKHA

...Als ich sechzehn Jahre alt war, entschied ich mich, für einige Jahre zur Armee zu gehen, um Geld zu verdienen, damit ich, so wie die anderen Soldaten auch, meine Eltern unterstützen konnte. Dank Gottes Gnade war ich einer der besten Soldaten. Ich wurde viel schneller als andere Kameraden befördert und ausgezeichnet. Nach ein paar Monaten konnte ich meine Eltern bereits unterstützen, indem ich ihnen etwas Geld für ihren Lebensunterhalt schickte und als ich nach Hause zurückkehrte, hatte ich so viel Geld bei mir, daß ich die finanziellen Probleme meiner Eltern für immer lösen konnte...

* * *

Der sprechende Kasten auf dem Tisch an der Wand des Bezirksbüros knisterte und rauschte. Dann ertönte aus ihm eine strenge, kommandierende, kriegerische Stimme in einer Sprache, die niemand verstand. Dabei wurde sie ständig unterbrochen, als würde sie durch Löcher im Sternenhimmel aus der jenseitigen Geisterwelt herübergezerrt. Der Bezirksdirektor, Herr Dothile hockte davor und drehte vorsichtig an den zwei großen Knöpfen der Einstellskala. Die Stimme wurde von wirbelnden, rhythmischen Harmonien ersetzt. Er drehte die Skala weiter durch ein konstantes Rauschen und Knacken, bis eine zweite Stimme sprach.

„Geister", sagten Leute aus der versammelten, umstehenden Menge. „Götter." „Keine Geister", stellte Herr Dothile klar. „Ein Radio. Das sind echte Menschen, die im weit entfernten England sprechen. Wir können auch Rußland empfangen und sogar Japan."

Mohan studierte den magischen Kasten. „Keine Götter", verkündete er. „Jeder kann sie hören. Wenn es Götter wären, dann könnten nur Schamanen sie hören." Er streckte seine Hand aus und berührte sanft die Kanten der Einstellknöpfe. Er konnte die feinen, parallelen Rillen an den Seiten spüren, wagte aber nicht, daran zu drehen.

„Dies ist ein Gerät, das Dinge näher an unser Ohr bringt. Genauso wie es ein Gerät gibt, das Dinge wie den Mond näher an unsere Augen bringt", erklärte Herr Dothile.

„Mmh, mmh, mmh", machten die Frauen.

Sobald sich die Kunde vom wunderbaren Radio herumsprach, schauten mehr und mehr Dorfbewohner herein, um es zu bestaunen und den Bezirksdirektor darüber auszufragen. Mohan hörte sehr aufmerksam zu. Ältere Männer, die Soldaten im Krieg waren, erinnerten sich an ähnliche magische Kästen. Sie erzählten Geschichten von Schlachten, die aufgrund von Informationen über Feindbewegungen, allein durch Zuhören erlangt, gewonnen oder verloren wurden. Mohan wurde erlaubt, selbst an den Knöpfen zu drehen, um Musik oder Stimmen in verschiedenen Sprachen erklingen zu lassen.

„Was hält dein Vater von dieser Magie, jüngerer Bruder?" Eine Frau mit Schal, die Mohan von einer Cinta seines Vaters auf der anderen Talseite wiedererkannte, sprach ihn respektvoll an.

„Er hat das noch nicht gesehen", antwortete Mohan. Allerdings hatte er nicht die Absicht, nach der Meinung seines Vaters zu fragen.

Dil Bahadur hatte für eine kurze Zeit höchsten Ruhm und Wohlstand genossen, nachdem er öffentlich eine Hexe entlarvt und die Königin geheilt hatte. Wo immer er auch hinging, erzählte er die Geschichte und je mehr Raksi er trank, desto mehr bauschte er seine Erzählungen auf. Mohan dachte, daß die Leute überdrüssig wurden, immer wieder das gleiche zu hören und tatsächlich schien es so, als würden sie seinen Vater nicht mehr so oft rufen. Das Glück verließ die Familie.

Jahr für Jahr starb das Vieh weg und dreimal in Folge gab es Mißernten beim Reis. Mohans Mutter webte bis spät in die Nacht hinein. Nie gab es genügend Reis für alle, folglich auch zu wenig, um daraus Raksi für den Verkauf zu machen. Ihre Kleidung wurde zu Lumpen und ihre Werkzeuge waren abgenutzt. Es gab kein Geld für Salz, neue Körbe, Töpfe und für schöne Kleidung vom Markt. Trotzdem mußte der Schamane immer seinen Raksi haben und bekam ihn auch. Wegen seiner Armut versprach er oft seine eigenen Güter als Opfergaben, um die bösen Geister zu beschwichtigen, die seine Patienten angegriffen hatten. Zu diesem Zeitpunkt hatte Mohan noch nicht verstanden, daß solche Opfer ein unausweichlicher Teil der schamanischen Berufung waren.

Asa Maya haßte es, Almosen von ihren Schwestern und deren Ehemännern anzunehmen. Daher entwickelte Mohan die Angewohnheit, seinen Onkel Bhim oft wochenlang zu besuchen. Obwohl er nicht so groß wie die Verwandten seines Vaters war, hatte er inzwischen die Statur eines erwachsenen Mannes mit kräftigen, sehnigen Muskeln an Armen und Beinen und er konnte für das Essen, das ihm Bhims Frau gab, hart arbeiten.

Es schmerzte ihn, seine Mutter noch vor ihrer Zeit alt und müde zu sehen. Er liebte seinen Vater, aber wenn dieser spät nachts betrunken nach Hause kam und in der Dunkelheit zum Bett torkelte, mußte Mohan sich zwingen, seine Fäuste wieder zu öffnen und sich anstrengen, seinen wütenden Atmen zu beruhigen.

In diesem Frühling kamen Soldaten der Gurkha-Armee nach Dorokha, um Rekruten anzuwerben. Ausgewählt zu werden war eine große Ehre, denn Soldaten wurden gut bezahlt und respektiert. Mohan behauptete, daß er sechzehn wäre, sein wahres Alter, wenn man das Jahr im Mutterleib mitzählte.

„Du bist ein bißchen klein", befand der Hauptmann. „Aber gut und kräftig."

‚Ich kann meine Eltern nicht verlassen', überlegte Mohan. „Meine Mutter ist krank. Mein Vater ist Schamane und viel zu sehr damit beschäftigt, Kranke zu heilen, als das er arbeiten könnte und meine Schwestern sind noch klein. Wer wird sich um sie kümmern?"

„Du kannst Geld nach Hause schicken."

Er dachte für eine Sekunde nach. Dann richtete er sich auf und sah den Hauptmann an. „Ich mach es", beschloß er.

„Die Gurkhas", grübelte sein Vater und wurde still.

„Mama, ich werde reich sein! Du und meine Schwestern, ihr werdet wieder gesund und stark werden. Du wirst nie wieder arbeiten müssen!"

Asa Maya ließ ihre Hände ruhen von der Arbeit, Steine aus der Gerste auf ein geflochtenes Bambustablett zu lesen. Eine Träne kullerte ihre Wange hinunter.

„Tante, freust du dich nicht für mich?"

Die Schwester seiner Mutter hatte den Korb Gerste mit der Begründung gebracht, daß ihre Familie zuviel davon hätte. „Natürlich freue ich mich, Mohan. Das ist eine Chance für ein sehr gutes Leben. Der Onkel meiner Schwägerin war ein Gurkha. Nun ist er reich und ein wichtiger

Mann. Du hast großes Glück." Sie schüttete die restliche Gerste in einen leeren Topf bei der Tür. „Ich muß gehen." Hastig verbeugte sie sich vor Mohans Eltern und brach dann eilig auf. Sie brannte darauf, als Erste die Neuigkeiten vom Sohn des Schamanen, der Soldat wurde, zu verbreiten.

Dil Bahadur saß still auf seinem Platz bei der Cula. Weder sah er seinen Sohn an noch sprach er. „Ich werde zurückkommen und dann die Weisheit der Schamanen von dir lernen", erklärte Mohan. „Bis dahin wird es nicht so lange dauern."

„Wir werden sehen", antwortete der Vater.

* * *

Mohan trainierte zehn Monate lang mit zwanzig weiteren Rekruten aus Dorokha und umliegenden Dörfern im Armeelager von Tencholing. Er lernte schießen und die Kampftechnik mit dem schönen Khukuri, das ihm gegeben wurde. Er trainierte das kilometerweite Tragen von schweren Rucksäcken im Gebirge und Marschieren in Formation. Er arbeitete hart, aber sein Herz blieb in Dorokha.

Mohan vermißte seine Heimat und die Familie, wie die meisten jungen Männer aus den Bergen. Oft hielten sie bei ihren Arbeiten inne und während ihre Augen in die Ferne schweiften, erinnerten sie sich an die Muster des Sonnenscheines auf dem Hügel neben ihrem Haus oder an den Wind, der das Gras auf der Weide kräuselte, wo sie die Ziegen gehütet hatten oder an das prächtige, besondere Mädchen mit den langen schwarzen Haaren, die offen hin und her schaukelten, wenn sie auf dem Weg vom Badeplatz heraufkam. Mohans Gedanken kehrten immer wieder zum müdem Gesicht seiner Mutter zurück, zu ihren Töpfen, die bis auf eine Handvoll Reis vom Vorjahr, vermischt mit Dreck und Steinen, leer waren und zu den verschlissenen Kleidern seiner Geschwister. An seinen Vater versuchte er erst gar nicht zu denken. Es war zu schmerzhaft.

Aber nachdem er das erste Geld nach Hause geschickt und die überraschende Neuigkeit erhalten hatte, daß seine Familie ohne ihn zurecht kam, befreite er sein Herz vom Dorf und richtete seine Aufmerksamkeit voll und ganz auf die Baracken. Seine Vorgesetzten bemerkten den Wandel. Er war stets so präsent und wachsam, daß die anderen allmählich bei der Erledigung ihrer täglichen Aufgaben vom ihm abhängig wurden. Die Baracken wurden oft von Mäusen heimgesucht. Einige Männer nannten sie die Boten des Elefantengottes Ganesh und weigerten sich, sie zu töten. Aber genau jene waren die Ersten, die schrieen, wenn nachts einer der heiligen Boten über ihre Füße rannte. Als Mohan das beobachtete, warf er zielsicher einen Stiefel und tötete die kleine Kreatur, um sie anschließend an ihrem Schwanz schwingend zur Tür hinauszuwerfen. Danach riefen die Männer immer nach Mohan, wenn sie eine Maus sahen. Mohan traf immer.

Er war der geborene ‚Sich-um-alles-Kümmerer', der auf die anderen Soldaten aufpaßte. In Habachtstellung wurde einmal einem Jungen aus einem Dorf an der indischen Grenze vom langen Strammstehen schlecht und er begann zu taumeln. Als er fiel, war Mohan neben ihm und fing ihn auf. Der Stützpunkt hatte eine Krankenstation für die Männer, die ernsthaft krank wurden, aber meistens wurden Krankheiten mit Bettruhe und mit Hausmitteln, die jeder kannte, behandelt. Bei Erkältung und Fieber wurde heißes Wasser mit Pfeffer, bei Blutungen kühlende Nahrung, wie Äpfel oder Orangen und bei Magenproblemen zu Brei verkochter Reis mit Hühnerbrühe verabreicht. Eines Nachts, als Mohans Freund Fieber bekam und sich ständig übergeben mußte, war es Mohan, den er rief.

„Mein Vater ist Schamane", erklärte Mohan den an Rajendras Bett versammelten Männern. „Ich selbst bin kein Schamane, wie Rajendra weiß. Ich war nur Schüler, als ich von zu Hause fort ging, dennoch weiß ich ein wenig." Flüsternd rezitierte er ein Mantra und blies es auf seinen Freund. Rajendra schlief friedlich und am Morgen ging es ihm gut genug, um seine Pflichten wieder aufzunehmen.

Die Männer respektierten Mohan, weil er auf sie aufpasste und sich um die Bedürfnisse ihrer Körper und die ihrer Seelen kümmerte. Mit einem Blick konnte er sagen, wann ein Rekrut Heimweh hatte. Dann lieh er ihm sein mitfühlendes Ohr und ließ ihn reden, bis sich die Bilder von zu Hause und der Familie dick wie eine von Mutter gewebte Decke um ihn legte und Kraft und Trost für einen weiteren Tag in der Armee spendete.

Eines Morgens verlangte die junge Frau von Major Limbu Mohan zu sehen. Sie war krank und hatte gehört, daß er heilen konnte. Mit Erlaubnis des Majors, ging er an ihr Bett und bat um einen Messingteller mit ungekochtem Reis und ein Stück Ingwer. Während er die Gebete und Mantras seines Vaters verwendete, stellte er fest, daß die Ursache der Krankheit ein Geistwesen war. „Wir müssen eine Puja durchführen."

Am nächsten Morgen kam er wieder und machte eine kleine Opferung. Er fertigte ein Amulett an, indem er ein Mantra auf ein wenig Reis und Kohle blies, wickelte dann alles in einen roten Stoff und einen schwarzen Faden darum herum. Das Ganze hielt er über den Rauch von brennendem Räucherwerk. „Trage es immer", wies er die Majorsfrau an, „außer während deiner Menstruation."

Ihre Krankheit verschwand. Sie kam wieder zu Kräften und empfing ein paar Monate später ein Kind. Als sie feststellte, daß sie schwanger war, schickte sie Mohan Essen und Kleidung als Geschenke. Fortan war er der Schamane der Majorsfamilie. Überall auf dem Gelände wurde er zur Heilung der anderen Offiziere, die auch Rai oder Limbu waren, sowie zu deren Frauen und Kindern gerufen.

* * *

Gegen Ende des ersten Jahres beim Militär schickte die Armee Mohans Regiment in die Wildnis zum Überlebenstraining. Einundneunzig Soldaten lagerten im Freien und suchten nach Nahrung. Manchmal besuchten sie abgelegene Dörfer fremder Stämme. Sie aßen mit den Einheimischen und Mohan fragte nie nach der Kaste seines Gastgebers oder danach, von welchem Tier das Fleisch stammte, das ihm gereicht wurde.

Er wurde für die Offizierslaufbahn ausgewählt, an die Militärakademie geschickt und nach sieben Monaten zum ersten Leutnant befördert. Die Soldaten veranstalteten einen Tanzabend und Mohan übernahm dabei eine führende Rolle. Wie immer schnappte er sich als erster eine zweiseitige Madal, trommelte für die Tänzer einen Rhythmus und schrie wilde Anfeuerungen. Er amüsierte alle mit seinem breiten, ansteckenden Grinsen. Als er dann einen Tanz aus seinem Dorf vorführte, der die Geschichte eines jungen Mädchens und ihres Liebhabers erzählte, klatschten und schrieen sie vor Vergnügen. Indem er beide Rollen übernahm, brachte er seine Kameraden dazu, in hysterisches Gelächter zu verfallen. Mit einer Hand an der Stirn, als wolle er seine Augen abschirmen, mimte er das zarte Mädchen, das auf die Rückkehr des Geliebten wartete.

Aber bald nach der Feier fühlte er sich krank, depressiv und fiebrig. Faulheit nannte er es. Er stocherte in seinem Essen herum und legte den Kopf auf den Tisch neben seinen Teller. Seine Freunde brachten ihn in die Krankenstation.

Sie betteten ihn auf ein schmales Feldbett, wo er sich, heimgesucht von Albträumen während des Schlafes tagsüber und von Visionen in den langen, wachen Nächten, umherwälzte und stöhnte. Jeden Nachmittag besuchte ihn Major Limbu. Eine Woche verging und dann eine zweite, ohne das Mohan sich erholte.

Seine Arme und Beine waren bis auf die Knochen abgemagert, seine Augen eingefallen und schwarz wie bei einem Bhuta.

Der Major hatte seine Frau ein Gericht aus Reis mit zerstampftem Hühnerfleisch kochen lassen und brachte es an sein Bett. Mohan lag still da. Der Pfleger berichtete, daß er am Vormittag in einen tiefen Schlaf gefallen war und das erste Mal seit drei Wochen friedlich schlief. Noch während der Major ihn betrachtete, wurde Mohan wieder unruhig und schrie auf. Major Limbu hob eine Hand, als wolle er Mohans Schulter rütteln, zog sie dann aber aus einem Impuls des Respekts für den Traum wieder zurück.

* * *

Mohan träumte, daß er zurück in Dorokha wäre und im Fluß Gangate fischte. Ein weißhaariger Mann mit langem Vollbart, über dessen rechter Schulter eine schwere Baumwolltasche hing, bahnte sich langsam einen Weg über einen Bergrücken. In der linken Hand hielt er einen Stab aus massivem Holz, so lang, wie er selbst groß war. Von der Spitze einer hohen Felswand aus rief er Mohan zu: „Warum bist du hier? Weißt du nicht, daß du nicht mehr hierher kommen kannst?"

„Das Land zu beiden Seiten des Flusses gehört meinem Vater", antwortete Mohan vernünftig und schrie dann plötzlich wütend: „Wer bist du, daß du mir sagen kannst, ich dürfte hier nicht mehr herkommen?!"

„Ja, das Land gehört deinem Vater", stimmte der alte Mann zu. „Aber du hast damit nichts zu tun. Er hat mir diese Gegend gegeben. Komm. Ich kann es beweisen."

Mohan band seine Angelschnur an einen tief im schlammigen Uferboden verankerten Stock und kletterte zu dem wartenden, alten Mann. Schwer auf seinen Stock gestützt, drehte sich der alte Mann um und lief flussabwärts. Mohan folgte ihm.

Nach einer Weile erreichten sie die Höhle der Sadhus, wohin Mohan schon als Kind gebracht worden war. Sie war genauso groß und tief wie beim ersten Mal und nicht zu dem schmalen Spalt im Fels geschrumpft, den er seinem Vater und den Dorfbewohnern gezeigt hatte.

Er folgte dem alten Mann durch die dämmerige, schmale Passage, bis sie auf einen anderen alten Mann trafen, der mit einer Zange im Feuer spielte. Sein Führer geleitete Mohan zu einem Sitzplatz. Der andere Mann legte die Zange beiseite und entfernte sich in den dunklen, hinteren Teil der Höhle.

„Erinnerst du dich an diesen Ort?" fragte sein Führer.

Mohan schaute sich um. „Ich erinnere mich. Ich war früher schon einmal hier."

„Kannst du dich auch daran erinnern, daß du von Zeit zu Zeit zurückkommen und Opfergaben bringen solltest?"

„Ja", gab Mohan zu, dem jetzt einfiel, daß er seit der Trockenheit nie mehr hier gewesen war. Der alte Mann funkelte ihn im Dämmerlicht an. Ein Auge brannte wie Feuer, während das andere seitlich schielend die Geisterwelt abzusuchen schien. „Weißt du, warum ich dich hierher gebracht habe?"

„Nein." Mohan fühlte, daß jemand hinter ihm stand. Er drehte sich um und sah zwei dünne, mit Asche beschmierte heilige Männer, auf deren Stirn Shivas Trishul gemalt war. Sie hatten die Höhle völlig geräuschlos betreten. Jeder trug einen Vogel und mehrere Blumen. Wie Wachen standen sie hinter seinem Rücken.

„Du hast alle deine Versprechen vergessen. Du hast Dinge gegessen, die du nicht essen solltest: Knoblauch, Ziegenfleisch, sowie Nahrung, gekocht von niederen Kasten der Kami, Damai und anderen. Du hast Reste von Gerichten und Getränken, die andere berührt hatten, gegessen. Du hast deine regelmäßigen Gebete unterlassen und du hast Frauen während ihrer Menstruation berührt. Dein Körper ist völlig verunreinigt und voller Sünde. Du hast die Worte und Lehren deines Gurus mißachtet. Du bist respektlos, eine Person, die ziellos durch die Dunkelheit wandert. Du hast Mantras mißbraucht, weil du sie gesprochen hast, ohne dich vorher zu reinigen. Nun wirst du bestraft werden." Der alte Mann sprach mit trockener, befehlender Stimme.

„Bitte, es tut mir leid", sagte Mohan. Er schämte sich wirklich und fühlte sich klein und schmutzig. Er legte die Handflächen aneinander und verbeugte sich tief bis auf den Boden. „Hilf mir. Sag mir, was ich tun soll."

„Geh zu deinem Vater. Er ist derjenige, der dir helfen kann. Er kann die Ahnengötter und die Geistwesen, die du beleidigt hast, rufen. Geh. Andernfalls wirst du nur noch mehr vom rechten Pfad abkommen und mehr leiden müssen." Der alte Mann lehnte sich auf seinen Stock und sein linker Arm wand sich darum wie eine Schlange. Mit seinem ausgestreckten rechten Arm zeigte er in Richtung des zackigen Fleckens Tageslicht am Ausgang der Höhle.

* * *

Mohan erwachte plötzlich auf seinem Feldbett und starrte auf das helle viereckige Fenster. Jemand hatte die Vorhänge aufgezogen. Es war später Nachmittag. Major Limbu stand an seinem Bett. Am weit entfernten anderen Ende des Raumes diskutierten zwei Ärzte, denen es bisher nicht gelungen war, Mohans Krankheit zu diagnostizieren. Sie sagten, daß sie Mohan zum Psychiater in einem zivilen Krankenhaus schicken wollten.

„Lass nicht zu, daß sie mich dorthin verlegen", bettelte Mohan. „Ich weiß genau, was mein Problem ist. Ich habe meine Seele verloren. Ich habe die Lehren meiner Ahnen vergessen."

Vor langer Zeit waren die Rai und Limbu vereint in einem einzigen Kirati-Stamm und Major Limbu verstand ihn. Er gab Mohan sechzig Tage Urlaub und schickte ihn mit drei begleitenden Soldaten nach Dorokha.

Als sie den letzten Hügel vor ihrem Dorf erklommen, kam ihnen eine Menschenmenge entgegen. Neugierig begleiteten sie die kleine Gruppe ins Dorf, denn alle wußten, daß ein heimkehrender Soldat immer Geschenke mitbrachte. Sie waren überrascht, Mohan so schwach und dünn zu sehen. Normalerweise kamen Soldaten stärker als vor der Militärzeit zurück.

Nachdem die Aufregung über ihre Ankunft abgeklungen war, saß Mohan abends mit seinem Vater auf der kurzen Steinmauer neben der Haustür und erzählte seinen Traum.

„Ich hatte ähnliche Träume von dir", sagte sein Vater und strich sich nachdenklich über das Kinn. „Vielleicht solltest du die Armee aufgeben und nach Hause kommen."

Mohans Mutter Asa Maya stand mit gefalteten Händen in der Tür. Ihr Gesicht war voller geworden, seit er fort gegangen war und sie schaute kräftig aus, auch wenn sie sich gerade Sorgen machte. Mohan war stolz darauf, auch auf die sauberen, neuen Kleider, die seine Geschwister trugen, weil er wußte, daß dies seine Leistung war.

„Ich kann jetzt noch nicht nach Hause kommen", sagte er. „Was würde mit euch allen geschehen, wenn ich kein Geld mehr nach Hause schicken könnte?"

Sein Vater dachte nach und sagte dann: „Du magst die Armee. Du kannst dort viel Geld verdienen. Wenn du im Dorf bleibst, wirst du arm sein." Mohan stimmte zu.

„Deshalb müssen wir deinen Weg blockieren. Das ist alles, was wir tun müssen."

Mohan hatte von der Zeremonie Bato Chekne gehört, mit der der Weg des Schamanen blockiert wurde, aber er hatte noch nie zugesehen. Sie wurde nur ausgeführt, wenn jemand, der von den Geistern erwählt war, kein Schamane werden wollte. Wenn die Verbindung offen bliebe, hätte der Berufene niemals Ruhe vor den Geistern.

Tag und Nacht würden sie sich um ihn versammeln, weinen, ihn rufen, seinen Geist verwirren,

Gegenstände umwerfen, Unfälle verursachen, ihn krank machen und sein Glück zerstören.

An dem Abend, den Mohans Vater für die Zeremonie festgelegt hatte, versammelten sich viele Menschen – Onkel Bhims Familie, beide Großmütter, seine kleinen Tanten, Nichten und Neffen, Onkel Mani Raj, Mohans alter Schullehrer, sowie Freunde und Nachbarn, die er schon sein ganzes Leben kannte. Sein Vater stattete sich mit allen Insignien aus: seiner frisch gewaschenen rot-weißen Schamanentracht, seiner ausgebesserten und neu bestückten Federkrone, den gezählten und neu aufgefädelten Perlen seiner Rudraksha-Kette und den entwirrten Glockenbändern, die frei klingen konnten, wenn es ihn schüttelte.

Er opferte Reiskörner und mit Butter und Honig gesüßtes Wasser, um die Ahnengötter zu erwecken. Dann nahm er seine Trommel auf. „Wir müssen für Mohan den Weg verschließen", verkündete er dem sichtbaren und dem unsichtbaren Publikum. Die Götter sind nie weit weg und die Ahnen hatten sich versammelt, um Zeugnis abzulegen. „Da er nun in der Armee bleiben, kämpfen und töten wird und von ihm vielleicht verlangt wird Dinge zu tun, die ihn verunreinigen, ist es nicht genug, ihm zum Schutz unsere Mantras anzuvertrauen. Mohan, du mußt jetzt den Pfad der Geister vergessen, bis du wieder zu uns zurückkehrst."

In Mohans Gedanken wirbelten Bilder aus seiner Kindheit umher – die Königin des Waldes, Urgroßvater Khokpa, die Sadhus, die über seinem Bett schwebende Seele Onkel Harkas. Sein Vater trommelte und die Leute tanzten im Kreis um ihn herum, warfen Getreidekörner auf den Boden, reichten eine Kalebasse, geschmückt mit Federn vom Wildhuhn, über seinem Kopf hin und her und sangen mit lauter Stimme. Sein Vater tanzte und reiste in allen drei Welten. Dann forderte er ihn auf, seinen Turban und alle seine Ketten anzulegen und zum Altar zu kommen. Am Altar sah Mohan mit seinem geistigen Auge den gleichen alten Mann, den er im Traum in der Höhle getroffen hatte. Der heilige Mann hob seine rechte Hand zum Segen. Mohan verbeugte sich tief vor ihm und betete. Dil Bahadur hatte den alten Mann auch gesehen und bat ihn um Verzeihung dafür, daß sein Sohn Soldat sein wollte. Mit weißem Mehl zeichnete er Linien auf den Boden, die das Muster eines heiligen Feuersymbols ergaben und wies Mohan an, sich in dessen Zentrum zu setzen. Dann legte er Mohans schamanische Gegenstände – Öllampe, Kalebasse, Steine und Federn – um das Diagramm herum.

Das Publikum begann den traditionellen Gesang der Rai für das Ritual zur Erhebung der Shakti zum Scheitelpunkt zu singen. „Saya congma, saya congma." Sie tanzten in immer enger werdendem Kreis um ihn herum und führten heilige Kraftobjekte mit spiralförmigen Aufwärtsbewegungen um seinen Körper herum. So zeigten sie ihren Respekt und erhoben sein Selbstbewußtsein. „Rogo, rogo", sangen sie Gesundheit wünschend. „Fürchte dich nicht." Sein Vater schlug ihn mit einem Büschel Kaulo-Blättern hart auf die Schulter und Mohans Schütteln verebbte.

„Geh zur Cula und bring den Ahnengeistern Opfergaben dar", forderte sein Vater ihn auf. Mohan gehorchte. „Sohn, deine schamanischen Waffen mußt du nun für lange Zeit deinem Guru überlassen", erklärte Dil Bahadur. „Während wir singen, lege bitte deinen Turban und deine Ketten ab."

Mohan nahm seine Malas ab und legte eine nach der anderen auf den Altar. Er begann zu weinen. „Ich habe keine Wahl", sagte er sich. „Wir sind zu arm. Ich muß gehen." Das Zittern in seinem Magen hatte aufgehört, aber er hatte nun ein seltsam leeres Gefühl und fragte sich, ob er die richtige Entscheidung getroffen hatte. „Komm bald zurück zu uns, Mohan", sagte sein Vater. „Dann werden wir deinen Weg wieder öffnen. Bis dahin gehe mit unserem Segen deiner Wege."

* * *

Mohan als junger Soldat bei den Gurkhas.
Foto: Shamanistic Studies and Research Center Kathmandu

nepal

NEPAL

23. Februar 1994
Häftlingsnummer 32075-054
Big Spring, Texas

Liebe Bahini Ellen,
ich beschloß, nach Kathmandu zu gehen, um zu arbeiten. Ich hatte großes Glück, denn ich
konnte mir bei einer der angesehensten Trekkingagentur eine Stelle sichern. Weder in Bhutan,
noch während meiner Zeit in der Armee hatte ich eine Freundin. Bindu war die erste Frau in
meinem Leben und sie ist es immer noch. Eigentlich hatte ich nicht vor, nach der Armeezeit
Schamane zu werden, weil mit der Zeremonie Bato Chekne bereits alles für ein paar Jahre oder
für immer geregelt worden war. Ich interessierte mich mehr für ein abenteuerliches Leben mit
profitabler Arbeit, anstatt als Schamane von Haus zu Haus zu gehen und kranke Menschen zu
heilen. Ich habe kein Problem mit Visionen, Jokhanas und dem Heilen, solange keine Cinta
notwendig wird. Es würde mir auch nichts ausmachen, meinen Weg wieder öffnen zu lassen,
ziehe es aber vor, diese Verantwortung und Berufung einem meiner Söhne oder einem meiner
Enkel zu übergeben, vorausgesetzt sie sind von Kul, den Ahnengeistern und Gott dazu auser-
wählt worden.

* * *

BERGFÜHRER

...Dann ging ich wieder nach München. Eine Woche lang hatten wir Ausbildung in Bergung, erste Hilfe, etc.. Zusammen mit weiteren 28 jungen Männer und Frauen fuhr ich über die Schweiz nach Frankreich. Nach eineinhalb Tagen erreichten wir den Ort Chamonix. Dort trainierten wir intensiv das Erklettern von Fels- und Eiswänden...

* * *

Neun Jahre blieb Mohan bei den Gurkhas, wo ihm Vitalität und Intelligenz regelmäßig Beförderungen einbrachten. Durch sein geistreiches und lebenslustiges Wesen gewann er viele Freunde. Als sein Freund Kumar ihn nach Kathmandu einlud und ihm eine Arbeitsstelle als Fahrer im Geschäft seines Onkels versprach, verließ Mohan die Armee.

Zuerst besuchte er die Heimat. Seine Mutter wartete auf der Türschwelle. Sie lächelte und legte ihm eine Blumengirlande um den Hals. „Willkommen zu Hause." Ein zehnjähriges Mädchen lugte hinter ihrem Rock hervor und weiter hinten im Haus spielte ein kleiner Junge an der Feuerstelle. „Das ist dein kleiner Bruder Dal", sagte die Mutter. „Sag Namaste zu deinem großen Bruder Mohan."

Während es die Handflächen seiner kleinen, pummeligen Hände zusammenführte, sagte das Baby mit einem breiten, entzückenden Lächeln: „Na-tay."

Stöhnend erhob sich Mohans Vater vom Boden. Als er stand, wirkte er gebeugter und dünner, als Mohan ihn in Erinnerung hatte. „Willkommen zu Hause, mein Sohn. Wir haben dich vermißt. Da du nun zu Hause bist, werden wir ein großes Festessen vorbereiten. Anschließend zeige ich dir das Vieh, das wir von deinem Geld gekauft haben." Sein Gesicht verzog sich zu dem bekannten Lächeln, aber seine Pupillen waren stumpf und das Weiße in seinen Augen gelb, durchzogen von feinen roten Linien.

„Die Kranken sagen immer, es ist eine Schande, daß Mohan nicht hier ist", erzählte seine Mutter, während sie geschäftig hantierte, um ihn mit einer Tasse Ciya zu versorgen. Den gesüßten, würzigen Tee hatten sie sich nicht immer leisten können. „Unsere Nachbarin, Frau Gurung, hat mich mindestens fünfzigmal gefragt, wann du wieder nach Hause kommst."

„Mohan sollte heiraten", bemerkte eine Tante. „Schau ihn dir an. So ein schöner, junger Mann. Jede Familie würde sich glücklich schätzen, ihm ihre Tochter zu geben."

Während seine Mutter, die Tanten und Schwestern kochten, ging Mohan mit seinem alten Freund Sham, den er schon von klein auf kannte, auf die Wiese hinaus. „Hier bist du der Waldgöttin begegnet." Sham zeigte auf einen großen, flachen Felsen.

„Diese Zeiten sind vorbei." Mohan ertastete die körnige Oberfläche des Felsbrockens, auf dem er saß und ließ seinen Blick über das Feld schweifen. Für einen Augenblick kehrte er zurück in die Vergangenheit. Die Sonne brannte vom Himmel und wieder sah er die wunderschöne Göttin in ihrem hellroten Kleid über die Wiese auf ihn zuschweben. Er wandte den Blick ab. „Heilt mein Vater immer noch Leute?" Shams Augen verdunkelten sich.

„Macht nichts", sagte Mohan. „Als ich sein Gesicht sah, wußte ich Bescheid."

„Die Leute rufen ihn nicht mehr so oft, aber da du jetzt wieder hier bist, werden sie es wieder tun", erwiderte Sham aufheiternd. „Früher warst du sein Helfer. Nun kann er deiner sein." Mohan schüttelte den Kopf und verzog das Gesicht. Für ihn war es unvorstellbar, daß sein Vater auf den Status eines Helfers zurückfiel, der Phurpas schnitzte oder einen Altar vorbereitete und mit zittrigen Fingern Räucherwerk entzündete. Er war ein stolzer Mann. „Mein Schicksal sieht anders aus", antwortete Mohan. „Ich bin nur zu Besuch hier." Er sprang vom Felsen. „Lass uns zum Fluß gehen." Sie durchschritten das grüne Frühlingsgras.

Später, nach dem Essen, eröffnete sein Vater: „Wir werden eine Zeremonie durchführen, um deinen Weg wieder zu öffnen. Du mußt da weitermachen, wo du aufgehört hast, die Weisheit der Schamanen zu erlernen." Seine Mutter und die Tanten stimmten zu.

„Es war lieb von dir, zur Armee zu gehen", bemerkte Onkel Bhim. „Das Geld, das du nach Hause geschickt hast, hat deiner Mutter geholfen und die ganze Familie ernährt."

„Mehr als das. Es hat uns reich gemacht", mischte sich sein Vater ein.

„Aber den Geistern ist Geld gleichgültig. Wenn es dein Schicksal ist, ihnen zu dienen, dann mußt du dienen."

„Natürlich werde ich wiederkommen und das Wissen erlernen", antwortete Mohan, ohne überzeugend zu klingen. „Aber ich wäre dumm, wenn ich die Arbeit in Kathmandu jetzt nicht annehmen würde." Jemand drückte sich an seine Seite und er schaute hinunter zu der älteren seiner beiden Schwestern, die ihm mit großen, traurigen Augen ins Gesicht starrte.

Seine Mutter versank still in sich selbst.

„Dann geh", sagte sein Vater mit erzwungener Herzlichkeit. „Aber komm bald nach Hause zurück. Jeder hier zählt auf dich."

* * *

Mohan kaufte ein großes Reisfeld, drei Bullen und ließ für seine Familie ein neues Haus bauen. Während der Hausbau gute Fortschritte machte, brach er auf und ging nach Nepal. Er überquerte die südwestliche Grenze von Bhutan in Jogbani und reiste durch Dharam Basar nach Halesi Temple, wo am Anbeginn aller Zeiten der große Gott Mahadeo die ersten Ahnen der Kirati, die Brüder Khumbu und Limbu erschaffen hatte. Zusammen mit Priestern der Rai verehrte er diesen heiligen Platz und traf seine ältesten Verwandten in den Dörfern Chinakhim, Halesi und Baipa, von wo aus die Familie seines Vaters vor langer Zeit nach Bhutan ausgewandert war. Dann ging er in Richtung Westen auf die Hauptstadt zu. In der Armee hatte er gelernt, fließendes Nepali zu sprechen, die gemeinsame Sprache aller Stämme, aus deren Söhnen sich die Gurkhas zusammensetzten.

Im Laufe seiner Karriere bei der Armee hatte er viele Akademien und Lager besucht, die in Puna, Dehradun, Lokhara, Kalkutta, im indischen Bengal und in Silong von Assam lagen. Als er nun aber zum ersten Mal die Hauptstraße von Kathmandu mit ihren röhrenden Autos, Bussen, Lastern und Taxen sah, fühlte er, daß ein neuer Lebensabschnitt begann. Aufgeregt atmete er die Abgasluft und empfand Freude. Es war das Jahr 1964 und er war frei. Straßenhändler schrieen, Zeitungsjungen rannten umher und alle lächelten.

Kumars Vorschlag folgend, stellte er sich bei der Nepal Transport Firma vor und aufgrund seiner Erfahrung mit großen Lastern in der Armee, wurde er sofort als Fahrer eingestellt. Beim

Nachbarn seines Chefs mietete er sich ein Zimmer. Mohan erschien stets frühmorgens zur Arbeit und schon bald kannte er alle Straßen und unbefestigten Wege der Stadt so gut wie die Fußwege zu Hause.

Während er mit seinem Chef frühstückte, beobachtete er durch die geöffnete Tür einen Strom von Frauen mit Opfergaben auf dem Weg zum nahen Tempel. Einer schenkte er besondere Aufmerksamkeit. Es war ein Mädchen mit einem weichen, jungen Gesicht und anmutigem Gang.

„Ihr Name ist Bindu", bemerkte die Frau seines Chefs. „Und das ist der dritte Tag in Folge an dem du das Essen vergessen hast, als sie vorbeiging."

„Sie ist eine Magar." Der Chef schlürfte aus einer Schüssel Haferbrei und stellte sie anschließend geräuschvoll ab. „Nichts für dich." Mit dem Handrücken wischte er sich den Schnurrbart. „Ihr Vater wird sie niemals außerhalb des eigenen Stammes heiraten lassen."

„Mein Vater würde mich auch nur ein Mädchen der Rai heiraten lassen", erwiderte Mohan.

„Aber ein Mann darf doch schauen oder bist du da anderer Meinung?"

Am nächsten Tag stand er draußen, während sein Frühstück kalt wurde. Die Frau des Chefs beobachtete ihn. Auf ihrer Stirn formte sich eine kleine Falte.

Endlich erschien Bindu. Ihr rundes, schüchternes Gesicht war zur Hälfte mit dem Ende ihres hellroten Saris bedeckt. Als sie vorüberging, senkte sie ihren Blick und Mohan sagte laut, als würde er mit sich selbst sprechen: „Was für ein wunderschöner Morgen." Sie schaute nicht auf, aber an der nächsten Wegbiegung drehte sie sich um und warf ihm einen kurzen Blick zu. Ihre Augen leuchteten und schauten wissend.

„Du bist ein Idiot." Sein Chef beobachtete ihn von der Tür aus. „Ich habe dir doch gesagt, du sollst sie vergessen."

* * *

Das Mohan mit dem Ausliefern von Gütern Geld verdiente, erschien ihm zunächst wie ein großer Glücksfall. Obwohl er einen Teil des Verdienstes sparte, um seine Familie zu unterstützen, blieb ihm mehr, als er benötigte. Nun aber erkannte er, daß es zu wenig war, um eine Frau wie Bindu ernähren zu können. Auf seiner Route durch das Herz der Stadt bemerkte er einen Aushang im Fenster einer Trekkingagentur. Er parkte den LKW und ging hinein. „Ich bin stark", erzählte er ihnen, „und ich kenne die Berge." Sie stellten ihn sofort ein. „Sie zahlen gut", berichtete er Bindu, während er sie zum Tempel begleitete. Eine ältere Frau musterte beide mißbilligend. „Ich werde wochenlang unterwegs sein. Mit dem Trinkgeld der Touristen wird es nicht lange dauern, bis wir genug haben, um ein Haus zu bauen." Er kaufte sich ein neues Hemd und eine Hose und besuchte ihren Vater, der zwar höflich war, sich aber weigerte ihm, einen Sitzplatz anzubieten und seine Tochter hereinzurufen.

„Sie ist viel zu jung", sagte er. „Gewiß verstehst du auch, daß wir für Bindu einen Magar als Ehemann finden wollen, wenn sie alt genug ist. Du scheinst ein netter, sensibler, junger Mann zu sein. Bitte vergiß sie."

Bindu protestierte nicht, aber von diesem Tag an weigerte sie sich zu essen, sprach nur noch flüsternd und das Nötigste mit ihren Eltern. In Gegenwart ihres Vaters senkte sie den Blick und weinte still. Mohan brachte seinen neuen Chef von der Trekkingagentur zu Bindus Eltern, damit er für ihn sprach. „Er ist im Umgang mit den Ausländern ein Naturtalent. Nicht nur mit den Engländern und den Amerikanern, sondern auch mit den Deutschen und den Franzosen. Er lernt ihre Sprachen und arrangiert bereits große Trekks. Es gibt keine Grenzen für das, was dieser Mann in seinem Leben erreichen kann. Nichts kann ihn aufhalten."

Als Mohan diese Lobeshymnen hörte, veränderte sich sein Selbstbild. Es ist wahr, dachte er. ‚Was immer ich will, kann ich auch erreichen.' Schließlich willigte der Vater endlich ein und

Bindu wurde Mohans Frau. Sie begannen mit dem Bau eines Hauses und schon bald war Bindu schwanger mit ihrer ersten Tochter Mala. Vier weitere Töchter folgten. Malika, Janaki, Kalpana und Anjana. Mohan schrieb nicht mehr an seine Eltern. ‚Wenn sie Bindu treffen könnten, würden sie sie genauso lieben wie ich es tue', dachte er. Auch wenn sie keine Rai ist. Schließlich schickte er dann doch einen Brief und ein Foto von seiner Frau, aufgenommen am Hochzeitstag, weil er wußte, daß ihnen früher oder später jemand die Neuigkeiten zutragen würde. Zu seiner Erleichterung reagierten sie mit Glückwünschen und schenkten ihm Webarbeiten seiner Mutter.

* * *

Mohan, ständig unterwegs auf Trekks, war nur während der Regenzeit zu Hause. Meistens hielt er sich im Westen von Nepal hinter Pokhara, in der Annapurna Gebirgskette und auf dem Berg Dhaulagiri, jenseits der großen Schlucht des Flusses Kali Gandaki auf. In Pokhara lernte er Kumari kennen. Im Gegensatz zu der stillen, schüchternen Bindu war Kumari selbstbewußt. Wenn sie etwas lustig fand, lachte sie lauthals über jeden im Camp, nur nicht über Mohan. Sie kochte hervorragend und konnte beim Trinken mithalten.

Eines frühen Morgens, während die Träger gerade Tee kochten, Holz hackten, ausspuckten und die erste Zigarette am Tag anzündeten, stützte sich Kumari in Mohans Zelt auf ihre Ellbogen und sprach von dem Kind, das sie nach den Stunden ihres gemeinsamen Vergnügens nun in sich trug.

„Mach dir keine Sorgen", beruhigte er sie. „Ich werde mir etwas einfallen lassen."

Spät am Abend, als sie zusammen durch die Stadt gingen, pöbelte ein betrunkener Polizist sie an. „Was fällt dir ein, mit einer einheimischen Tochter auszugehen?!"

Andere Passanten blieben stehen. Mohan antwortete: „Sie ist meine zukünftige Frau." Alle hörten, was er sagte. „Es stimmt", bestätigte Kumari. „Er ist mein Ehemann."

Mohan war ihren Eltern bereits begegnet. Ihr Vater war ein Gurung, ein Soldat, der Mohan wegen seiner Karriere in der Armee mochte und respektierte. Als aber Mohan Kumari an diesem Abend nach Hause brachte, fand er ihren Vater wartend und mit strengem Blick vor. Hinter ihm stand Kumaris Mutter, die nervös am Saum ihres Saris nestelte. „Wir sehen, daß ihr euch anscheinend liebt", sagte der Vater. „Wir haben aber erfahren, daß du in Kathmandu bereits eine Frau hast."

„Bitte machen Sie sich keine Sorgen, "antwortete Mohan. „Ich werde Ihre Tochter zu meiner zweiten Frau machen." Kumari lachte und küßte ihn vor ihren Eltern. „Wie wirst du sie ernähren?" wollte sein zukünftiger Schwiegervater wissen.

Mohan stand da mit stolzgeschwellter Brust. ‚Ich bin ein großer Mann', dachte er. ‚Mit zwei Frauen kann ich über noch mehr Geld verfügen.' „Das werde ich mit Sicherheit regeln können", erklärte er Kumaris Eltern.

Er bat seinen Chef um eine Gehaltserhöhung. Als dieser von Mohans Dilemma erfuhr, lachte er, zeigte Verständnis und zahlte einen wesentlich höheren Lohn.

* * *

Im März 1972 beauftragten zweiundzwanzig Mitglieder des Deutschen Alpenvereins Mohans Trekkingagentur damit, Bergführer für einen Trek in die Annapurna Region zur Verfügung zu stellen. Als alle nach dem erfolgreichen Trek in Pokhara feierten, machte Gunter Hauser, der Präsident der Gruppe, den Vorschlag, Mohan zu einer Grundausbildung in den Alpen nach Deutschland einzuladen. Die Mitglieder stimmten begeistert zu.

Am nächsten Tag flogen Hauser und seine Gruppe zurück nach Deutschland. Mit dem gleichen Flugzeug kam eine andere Gruppe aus Deutschland an. Mohan war verantwortlich, die neue Gruppe zum Annapurna Basislager zu führen. Kumari begleitete ihn. Trotz ihrer Schwangerschaft war sie kräftig und gesund und hatte keine Probleme, durchzuhalten.

Ende April kehrten sie nach Kathmandu zurück. Mohan brachte die Deutschen in einem Hotel unter und nahm Kumari mit in das Haus, das er für Bindu gebaut hatte. Als sie die neue Frau sah, weinte Bindu und warf sich auf ihr Bett.

Mohan nahm sie in die Arme und sagte: „Ich werde dich immer lieben. Du bist meine erste Frau. In diesem Haus steht dir der erste Platz zu." Sie vergrub ihr Gesicht in der Bettwäsche. „Außerdem kann sie dir bei der Hausarbeit helfen. Wie du siehst, ist sie kräftig." Es gab nichts, was Bindu hätte einwenden können.

Mohans Glück kannte keine Grenzen. Was immer er wollte, bekam er auch. Er lud Bindus Schwestern und einige Nachbarn ein, als Zeugen der traditionellen Zeremonie beizuwohnen, die zur Einführung einer zweiten Frau in ihr neues Heim und dem Einnehmen ihres Platzes neben ihrer höherrangigen Schwester, der ersten Frau, durchgeführt wird.

Sein Chef sagte: „Ich gratuliere dir aus zwei Gründen. Erstens zur Heirat mit deiner zweiten Frau, was ich nicht so gut finde." Grinsend schenkte er zwei Drinks ein. „Und zweitens aus einem sehr guten Grund. Der Deutsche Alpenverein hat für dich eine Reise nach Europa organisiert, wo du an einer sechsmonatigen Ausbildung teilnimmst."

Gunter Hauser war zu dieser Zeit nicht nur Präsident des Deutschen Alpenvereins, sondern auch Königlich Nepalesischer Konsul in München. Ein Paß war schnell besorgt und Anfang Juni ging Mohan an Board eines Flugzeuges nach Delhi. Von dort flog ihn Air India nach Beirut. Die Nacht verbrachte er in Amsterdam und am nächsten Tag erreichte er München.

Etliche Mitglieder des Vereins, einschließlich Hauser, trafen sich mit ihm und nahmen ihn mit in das Berghaus von Erich Reismüller, dem bekannten Photographen, wo er eine Woche mit Besichtigungstouren verbrachte und auf Parties und bei Abendessen vorgezeigt wurde.

Dann brach er in die österreichischen Alpen auf und blieb mit einer Gruppe von zehn weiteren Schülern im Taschach Haus, wo sie mit dem Bergführer Günther Sturm trainierten. Nach zwei Wochen im Klassenzimmer, wo sie alles über Seile, Sicherheit, medizinische Hilfe und Theorie lernten, praktizierten sie das Klettern auf der Wildspitze und anderen Bergen und Felswänden.

Auf der Rückreise nach München lud ein Mitschüler Mohan zu seiner Familie ein, die in dem kleinen Dorf Süßen bei Ulm lebten. Sie sprachen nur Deutsch und innerhalb weniger Wochen war Mohans Deutsch besser als sein Englisch. Er war gerne dort, denn die hügelige Landschaft sah genauso aus, wie in seiner Heimat Bhutan.

Zurück in München, nahm er an einem Kurs für Erste Hilfe und Bergung teil. Dann fuhr er mit weiteren achtundzwanzig jungen Männern und Frauen durch Frankreich und die Schweiz. Nach eineinhalb Tagen erreichten sie Chamonix, wo sie jeden Tag in Fels- und Eiswänden kletterten.

Während des sechswöchigen Kurses, geleitet von den berühmten deutschen Bergsteigern F. Chintal, Professor Bennet und Herr Schacher, erklommen sie die meisten Gipfel der Umgebung. Darunter waren Aguille du Midi, Dent de Geant, Aguille du Tacul und Mont Blanc.

Danach kletterten sie in Saas Fee, in Zermatt und im Schweizer Oberland. Von da aus ging es weiter zur italienischen Seite der Alpen zu Courmayer und Macugnaga. Sie trainierten intensiv die Handhabung von Seilen, Eispickeln, Karabinern, Steigeisen, Eis- und Felshaken und erfuhren, was bei Erfrierungen, Unterkühlungen und anderen medizinischen Notfällen zu tun ist. Sie lernten, wie man eine Sauerstoffausrüstung benutzt, Schwimmschnee auskundschaftet, Gletscherspalten erkennt und wie man Lawinen vorhersieht und überlebt. Sie übten das Organisieren von Expeditionen, bauten auf hohen Gipfeln Brücken und befestigten zum Schutz auf

Fels und Eis Seile. In der Nacht kochten sie vorzügliche deutsche Gerichte auf ihren Camping-kochern. Mohan wurde als bester Teilnehmer der Gruppe ausgezeichnet. Alles fiel ihm leicht. Er war die Höhe gewöhnt, kräftig und er begriff schnell.

Dann machte er mit Mitgliedern des Alpenvereins drei Wochen lang Urlaub. Sie reisten umher, picknickten und besuchten moderne Urlaubsorte. Die Deutschen behandelten ihren Gast wie einen Helden. Er bezauberte die Europäer mit seiner Schlagfertigkeit und der schnellen Bereit-schaft, an Tänzen und Gesang teilzunehmen. Er brachte ihnen Volkslieder bei, die seine Mutter gesungen hatte. Er war stolz darauf, der erste Rai zu sein, der ein Diplom als alpiner Bergführer erhalten hatte.

* * *

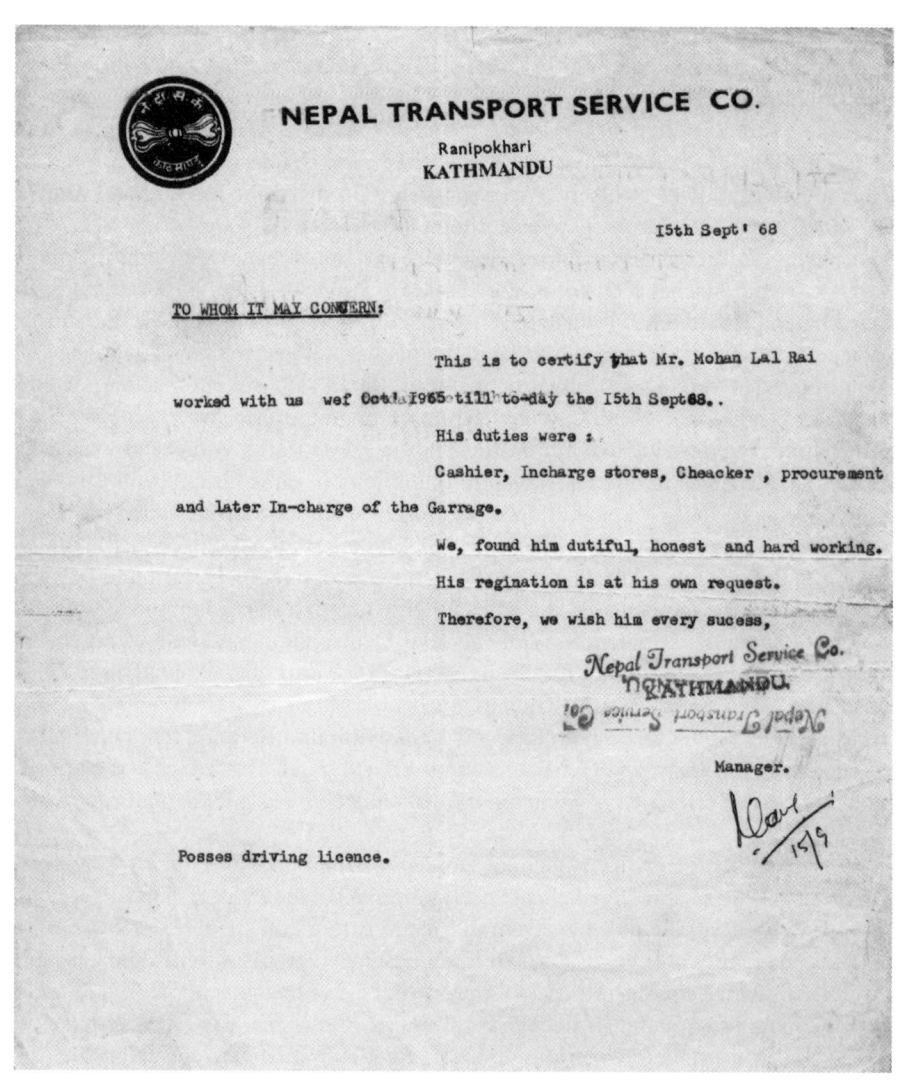

Foto: Shamanistic Studies and Research Center Kathmandu

Shivaji mit Familie - Shivaji, Parvati und der elefantenköpfige Ganesha

Durga Devi - Die Göttin Durga auf einem Löwen reitend

Hanuman Deva - Der mächtige Affengott Hanuman

Der Elefantengott Ganesh   *Foto: Hans-Joachim Of*

Eine Kirati-Schamanin tanzt in Trance. In ihren Händen hält sie eine Kalebasse und Phurke-Stöcke.   *Foto: Werner Kosmus*

Typischer Kirati-Altar.
Links unten beginnend im Uhrzeigersinn: Schüssel mit Liso und dem dazugehörigen Bambus-
weihpinsel, Messingteller mit Opfergaben, Kalash mit Beifußblättern, magischer Schutzzaun
aus Bambus, davor Räucherwerk in Kuhdung, an der Wand lehnend Phurke-Stöcke, vorne
rechts Kalebasse und in der Mitte kleine Handsichel, Ingwerwurzeln, brennendes Räucherwerk
in einer Blattschale, heilige Öllampe auf kleinem Reishaufen.

Foto: Werner Kosmus

Reisfelder am Hang - Terassenförmig angelegte Reisfelder im Himalaya

Foto: Hans-Joachim Of

Wasserfall

Foto: Hans-Joachim Of

Sadhus in Nepal   *Foto: Hans-Joachim Of*

Ein heiliger Bar-Baum. *Foto: Hans-Joachim Of*

Kleiner Bergfriedhof im Himalaja. Ein typischer Schamanenplatz zur Masan-Beschwörung.
Foto: Hans-Joachim Of

Eine Kirati-Schamanin der Rai-Gemeinde aus Kathmandu in ganzer Schamanentracht.
Foto: Werner Kosmus

Der heilige Berg Kalinchok. Foto: Hans-Joachim Of

*Pilger auf dem Gipfel des Kalinchoks
zur glücksverheißensten Zeit im Jahr.
Der erste Vollmond im August.*

Foto: Hans-Joachim Of

Opfergabe einer Rai-Schamanin auf einem Blatteller zur Harmonisierung der Nava Grahas.
Foto: Werner Kosmus

Mohan opfert Khoklihangma, der Göttin der Wildnis Stoffstreifen.
Foto: Shamanistic Studies and Research Center Kathmandu

Ein Cakra Rekhi für die Zeremonie
Khadko Katne – In der Mitte thront
der Bananenschaft, in den der Bote
des Totengottes gelockt wird.

Foto: Shamanistic Studies
and Research Center Kathmandu

Mohan mit Freunden im Gefängnis von Big Spring.
Foto: Shamanistic Studies and Research Center Kathmandu

Maile trommelt sich in Trance.
Foto: Shamanistic Studies and Research Center Kathmandu

Mohan Rai im Jahr 2004   *Foto: Hans-Joachim Of*

Auf der Weltkonferenz Schamanismus in Garmisch Partenkirchen 2001.
Von rechts nach links: Mohan Rai, Maile Lama, Dr. med. Andreas Reimers, (unbekannt), Dr.
Christian Rätsch, Peter Costello, Schamane der australischen Aborigenes und Brant Secunda,
Schamane in der Huichol-Tradition.
Foto: Shamanistic Studies and Research Center Kathmandu

Mohan in bhutanesischer Landestracht sitzt mit seinen beiden
Frauen Bindu (links) und Kumari (rechts) unter einem Rudraksha-Baum (2007).
Foto: Shamanistic Studies and Research Center Kathmandu

EINE KUGEL AUS ASCHE

...Er antwortete der Großmutter: „Nein, ich kann überhaupt nichts mehr tun, weil dies mein letzter Tag ist." Großmutter war überrascht, da er mehrmals erwähnt hatte „dies ist mein letzter Tag." Deshalb fragte sie Papa: „Geht es dir gut, oder wirst du langsam verrückt? Warum sagst du dauernd, dies ist mein letzter Tag?" Was bedeutet das? Du redest wie ein Fünf- oder Sechsjähriger." Er antwortete: „Ich bin wieder so alt wie damals, als du mich im Garten verloren und drei Tage lang vermißt hast."

* * *

Dil Bahadur starb im Jahr 1972, während Mohan in Deutschland war. Er hat nie vom Erfolg seines Sohnes erfahren. Obwohl er achtundsiebzig Jahre alt war, hatte niemand mit seinem Ableben gerechnet. Mohan flog von München aus direkt nach Indien und bestieg dort einen Bus nach Bhutan. Seine Mutter wirkte gealtert, erledigte aber unverändert mit hartnäckiger Ausdauer ihre täglichen Pflichten. Seine jüngeren Schwestern und sein Bruder begrüßten ihn höflich, wie würdevolle Fremde standen sie im düsteren Haus. Es war später Nachmittag an einem kühlen Herbsttag und das Feuer in der Cula war noch nicht angezündet worden.

Die Mutter seines Vaters kam langsam den Hügel vor ihrem Haus herunter und erschien im Türrahmen. Mit einem erfreuten Aufschrei begrüßte sie Mohan. „Ich habe schon gehört, daß du gekommen bist!"

Mohan bat seine Mutter um Raksi und schenkte ein, während seine Schwestern und der Bruder sich neben die Ältesten auf den Boden setzten und still zuschauten.

Seine Mutter hob ihr Glas. „Niemand lädt mich mehr zum Trinken ein." Sie lächelte dünn. „Ich glaube, seit er gestorben ist, habe ich nicht einmal meinen eigenen Raksi probiert."

„Was ist passiert?" fragte Mohan. „Wie ist er gestorben?"

Mohans Großmutter begann zu erzählen, daß am Todestag seines Vaters Herr Dothile, der Bezirksdirektor, ihn in das nahe Dorf Kothi gerufen hatte, um seine Frau zu behandeln. Der Schamane hatte eine kleine Heilung durchgeführt, nur Mantras auf sie geblasen und Herr Dothile gab ihm Geld. Auf dem Heimweg kaufte er Raksi auf dem Basar in Phalaincha, trank ein wenig und ging dann zu seiner Mutter. „Zuvor hatten wir uns gestritten", sagte Großmutter. „Natürlich weißt du das nicht, aber dein Vater und ich hatten sechs Monate lang kein Wort mehr miteinander gewechselt. Ich vermutete, daß er gekommen war, um sich zu entschuldigen."

„Weshalb habt ihr euch gestritten?"

„Es war dumm. Dein Vater versprach Mani Raj, ihn als Schüler anzunehmen. Du weißt ja, daß dein Onkel schon immer das Wissen der Schamanen erlernen wollte. Dein Vater hatte aber nie

Zeit für ihn. Ich sagte zu ihm: ‚Nun, da Mohan fort ist, gibt es niemanden in der Familie, der dir nachfolgt.' Er hatte getrunken und war nicht Herr seiner Sinne. ‚Laß das meine Sorge sein, wer mir folgen wird', sagte er. ‚Versuchst du mich ins Grab zu stoßen, oder was?' Dann rannte er aus dem Haus. Ich ließ ihn wissen, daß ich eine Entschuldigung erwartete, aber er kehrte sechs Monate lang nicht zurück. An dem Tag, als er endlich kam, war ich nicht zu Hause. Niemand war da und während er auf mich wartete, trank er die ganze Zeit. Ich wußte, daß er betrunken war, aber ich war so glücklich, ihn zu sehen. Ich gab ihm Chang, weil das alles war, was ich hatte."

Sie fuhr fort zu erzählen, wie sie in der Cula ein Feuer entfachte und das Abendessen kochte, während sie immer noch auf seine Entschuldigung wartete. Aber Dil Bahadur begann Unsinn zu reden. Er sprach nicht würdevoll wie der ältere, respektierte Schamane, der er war, sondern wie ein Kind.

Ein Mann aus dem Dorf kam und bat um eine Heilung, aber zur Überraschung seiner Mutter lehnte der Schamane ab.

„Warum?" fragte sie. „Du hast dich noch nie geweigert."

„Das ist der letzte Tag, an dem ich mit dir sein kann", erklärte er. Den Mann wies er an, in das nächste Dorf zu gehen und dort seinen Schüler Basante Saila um Hilfe zu bitten.

„Warum gehst du nicht?" drängte seine Mutter ihn. „Tu was für die kranke Person und komm danach zurück."

„Nein", antwortete Dil Bahadur. Ich habe dir bereits gesagt, daß ich nichts mehr tun kann. Ich habe dieser Mutter in Dothile geholfen, aber jetzt mache ich nichts mehr – für niemanden."

„Was meinst du mit nicht mehr?" Wirst du verrückt oder was? Du redest wie ein Sechsjähriger."

„Ich bin wieder so alt wie damals, als du mich im Garten verloren hast und ich drei Tage verschwunden war", erinnerte er sie an die Zeit, als Banjhankri ihn entführt hatte. Was ihm wie drei Tage erschienen war, waren für seine Mutter nur drei Stunden gewesen. „Nun wirst du mich jeden Tag vermissen."

„Hör auf, solchen Unsinn zu erzählen", sagte sie.

Dann kam Mani Raj mit der Kuhmilch herein.

„Ich würde heute Abend gerne mit Mama und euch allen hier essen", bat Mohans Vater. „Vielleicht können meine Frau und die Kinder auch kommen. Bitte koche ein gutes Essen mit Hühnercurry. Ich habe noch Raksi. Den werden wir zusammen trinken." Er war zwar wieder mal betrunken, aber so hatte er sich noch nie verhalten.

„Niemand kann wissen, ob er morgen noch lebt. Einer von uns muß vielleicht die Familie verlassen. Das ist mein Empfinden. Lasst uns heute Abend zusammen essen."

Sie waren glücklich, weil er gekommen war, um den Streit zu beenden und übersahen sein seltsames Benehmen. Mani Raj tötete drei Hähne und zerlegte sie für das Curry. Später am Abend kam die restliche Familie. Nur Mohans Mutter ließ ausrichten, daß sie und ihre Kinder schon gegessen hatten.

Sobald das Essen fertig war, setzte sich Mohans Vater in die Nähe seiner alten Mutter und Schwestern. Mohans Tanten servierten das Essen auf Messingtellern. „Heute ist eine Glück verheißende Nacht für mich", sagte er. „Ich möchte mit meiner Mutter von Bananenblättern essen." Bei wichtigen zeremoniellen Festessen wurden Bananenblätter benutzt.

Mani Raj hatte bereits Dil Bahadurs Wünschen entsprochen, als er die Hähne getötet hatte. Nun ging er wieder hinaus, um Bananenblätter vorzubereiten. Die Schwestern füllten sie mit Essen.

„Nehmt das eine Blatt weg", bat Mohans Vater. „Ich möchte mit meiner Mutter teilen." Er rutschte zu ihr hinüber, lehnte sich an sie und schaute in ihr Gesicht. „Ich bin dein kleiner Junge", sagte er.

„Ich esse nichts, was von anderen Leute bereits mit dem Mund berührt wurde!" schimpfte seine Mutter. Sie wich zurück und warf ihm einen strengen Blick zu. „Und habe ich dich nicht gelehrt, daß so etwas Jutho ist?" Wie ein kleines Kind bestand er weiterhin darauf, von ihrem Blatteller zu essen.

Als sie fertig waren, sagte Dil Bahadur: „Danke Mama. Jetzt bin ich sehr glücklich, aber eines will ich dir noch sagen. Mein Sohn Mohan ist in Nepal und die letzten sechs Jahre habe ich ihn nicht gesehen. Falls ich sterben sollte, sage ihm bitte, daß er auf meine Kraftobjekte aufpassen soll. Gib ihm die ganze Ausrüstung. Meine Trommel, die Schamanentracht, den Turban und die Federn und den besonderen, rechteckigen Stein. Er braucht diese Dinge. Niemand sonst kann sie benutzen."

„Bist du sicher?" fragte Mani Raj.

„Ganz sicher. Vielleicht bin ich schon fort, wenn er nach Dorokha zurückkehrt. Mein Notizbuch liegt in einem kleinen Korb aus Bambus. Er soll es bei sich aufbewahren."

„Älterer Bruder, warum redest du so mit uns? Was ist los mit dir?" fragte eine seiner Schwestern."

„Ich wollte das alles nur sagen, bevor ich es vergesse und im Kreise der ganzen versammelten Familie ist ein guter Zeitpunkt dafür." Er trank Raksi und forderte auch seine Mutter zum Trinken auf.

Sie nahm einen winzigen Schluck und sagte: „Genug. Geh nach Hause und leg dich schlafen."

„Noch nicht", beharrte er. „Ich möchte noch mit euch reden, weil niemand weiß, was passieren wird. Wir werden vielleicht nie mehr so wie heute miteinander reden können." Er hob eine handvoll Asche von der Cula auf und drückte sie mit ein paar Tropfen Raksi zu einem festen Klumpen. „Wir sind genauso, wie diese Aschekugel aus der Feuerstelle." Er öffnete die Hand, um sie zu zeigen. „Lasst sie ihm Regen und sie wird sich auflösen. Wer weiß, ob wir morgen noch hier sind? Wir sollten die Zeit genießen."

„Nimm den restlichen Raksi und geh nach Hause", antwortete seine Mutter. Sie lachte im Glauben, das alles in Ordnung sei. Mohans Vater steckte einen abgefüllten Krug mit Raksi unter sein Hemd. Mani Raj hatte die Taschenlampe. Gemeinsam mit einer der Schwestern begleitete er den Schamanen nach Hause. Es war spät in der Nacht, aber Mohans Mutter war noch wach und damit beschäftigt, Schafwolle zu spinnen. Der Rest der Familie schlief.

Mohans Mutter übernahm nun das Erzählen der Geschichte. „Dein Vater ging nach draußen auf die Toilette. Er benahm sich ganz normal. Er schien nicht einmal betrunken zu sein. Als er hereinkam fragte er nach dir. ,Ich frage mich, wie es Mohan geht. Warum hat er nicht geschrieben?' Ich erinnerte ihn daran, daß wir erst vor zwei Wochen einen Brief bekommen hatten."

Dil Bahadur hatte ein wenig ungekochten Reis genommen und sich an die Cula gesetzt, um eine Puja zu machen.

„Was ist los? Geht es dir gut?" fragte seine Frau. Er schien verändert zu sein.

„Mir geht es gut, aber ich wollte, daß du mit den Kindern zum Essen zu meiner Mutter kommst." „Ich war hier sehr beschäftigt." „Liebling, du hast noch nie schöner ausgesehen. Komm her zur Cula."

Sie setzte sich zu ihm und er gab ihr das restliche Geld vom Bezirksdirektor. Dann überreichte er ihr den mächtigen Donnerstein, den er bei Ritualen und Zeremonien benutzte. „Du kannst das Geld ausgeben, aber behalte den Stein und gebe ihn Mohan, wenn er kommt. Ich habe ihm beigebracht, wann und wie er ihn einzusetzen hat."

Sie wickelte das Geld in den Bund ihres Rocks und dachte sich nichts weiter dabei. Schon seit einigen Monaten hatte er sich so verhalten. Ständig hatte er sie daran erinnert, daß sie bald ohne ihn zurecht kommen müsse, wie ein Kind, das besonders viel Aufmerksamkeit wollte.

„Ja, ja", murmelte sie und wollte aufhören zu spinnen und zu Bett gehen, aber er schien so traurig zu sein, daß es ihr leid tat und sie etwas freundlicher sagte: „Warum tust du das, Papa? Du hörst dich an, als würdest du für immer weit fortgehen."

„Ja", bestätigte er. „Wer weiß schon, was passieren wird."

Sie stand auf und entfernte sich.

„Liebling, tust du mir einen Gefallen? Falls ich sterbe, lege bitte meinen Feuerstein und Schlageisen, meine weißen Steine und meine kleine Sichel in mein Grab."

„Selbstverständlich. Du weißt doch, daß ich, soweit es mir möglich ist, dir jeden Wunsch erfülle." Er beendete die Puja, legte den Turban ab und wechselte sein Hemd. Sie ging zu ihrem Spinnrad zurück und überlegte: ‚Wenn er heute Nacht wieder draußen herumwandert, werde ich seinen Bruder und die Nachbarn rufen, damit sie ihn finden und nach Hause bringen.' Aber er legte sich aufs Bett und schlief ein. Sie räumte die Wolle weg und kroch neben ihn.

Am Morgen erwachte sie früh, molk die drei Kühe und machte Tee. ‚Warum soll ich ihn nicht schlafen lassen', dachte sie sich, als sie zum Wasserholen nach draußen ging. Als sie zurückkam, lag er immer noch im Bett. Anstatt, wie gewöhnlich, ausgestreckt auf dem Rücken zu schlafen, hatte er sich zusammengerollt. Sie schüttelte ihn und rief laut: „Papa, Papa." Er bewegte sich nicht. Seine Schulter war wie aus Holz und fühlte sich unter ihrer Hand kalt und steif an. Sie zündete das Feuer an, um ihn zu wärmen, aber er war tot.

Mohans jüngerer Bruder erzählte, wie er vom Schreien seiner weinenden Mutter, die den Vater anflehte, ins Leben zurückzukehren, erwachte und wie er den Hügel hinaufrannte, um die Großmutter zu benachrichtigen. Die meisten Familienangehörigen waren bereits zur Arbeit auf die Felder gegangen, aber Großmutter war zu Hause. Später versammelten sich zum Begräbnis die ganze Familie, Nachbarn und Leute aus den umliegenden Dörfern, einschließlich Herrn Dothile und einigen anderen Regierungsbeamten. Jemand rannte zu Basante Saila, der als Schamane die Zeremonie durchführen sollte.

Mohans Mutter wischte sich die Augen. „Dein Vater war ein großer Schamane. Aus allen Dörfern kamen die Leute zur Beerdigung. Einen wie ihn wird es niemals mehr geben."

Mohan neigte in tiefem Respekt den Kopf.

„Ich habe die Sachen deines Vaters, den Donnerstein und auch den Anderen in einer Schachtel für dich."

„Behalte sie erst einmal", entschied er. „Solange, bis ich die Möglichkeit habe, einen Samkhama-Raum in Kathmandu einzurichten."

* * *

EINE WARNUNG

...Im Jahr 1973 traf ich im fernen Westen von Nepal, in Dolpo, einen sehr alten und mächtigen Schamanen. Ich war mit zweiundzwanzig deutschen Trekkern und vielen Trägern unterwegs. Der Schamane war vom Stamm der Magar und neunundachtzig Jahre alt. Er war sehr stark und machte gerade eine Cinta. Er lachte mich an und sagte: „Ich kann sehen, daß in jeder Generation deiner Familie eine Person Schamane war. Du hättest ein Schamane werden können und warst ganz und gar dafür bestimmt, aber jemand hat einen Zaun in deinen Weg gestellt...

* * *

Mohan verabschiedete sich von seiner Mutter und eilte zurück nach Kathmandu.

Bindu hatte sich trotz, anfänglicher Trauer gut auf Kumari eingestellt und tatsächlich wurde ihr dadurch die Hausarbeit erleichtert. Mohan machte kein Hehl daraus, daß er seiner ersten Frau den Vorrang gab. Ob Kumari diese Bevorzugung mißbilligte, weiß niemand. Ihre natürliche, sonnige Art änderte sich jedenfalls nicht. Sie war so ein Frauentyp. Er glaubte, daß noch kein Mann so gesegnet war wie er, mit zwei Kindern in jedem Jahr.

Im folgenden Jahr, es war 1973, leitete Mohan einen Trekk mit zweiundzwanzig Bergsteigern aus Deutschland und doppelt so vielen Trägern, der durch Dolpo im fernen Westen von Nepal führte. Als sie in dem Ort Tarakot ihr Lager aufschlugen, hörten sie Trommeln. Die Menschen in dieser Gegend sprachen den tibetischen Dialekt Dolpule und Mohan, der fließend tibetisch sprach, hatte keine Probleme mit der Verständigung. Er erfuhr, daß das Trommeln von einer großen Cinta kam, die nicht einmal einen Kilometer entfernt stattfand. Es war ein jährliches Ereignis, um die örtlichen Dörfer von bösen Geistern und Krankheiten zu reinigen und dauerte fünf Tage. Niemand hatte etwas dagegen, wenn seine Bergsteiger zum Zuschauen dort hingingen.

Gerade als sie dort eintrafen, vollführte ein Schamane den Ritus. Er war ein neunundachtzig Jahre alter Magar voller Kraft. Die Art und Weise, wie er die Geister rief und in allen drei Welten reiste, entsprach genau der von Mohans Vater und Mohan verstand sofort, was vor sich ging. Nacheinander brachten die Anwesenden Opfergaben dar und wurden gesegnet.

„Er könnte euch wahrsagen", schlug Mohan Herrn Reissman, dem Leiter der deutschen Gruppe vor. Herr Reissman grinste und schüttelte seinen großen, lockigen Kopf, während er mit der Hand eine blitzschnelle Geste ausführte. „Nein!"

„Ja. Ich will", fiel ihm Herr Bonner ins Wort. Er war ein kleiner, drahtiger Mann, dessen Gesichtsausdruck in unbeobachteten Momenten, wie Mohan schon bemerkt hatte, von einem andauernden Weltschmerz gezeichnet war.

„Sie müssen ein paar Rupien auf den Altar legen", erklärte Mohan.

Die Bergsteiger stießen sich mit den Ellbogen gegenseitig an und lachten, aber Herr Bonner fischte einen Zehnrupien Schein aus der Tasche, legte ihn auf den Altar und verbeugte sich, Namaste grüßend, vor dem Schamanen.

„Er sagt, du hast kein Glück in der Liebe", übersetzte Mohan, als der Schamane in Trance war und für den Gott in einer Flut von abgehackten Worten sprach. „Ist das wahr? Du mußt ja oder nein sagen.

„Ja, es ist wahr", gab Herr Bonner zu.

„Haha, haha!" Die Deutschen lachten und riefen kindische Kommentare.

„Hast du hier Schmerzen?" Der Schamane klopfte sich mit seinem geschwungenen Trommel- schlägel gegen die untere Hälfte seines Bauches.

„Ja." Herr Bonner hob die Augenbrauen.

„Hattest du einen Streit mit deiner Mutter...vielleicht vor vielen Jahren?"

„Ich...Ja, so ist es", sagte Herr Bonner. „Genug." Verschreckt wich er zurück und verbeugte sich dabei vor dem Schamanen, der mit verwirrter Miene aus der Trance kam, dann aber sofort anfing, einen gleichmäßigen Rhythmus zu schlagen. Schließlich setzte er seine Trommel ab.

„Diese Leute sind Murkha", erklärte Mohan dem Schamanen. „Sie verstehen nichts von un- seren Göttern und Geistern. Aber laß mich bitte etwas fragen. Du scheinst ein sehr mächtiger Schamane zu sein. Wie lange machst du diese Arbeit schon?"

„Fünfundsiebzig Jahre", antwortete der Schamane. Mohan übersetzte für die Deutschen.

„Wie bist du so mächtig geworden?"

„Mein Urgroßvater war ein Schamane und von jeder Generation meiner Familie muß der erste Sohn oder die erste Tochter Schamane werden. Natürlich habe ich auch, so wie andere Scha- manen, ein Geistwesen als Guru, das mich in meinen Träumen lehrt und mein Vater hat mich auch unterrichtet."

Mohan übersetzte und fragte dann in eigener Sache: „Kannst du mein Jokhana sehen und mir sagen, was in meinem Leben passiert ist und was noch geschehen wird?"

Der Schamane willigte ein und Mohan plazierte Geld als Opfergabe auf dem Altar. Der Scha- mane gab ihm Reiskörner und einen Kristall in die Hand und begann seine Reise in der Mittel- welt. Innerlich bebte Mohan. Nach einer halben Stunde beendete der alte Mann seine Reise und wandte sich vom Altar ab.

Er machte eine lange Pause, verlangte Raksi, von dem er Mohan anbot und sprach mit seinen Freunden über das Wetter. Die Deutschen begannen, zu ihrem Lager zurückzuschlendern. End- lich, nach fünfzehn langen Minuten lachte der Schamane und sagte: „Herr Rai, ich habe nichts Schlechtes auf ihrem Körper finden können. Wie auch immer. Es gibt zwei Zeitabschnitte in ihrem Leben, wo es Schwierigkeiten geben könnte. Wenn sie das fünfundvierzigste und das fünfundfünfzigste Lebensjahr erreichen, sollten sie vorsichtig sein. Ich kann sehen, daß in jeder Generation ihrer Familie zumindest ein Mitglied Schamane war. Sie hätten dieser Schamane sein können. Ein sehr guter sogar, aber jemand hat ihren Weg mit einem Zaun blockiert."

„Kann der Zaun beseitigt werden?" fragte Mohan.

„Ja. Sie können es selbst tun. Sie müssen aber ihre Cula aufbauen und ihre Familiengötter um Vergebung bitten. Sie haben sie völlig vergessen. Sie sind nicht zufrieden mit ihnen."

Das war die Wahrheit. Mohan hatte immer noch nicht seinen Samkhama-Raum eingerichtet. Seine Frauen waren Magar und Gurung und könnten es ihm verübeln, daß sie niemals die heili- gen Gegenstände, die darin zur Verehrung der Rai-Ahnen aufgestellt würden, berühren dürften. Außerdem war er mehr denn je mit Trekking beschäftigt.

* * *

Mohan und Bindu kurz nach ihrer Hochzeit.
Foto: Shamanistic Studies and Research Center Kathmandu

DER RUF

...Ich lief gerade in die Küche, wo Bindu Reis auf meinen Teller tat. Ich setzte mich, als plötzlich der alte Mann hinten an der Tür stand und sagte: „Laß uns gehen. Mach schon." Er sah gehetzt aus. Ich sprach mit ihm, aber Bindu und ihre Schwestern konnten niemanden sehen. Ich hatte keine Schuhe und auch kein Hemd an. Ich war nur mit einem Pyjama bekleidet. Bindu fragte mich: „Was ist los mit dir? Mit wem sprichst du?" Aber auf einmal konnte ich mich an nichts mehr erinnern. Ich war mit meinem Messer von den Gurkhas draußen und fing an, den Garten und die Bäume zu zerstören...

* * *

Mohan war inzwischen als Organisator von Trekks und als Bergführer, der die Gruppen begleitete, derart begehrt, daß er daran dachte, eine eigene Agentur zu eröffnen. Er begann mit einem reichen Brahmanen aus der Nachbarschaft Verhandlungen und überredete ihn, in ein neues Trekkingunternehmen zu investieren, das er leiten würde. Manaslu Trekking öffnete seine Pforten in der Innenstadt von Kathmandu. Yeti Travel, mit denen er eng verbunden war, schickten ihm Klienten.

Er hatte alles, was er wollte. Wenn er sein Büro verließ, um zum nahen Restaurant zu gehen, grüßten ihn die Leute respektvoll. Kein anderer Rai in ganz Nepal war so erfolgreich wie er. Er konnte sich den teuersten Whisky leisten und teilte ihn freizügig mit all seinen Freunden. Seine Frauen trugen feine Kleider und ehrten ihn.

Dann aber ereignete sich in seinem fünfundvierzigsten Lebensjahr etwas Außergewöhnliches. Mohan hatte den ganzen Tag im Lagerraum seiner Trekkingagentur gearbeitet. Gegen fünf Uhr nachmittags bekam er pochende Kopfschmerzen. Er ging nach Hause, nahm ein Schmerzmittel und begab sich gleich zu Bett. Als er ein paar Stunden später erwachte, kochten gerade Bindu und ihre ältere Schwester, während seine Töchter Mala und Malika auf dem Fußboden spielten. Kumari war mit ihren Kindern in Pokhara, um ihre Eltern zu besuchen.

Mohan ging nach draußen zur Toilette. Es war sehr dunkel.

Plötzlich rief ihn hinter der niedrigen Wand ein alter Mann. Mohan glaubte, daß er vielleicht Hilfe benötigte. Er rannte eilig ins Haus, um eine Taschenlampe zu holen, aber als er zurückkehrte, war dort niemand. Er nahm die Taschenlampe wieder mit hinein. Bindu deckte den Tisch. Sie füllte seinen Teller und er setzte sich, um zu essen. Ihre Schwester hatte die Kinder gefüttert und brachte sie zu Bett. Gerade als er Dal auf seinen Reis goß, hörte er den alten Mann sagen: „Mohan, laß uns gehen. Mach schon." Es störte ihn nicht, daß der alte Mann hereingekommen war und nun hinter der Tür stand, aber er wollte erst seine Mahlzeit beenden.

„Ich esse noch. Was willst du?"

„Mit wem sprichst du?" fragte Bindus Schwester. Sie und Bindu schauten sich um, schienen aber den alten Mann nicht wahrzunehmen.

Mohan rückte vom Tisch weg und stand, nur mit seiner Pyjamahose bekleidet, auf. Seine Brust war nackt, weil er das Oberteil ausgezogen hatte, als er vom Fieber schwitzte.

„Was ist los? Mit wem sprichst du?" fragte Bindu scharf nach.

Das Nächste, woran er sich erinnern konnte, war, daß er im Garten mit einem Khukuri Pflanzen abschnitt und Äste von Bäumen hackte. Beobachtend stand der alte Mann daneben, während Bindu ihn von der Türschwelle aus rief. Er schenkte ihr aber keine Beachtung. Ihre Schwester eilte zu den Nachbarn und als Mohan sah, daß sie ihn einkreisten, begann er zu rennen.

Er rannte kilometerweit bergauf nach Budhanilakhanta, wo er den großen ruhenden Gott aus Stein umkreiste, dann umdrehte und ohne Unterbrechung zurück in die Stadt rannte. Der alte Mann blieb die ganze Zeit bei ihm und rannte wie ein Junger an seine Fersen geheftet mit.

Als sie dann in die Nähe des Flusses kamen, überholte er Mohan und gab ein Zeichen, ihm zu folgen. Am Ufer hielten sie an. Er befahl Mohan, mit den Händen Wasser zu schöpfen und auf seinen Kopf zu gießen.

„Geh in Richtung des Tempels", befahl er und wies zum Weg hin, während er sich in die Büsche zurückzog. „Viel Glück und auf Wiedersehen." Er verschwand. Mohan lief wie befohlen am Fluß entlang und erreichte einen kleinen, mit Bäumen bewachsenen Hügel. Dort entdeckte er zwei öffentliche Wasserbecken, die mit Zement eingefaßt waren. Eine alte Frau stand gebeugt davor und wusch sich die Hände. Eine kleine Sichel, wie sie von den Bäuerinnen benutzt wurden, hing an einem Seil um ihre Hüfte.

„Komm her und setz dich, Mohan." Sie winkte ihn heran und deutete auf einen niedrigen, flachen Stein. „Woher kennst du meinen Namen?" fragte er besonders höflich, wegen ihres Alters. „Ich kenne nicht nur deinen Namen und die deiner Vorfahren, sondern du kennst auch meinen Namen. Ich bin Khoklihangma"; antwortete sie. „Auch wenn du mich vergessen hast, ich habe es nicht und ich habe dich hergerufen, um dir etwas Wichtiges mitzuteilen. Höre und befolge meinen Rat. Andernfalls wirst du für den Rest deines Lebens in Gefahr sein." Mit zusammengeführten Handflächen verbeugte er sich.

„Geh zurück nach Bhutan und bringe den Ältesten und Ahnen, die verstorben sind, Opfergaben dar. Überprüfe deine Schamanenausrüstung. Wenn du meine Hilfe brauchst, rufe mich. Ich werde dir in deinen Träumen erscheinen." Dann fügte sie hinzu: „Vergiß meine Worte nicht. Nun geh."

Mohan kam halbnackt, sein Khukuri fest umklammernd, neben den Wasserbecken zu sich. Die alte Frau war verschwunden. Er fror und erinnerte sich an das restliche Essen auf seinem Teller. Als er sich umschaute, erkannte er, daß er 20 Minuten Fußweg von zu Hause entfernt war. Hastig ging er zurück und fand seine Familie und die Nachbarn versammelt und wartend vor. Bindu hatte am Altar der Familie um seinen Schutz gebeten und Räucherwerk geopfert. Als er hereinkam, drehten sich alle um und starrten ihn an.

„Es geht mir wieder gut", erklärte er. „Wie spät ist es?"

Die Uhr zeigte dreiundzwanzig Uhr dreißig. Er war zweieinhalb Stunden lang in der Stadt umhergerannt. Er nahm ein Bad, opferte Räucherwerk und zündete eine kleine Öllampe an. Die Nachbarn wünschten ihm alles Gute und brachen auf. Er verbrachte eine ruhelose Nacht und am nächsten Morgen schmerzten seine Beine und der Nacken so sehr, daß er sich kaum bewegen konnte.

Wochenlang hatte er nur schlechte Träume. Er fühlte sich schwach und konnte nicht essen. Bindu beriet sich mit seinen Geschäftspartnern. Sie wollten ihn zum Arzt bringen, aber Mohan weigerte sich. Er hatte beschlossen, nach Bhutan zu reisen.

Er packte eine Tasche mit den wenigen Dingen, die er brauchte und bestieg dann, so geschwächt, daß er sein Gepäck kaum tragen konnte, einen Bus. Er fuhr bis zu einer Stadt in Indien, südlich seiner Heimat gelegen, überquerte die Grenze von Bhutan und lief dann nach Dorokha. Als er in der klaren Bergluft nach oben stieg, ging es ihm mit jedem Schritt besser. Seine Mutter war überrascht, ihn zu sehen. Als sie lächelte, zeigte ihr Gesicht eine Menge neuer Falten. Sie schlachtete ein Huhn, um ein Currygericht zu kochen. Als sich dann das Haus mit Freunden und Nachbarn füllte, die kamen, um ihn zu begrüßen, war es fast so wie in den alten Tagen, als sein Vater noch lebte und bei Kräften war. Seine Schwestern waren zu schönen, jungen Frauen herangewachsen und im heiratsfähigem Alter.

Mohan erzählte seiner Mutter und Onkel Mani Raj von der Begegnung mit Khoklihangma bei den Wasserbecken und seine Mutter erteilte ihm die Erlaubnis, am Ahnenaltar im Samkhama-Raum zu beten. Sie händigte ihm den Schlüssel für den alten Holzkasten seines Vaters aus, in dem er den Donnerstein und den Stein fand, den ihm die Waldkönigin vor langer Zeit gegeben hatte. Außerdem befanden sich darin Bündel mit Wurzeln und Kräuterbüscheln, Tonkrüge und Bücher mit Anweisungen zur Herstellung von Arzneien. Er verbrannte für die Götter Räucherwerk, säuberte die Dinge, die er fand und wechselte die Körbe der Kräuter aus.

Während der nächsten Tage wanderte er umher und brachte Opfergaben an den Orten seiner Kindheit, wo er den göttlichen Geistwesen begegnet war: am Fluß von Jaldevi Banaskandi, an der Höhle der heiligen Sadhus und im Feld von Simma.

Mutter und Onkel halfen ihm bei den Opfergaben für die Ahnengeister, einschließlich Urgroßvater Khokpa und nun auch seines Vaters. Er besuchte Dil Bahadurs Grab und flüsternd versprach er ihm, niemals mehr zu vergessen. Nach zwölf Tagen kehrte er nach Kathmandu zurück und legte mit dem festen Vorsatz, einen Raum als Samkhama einzurichten, um dort mehrmals im Jahr die Ahnen zu verehren, den Kasten mit den schamanischen Dingen in einen Schrank.

Bindu hatte den Nachbarn erklärt, daß Mohan eigentlich zum Schamanen bestimmt war und in der Armee geheilt hatte. Nun begannen sie, ihn für Phukne, kleinere Heilungen zu rufen, die nur daraus bestanden, Mantras auf den Kranken zu blasen, ohne in Trance zu gehen und von Geistwesen besessen zu sein. Da er aber meistens unterwegs war und oft monatelang Trekks in die Berge führte, hörten sie allmählich wieder auf, ihn zu rufen. Als die Zeit für die Udhauli-Zeremonie gekommen war, umkreiste er gerade mit einem Trekk die Gebirgskette Annapurna. Der Kasten blieb im Schrank.

* * *

KÖNIGLICH NEPALESISCHES KONSULAT

8 MÜNCHEN 22
PRATERINSEL 5
RUF 293086

C o n f i r m a t i o n

Kathmandu, 19. 5. 1971

By this I should like to confirm that Mr. Mohan Lal Rai accompanied as
an operator our trekking group of 21 people from Pokhara to Annapurna
range with the ascents of Tent Peak (5550 m) and Rakshi Peak (5200 m)
between 4th and 18th of May, 1971. Before and after our group he did the
same work with a first and a third trekking group of 10 and 23 People.
All three groups were organized by the German Alpine Association.

I am pleased to state that the groups were handled by Mr. Rai in an ex=
ceptional excellent way. He is an organizer who always sees the problems
and settels it immediately. He is quick and one can say that he is perfect
in oraganization since he knows what responsibility means. There is nearly
no better organizer of my former trekkings and expeditions I would suggest.
Moreover he is always friendly, laughing and a good friend to all who are
of good charakter.

Gunter Hauser
Royal Nepalese Consul

Schreiben von Gunter Hauser dem damaligen Nepalesischen Konsulat.

DIE SCHAMANENSCHULE

...Dem Ratschlag Peters folgend, eröffnete ich bei mir zu Hause eine Schamanenschule. Gemäß unserer Vereinbarung war es meine Aufgabe, mich vollständig um die Leute, die von Peter gebracht wurden, so wie du einst, zu kümmern. Vorsichtig mußte ich die guten und tätigen Schamanen als Lehrer für meine Schule auswählen. Also habe ich mindestens zwanzig Schamanen bei mir zu Hause und in ihren Dörfern geprüft...

* * *

Mohan begegnete der neuen Kumari, seiner dritten Frau, einer Rai, in Kathmandu. Sie war schön, groß gewachsen, mit der Haltung einer Königin. Manaslu Trekking war ein großer Erfolg bei europäischen Bergsteigern und Mohan ging es finanziell gut. Er wollte diese statuenhafte Kumari haben und wer konnte es ihm verbieten? Gegenüber dem ersten Haus, auf der anderen Seite des Gartens, baute er ein zweites mit getrennten Schlafzimmern für beide Kumaris. Die Neue nannten sie Sani (kleine) Kumari, weil sie die jüngere war. Tatsächlich aber war sie größer als seine zweite Frau, die sie nun Thuli (große) Kumari nannten. Sani Kumaris Sohn kam wenige Monate nach ihrer formellen Einführung in die Familie zur Welt. Mohan erklärte ihr, daß er aus Respekt für seine Ahnen, einen Samkhama-Raum einrichten und seinen Sohn nach den Regeln des Mundhum erziehen würde.

Die Frauen stritten niemals miteinander. Mohans Kinder waren gesund und aufgeweckt. Das Leben war schön. Mohan liebte seine Arbeit und sorgte gut für die Familie. Wenn er einmal eine Pause brauchte, hatte er genügend Freunde um sich, die mit ihm lachten und die Jüngeren lasen ihm jeden Wunsch von den Augen ab. Dennoch gab es Momente, meist in der Nacht, wo Gespräche und Gelächter zu einem irritierenden Surren verblaßten, während Mohans Augen den endlosen Himmel bis zu den schneebedeckten Gipfeln absuchten. Er fand keine Worte, diese Sehnsucht auszudrücken und wer könnte es überhaupt verstehen? „Das Leben ist kurz", sagte er sich dann. Er goß den restlichen Inhalt seiner Flasche in das Glas eines Kumpanen. „Trink aus."

Mit jeder Saison kamen mehr amerikanische und europäische Touristen nach Kathmandu. Rivalisierende Trekkingagenturen schossen an jeder Ecke wie Pilze aus dem Boden, dennoch florierte Mohans Geschäft. Er hatte gute Kontakte und stets zufriedene Kunden.

Während einer Saison brachte Dr. Peter Skafte eine Gruppe Anthropologiestudenten von der Universität Texas nach Nepal, damit sie die Kultur vor Ort erleben konnten. Freunde hatten ihm Mohan als Organisator wärmstens empfohlen und so nahm er Kontakt auf, um seinen Trekk vorzubereiten. Doktor Peter war ein schlanker, abenteuerlustiger Däne mit durchtrainiertem Körper, der darauf brannte, seine Kraft an den Bergen zu messen. Dennoch hatte er eine sensible Seele. Er erkannte etwas Besonderes in Mohan und begann ihn auszufragen. Fasziniert lauschte er Mohans Geschichten über den Schamanismus im Himalaya. Mohan überredete Peter, nach der Abreise der Studenten zu bleiben und zusammen mit den pilgernden Schamanen auf den heiligen Berg Kalinchok zu steigen. Jedes Jahr im August bahnten sich die Schamanen tanzend und singend einen Weg auf den Kalinchok, um Gott Shiva zu ehren. Mohan selbst würde Peter als Führer begleiten.

Kurz vor dem Gipfel überraschte sie ein schwerer Regenschauer und hastig stellten sie ihr Zelt auf. Der Sturm hielt drei Tage an und verwandelte den Boden in schlammigen Morast, der an den Füßen kleben blieb und ihre Schuhe verkrustete, sobald sie sich hinauswagten. Während sie in der Enge des Zeltes auf das Abklingen des Sturms warteten, lernten sie sich gut kennen und tauschten ihre Ansichten zum Weltgeschehen aus.

Peter lehnte sich mit ausgestreckten Beinen gegen sein Gepäck. „Wir im Westen haben jegliche Beziehung zu den Geistern des Landes verloren. Unsere Seelen sind zerrüttet von jahrhundertlanger Unterdrückung durch die Kirche und erdrückt von wissenschaftlichen und industriellen Werten."

„Auch wir verlieren die Verbindung, die unsere Ahnen noch hatten", stimmte Mohan zu. „Wie du weißt, war mein Vater ein großer Schamane. Ich weiß alles über unsere traditionelle Lebensweise, aber die jungen Leute wollen diesem Weg nicht mehr folgen. Ich selbst hätte Schamane werden sollen. Ich bin ein schlechter Mensch. Ich hätte in Bhutan bleiben und in die Fußstapfen meines Vaters treten müssen. Aber wie du siehst, bin ich hier und Chef von Manaslu Trekking." Er zog die Zeltklappe zur Seite und spähte hinaus. Es war später Nachmittag. Die Luft war grau vom Nebel.

Peter zündete den Gaskocher an und setzte einen Topf mit Wasser auf, um Tee zu kochen. „Es muß doch eine Möglichkeit geben, dieses uralte Wissen zu bewahren. Eine Organisation oder eine Stiftung, die es lehrt." Durch die Zeltöffnung wirbelte eine frische, nasse Böe. Mohan atmete tief ein und spürte, wie die Feuchtigkeit seine Lunge füllte. Er ließ die Zeltklappe fallen und drehte sich Peter zu. „Warum tun wir das nicht selbst?" Es war eine großartige Idee. All diese neuen Trekkingagenturen könnten möglicherweise sein Geschäft ruinieren. Aber dies hier war etwas, was nur er, mit seinem Wissen über Schamanismus, anbieten konnte. „Du bringst aus Amerika Gruppen zum Studieren. Ich werde die besten Schamanen finden", schlug er vor. „Ich kann Gruppen bringen", antwortete Peter. „Aber nicht nur zum Zuschauen. Die Schamanen müssen uns beibringen, was sie tun." „Selbstverständlich werden sie unterrichten", stimmte Mohan zu. „Natürlich weiß ich, daß die meisten Amerikaner nicht an unseren Schamanismus glauben. Sie sind ja so hochentwickelte und moderne Menschen." Er betastete seine Hemdtasche, aber da er nur noch drei Zigaretten hatte, hielt er sich zurück. Wer wußte schon, wie lange sie noch im Zelt festsitzen würden.

„Es gibt überall Menschen, die Murkha sind", sagte Peter. Er dachte an die Bürokratie der Universität und benutzte für jene, deren Fähigkeit, Geistwesen zu sehen, getrübt war, Mohans eigene Worte. „Aber Schamanismus ist jetzt in Amerika eine große Sache. Die Leute sind davon fasziniert."

* * *

Zurück in Kathmandu setzte Mohan in ganz Nepal Inserate in die Zeitungen. Er befragte mehr als zwanzig Schamanen. Die Besten mußten ihre vollständigen Zeremonien aufführen, so daß er Betrüger und Zweitklassige, die bei ihren Liedern Wörter übersprangen oder rituelle Schritte ausließen, aussondern konnte. Eine Cinta muß makellos sein, um Respekt zu zeigen.

Ist sie es nicht, dann kommen die Geistwesen überhaupt nicht oder nur, um Unheil anzurichten. Achtsamkeit und Genauigkeit waren die Dinge, auf die es ankam. Sobald er den richtigen Mann gefunden hätte, würde er auch einen Weg finden, ihn davon zu überzeugen, sein Wissen mit Peters Studenten zu teilen. Das Projekt beflügelte ihn und das nächtelange Trommeln und Schreien erregte ihn auf eine Art und Weise, die er schon fast vergessen hatte.

Schließlich entschied er sich für zwei der besten Schamanen – Krishna Tamang, ein dünner, ernster Mann mittleren Alters, dessen Rituale und Zeremonien präzise und systematisch waren und Jebi Bandhari, ein Chetri, dessen Lehrer ein Rai war und der genauso sorgfältig arbeitete, wie es Mohans Vater getan hatte. Jebi hatte etwas von einem Witzbold an sich, war aber kompetent. Obwohl die Chetris im hinduistischen Kastensystem höher standen als die Rais aus den Bergen, hatte Jebi nichts von dem überheblichen Auftreten der langnasigen Eindringlinge an sich. Er war klein und voller Energie. Seine Haut war dunkel und er hatte eine flache Nase. Weil Mohan, wie Jebis Lehrer, ein echter Rai war, respektierte Jebi ihn und es machte ihm nichts aus, von Mohan korrigiert zu werden.

In der Nachbarschaft mietete Mohan das Erdgeschoß eines großen Hauses als Unterkunft und Klassenzimmer für Peters erste Gruppe, die zeitgleich mit einer großen deutschen Trekkinggruppe ankam. Zusammen mit seinem Assistenten Sange Sherpa war Mohan am Flughafen, um die Schüler zu treffen. Da waren zwei Frauen – Diane mit einer modischen, rosa Box, die sperrig unter ihrem Arm hervorragte, als sie sich mit den Fingern durch ihre langen, braunen Locken fuhr und Ellen, die nervös lächelte und deren helle Augen hinter einer Brille versteckt waren. Ein dritter Schüler, Leonard, ein dünner, verkrampft wirkender Mann mit blonder Hippiefrisur, kämpfte mit einer Meute von Möchtegernträgern um sein Gepäck.

Mohan verscheuchte den Auflauf der Trinkgeldpiraten und begrüßte seine Schüler. Er legte ihnen Blumengirlanden, die Bindu am Morgen angefertigt hatte, um den Hals und verbeugte sich, indem er mit „Namaste" grüßte. Sange hielt Ausschau nach einem Taxi. Mohan wählte zwei Träger aus und dirigierte das Aufladen des Gepäcks. Dann wies er Sange an, mit den Schülern zum gemieteten Programmhaus zu fahren, während er selbst auf die deutsche Gruppe wartete. Nachdem er die deutschen Bergsteiger in ihrem Hotel untergebracht hatte, holte Mohan seine Schamanen ab und fuhr mit ihnen zum Programmhaus. Zusammen mit den Schülern nahm er einen Drink, vergewisserte sich, daß sie es bequem hatten und sammelte ihre Reisepässe zur sicheren Aufbewahrung ein. Er hatte sich schon so oft mit der Hysterie wegen gestohlener Pässe herumärgern müssen, daß er schließlich einen Tresor gekauft hatte und sie darin unter seinem Bett aufbewahrte. Diane und Ellen händigten bereitwillig ihre Pässe aus, aber Leonard war argwöhnisch, bis Peter ihm versicherte, daß es in Ordnung wäre.

Als sie das Programmhaus verließen, zog Jebi seine Brauen zusammen.

„Nur drei Schüler", merkte er an. „Ich dachte, es würden mehr kommen", sagte Krishna.

„Ja, das ist wirklich schlecht", stimmte Mohan zu. „Aber wenn es ihnen gefällt, werden sie es ihren Freunden erzählen. Ihr müßt gute Arbeit leisten."

* * *

Mohan hatte seinen Schamanen ausführlich erklärt, daß Menschen aus dem Westen Pünktlichkeit erwarteten. Dennoch gelang es Jebi und Krishna nicht, am nächsten Tag zum Unterricht zu erscheinen. Er mußte selbst die ganze Zeit ausfüllen und hielt wie ein Hochschullehrer einen Vortrag über Geschichte und Kultur von Nepal. Dann erzählte er seinen Schülern von Banjhankri und seiner schrecklichen Frau Lemlema. Es entging ihm nicht, wie sie sich gegenseitig in die Augen blickten und ein Lachen unterdrückten, als er Lemlemas lange, hängenden Brüste erwähnte, die sie stolpern ließen, sobald sie den Berg hinunterrannte. Er hatte gewußt, daß es sie amüsieren würde. Endlich traf der Übersetzer, Herr Ganesh, ein und nach dem Mittagessen schickte Mohan sie mit einem Taxi auf Museumstour.

Als sie fort waren, lief er, hastig eine Zigarette paffend, auf und ab. Als um 15 Uhr endlich die Schamanen eintrafen, schäumte er vor Wut. Jebi war betrunken. „Ihr seid zu spät!" Mohan zeigte seinen Ärger. „Wo seid ihr die ganze Zeit gewesen?" Die Schamanen schauten überrascht. „Macht das nie wieder! Das ist eure Arbeit und euer Beruf. Wenn ich sage, daß ihr hier sein sollt, dann seid ihr auch hier!" Die Köche unterbrachen ihr Kartenspiel in der Küche, um nachzusehen, worum es bei dem Geschrei ging.

„Wir dachten, du brauchst uns erst abends", wandte Krishna halbwegs vernünftig ein, aber als die Köche ihn anstarrten, ließ er beschämt den Kopf hängen.

„Nein, ich habe gesagt, ihr müßt morgens hier sein, um zu unterrichten." Keiner der Männer sah ihm in die Augen und Mohan wurde nachsichtiger. „Ihr könnt nachmittags frei haben. Ich schicke die Schüler mit Herrn Ganesh auf Besichtigungstour. Aber ihr müßt jeden Morgen zum Unterrichten kommen und jeden Abend muß einer von euch schamanisches Arbeiten demonstrieren."

„Es tut uns leid. Namaskar." Jebi legte die Handflächen zusammen und senkte den Kopf, bis er die Hände berührte. „Ich werde meine Arbeit gut machen. Du wirst sehen."

„Namaskar", murmelte Krishna.

* * *

In der Tat zeigte Jebi eine gute Demonstration. Mohan saß als Helfer neben ihm. Der Ehemann seiner jüngeren Schwester Makcha fungierte als Kenchhawari. Er übernahm für Jebi das Trommeln, während dieser tanzte und die Schüler beeindruckte, indem er eine harte Ingwerwurzel mit seiner Feder in Scheiben schnitt.

„Lau-Parameshvar!" begrüßte Mohan die Gottheit, als deren Kraft begann, Jebi in Trance zu schütteln. „Eine Gottheit hat von seinem Körper Besitz genommen", erklärte er den Schülern und entzündete dabei ein neues Räucherstäbchen, das er sicher und aufrecht in einen Reishaufen auf Jebis Altar steckte. Mohans Magen bebte, seine Knie wurden weich und er fühlte sich schwach. Er zog sich zur offenen Tür zurück und zündete eine Zigarette an.

Jebi sang, trommelte und begann sein rhythmisches Brummen, als der Gott durch ihn sprach. „Was sagt er?" fragte Peter.

„Er sagt diesem Mann, daß eine Frau mit dunklem Gesicht nördlich von seinem Haus lebt und das rote Blumen neben seiner Tür wachsen." Mohan ging zum Altar zurück, wandte sich dem Schamanen zu und sagte: „Lau-Parameshvar", um die Gottheit, die von Jebis Körper Besitz genommen hatte, zum Sprechen zu ermutigen. „Stimmt das?" fragte Peter. „Das mit den roten Blumen?" Der Patient hörte Jebis Worten aufmerksam zu, nickte und sagte: „Ho."

„Der Mann sagt ja."

„Er sieht nicht krank aus." wandte Leonard herausfordernd ein, während er den Kopf vorstreckte. Leonard hatte recht. Der Patient war ein großer, gut genährter Brahmane, dessen Gesicht vor Gesundheit strotzte. „Warum behandelt Jebi ihn?" „Ja, du hast Recht. Er ist nicht krank. Es handelt sich um Mohini, einen Liebeszauber, unter dessen Beeinflussung er steht." Leonard sank mit vor der Brust verschränkten Armen zusammen.

Jebi entließ seinen Patienten und setzte seine Trommel ab. Mohan füllte sein Glas mit Raksi und rief nach Drinks für sich und seine Schüler. Nach der Pause, als Jebi erneut trommelte und es ihn in Trance schüttelte, so daß seine glockenbesetzten Schulterriemen klingelten, fühlte Mohan wieder die alte Erregung und dieses Mal ließ er das zu. „Lau-Parameshvar! Sprich! Sag uns die Wahrheit über diesen Patienten!" rief er. Er hatte das schon zu lange vermißt.

EIN SCHWIERIGER SCHÜLER

...Während einer Weissagung Im Institut, die der Schamane Krishna Tamang ausführte, wurde mir geraten, eine Pilgerreise zum Kalinchok zu unternehmen. Der genaue Zeitpunkt für diese Pilgerreise wurde von dem Schamanen nicht festgelegt. Wie auch immer, ich beschloß, das Institut noch vor dem Ende des festgesetzten Programms zu verlassen, um die besagte Pilgerreise anzutreten...

* * *

Nach der Cinta verabschiedete sich Mohan von den Schamanen an der Kreuzung und ging den kurzen Weg nach Hause. Der Morgen dämmerte, aber sein Haus war still und dunkel. Er zog die Schuhe aus und schlich die Diele entlang, vorbei an den Schlafzimmern der beiden Kumaris, quer durch das Vorzimmer um den Fernseher herum, zu Bindus Bett. Sie erwachte und drehte sich zu ihm hinüber, während die Matratze unter ihrem Gewicht einsank. „Wie war die Cinta?"

„Sehr gut", flüsterte er. „Jebi hat gute Arbeit geleistet. Es tut mir leid, daß es dir nicht gut genug ging um dabei zu sein."

„Nächstes Mal komme ich mit", sagte sie. „Aber, Papa von Mala, ich mache mir Sorgen. Was ist, wenn du in Trance gerätst während die Schamanen arbeiten?"

„Ich weiß was ich tue. Mein Weg ist immer noch blockiert." Er tätschelte ihre Schulter. „Ich kann es kontrollieren." Er zog sich die Socken aus. „Mach dir keine Sorgen. Ich bin ein Geschäftsmann und kein Schamane. Die Schamanenschule wird ein Erfolg werden."

Er schlüpfte in seinen Pyjama und zündete sich eine Zigarette an. „Natürlich ist es ein Problem, daß diese Amerikaner Murkha sind. Sie haben nie gelernt, die Götter und die Geistwesen zu respektieren. Sie erinnern sich nicht an ihre Ahnen. Manchmal denke ich, sie glauben nicht einmal an Gott."

„Du hast gesagt, sie glauben, sie könnten Schamanen sein. Warum sollten sie den ganzen Weg hierher kommen, wenn sie nicht daran glauben?"

Er schüttelte die Kissen auf und lehnte sich zurück. „Ich denke, sie wissen nicht, was sie glauben sollen. Sie wollen die magischen Kräfte der Schamanen für sich selbst, genauso wie sie ein Rindersteak mit Bratkartoffeln jetzt sofort haben wollen. ‚Ja Herr, kommt sofort. Sie werden ein Schamane sein. Garantiert.'"

„Ich kann das nicht nachvollziehen", sagte Bindu.

Mohan zuckte mit den Achseln. „Sie mögen es, Dinge auszuprobieren."

„Aber werden sie nicht wütend sein, wenn es nicht funktioniert?" Sie setzte sich auf und legte

die Decke über seine Beine. „Amerikaner können nicht wirklich Schamanen sein. Oder doch?"
„Zweifellos, vorausgesetzt, die Götter erwählen sie und sie sind bereit, zu lernen. Aber dieser Leonard ist jetzt schon ärgerlich", sagte Mohan. „Ich werde die Schüler von Jebi und Krishna testen lassen, um zu sehen, ob sie Schamanen sein können. Ich wollte bis zum Ende warten, aber dieser verrückte Kerl beschwert sich die ganze Zeit. Falls Jebi ihn in Trance bringt, sollte er zufrieden sein."
Bindu legte eine Hand auf den flachen Bauch ihres Ehemannes. „Ich weiß, daß dir etwas einfallen wird." Ihrem Atmen konnte er entnehmen, daß sie noch etwas anderes auf dem Herzen hatte. „Wenn Jebi dich in Trance versetzt, kannst du nicht einfach nach Hause gehen und es vergessen, wie deine Schüler", fügte sie mit leiser Stimme, aus Angst, ihn zu beleidigen, hinzu. „Um ehrlich zu sein: als er trommelte, fühlte ich, wie es in meinem Magen anfing. Ich sprach ein Schutz-Mantra. Sonst wäre ich in Trance gegangen."
Er paffte seine Zigarette und preßte die Lippen aufeinander. Er wollte lieber nicht daran denken. Wenn die Ahnengötter ihn wieder haben wollten, würden sie ihn Tag und Nacht jagen. Er hätte keine Ruhe mehr, mit seinen Freunden einen Drink zu genießen oder eine Trekkingroute auszuarbeiten, geschweige denn, mit seinen Kindern zu spielen oder mit seinen Frauen Liebe zu machen. Das Leben, das er liebte, wäre vorbei. Er würde, genau wie sein Vater, als armer Mann enden.
Er drückte seine Kippe im Aschenbecher aus. Die Ahnen sollten mittlerweile hinreichend zufrieden mit ihm sein. Nach seiner Begegnung mit der Waldgöttin, damals am öffentlichen Wasserbecken, war er, ihnen zu Ehren nach Hause, nach Bhutan, gegangen. Es gab keinen Zweifel, daß sie ihn seither begünstigten und ihm geholfen hatten, hier in der Stadt ein erfolgreiches Leben aufzubauen. Er glaubte, daß sie zufrieden waren. Seine Aufgabe war es, sich um sein Geschäft zu kümmern, seine Familie zu ernähren und dafür zu sorgen, daß alles reibungslos lief. Genau das tat er.
Plötzlich erinnerte er sich an die Reisepässe, die immer noch in seiner Jackentasche waren und legte sie in den Tresor unter seinem Bett. Falls nun Leonard so verärgert wäre, daß er gehen wollte, hätte Mohan eine Chance, ihm es auszureden.

* * *

Am nächsten Morgen gab es keinen Zweifel mehr darüber, daß Leonard verärgert war. Er bat um seinen Reisepaß.
„Ich bewahre ihn sicher auf", erklärte Mohan ihm. „Und es ist besser für den Wechselkurs bei der Bank, wenn ich deine Dollars umtausche."
„Hältst du mich als deinen Gefangenen hier? Ist es das?"
„Natürlich nicht. Ich werde jetzt nach Hause gehen und deinen Paß holen. Es ist deiner, warum sollte ich ihn einbehalten?" Er hetzte nach Hause. Als er zurückkehrte, waren Leonard und Peter in Leonards Zimmer und stritten laut. Diane und Ellen gingen vor der verschlossenen Tür auf und ab und winkten Mohan heran.
Leonard schrie: „Man hat mich betrogen!"
Mohan machte ein mißbilligendes Gesicht. Er war kein Mann, der mit Frauen an der Tür lauschte. Er klopfte und ging hinein.
Peter schaute erleichtert auf. „Er glaubt, daß die Schamanen uns keine echten Mantras geben", sagte er. „Natürlich sind sie echt. Ich habe dazu Anweisung gegeben."
„Sie schwindeln. Sie sind keine echten Schamanen", behauptete Leonard. „Sie erzählen uns Märchen."
„Das ist kein New Age Wochenendseminar", Peters Stimme war gefährlich ruhig geworden.

„Das ist echter Schamanismus. Ich habe dir nie gesagt –.“

Mohan zog Leonards Paß aus der Tasche und händigte ihn aus. „Wir betrügen nicht“, fiel er Peter ins Wort. „Warum sagst du, wir würden betrügen?“ Er bedeutete Peter mit einer Geste der Hand zu schweigen. „Meine Schamanen gehen sehr vorsichtig mit ihrem Wissen um. Sie teilen es nicht, solange sie nicht wissen, ob du eine gute oder schlechte Person bist. Ich habe sie gebeten, dich zu testen, um herauszufinden, ob du Schamane sein kannst oder ob du einen anderen Weg hast.“

„Testen? Wann?“ Die Ränder um Leonards hellblaue Augen färbten sich rot.

„Heute Abend. Heute Abend werden sie dich testen. Du kannst auf deinen Paß selbst aufpassen und heute Abend wirst du sehen.“

Die Frauen wichen eilig von der sich öffnenden Tür zurück. Mohan führte alle ins Wohnzimmer und rief nach Ciya.

Als jeder versorgt war und sie sich wieder ruhig miteinander unterhielten, verließ Mohan die Gruppe, um Krishna aufzusuchen, der bei seinem Sohn im Stadtzentrum wohnte. Die ganze Familie lebte in einem großen Zimmer, das bis auf eine gepolsterte Bank an der Rückwand leer war. Dort saß Krishnas Schwiegertochter und nähte. Krishna saß im Schneidersitz auf dem Boden. Vor sich hatte er eine Zeitung ausgebreitet, auf der er getrocknete Blätter sortierte und säuberte. Zwei kleine Kinder krabbelten nach hinten zu ihrer Mutter als Mohan eintrat. Krishna erhob sich und grüßte mit „Namaste“.

Mohan erwiderte den Gruß. Den von der Frau angebotenen Tee lehnte er ab. Dies war kein freundschaftlicher Besuch. „Du mußt unsere Schüler testen“, sagte er, während er angespannt vor Krishna stand. „Und zwar heute abend. Sie glauben, daß du und Jebi euch zurückhaltet und nicht bereit seid, eure Mantras zu lehren.“

Krishnas Gesicht zeigte keinerlei Regung. Er war ein Mann mit Würde und Rückgrat, was sich in aufrechter Haltung und ausgeglichenen Gesichtszügen widerspiegelte, deren Muskeln nicht gleich nervös zuckten, wenn Emotionen aufkamen. Er hatte keine Laster und seine Stärke beruhte auf seiner Rechtschaffenheit. Er akzeptierte eine Zigarette von Mohan und zündete sie mit präziser Geste an. Er nahm sich Zeit, nachzudenken.

‚Manche nehmen sich auch zu wichtig‘, dachte Mohan gereizt. Er wünschte, er müßte nicht zu Krishnas Genugtuung warten. Aber diese Angelegenheit war von Bedeutung und er konnte nicht darauf vertrauen, daß Jebi nüchtern blieb.

„Ich habe ihnen bereits ein Mantra gegeben“, sagte Krishna langsam und meinte damit die lange Beschwörungsformel zum Herbeirufen der Geistwesen aus seinem Tamang-Mundhum. „Nicht alles, aber genug. Ich wollte nicht, aber du hast mich darum gebeten und ich habe es getan.“

„Ich gebe dir keine Schuld. Ich bin nicht hergekommen, um mit dir zu schimpfen.“ Mohan zwang sich, ruhig zu sprechen. Die Frau schaute von ihrer Näharbeit auf. „Sie haben keine Achtung vor dieser Weisheit“, fuhr Krishna fort. „Dieser Mann nennt mich einen Betrüger. Sie haben nicht die leiseste Ahnung. Wie kann ich ihnen etwas beibringen, wenn sie nicht fähig sind, zu lernen?“ Er drehte sein Gesicht weg und blies geräuschvoll einen Krümel Tabak von den Lippen.

„Selbstverständlich respektieren sie dich“, antwortete Mohan, der sah, daß Krishna gekränkt war. „Dr. Skafte zollt unseren Schamanen höchsten Respekt. Die Frauen ebenfalls. Ich habe beobachtet, wie sorgfältig sie alles mitschreiben. Sie sind wirklich ernsthaft. Ich habe ihnen auch viele Male gesagt: ‚Ihr müßt dieses Wissen respektieren. Unsere Schamanen wollen nicht unterrichten, wenn ihr keine gute Menschen seid und deshalb müssen sie euch prüfen.‘“

„Gut“, beschloß Krishna. „Ich werde mit Mantras testen, ob sie in Trance fallen. Wenn es sie schüttelt, weil sie von einem guten und nicht von einem bösen Geist besessen sind, werde ich mein Bestes tun, um ihnen alles beizubringen.“

„Selbst wenn es sie nicht schüttelt, mußt du sie unterrichten. Dafür bezahle ich dich schließlich." Krishna warf die Zigarette zur offenen Tür hinaus und sah zu, wie sie qualmend auf dem Gehsteig lag. „Wir werden sehen."

„Es gibt noch andere Schamanen", sagte Mohan. „Ich habe dich zuerst gefragt, aber wenn du es nicht kannst, werde ich Jebi fragen. Jebi ist ein sehr machtvoller Schamane, der Leute zum Schütteln bringt, indem er sie nur berührt." Er wandte sich zum Gehen.

„Ich werde es tun", antwortete Krishna und hob sein Kinn. „Ich habe auch die Kraft, meine Schüler in Trance zu versetzen."

* * *

An diesem Abend arbeitete Krishna schamanisch. Sowie Mohan Einen nach dem Anderen zum Altar brachte, blies Krishna seine Trance-Mantras auf die Schüler und rief die Götter herab, damit sie von ihnen Besitz nehmen sollten.

Diane ging als Erste. „Los geht's", lachte sie. Sie hatte nicht erwartet, daß es sie schüttelte und das tat es auch nicht. Als das Trommeln aufhörte, erhob sie sich, glättete ihr T-Shirt, verzog das Gesicht und zuckte mit den Achseln.

Leonard war der Nächste. Vorgebeugt, mit weit geöffneten Augen und ein wenig verängstigt, saß er auf dem Boden vor dem Altar. Seine Aufsässigkeit war verflogen.

„Öffne dich!" rief Mohan, während das Trommeln intensiver wurde. Krishnas Glocken klingelten wie wild, als es ihn schüttelte, aber Leonard war viel zu verkrampft und von Paranoia beherrscht. Krishna sprang auf und tanzte um ihn herum, während er seine Geistlehrer beschwor. Gleichzeitig drückte der Schamane das Ende seines Trommelgriffs auf Leonards Kopf, um ihn für die Geister zu öffnen.

„Wenn es ihn nicht schüttelt, bedeutet das nicht, daß er kein guter Heiler sein könnte", sagte Mohan, der spürte, daß Leonard mit seinen Zweifeln kämpfte. „Es bedeutet lediglich, daß er eine andere Art von Heiler ist. Es könnte aber auch sein, weil er Rindfleisch ißt. Gott Shiva mag es nicht, wenn man Rindfleisch ißt."

Leonard rückte mit saurer Miene zur Seite. Peter lehnte es ab, sich prüfen zu lassen. Die nervöse Ellen schien der Trance am nächsten zu sein, aber keiner der Schüler bestand Krishnas Test.

„Macht nichts", befand Mohan. „Mit Sicherheit würde es euch alle schütteln, würdet ihr kein Rindfleisch essen."

Er nahm den Schamanen beiseite. „Du mußt ihnen alle deine Mantras geben", sagte er. „Sie werden es merken, wenn du dich weigerst."

„Ich habe mein Wort gehalten. Ich habe sie getestet. Ich werde ihnen etwas beibringen, aber keine Mantras. Die Mantras verlieren ihre Kraft, wenn ich sie auf diese Art und Weise benutze – für Geld und ohne Respekt."

Mohan wußte, daß Krishna Recht hatte. „Ich denke, wir sollten nepalesische Kultur und Geschichten lehren. Ich stimme dir zu. Du brauchst ihnen deine Mantras nicht zu geben. Sie sind noch nicht so weit. Aber komm morgen zur selben Zeit wie immer. Sei einfach da. Jebi wird unterrichten."

* * *

Am nächsten Tag war Leonard mürrisch und schaffte es während des Unterrichts, beide Schamanen zu beleidigen, indem er auf Englisch zu den Frauen sagte, daß sie Betrüger seien. Offenbar glaubte er, daß die Schamanen nichts davon erfahren würden. Aber die Köche und die Helfer verstanden genügend Englisch und beeilten sich, die Schamanen über Leonards Meinung in Kenntnis zu setzen.

Nach dem Mittagessen fing Leonard einen Streit mit Peter an. „Ich bin hergekommen, um zu lernen, aber sie vermitteln nichts. Ich möchte mein Geld zurück."

Mohan trat zwischen sie. „Ich habe dir schon einmal erklärt, daß du ein Heiler sein kannst, aber eben die Art von Heiler, die nicht in Trance fällt", sagte er.

„Er will Alles! Sofort und ohne Anstrengung!" Peter streckte sein Kinn vor. Seine Körpergröße verlieh ihm ein überlegenes Auftreten. „Ich komme schon seit Jahren hierher und lerne Schamanismus. Er will nicht arbeiten und er glaubt nicht, daß es Zeit braucht."

„Ich will arbeiten", konterte Leonard. „Sie geben uns aber überhaupt nichts, womit wir arbeiten könnten. Alles was sie tun, ist reden und Beispiele zeigen, während wir zuschauen."

„Natürlich willst du arbeiten. Sonst wärest du nicht hier." sagte Mohan. Leonards Worte hatten ihn auf eine Idee gebracht. „Heute abend werde ich meine Schamanen um eine Weissagung für dich bitten, um herauszufinden, welcher Pfad der deiner Seele ist."

Er drehte sich zu den Schamanen und sagte auf Nepali: „Wir werden ihn auf die Pilgerreise zum Kalinchok schicken. Mit solchen Typen kenne ich mich aus. Der muß erst leiden, bevor er lernen kann." Jebi stimmte zu. „Schüler müssen sich ihr Wissen verdienen, andernfalls respektieren sie es nicht."

„Er muß Mahadeo verehren", fügte Krishna hinzu.

„Die Götter werden es heute abend in deinem Jokhana sagen." Mohan warf ihm einen eindringlichen Blick zu. „Das sagen sie sowieso immer." „Ho", sagte Jebi und grinste.

„Ja, meine Schamanen sagen, daß sie ihre Gurus über dich befragen werden", fuhr Mohan auf Englisch fort. „Sie wollen erfragen, wo dein Weg liegt und ob ihn vielleicht etwas blockiert. Sie werden herausfinden, was du tun sollst."

„Schön", antwortete Leonard. Peter starrte kalt auf ihn herab. Leonard schaute nicht auf. „Ich werde auf jeden Fall hier sein", fügte er hinzu und drehte sich weg.

* * *

Nach Sonnenuntergang bauten Jebi und Krishna in Schamanentracht nebeneinander ihre Altäre auf und begannen gleichzeitig zu trommeln. Während der Zeremonie spielten sie unterschiedliche Rhythmen, arbeiteten mit jeweils eigenen Liedern und Ritualen und achteten dabei nicht aufeinander. Mohan setzte Leonard zwischen die Beiden auf ein Kissen. Als die Schamanen in Trance fielen, blickte Leonard ständig von Einem zum Anderen, so daß sein blonder Pferdeschwanz hin-und herflog. Seine Augen hinter den dicken Brillengläsern waren vor Ehrfurcht geweitet.

Plötzlich hörte Krishna auf zu trommeln, hob seinen Trommelstock aus gekrümmtem Bambus und schlug sich damit auf den Oberschenkel. „Ich kann nicht weitermachen, wenn er mich belästigt."

Jebi unterbrach sein Trommeln und setze ein unschuldiges Gesicht auf. Mohan stand über ihm und schimpfte: „Achte auf deinen eigenen Weg!"

„Tut mir leid", sagte Jebi. Er verbeugte sich „Namaste" grüßend vor Krishna und zeigte einen betont entspannten Gesichtsausdruck. Krishna antwortete mit einem strengen, langen Blick. Jebi wandte sich wieder dem Trommeln zu und gestattete sich ein flüchtiges Grinsen. Dann glättete sich seine Miene wieder und er trommelte beständig und gekonnt weiter, bis es ihn schüttelte. Der Gott sprach durch ihn und zerstückelte seine Sprache in zusammenhanglose Silben, die eine nach der anderen im uralten Rhythmus hervorgezwungen wurden. „Anh rufen, anh hören, anh kommen, anh KA-anh, anh A-anh, anh A-anh-LIN-CHO-OCK..."

Minuten später erreichte Krishna, dessen Lieder länger waren, den gleichen Punkt.

„Lau-Parameshvar!" Mohan überschrie das Bimmeln von Krishnas Glocken. „Sprich! Wahrsage uns!" Aber statt eines Ratschlags für Leonard sprach der Guru, der Krishnas Körper schüttelte, eine Botschaft für Mohan, in der er schimpfend dessen Sünden aufzählte. Mohan hatte zugelassen, daß sein Altar verunreinigt wurde, hatte unreine Nahrung gegessen, hatte vergessen, seine Ahnen und Götter zu verehren und war vom ursprünglichen Weg des Mundhum abgekommen.

„Ho", stimmte Mohan demütig zu und fügte dann noch respektvoller hinzu: „Hajur."

Dann endlich, wie zuvor Jebi, weissagte Krishna, daß Leonard auf dem heiligen Berg Kalinchok zu Gott Shiva beten mußte.

„Meine Schamanen sagen, daß du eine Pilgerreise zum Kalinchok unternehmen mußt", übersetzte Mohan. „Bringe Gott Shiva Opfergaben und bete um Kraft. Du kannst ein starker Heiler werden. Du mußt zu Shivas Wohnstätte auf dem Kalinchok klettern. Nur dann wird er dir helfen und deinen Weg öffnen. Du benötigst eine äußerst klare und starke Motivation."

Nickend stimmte Leonard zu: „Das würde ich gerne tun", sagte er. „Aber wie?"

„Sei unbesorgt. Ich werde alles arrangieren", versprach Mohan. „Allerdings könnte es wegen der Träger und all der anderen Sachen etwas mehr kosten. Ich werde aber eine kostengünstige Lösung finden."

* * *

1. Kennt Ihr die Perle, die Perle Nepals,
   ein Scherpaführer ganz ideal.
   Ihr kennt ihn alle, Ihr wart ja dabei,
   ja es ist unser Mohan Lal Rai.

2. Es gibt viel Berge dort im Land Nepal,
   die Wollen wir sehen auf jeden Fall,
   wer führte ganz prima an ihnen vorbei,
   ja das ist unser Mohan Lal Rai.

3. Mußte einer umkehren, war einer krank,
   er ist zur Stelle, Gott lob und Dank,
   hilft wenn es sein muß, auch nachts um drei,
   ja das ist unser Mohan Lal Rai.

4. Wer half uns aufwärts, ob spät oder früh,
   auf richtige Wege, macht es uns auch müh,
   und war's uns schlecht mal, wer bracht uns den Brei,
   ja das war unser Mohan Lal Rai.

5. Mit seinem Schlachtruf "Gema Gema" Ihr Leut,
   hat er uns morgens um fünf schon erfreut.
   Dann gab es "Black tea" mit Milch und 'nem Ei,
   ja das war unser Mohan Lal Rai.

6. Die bayrische Sprache hat man ihn gelehrt,
   er merkte sich vieles, wenn er's mal gehört,
   sagt Oichkatzelschwof er, fast ganz akzentfrei,
   ja das ist unser Mohan Lal Rai.

7. Ganz sicher gehen wir wieder einmal,
   zum Himalaja im Land Nepal,
   unser Freund und Führer kann wer nur sein,
   ja das ist unser Mohan Lal Rai.

8. Für heute heißt es Auf Wiedersehen,
   nur ungern lassen wir ihn von uns gehen,
   wir sagen deshalb ganz herzlich bye bye,
   zu unserem Spezi Mohan Lal Rai.

Dankgedicht einer Trekkinggruppe, die Mohan betreute.

DIE AHNEN SIND WÜTEND

...1984 war ich krank. Ich rief Sanu Gauju, um ein Jokhana machen zu lassen und um von ihm geheilt zu werden. Er kam und sagte nach dem Jokhana, daß er für mich nichts tun könnte. Ich wurde von Kul (Ahnengöttern) verfolgt. Also mußte ich selbst alle toten Ahnen rufen und sämtliche Opfergaben, die ich kannte, darbringen. Genauso machte ich es. Am nächsten Tag war ich gesund...

* * *

Mohan verbrachte den Morgen in der Trekkingagentur, wo er Träger und einen Koch für Leonards Pilgerreise einstellte. Gleichzeitig mußte er für eine deutsche Gruppe, die am Abend aus Pokhara zurückerwartet wurde, eine Unterkunft organisieren. Geistesabwesend schwang er sich auf sein Motorrad und trat auf den Anlasser, als ein Junge zu ihm herübergerannt kam und auf den Hinterreifen zeigte. Der Reifen war platt. Mohan stieg ab. ‚Ich werde bestraft', dachte er, während er die erschlaffte Form seines Reifens betrachtete.

„Sei nicht albern", sagte er sich. Er sicherte sein Motorrad und reihte sich zu Fuß in die Menschenmenge aus Büroangestellten ein, die während der Mittagspause zum Essen unterwegs waren. Auf der Durba Marg gelang es ihm, ein dreirädriges Taxi anzuhalten. Er gab dem Fahrer die Hoteladresse. Sobald er dort alles erledigt hätte, würde sich zum Haus von Maile Lama, einer Tamang-Schamanin aus der Nachbarschaft, fahren lassen. Er hatte Bindu erzählt, daß Diane und Ellen eine Schamanin kennenlernen wollten und sofort hatte sie gesagt: „Maile." Bindu und Maile waren Freundinnen und Bindu rief sie immer, wenn ihre Kinder krank waren. Mohan war nicht sicher, ob er die Idee mochte. Seit sie damals, etwa vor einem Jahr gekommen war, um seinen ältesten Sohn Suraj zu heilen, nahm er sich in acht vor ihr. Der Junge hatte schon fast eine Woche lang Fieber. Bindu hatte im Vorzimmer ein Feldbett aufgestellt. Maile brachte ihre Schamanentracht und zelebrierte eine Cinta. Danach fiel Suraj in einen ruhigen Schlaf. Er wachte am nächsten Morgen mit klaren Augen, trockener Haut und normaler Temperatur auf und verlangte Frühstück. Natürlich war Mohan dankbar, aber seine eigene Nacht war rastlos gewesen, weil Bindu während der Cinta zehn Rupien auf Mailes Altar gelegt und ein Jokhana für Surajs Vater verlangt hatte.

Halb in Trance hatte Maile Mohan mit einem kühnen, abschätzenden Blick gemustert, ganz im Gegensatz zu dem üblichen Respekt, mit dem sie sonst in seiner Gegenwart den Blick senkte. Er hatte sich eine Zigarette angezündet und sie durch den aufsteigenden Rauch angeblinzelt. Dann drehte sie sich wieder zum Altar, trommelte und stammelte Wörter, die er nun nicht mehr loswurde: „Er hat uns Ahnengötter nicht geehrt. Er hat unreine Nahrung und Ziegenfleisch gegessen. Er hat weder die notwendigen Opfergaben gebracht, noch war er bei den Zeremonien anwesend. Wir sind wütend! Er muß uns duftendes Räucherwerk opfern, ein Huhn töten und einen Raum für die Familiengötter einrichten, wie es die Tradition der Rai vorschreibt oder er wird mit Sicherheit bestraft!" Ihr Trommelstock war zur Seite gefahren und hatte die alte Trommel geschlagen, auf der sie eigentlich nicht spielen wollte. Ihre Stimme klang barsch. „Wir haben die Geduld verloren! Ab heute muß er vorsichtig sein!"

Dann war sie wieder zu sich gekommen, lächelte und sprach mit der üblichen, bescheidenen Stimme: „Ich habe den Geist deines Vaters gesehen. Er sagte ,vergiß mich nicht.'"

„Du bist Vater von elf Kindern", setzte Bindu ihm später zu. „Hast du vergessen, was der alte Schamane gesagt hat?"

Mohan erinnerte sich sehr gut. Vor einigen Jahren hatte er sich bei einem Klienten mit Grippe angesteckt. Bindu hatte daraufhin einen alten Schamanen aus ihrem Dorf gerufen.

„Ich erinnere mich, daß er gesagt hat, er könne nichts tun", antwortete Mohan kurz.

„Er sagte, daß du von deinen Ahnen verfolgt würdest", erinnerte ihn Bindu. „Das sei der Grund für deine Krankheit. Er sagte, er könne nichts tun, das könntest nur du selbst. Es wäre deine Angelegenheit, die Familiengötter zu rufen und zu ehren, dann würde es dir besser gehen."

„Immerhin ging es mir besser", stellte er fest.

„Du mußt gesund und stark bleiben." Ihre Hand auf seinem Arm war weich und warm. „Wir brauchen unseren starken Papa."

* * *

Erst der alte Schamane, dann Maile und nun Krishna. Alle sagten das Gleiche und versuchten, ihm Schuldgefühle einzureden, weil er vergessen hatte, seine Ahnen zu ehren. Als das dreirädrige Taxi auf der Kreuzung einen großen Bogen nahm und Richtung Blue Star Hotel fuhr, kam der Traum der vergangenen Nacht zurück. Furchteinflößende Gesichter alter Menschen aus seiner Kindheit, mit zerfurchter Stirn und lautlos schreienden Mündern, waren ihm erschienen. Jemand stieß mehrmals ruckartig einen viereckigen schwarzen Stein in sein Gesicht, aber Mohan verschränkte die Arme und wehrte ab. Ein alter Sadhu winkte ihm vom Flußufer aus zu. Schweißgebadet, den Kopf von einer Seite zur anderen werfend, war er schreiend aufgewacht: „Nein, ich kann dir nicht folgen!"

Als er in den frühen Morgenstunden so da lag und innerlich zitterte, hatte er endgültig beschlossen, einen kleinen Altarraum einzurichten und die Feiertage der Ahnen mit Verehrung zu zelebrieren. Aber schon am Morgen hatte er seinen Entschluß vergessen. Er eilte gehetzt ins Büro, von dort ins Lager, wo er seine Bergsteigerausrüstung lagerte, dann wieder zurück und schließlich zum Hotel, um dort die Unterbringung seiner Trekker zu arrangieren. Er hatte keine Wahl. Sein Geschäft verlangte, daß er jedem Detail Aufmerksamkeit schenkte. Verzögerungen wegen eines platt gefahrenen Reifens konnte er sich nicht leisten.

Vor dem Blue Star Hotel ließ er das Taxi warten und fuhr anschließend zu Maile. Sie wohnte nur ein paar Blocks von seinem Haus entfernt. Maile und ihr Ehemann, ein Lama, der doppelt so alt war wie sie, begrüßten Mohan wie einen alten Freund. Während Maile Raksi eingoß und Mohan anbot, ein Ei für ihn zu kochen, hielt der Lama ihr gemeinsames Baby. Mohan lehnte das angebotene Ei dankend ab. Er blieb im Türrahmen stehen und fragte höflich, ob sie für seine weiblichen Schüler aus Amerika schamanisieren könnte. Mit bescheiden gesenktem Blick stimmte sie wohlwollend zu, aber er wußte auch, daß sie nicht überrascht war.

* * *

SCHÜLER UND GURUS

...Nach dem rituellen Tanz saß Maile und trommelte. Es schüttelte sie so, daß die Glocken an den Bändern um ihre Schultern laut klingelten. Herr Rai verfolgte aufmerksam, was sie sang und stellvertretend für ihre Gottheit sprach... „Er muß seinen Altar aufstellen und beten." Sie sagte, er hätte versäumt, seine Ahnen entsprechend seiner Tradition zu ehren und nun würden sie ihn dafür bestrafen...

* * *

Sobald Leonard seine Pilgerreise zum heiligen Berg Kalinchok angetreten hatte, wurde der Unterricht zu einer angenehmen Routine. Mohan stellte den jungen Brahmanen Bhola Banstola ein. Sein Englisch war ziemlich gut und er sollte sich um die Schule kümmern, wenn Mohan im Büro war. Morgens unterrichteten Jebi und Krishna. Nach dem Mittagessen nahm Herr Ganesh die Schüler zum Einkaufen und auf Besichtigungstouren mit in die Stadt und am Abend schamanisierte jeweils einer der Schamanen.

Am vereinbarten Abend brachte Maile ihren Vetter Nima Dawa Tamang, einen jungen Bergführer, als Helfer mit und bereitete eine Guru Puja vor. Alle Schamanen waren verpflichtet, dieses Ritual einmal im Jahr zu Ehren ihrer Gurus abzuhalten und dann auch Opfergaben darzubringen, die sie im Laufe des Jahres als Ausgleich für die Hilfe der Geistwesen versprochen hatten. Maile würde aber auch Kranke heilen. Viele ihrer Anhänger hatten sich im Programmhaus eingefunden.

Nach der Guru Puja fragten Ellen und Diane, ob Maile zum täglichen Unterricht kommen und unterrichten könnte.

„Ich werde sie fragen." Mohan dachte schnell nach. Maile würde sicherlich ein Honorar erwarten – unerwartete, zusätzliche Kosten. Da aber nur noch Frauen am Unterricht teilnahmen, machte es Sinn, eine Lehrerin zu haben. Er musste sicherstellen, daß sie das Programm mochten. Nur so konnte seine Schule wachsen.

„Meine Schüler würden gerne bei dir lernen", sprach er Maile auf Nepali an. „Kannst du kommen und ein paar Vormittage unterrichten? Wie wäre es mit Freitag und dem nächsten Mittwoch?"

„Hajur", antwortete sie erfreut. „Sie können auch zu mir nach Hause kommen." Während sie sprach, lächelte sie in die Gesichter der Frauen.

„Was hat sie gesagt?" fragte Ellen.

„Oh, sie hat zugestimmt. Sie hat auch gesagt, daß ihr eingeladen seid, sie zu Hause zu besuchen." „Wirklich?"

„Ho." Maile sprach Ellen direkt an, um ihre Einladung zu bestätigen und fügte auf Nepali hinzu: „Den ganzen Tag lang kommen Patienten zu mir."

Mohan übersetzte. „Wenn du möchtest, kannst du hingehen und zuschauen, wie sie arbeitet. Bhola wird dich hinbringen. Sag einfach bescheid."

* * *

Ein paar Tage später berichtete Bhola, daß er Ellen zu Maile gebracht hatte. „Sie sitzt da und beobachtet alles, was Maile tut. Sie ist völlig fasziniert."

„Gut." Es war genauso wie Peter gesagt hatte. Einige Amerikaner waren feinfühlig und nicht nur Murkha. „Wann immer sie möchte, kannst du sie dort hinbringen. Sage Maile, daß sie ihr Mantras geben soll."

„Maile hat ihr bereits ihr Angbannu gegeben", erzählte Bhola und bezog sich damit auf ein Schutz-Mantra, das alle Schamanen benutzten, bevor sie mit ihrer Arbeit anfingen. Einige Tage später berichtete er: „Ellen hat Maile als ihren Guru angenommen."

„Weiß Jebi davon?"

„Ja, natürlich."

„Wie hat er es erfahren?" Das war nicht gut.

„Lama hat es Pradhan erzählt, dann hat Pradhan es Jit gesagt und der hat es Jebi erzählt." Pradhan war ein Nachbar und Jit einer der Küchenhelfer.

Natürlich hatte Jebi es erfahren. Er wußte immer, was los war. So wie Mohans Vater, war es ihm wichtig, sich mit jedem zu unterhalten. So erhielt er beim Tratsch wichtige Informationen für die Diagnose und Behandlung seiner Patienten.

Bevor die Schüler anreisten, hatte Mohan beide Schamanen gewarnt. „Fragt nicht, ob sie euch als Gurus haben wollen und euch mit nach Amerika nehmen oder ob sie euren Kindern helfen können, dort die Schule zu besuchen." Krishna hatte einwilligend mit dem Kopf genickt, aber Jebi hatte die Stirn gerunzelt.

„Das ist mein voller Ernst", fuhr Mohan fort. „Jebi, du bist ein großer Schamane und kein Bettler. Amerikaner hassen Bettler. Du solltest von ihnen über

haupt nichts verlangen. Wenn du es doch tust, werden sie jeden Respekt verlieren."

„Hajur." Jebi hatte zugestimmt. Aber jetzt, da Ellen Maile zu ihrem Guru gemacht hatte, würde er wütend sein.

* * *

An diesem Abend erschien Jebi in Mohans Haus, als die Familie gerade ihren Reis aß.

Mohan erhob sich, um ihn zu begrüßen. „Komm setz dich. Hast du schon gegessen?"

„Ich bin nicht hungrig", antwortete Jebi höflich.

Mohan gab Thuli Kumari ein Zeichen, dem Gast einen Teller mit Reis und Dal zu bringen. Er selbst stand rauchend in der Tür und sah zu, wie Jebi sich in der Küche auf den Boden setzte und aß.

„Komm, laß uns miteinander plaudern", sagte Mohan, als Jebi seinen Teller wegstellte. Er bat Kumari, Whisky und zwei Gläser zu bringen und führte den Schamanen zum Sofa im Vorzimmer. „Mir ist zu Ohren gekommen, daß unsere Schülerin Ellen Maile als ihren Guru angenommen hat", begann Jebi.

„Das ist guter Whisky", Mohan hob sein Glas und drängte Jebi, zu trinken. „Nicht so ein billiger Raksi, von dem man krank wird."

Jebi ließ die bernsteinfarbene Flüssigkeit auf der Zunge kreisen. „Guter Whisky", stimmte er zu. Dann aber, entschlossen sein Anliegen vorzubringen, stellte er das Glas zur Seite. „Du hast verboten, daß Krishna und ich die Amerikaner als Schüler annehmen. Warum hat Maile das dann getan?" Er ergriff sein Glas und schüttete den restlichen Drink in einem Zug hinunter. Mohan goß nach. „Mach dir nichts daraus", sagte er. „Ich glaube, daß auch Peter ihnen gesagt hat, daß sie unsere Schamanen nicht als Gurus annehmen sollen. Du und Krishna, ihr seid unsere Schamanen für viele weitere Schüler. Diese werden gehen und andere werden kommen. Du mußt frei bleiben, damit du all die anderen unterrichten kannst. Du bist auf dem besten Wege ein großer, berühmter Schamane in Amerika zu werden. Du wirst deine Schüler bekommen. Vielleicht. Wir werden sehen. Wenn es für dich eine gute Gelegenheit gibt, einen reichen Schüler zu finden, der entschlossen ist, dich als Lehrer zu nehmen. Schau, ich will nur das Beste für dich. Du solltest dir keine Sorgen machen."

Jebi grinste, als Mohan sein Glas wieder füllte.

„Du bist mein bester Schamane", versicherte Mohan. „Ich werde mit Peter sprechen, ob er uns zum Unterrichten nach Amerika holen kann. Dort haben sie noch nie eine korrekt ausgeführte Cinta der Rai, wie du sie durchführst, gesehen. Sie werden aus dem Staunen nicht mehr herauskommen."

* * *

Am letzten Abend des Kurses führte Krishna die große Zeremonie Khadko Katne durch. Mohan wählte Ellen als Patientin aus und erklärte, daß Krishnas Zeremonie ihre Planeten neu ordnen und deshalb ihr Leben zum Besseren hin verändern würde. Er wies den Schamanen an, keinen Teil der traditionellen Zeremonie auszulassen. Alles sollte ganz genau ausgeführt werden. Das war die letzte Möglichkeit, seine Schüler zu beeindrucken. Krishna handelte genau nach Anweisung. Nichts wurde ausgelassen. Angefangen von der Münze unter dem Kissen auf dem Ellen saß, bis hin zum Cakra-Rekhi in dessen Mitte eine Bananenpflanze in der Erde vor der Haustür eingegraben wurde. Auch die Schnur, die von der Pflanze zu einer Haarlocke von Ellen führte, wurde nicht vergessen. Krishna hypnotisierte ein Huhn mit glänzendschwarzen Federn und führte es viele Male um Ellens Körper herum. Mit der ihm eigenen akribischen Beachtung von Details, ließ er nicht eine Opfergabe aus und verschluckte kein einziges Wort seiner langen Anrufungen.

Die Angelegenheit dauerte bis weit nach Mitternacht. Peter und Diane hatten sich aneinander gelehnt und dösten. Jebi, der auf dem Rücken lag und schlief, schnarchte lauthals. Endlich reichte Krishna seinem Helfer das Huhn, damit er ihm den Kopf abtrennte, während er gleichzeitig auf ein Ei stampfte und mit einem scharfen Khukuri den Schafft der Bananenpflanze durchtrennte. Bhola rieb Asche als Tika auf Ellens Stirn und drehte sie um, so daß sie in Richtung des Altars schaute. Endlich freigegeben, rannte sie zur Toilette.

„Dein Leben wird sich nun mit Sicherheit verändern", sagte Mohan, als sie zurückkam.

Sie dankte Krishna und seinen Helfern und ließ ihren Blick zu Diane hinüberwandern. Amerikaner hatten eine kurze Aufmerksamkeitsspanne.

* * *

Ellen in Nepal mit der Schamanin Maile Lama.
Foto: Shamanistic Studies and Research Center Kathmandu

UNTERRICHT IN AMERIKA

...Durch die Schlafzimmertür hörten wir sie schreien. Keri hob ihren Kopf vom Kissen. „Was ist los? Warum streiten sie?" „Jeden Abend läßt du mich bis nach Mitternacht in Trance arbeiten!" Jebi sprach in lautem, verletztem Ton. „Das ist harte, harte Arbeit."...

* * *

Jebis Zeremonien waren kürzer als Krishnas. Zweifellos war er der geeignetere Schamane für die ungeduldigen Amerikaner. Außerdem war er ein angenehmer Begleiter, solange er nicht zu betrunken war.

Nachdem Peter mit den Schülern nach Hause geflogen war, wartete Mohan auf die Einladung nach Amerika. Zeit verstrich. Es wurde November und dann Dezember, arbeitslose Zeit für das Trekking, weil Schnee die Berge unbegehbar machte. Jebi gab das Warten auf und fuhr nach Jappa ins Terai, nach Hause. Nach Neujahr rief Peter endlich an.

„Mitte April beginnt die Trekkingsaison, da kann ich nicht weg", sagte Mohan, was aber eher eine Beschwörung, als eine echte Sorge war. Er hatte nichts geplant. Inzwischen hätte er eigentlich ein volles Auftragsbuch haben müssen, aber aus irgendeinem unerklärlichen Grund hatten die Reiseagenturen, die ihn normalerweise mit Klienten versorgten, beschlossen, in diesem Jahr konkurrierende Trekkingagenturen auszuprobieren.

Mohan benachrichtigte Jebi, er solle seine Schamanenausrüstung packen und mit dem Bus nach Kathmandu kommen. Es war eine achtzehnstündige Busfahrt, aber die Finanzen waren knapp und Mohan konnte es sich nicht leisten, ihm Geld für ein Flugticket zu schicken. Peter war nicht reich und sie wußten noch nicht, wie viele Schüler sich für die Seminare, die er vorbereitete, anmelden würden. Ein Seminar sollte in Santa Barbara und das andere in Boulder Colorado stattfinden.

Aufgeregt wie ein Kind saß Jebi während des Fluges nach Amerika keine Minute still. Anfangs noch eingeschüchtert von den gut gekleideten Passagieren und der Pracht der Kabinenausstattung mit ihren farbenfrohen Polstersitzen, vergaß er schon bald seine Zurückhaltung. Die schöne Stewardeß servierte einen Drink nach dem anderen und Jebi begann zu prahlen. Seine Mantras seien sehr mächtig.

Er könnte seine Schüler, alleine dadurch, daß er sie berührte, zum Schütteln bringen. Er würde viele kranke Leute heilen und Amerikaner als seine Schüler annehmen.

Seine lauten Worte erregten die Aufmerksamkeit einer älteren Dame aus Indien, die auf der anderen Seite des Ganges saß und sich mit einem leichten Lächeln wegdrehte, als Mohan ihren Blick erwiderte.

„Cup", sagte Mohan. „Sprich nicht davon. Amerikaner sind sehr intellektuell. Vielleicht glauben sie nicht an unseren Schamanismus."

Jebi sank in sich zusammen, legte den Kopf an die Rückenlehne seines Sitzes und schlief. Mohan starrte aus dem Fenster auf eine weiche Landschaft aus weißen Wolkenmassen. Als er noch ein Kind war, hatte er sich immer vorgestellt, daß die Götter hier wohnten. Was würde sein Vater sagen, wenn er das hier aus der gleichen Perspektive wie sein Sohn sehen könnte? Würde er überrascht sein, daß kein Gott wirklich auf diesen unebenen Massen lebte, die sich bis zum Horizont erstreckten?

Nur dort drüben die große, weiße Kugel mit einer aufgesetzten kleineren, könnte vielleicht ein Buddha sein. Man konnte sowieso alles, was man wollte, in den Wolkenformationen sehen. Ebenso wie ein Schamane während einem Jokhana ein Muster in Reiskörnern erkennt und zuschaut wie es auf seiner Trommel zerspringt und sich neu zusammensetzt. Mohan hielt Ausschau nach Omen für den Erfolg ihrer Amerikareise. Sein Blick suchte den weißen Hauch ab, der sich über dem dahinrasenden Schatten des Flugzeugs erhob und erkennbare Formen annahm. Eine schien verheißungsvoll einen siegreichen Soldaten zu zeigen. Man konnte deutlich die vorgestreckte Brust und den erhobenen Arm erkennen. Dann aber schwebte die Wolke nach unten und wuchs im Zentrum solange an, bis sie wie eine langhaarige, schwangere Frau von hinten aussah. Schließlich krümmte sie sich und wurde mit der hereinbrechenden Nacht dunkel. Mohan seufzte und gab den anstrengenden Versuch, Hinweise in den Wolken zu finden, auf. Wie Jebi schloß er die Augen und schlief ein.

* * *

Die Abfertigung beim Zoll in Los Angeles dauerte sehr lange. Die Beamten öffneten Jebis Tasche mit der Schamanenausrüstung und fanden darin seine Blätter und Samen. Jebi, der nach dem Aufwachen im Flugzeug weitergetrunken hatte, wollte streiten, aber Mohan zog ein Photo von Jebi in Schamanentracht hervor und zeigte es den Beamten. Er erklärte ihnen, daß sie durch die Universität von Santa Barbara eingeladen waren, um zu unterrichten. Die Zollbeamten lachten und ließen sie passieren.

Peter und seine Frau Diane begrüßten sie am Ausgang. Diane trug ihre blonden Haare altmodisch geflochten und aufgesteckt. Mit ernstem Gesichtsausdruck grüßte sie „Namaste". Peter beugte seinen langen, schmalen Körper, um ihr Gepäck zu nehmen. In Dianes angenehmer Gegenwart beruhigte auch Jebi sich wieder und sonnte sich in ihrem offensichtlichen Respekt. Ihr Haus war ruhig und bequem und nach einem guten Essen mit Pasta und Huhn fühlte Mohan Zuversicht.

* * *

„Es haben sich nicht so viele angemeldet, wie erhofft", sagte Peter. „Ich erwarte mehr in Boulder." Dennoch verlief das Seminar gut. Mohan war überrascht, wie ehrfürchtig, still und aufmerksam die Teilnehmer waren, wenn Jebi schamanisierte. Sie waren nicht wie die Nepalesen, die plauderten und kommentierten. Zufällig hörte er einige von ihnen später reden.

„Jebi hat gesagt, daß mich jemand mit einem Liebeszauber verhext hat. Ich weiß genau, wer das ist."

„Er sagte, daß meine Seele mit der Seele meines Ehemannes kämpft. Das habe ich schon die ganze Zeit gespürt."

„Er hat gesagt, daß die Göttin des Waldes mich beeinflußt. Ich muß ihr Opfergaben bringen. Ich weiß, daß es wahr ist, weil..."

Was immer er und Jebi ihnen erzählten, glaubten sie und versuchten, es wahr werden zu lassen. Als aber Jebi einem Teilnehmer erklärte, daß er unter dem Einfluß einer Hexe stünde, wirkte der Mann verwirrt.

Der Kurs in Santa Barbara dauerte drei Wochen und wurde als großer Erfolg verbucht. Dann packten Mohan und Jebi ihre Sachen und Peter fuhr sie quer durchs Land nach Boulder. Dabei ging es über Berge und kilometerweit durch unbesiedelte Graslandschaften.

„Antilopen." Peter zeigte auf eine kleine Herde, die nahe der Straße graste. Etwas später sahen sie einen Kojoten, der mit gesenktem Schwanz und gespitzten Ohren auf einem buckligen Pfad umherrannte und an verstreut liegenden Löchern und Höhlen herumschnüffelte, um Futter zu finden.

„Ich vermute, in Nepal ähnelt der Fuchs dem Kojoten am meisten", sagte Peter. „In der Tradition der Urvölker von Amerika ist der Kojote als Gauner bekannt."

Mohan übersetzte und Jebi kommentierte, daß Hexen sich oft in Füchse verwandelten.

„Auch Katzen können Hexen sein", fügte Mohan hinzu. Er beobachtete, wie Meter um Meter der unbewohnten Landschaft an ihm vorbeiflog. „Glauben Amerikaner an Hexen?"

„Die meisten nicht", sagte Peter. „Natürlich sind einige Menschen hier neidisch und rachsüchtig, wie überall."

* * *

In Boulder wohnten sie bei Ellen aus Peters erster Nepalgruppe. Jebi erinnerte sich, daß sie verheiratet war, aber nun lebte sie mit ihrer Tochter alleine. Eine große Gruppe hatte sich für das Seminar eingeschrieben, das Ellen mit Rebecca Brown vorbereitet hatte. Es sollte in ihrem spirituellen Zentrum, einer ehemaligen Kirche am nördlichen Stadtrand, stattfinden.

Mohan begann mit der üblichen Einführung. „Ich bin kein Schamane. Ich arbeite nicht in Trance. Mein Vater war ein berühmter Schamane in Bhutan und ich sollte sein Nachfolger werden. Das ist der Grund, warum ich mich auskenne. Aber Jebi ist unser Schamane aus der Tradition der Rai. Ihr seid hergekommen, um von seiner Weisheit zu lernen. Ich bin nur hier, um seine Worte zu übersetzen."

Der Unterricht verlief gut, aber Jebi zeigte bald Zeichen von Ermüdung.

Während der ganzen Zeit in Santa Barbara, beinahe einen Monat lang, hatten sie jeden Tag unterrichtet und fast jeden Abend schamanisiert. Jebi trank sehr viel und schlief kaum. Jeden Abend kaufte Mohan eine neue Flasche Whisky, damit er sich entspannen konnte. Trotzdem verbrachte Jebi die meisten Nächte damit, sich im Schlaf unruhig hin und her zu wälzen und zu schreien.

Den Amerikanern ihre Tradition nahe zu bringen, war eine entmutigende Aufgabe, der sie sich verschrieben hatten. Die Amerikaner waren wohlmeinend, aber sie verstanden gar nichts. Sie glaubten nicht wirklich an Götter und Geistwesen. Dennoch bemerkte Mohan, daß sie sich in der Hoffnung überzeugt zu werden, zum Unterricht angemeldet hatten. Die Unterrichtsstunden dienten dazu, die traditionellen Götter und Geistwesen der Rai, ihre Macht, ihre bevorzugten Opfergaben und die Rituale und Zeremonien zu ihren Ehren, zu erklären. Die Schüler machten sich Notizen, aber Mohan konnte spüren, daß ihre Herzen nicht berührt waren.

„Woran erkennen sie, daß die Waldgöttin gekommen ist? An ihrem Aussehen?" fragte ein Schüler. „Oder ist es eine Energie, an der sie sie erkennen?"

„Ich werde meinen Schamanen fragen." Mohan übersetzte die Frage, aber Jebi verstand sie nicht und fing an zu erklären, wie Schamanen mit der Kraft des Gottes in ihrem Körper auf Berge hochtanzen können, ohne zu ermüden.

„Er sagt, daß die Waldgöttin immer eine kleine Sichel, wie sie die Frauen in Nepal zum Gras

schneiden benutzen, trägt", erklärte Mohan dem Schüler. „Daran kannst du sie erkennen, oder sie verwandelt sich in eine andere Form, aber dann wird sie dir sagen, wer sie ist."
Jebis große Augen schwammen. Er fuhr fort, klare Flüssigkeit aus einem Glas zu schlürfen und Mohan fühlte, daß er den Wodka brauchte, um weiter zu machen. Solange der Schamane wach blieb und weiterarbeitete, war es in Ordnung. Als Jebi das erste Mal für Mohan eine Zeremonie durchgeführt hatte, war das makellos. Man konnte ganz klar sehen, daß die Gottheit seinen Körper besetzt hatte, wenn es ihn schüttelte. Er hatte nichts vorgetäuscht. Aber nun bemerkte Mohan, daß der Gott immer häufiger abwesend war. Er konnte sehen, wie Jebi Muskelkraft einsetzte, um seine Beine zum Zucken zu bringen, anstatt den Gott herein zu lassen. Glücklicherweise schien das keiner der Anwesenden zu bemerken.
„Die Energien um ihn herum sind so stark", rief eines abends eine Frau, als Mohan sich sicher war, daß Jebi nur vorgetäuscht hatte. „Wenn er trommelt, wird seine Aura so groß, daß sie sich bis nach draußen, durch die Wände des Gebäudes hindurch, ausdehnt!"
„Oh ja", sagte Mohan. Was, um Himmels Willen redete sie da? Wenn er schielte, konnte er ein schmales Band aus Licht um Jebis Körper sehen, genau wie bei jedem anderen. Tatsächlich nicht anders, als das Band aus Licht um den leeren Klappstuhl herum, der hinter dem Altar stand. Was Mohan wirklich überraschte, war der starke Wunsch der Amerikaner, zu glauben. Wie in Santa Barbara fanden sie Gründe, zu bekräftigen, was Jebi sagte oder vielmehr das, was Mohan davon übersetzte.
Ein Schüler beschwerte sich sogar, daß er nach Jebis Sitzung schlechte Vibrationen durch den Boden kommen fühlte. „Er hat vergessen, die Tür zur Unterwelt zu schließen, als er fertig war", beschuldigte ihn der Mann.
Peter lachte und antwortete, daß der Schüler die Unterwelt der Schamanen offensichtlich mit der Hölle der Christen verwechselte.

* * *

Wenn nachts keine Zeremonien geplant waren, saß Jebi mit Ellens sechsjähriger Tochter Keri auf dem Fußboden und spielte mit ihr Karten. Er nannte sie seine kleine Schwester und wenn Keri ihre Mutter um eine Cola bat, ahmte er sie nach: „Mama, kann ich auch eine Cola haben? ...Danke Mama." Ellen reichte jedem eine Dose aus dem Kühlschrank und lachte: „Na klar, ich bin deine Mama."
Jebi war emotional wie ein Kind, seine Stimmungen wechselten schnell. Eben noch kicherte er mit Keri, sobald er aber mit Mohan alleine war, weinte er wegen seiner Frau und seiner Söhne und jammerte, weil er sie alleingelassen hatte.
„Sei ein Mann!" schimpfte Mohan. „Sei tapfer! Du bist ein großer Schamane mit vielen Schülern."
„Ellen hat mich nicht als ihren Guru angenommen." Er rieb sich die Stirn. „Sie hat Maile und nicht mich gewählt."
„Ja, aber nur weil Peter ihr gesagt hat, es nicht zu tun", erinnerte ihn Mohan.
„Aber warum Maile? Warum nicht ich?"
Mohan wußte, daß Peter seinen Schülern geraten hatte, in Nepal keinen Guru anzunehmen, und daß Ellen seinen Ratschlag mißachtete, als sie Maile bat, ihre Lehrerin zu werden. Wenn sie gewollt hätte, hätte sie auch Jebi wählen können. Er machte einen schnellen, ungeduldigen Atemzug und hätte fast laut gedacht: „Warum sollte sie einen Suffkopf wie dich wollen?" Aber Jebi stand unter großem Streß. Es war nicht der geeignete Zeitpunkt, einen Streit anzufangen. Statt dessen sagte er: „Cup, sprich nicht davon. Ellen läßt uns hier wohnen, gibt uns zu Essen und Tee – und Cola. Du solltest dankbar sein und dich nicht beschweren."
„Hajur. Sie ist wie meine Mutter."

„Außerdem ist sie Rechtsanwältin. Sie muß jeden Tag zur Arbeit in ihr Büro gehen. Sie hat keinen Urlaub, wie damals in Nepal. Wann würde sie Zeit haben, um von dir Schamanismus zu lernen?"

* * *

Gegen Ende des Seminars hielt Mohan einen Abend frei, an dem er die Fähigkeiten seiner Schüler Schamane zu werden, testen wollte. „Heute abend mußt du dich sehr anstrengen und die Schüler in Trance versetzen", erklärte er Jebi. „Sie wollen unbedingt Schamanen werden, obwohl ich nicht weiß, warum." Tatsächlich dachte er, daß sie sich vorstellten, mächtige Magier zu werden, gefürchtet und verehrt, die alles erschaffen konnten, um ihre Wünsche zu befriedigen und mit ihren Feinden fertig zu werden, ohne zu verstehen, daß ein Leben als Schamane Armut und ständige Hingabe bedeutete. Dennoch waren einige Gruppenmitglieder aufrichtig entschlossen, Heiler zu werden. Mohan hoffte, daß Jebis Mantras sie in Trance bringen würden. Ein großes Publikum hatte sich versammelt. Die Abendsitzungen waren der Öffentlichkeit zugänglich. Peter brachte einen Schüler nach dem anderen nach vorne, wo sie sich neben Jebi vor den Altar setzen mußten. Gestärkt von der Ruhepause am Nachmittag trommelte und arbeitete Jebi. „Lau-Parameshvar!" rief Mohan und sein eigener Magen bebte. Jebi streute Reiskörner und blies Mantras auf die Köpfe der Schüler. Seine Stimme war voller Kraft, aber keinen der Schüler schüttelte es.

„Möglicherweise könnt ihr dennoch Schamane werden", erklärte Mohan ihnen. „Ihr dürft kein Rindfleisch essen. Ihr müßt euch reinigen. Säubert in einer Vollmondnacht euer Bett und zündet eine Kerze oder eine Öllampe an. Bringt an eurem Altar Opfergaben dar und betet zu Gott: ‚Hilf mir, ein guter Mensch zu sein. Laß mich ein Schamane werden, der die Macht hat, kranke Menschen zu heilen.'"

Wieder trommelte Jebi und tanzte zu Ehren der Reispflanze einen traditionellen Tanz, der von der Aussaat und vom Umpflanzen, bis hin zur Ernte, wenn das Getreide in Säcken nach Hause getragen wird, erzählte. Er machte einige Jokhanas, davon eins für eine Frau mit einem schwierigen, jugendlichen Sohn und beschrieb ihre Lebensumstände exakt. Danach führte er für eine Frau, die mit einem Sauerstoffgerät beatmet wurde, ein kurzes Masan-Ritual durch. „Sie wird sich erholen", versicherte Mohan anschließend dem Publikum. „Es wird nur etwas Zeit brauchen. Alles braucht Zeit."

Jebi trommelte sich in Trance und warf dann die Trommel beiseite. Von Hanuman dem Affengott besessen, rannte er mit bebenden Nasenflügeln schnüffelnd ins Publikum direkt zum hinteren Ende des Raumes, wo Ellen mit ihrer kleinen Tochter und einem erwachsenen Sohn saß, der vom Internat nach Hause gekommen war. Jebi kratzte an Ellens Schulter.

„Er will dich hier oben haben", rief Mohan.

Ellen folgte Jebi zur Bühne, schlüpfte aus ihren Schuhen und setzte sich vor den Altar, wo Mohan sie haben wollte. Jebi hängte ihr eine Mala aus Rudraksha-Samen um den Hals und reichte ihr eine Trommel mit Schlegel. Sie zog ihr T-Shirt bis über die Knie und sah ängstlich aus.

„Er sagt, du sollst mit ihm trommeln", übersetzte Mohan. „Mach das, was er tut." Sie hob den geschwungenen Schlegel auf und folgte Jebis Rhythmus. Von Zeit zu Zeit drehte der Schamane ihr sein Gesicht zu, blies Mantras und warf Reis auf sie. Sichtlich angespannt, paßte sie sich dem Rhythmus an. Ihre gekreuzten Beine zitterten, zuckten und fingen an zu beben. Sie schloß die Augen und begann außer Kontrolle zu trommeln. Sie war zu schnell und nicht mehr im Einklang mit Jebi. Er schrie und überschüttete sie mit Mantras und Reiskörnern.

„Lau-Parameshvar!" Mohan schrie vor Erleichterung. Endlich hatte Jebi bewiesen, daß er die Macht hatte, einen Schüler in Trance zu führen.

Mohan brachte Ellen von der Bühne zu ihrem Sitzplatz. Dann wandte er sich dem Publikum zu. „Sie kann Schamanin werden", verkündete er. „Das ist sicher. Allerdings muß sie mehr lernen und üben. Außerdem darf sie weder Knoblauch, noch das Fleisch von Rindern und Ziegen essen."

Auf dem Heimweg war Ellen still. Ihr erwachsener Sohn musterte sie mit neugierigen Blicken, hielt aber seine Fragen zurück. Jebi war völlig erschöpft eingeschlafen, die ebenfalls schlafende Keri auf dem Schoß.

Nach der letzten Gruppensitzung führten Mohan, Jebi und Peter Rebecca Brown zum Abendessen aus, zum Dank, daß sie ihr Gebäude für den Unterricht nutzen durften. Mohan war völlig entkräftet. Er glaubte schon, der Abend würde nie enden. Irgendwann waren sie dann doch mit dem Essen fertig. Peter steuerte den Wagen in Ellens Einfahrt. Bald würde Mohan schlafen können. Peter schaltete den Motor aus und nutzte die Gelegenheit, Mohan zu fragen, wieviel Geld er Jebi geben würde.

„Mach dir keine Sorgen. Ich werde mich um ihn kümmern", antwortete Mohan kurz. Das war nicht Peters Angelegenheit.

Sie hatten einen enttäuschend kleinen Gewinn erwirtschaftet. Die Seminare waren gut besucht gewesen, aber sie hatten die Ausgaben unterschätzt. Sich selbst und Jebi die ganze Zeit mit Whisky zu versorgen war nicht billig gewesen. Alles zusammen, Essen, Zubehör, Benzin für Peters Auto, kostete mehr als geplant. Mohan überlegte kurz, ob Jebi Peter zur Seite genommen und ihn angestiftet hatte, nach dem Geld zu fragen. Aber Jebi hatte seinen Kopf an den Sitz gelehnt und döste. Am Abend zuvor hatte Mohan Jebi ausführlich erklärt, wie hoch die Ausgaben waren und das sie deshalb beide weniger als erhofft mit nach Hause nehmen würden. Jebi hatte das verstanden. Ärger zu machen war allein Peters Idee.

Peter folgte ihnen ins Haus, wo er sie durch das dunkle Wohnzimmer zum Küchentisch führte. Er schaltete das Licht an. „Setzt euch. Laßt uns darüber reden", sagte er.

Sie zogen die Stühle vor und Jebi legte den Kopf auf seine auf dem Tisch verschränkten Arme. „Jebi macht die ganze Arbeit", sagte Peter und versuchte dabei wie ein gütiger, mitfühlender Vater zu klingen. „Er hat mir erzählt, um wieviel du seinen Lohn gekürzt hast. Das kannst du nicht machen. Du hast ihm mehr versprochen."

Jebi hob den Kopf und rieb sich das Gesicht. Er hatte seinen Namen gehört, aber Peter sprach Englisch. Jebi war ein guter Mann. Mohan wußte, daß Jebi ihm vertraute, aber es gab immer jemanden wie Peter, der in die Quere kam und dafür sorgte, daß es einem nicht zu gut ging. In dieser Beziehung war Peter wie ein neidischer Nepalese. Zu Jebis Verständnis versuchte er seine Worte auf Nepali zu wiederholen.

Jebi wandte sich Mohan zu. „Ja! Du läßt mich jeden Abend bis Mitternacht in Trance arbeiten. Das ist harte, harte Arbeit." „Ich versuche nicht, dich zu betrügen", versuchte Mohan zu vermitteln. „Ich habe bereits erklärt, wie hoch unsere Kosten sind und wieviel wir verdient haben. Das ist nicht Peters Angelegenheit." „Ich mache es aber zu meiner Angelegenheit", widersprach Peter. „Du mußt unsere Ausgaben berücksichtigen", sagte Mohan auf Englisch und versuchte, seine Stimme ruhig zu halten.

„Jebi ist nicht derjenige, der das Risiko auf sich genommen hat", hob Peter hervor. „Hätten wir mehr Geld verdient, würdest du den Gewinn erhalten und nicht Jebi. Da es nun weniger ist als erwartet, mußt du auch den Verlust tragen." Sein Gesicht lief rot an wie bei einem Rakshas.

„Er hat Recht", sagte Jebi zu laut. Es fiel ihm schwer, Mohan anzuschauen.

Wenn das Geschrei so weiterging, würden Ellen und Keri aufwachen. Mohan gab nach. Jebi würde mehr Geld als er selbst mit nach Hause bringen. Es war einfach eine Tatsache, daß er Peter brauchte. Wer sonst würde amerikanische Schüler in seine Schamanenschule bringen?

Später in der Nacht, als Peter schon fort war und alle im Bett lagen, hörte Mohan, wie sich die Haustür schloß. War Jebi nach draußen gegangen? Er stand auf und spähte durch die Dunkelheit ins Wohnzimmer, wo Jebi schnarchend auf dem Sofa lag. Ellens Schlafzimmertür war geschlossen. Es war auch niemand hereingekommen. Er legte sich wieder hin. Die Geräusche von draußen schienen ungewöhnlich laut zu sein und eine feuchte Brise wehte durchs offene Fenster. Man hörte, wie eine Autotür zugeschlagen und der Motor angelassen wurde. In der Nähe bellte ein Hund. Mohan berechnete seinen Verlust. Wenn er Jebi bezahlt hätte, würde er einige Hundert Dollars zu wenig haben. Er richtete sich auf und schloß das Fenster. Eine dicke Nebelschicht lag über den Nachbarhäusern. Während er sich die Decke über die Schultern zog, stellte er sich vor, wie seine Frauen ihn begrüßen würden. Sie erwarteten, daß er mit Reichtümern von seiner Amerikareise zurückkehrte. Er hatte Bindu Geld für die Schulgebühren der Jungen versprochen. Es würde das Beste sein, gleich alles zu erzählen und damit abzuschließen. Falls er mit dem Trekking eine gute Sommersaison hätte, würde er trotzdem noch über die Runden kommen. Im Einschlafen hörte er noch, wie sich die Haustür öffnete, mit einem leisen Klicken wieder schloß und dann das leisere Geräusch von Ellens Schlafzimmertür. Wo war sie gewesen?

* * *

Jebi stand früh auf. Er war gut gelaunt und aufgeregt, weil das Programm zu Ende war und sie nun nach Hause fliegen konnten. Er spielte mit Keri, während Mohan Haferbrei kochte, den sie dann, gesüßt mit braunem Zucker, aßen. Ellen schlief lange und wirkte an diesem Morgen beunruhigt. Trotzdem fuhr sie mit ihnen zu einem Geschenkladen und wartete davor, während Jebi Geschenke für seine Familie kaufte. Als sie anschließend in der Küche stand und Sandwichs zubereitete, beobachtete sie beide aus den Augenwinkeln, als würde sie auf den passenden Moment warten, um etwas zu sagen.
„Bist du letzte Nacht noch weggegangen?" fragte Mohan.
„Ja." Sie wischte die Krümel von ihren Tellern in den Ausguß. „Ich konnte nicht schlafen." Sie hielt inne und stand, das Geschirrtuch mit den Händen wringend, da. In kaum verständlichem Nepali sagte sie zu Jebi: „Ist es deiner Ansicht nach möglich, mir beizubringen, wie man in die Unterwelt reist?"
Jebi schaute Mohan verwirrt an.
„Sie will wissen ob sie bei dir lernen kann, nach Nagalok zu reisen", erklärte Mohan und fügte dann „Digdumma" hinzu, um die Unterwelt beim Namen der Rai zu nennen.
„Bittet sie mich, ihr Guru zu sein?"
„Nicht wirklich. Sie will nur diese eine Sache lernen."
„Das verstehe ich nicht."
„Ist sie nicht deine Ama, deine Mutter?"
„Ho", sagte Jebi und erlaubte sich ein Lächeln.
„Du nennst sie deine Mutter, also kannst du ihr beibringen, was immer sie verlangt." Ohne Jebis Antwort abzuwarten, drehte er sich zu Ellen um. „Natürlich kann Jebi dich unterrichten", sagte er auf Englisch. „Er sagt, du bist seine Mutter. Er kann seine Mutter alles lehren." Jebi immer noch lächelnd, beobachtete, wie Mohan übersetzte. „Ich mußte mit meinem Guru viele Jahre studieren, bevor ich ein voll ausgebildeter Schamane war", merkte Jebi an.
„Wie lange wird es dauern, bis ich von Jebi gelernt habe, wie man in die Unterwelt reist?"
„Warum will sie nur das Eine lernen?" fragte Jebis mit gerunzelter Stirn auf Nepali nach.
„Ich verstehe es auch nicht", antwortete Mohan. „Sie sagt, daß sie mit Michael Harner und mit anderen Lehrern aus Amerika Schamanismus gelernt hat. Vielleicht ist diese eine Sache das

Einzige, was sie noch wissen muß." Zu Ellen sagte er: „Sechs Monate. Du müßtest nach Nepal kommen und sechs Monate bleiben."

Sie zog das Geschirrtuch durch die Finger und überlegte. ‚Ich bin zu weit gegangen', dachte Mohan. ‚Ich hätte nur drei Monate fordern sollen.'

„Würde Jebi mich als seine Schülerin akzeptieren?" Sie hielt den Atem an und Mohan verstand endlich, warum sie nicht schon früher gefragt hatte. Sie hatte Angst. Angst, daß sie nicht gut genug war, daß Jebi sie nicht akzeptieren würde. „Selbstverständlich. Warum nicht!"

Sie drehte sich zu Jebi und fragte noch einmal auf Nepali: „Wirst du?"

„Sie fragt, ob du ihr Guru sein willst", sagte Mohan.

Jebis Gesichtsausdruck hellte auf.

„Du mußt Opfergaben bringen", erklärte Mohan ihr. „Geld für deinen Guru Jebi, das du auf seinen Altar legst. Morgen mußt du früh aufstehen, dich waschen und Festkleidung anlegen. Er wird für dich eine Puja durchführen, in der du ihn als seinen Guru annimmst."

„Das tue ich", versicherte sie ernsthaft und errötete.

„Ich weiß, daß du sehr wißbegierig bist", sagte Mohan. Er nahm ihr spiralgebundenes Notizbuch, das auf dem Kühlschrank lag. „Darf ich?" Sie nickte. Er schlug eine neue Seite auf und während sie ihm zuschaute, zeichnete er eine Darstellung der Unterwelt. Sie hatte die Form einer Sanduhr, die er siebenfach unterteilte. Dabei rezitierte er die Namen der Schlangengeister, die ihr auf der Reise nach unten begegnen würden: Nagaraja, Nagarani, Sime, Bhume, Karkat, Kulira, Basuki und schließlich Sesha Naga, die große Urschlange, die zusammengerollt auf dem Urozean des Universums liegt. „Du mußt jedem die richtigen Opfergaben darbringen", sagte er, „damit sie dich vorbeilassen. Stimmt es, Jebi?"

„Ho", Jebi lächelte immer noch. „Mahaguru."

„Mahaguru?" fragte Ellen.

„Großer Guru", übersetzte Mohan. „Er nennt mich einen großen Guru."

* * *

Jebi Bandhari –
In seinen Händen hält er Phurke-Stöcke, um den Hals hängen
eine Naga Mala und zwei Rudraksha-Malas.

Foto: Shamanistic Studies and Research Center Kathmandu

BUDDHAS AUGEN

...Auf dem Tisch lag ein Brief, der zusammengeknüllt und teilweise wieder geglättet worden war. Als er sah, daß ich darauf schaute, runzelte Herr Rai die Stirn und schob ihn in eine Schublade. „Ich habe ein wenig Ärger hier. Eine große deutsche Reiseagentur, die mir noch fünfzigtausend Dollar schuldet, ist bankrott gegangen."

* * *

„So, nun hast du eine Schülerin aus Amerika", sagte Mohan im Flugzeug zu Jebi.
„Gut gemacht. Du mußt ihr das ganze Wissen vermitteln. Du kannst sie zur Schamanin machen. Wenn du sie gut unterrichtest, dann werden mit Sicherheit andere Schüler folgen."
„Ich werde ihr alles beibringen", stimmte Jebi zu.
„Das wird für uns beide sehr gut sein." Mohan schaute zum Fenster hinaus auf eine puffige Wolkendecke, die weich genug zu sein schien, um nach Höhenflügen weich zu landen und darauf herumzutollen.

* * *

Thuli Kumari hatte ein besonderes Abendessen vorbereitet, mit dem sie seine Heimkehr feierten. Es gab Hühnercurry mit Dal-Suppe und gepfeffertem Gemüse. Wie einen Gast ließ sie ihn zum Essen am Kaffeetisch Platz nehmen und Bindu stellte mit einem Tusch eine Flasche Johnny Walker neben seinen Teller. Die Sichtblende vor Bindus Bett war zusammengelegt und weggestellt worden und die Kinder saßen aufgereiht auf dem Bettrand und schauten ihm beim Essen zu. Sani Kumari, seine junge Frau, stand etwas abseits am anderen Ende des Raumes und wiegte ihr Baby im Arm. „Um euch die Wahrheit zu sagen, ich hatte nicht so viel Erfolg wie ich gehofft hatte", gab er zu. „Aber macht euch keine Sorgen. Es wird alles gut werden. Nächsten Herbst wird eine amerikanische Schülerin kommen. Sie wird sechs Monat bleiben und das Wissen der Dhami-Jhankris von Jebi lernen."
Thuli Kumari beugte sich vor, um seinen Teller erneut aufzufüllen, aber er winkte ab und goß Whisky in sein Glas. Morgen würde er in seinem Büro den Reiseagenturen schreiben, die ihn gewöhnlich beauftragten. „Es wird schon klappen", sagte er.
Er schrieb an alle und bot ihnen Rabatt an. Langsam tröpfelten Aufträge herein, aber nie zuvor hatte die Saison so schleppend begonnen. Bindu lernte, wie sie aus ihrem selbstgesponnenen Garn ausgefallene Klöppelarbeiten herstellen konnte und verkaufte sie in einem kleinen Laden im Thamel. „Das ist dein eigenes Geld", fand Mohan. „Mach damit, was du willst." Als sie

aber das Geld verwendete, um Reis und Dal für die Familie zu kaufen, erhob er keine Einwände. „Wirst du dieses Jahr an Ubhauli die Ahnen verehren?" fragte die junge Kumari, seine Rai-Frau. „Wir müssen es unserem Kleinen beibringen."

Mohan kitzelte das Kind und brachte es zum Lachen. „Er ist noch ein Baby."

„Du sagst immer, daß du zu beschäftigt bist, aber du solltest dir dafür Zeit nehmen."

Bis jetzt hatten ihn nur zwei Trekkinggruppen über eine deutsche Reiseagentur gebucht. Normalerweise hätten es inzwischen sechs oder acht Gruppen sein müssen. „Vielleicht hast du recht", räumte er ein.

Er öffnete die Tür zu einem langen, engen Lagerraum neben der Haustür. Im Lichtstrahl der Taschenlampe konnte man einen kaputten Stuhl, einen Stapel Kisten mit Altkleidern und einige Koffer, deren Lederriemen vom Alter schon stocksteif waren, sehen. Der dunkle Raum roch nach Schimmel. „Wir müssen alles ausräumen", wies er seine Frauen an. „Verschenkt alles."

„Ich wollte aber die abgetragene Kleidung als Putzlumpen benutzen", wandte Bindu ein.

„Dann lagere sie im alten Haus." Seine Schwestern wohnten im ersten Haus hinter dem Garten. Dort würden sie einen ähnlichen Abstellraum finden. „Dieser Raum soll mein Samkhama werden." Fröhlich räumten die Frauen den Raum aus und säuberten ihn. „Das sieht sehr schön aus", sagte Mohan. „Leider muß ich euch aber darauf hinweisen, daß von nun an nur noch Sani Kumari und ich hier hereinkommen dürfen."

Bindu und Kumari nahmen das nicht übel. „Maile sagt, es ist gut, daß du das machst", sagte Bindu und spähte in den dunklen Raum. „Vielleicht wird es unsere Probleme lösen."

„Probleme? Es gibt keine Probleme. Lediglich mein Geschäft läuft nicht so gut wie sonst. Aber alles wird wieder besser."

Er ließ sich von seinem Freund Thapa, dem ein Taxi gehörte, zu einem ihm wohlbekannten felsigen Ort in den Hügeln fahren. Dort suchte er für die Cula in dem kleinen Raum vier große Steine aus. Als der Altarraum fertig war, zündete er eine kleine Öllampe an, opferte Reiskörner und Blumen und verweilte betend eine lange Zeit darin. Er wußte, daß er nach Bhutan gehen sollte, um die heiligen Sachen seines Vaters und eine vollständige Liste mit den Namen der Ahnen zu holen. Erst dann könnte er sie an Ubhauli richtig ehren, aber dieses Jahr hatte er keine Zeit.

Die deutsche Reiseagentur schickte eine weitere Gruppe, doch Mohans Firma hatte bereits ihre ganzen Reserven aufgebraucht und so mußte er seinen Partner um einen Vorschuß bitten, damit er sie ausrüsten konnte. Der Trek verlief gut. Die Bergsteiger waren zufrieden und die Träger erhielten viel Trinkgeld.

Der Monsun begann und Mohan verbrachte seine Zeit damit, im Büro den Papierkram zu erledigen. Er befeuchtete die Gummierung eines Luftpostbriefes, den er an die deutsche Reiseagentur schicken wollte. Es war bereits die dritte Mahnung für die Rechnung vom letzten Frühling. Warum zahlten sie nicht? Er brauchte das Geld. Inzwischen war es soweit, daß er es haßte ans Telefon zu gehen, wenn es klingelte. Seine Lieferanten wollten ständig wissen, wann er zahlen würde. Sobald die Deutschen gezahlt hätten, würden die fünfzigtausend Dollar jeden glücklich machen.

Im August erhielt er Nachricht aus Deutschland. Er mußte beim Postamt den Empfang des Briefes quittieren. Der Umschlag war aus einem weißen, teuren, dicken Papier, worauf der Name einer deutschen Anwaltskanzlei gedruckt stand. Mit dem Taschenmesser öffnete er den Brief. Mohan mußte ihn zweimal unter dem flackernden, fluoreszierenden Licht lesen, bevor er den Inhalt verstand. Draußen wirbelte der Monsun in dicken Regenwolken und durch die großen Fenster fiel nur spärliches Licht. Das Schwarzgedruckte stach auf dem weißen Papier hervor. Sein deutscher Klient hatte Insolvenz angemeldet.

Mohans Schulden konnten nicht bezahlt werden. Die Konkursmasse der deutschen Reiseagentur würde verkauft werden, aber voraussichtlich mit zu wenig Gewinn, um davon seine

Rechnungen bezahlen zu können. Mohans Geldgeber und Partner verließ sich auf Mohan als Geschäftsführer, hatte ihn aber davor gewarnt, mehr Kredit zu geben. Mohan ließ den Brief in seine Tasche gleiten. Er hatte keine Ahnung, wie er das seinem Partner beibringen sollte.

Zuerst ging er zu seinem Rechtsanwalt. Ein guter Mann, den er seit Jahren kannte und der seine Firma nach der Gründung registriert hatte. „Es tut mir leid, Mohan", sagte der Anwalt. „Wir können nichts tun. Unglücklicherweise ist das alles legal."

Mohan war kein Jammerlappen, aber konnte nicht anders, als zu protestieren. „Es ist nicht richtig, auf diese Weise zu betrügen."

Der Anwalt hob die Hände. „Ich kann nichts machen."

Mohans Magen schwebte von Angst erfüllt und leer, wie ein zerbrechliches, schutzsuchendes Wesen in der Mitte seines Körpers. „Ich bin ruiniert!"

Mit gesenktem Kopf trat er hinaus auf die Straße. Seine Gedanken rasten.

Vielleicht könnte er den Deutschen eine Vereinbarung anbieten, nach der sie ihre Schulden langsam abstotterten und, falls sie sich neu organisieren und weiterhin abbezahlen würden, könnte er noch eine Preissenkung für zukünftige Dienste anbieten. Wenn sie wüßten, was das für ihn bedeutete. Er konnte nicht glauben, daß diese offenherzigen, deutschen, athletischen Bergsteiger, die er auf den ersten Blick mochte und mit denen er getrunken, gescherzt und ihnen am anderen Ende des Seils vertraut hatte, nun zulassen würden, daß sein Geschäft vor die Hunde ging. Er sagte zu niemandem ein Wort. Nicht bevor er wußte, was er tun sollte.

Glücklicherweise würde bald seine Schülerin Ellen mit den amerikanischen Dollars eintreffen. Herr Bharat, sein Nachbar zwei Türen weiter, war einverstanden, ihm für seine Schülerin ein Zimmer zu vermieten. In seinem großen, dreistöckigen Haus gab es Innentoiletten mit Spülung. Bharat, ein großer Mann, sagte freudig so laut, daß es jeder hören konnte und Mohan in Verlegenheit brachte: „Kein Problem! Du bezahlst das Zimmer erst dann, wenn sie dich bezahlt!"

In September rief Mohan Jebi, der zu Hause in Jappa war und besuchte Maile, die drei Häuserblocks entfernt mit dem alten Lama und ihrem gemeinsamen kleinen Sohn Dorje ein Zimmer bewohnte. „Unsere amerikanische Schülerin wird bald hier sein", sagte er. „Sie möchte bei dir lernen. Immerhin bist du ihr Guru. Sie hat aber auch Jebi als ihren Guru angenommen. Ich werde mich um alles kümmern. Sie hat keine Ahnung, wie hier die Dinge laufen. Frage sie nicht nach Geld. Das werde ich machen."

„Hajur." Maile ließ ihr breites Tamang-Lächeln aufblitzen.

„Der Unterricht wird bei mir zu Hause stattfinden. Du und Jebi werdet mit ihr lernen. Wenn du an der Reihe bist, werde ich dich rufen lassen."

„Hajur."

* * *

In der ersten Septemberwoche holte Mohan Ellen vom Flughafen ab. Seine Frauen fanden es aufregend, daß eine Amerikanerin bei ihnen wohnte und Schamanismus lernte. Die Neuigkeit verbreitete sich in der Nachbarschaft wie die Masern. Stündlich schauten Leute vorbei, um zu sehen, ob die Schülerin schon eingetroffen war. Jeder im Haus freute sich auf die Rückkehr von Jebi, der alle mit seinen Tricks zum Lachen brachte und sich ernsthaft dafür interessierte, was sie erzählten und wie es ihnen ging. Mohans Frauen mochten ihn, weil er sich nicht scheute, bei der Hausarbeit zu helfen. Wenn Kumari Pfefferschoten oder Dal ausgegangen war, rannte er zum Markt und manchmal schlachtete er zum Abendessen ein Huhn.

Mohan dachte, es würde Ellen beeindrucken, wenn er sie auf seinem Grundstück herumführte und so war es auch. „Zwei Häuser!" rief sie überrascht.

„Ich wußte nicht, daß deine Familie so groß ist."

„Insgesamt ernähre ich siebenundzwanzig Leute. Wenn nun Jebi eintrifft, sind es achtundzwanzig."
Er hatte es sich zur Regel gemacht, seine Klienten nie im Voraus um Geld zu bitten. Das zu tun, förderte nur ein Klima von Mißtrauen und Geiz. Besser war es, sie zu umsorgen, wie Reiche zu behandeln und bis zum Schluß nicht auf die Kosten zu achten. Er nahm Ellen mit in sein kleines Büro neben Sani Kumaris Schlafzimmer und zeigte ihr das Kassenbuch, das er benutzte, um ihre Ausgaben im Auge zu behalten. Sie sagte ihm, daß sie für den sechsmonatigen Aufenthalt zweitausend Dollar eingeplant hatte: „Wird das genug sein?"
„Selbstverständlich." Er liebte es, mit Amerikanern Geschäfte zu machen.
Sie hatten jede Menge Geld und feilschten normalerweise nicht. „Ich werde Buch führen und später machen wir die Abrechnung."
Er wußte, daß diese Art von Kundenservice schiefgehen konnte, wie es mit der bankrotten deutschen Reiseagentur geschehen war. Der registrierte Brief lag immer noch so auf dem Tisch, wie er ihn hingefeuert hatte. Er sah, wie Ellen auf den Umschlag schaute und den Absender las. Immerhin war sie Rechtsanwältin und eine neugierige dazu. Er stopfte den Brief in eine Schublade. Vielleicht konnte sie helfen? Kurzentschlossen zog er die Schublade wieder auf und reichte ihr den Brief. „Ellen, ich habe hier ein kleines Problem."
„Ich kann Deutsch nicht lesen." fragend schaute sie auf.
Er erzählte ihr den Inhalt des Schreibens.
„Möglicherweise ist das deutsche Rechtssystem anders, aber ich glaube nicht, daß sie dir einen Handel gestatten, bei dem du bezahlt und anderen Gläubigern vorgezogen würdest. Das wäre nicht gerecht."
Er preßte die Lippen aufeinander und nahm den Brief wieder an sich.
Höchstwahrscheinlich hatte sie recht. Er war in Schwierigkeiten und bereits drei Monate mit der Miete rückfällig. Sein Geschäftspartner würde sich nicht beschweren, solange er in der Lage war, die Türen offenzuhalten. Das konnte er erreichen, wenn er mit den Ausgaben jonglierte, die Verkäufer und die Beschäftigten mit Entschuldigungen abwimmelte. Er hatte in der Vergangenheit immer alles richtig gemacht. Dieser Rückschlag war vorübergehend. Hauptsache, er ließ sich nicht entmutigen und blieb stark. Solange die amerikanische Schülerin bei ihm wohnte, würde er zumindest soviel Kredit bekommen, um die Großfamilie ernähren zu können.

* * *

Thuli Kumari kochte für ihren Gast ein ausgezeichnetes Essen und bald darauf traf auch Jebi ein. Mohan schickte Ellen in das gemietete Zimmer bei Herrn Bharat, so früh es ihm nur möglich war, ohne unhöflich zu erscheinen. Er war hundemüde. Am Abend zuvor war er bis spät nach Mitternacht aufgeblieben. Er hatte seinem Nachbarn, einem Mitglied der weitverzweigten Rai-Gemeinde, der zu ihm wie zu einem Ältesten aufschaute, geholfen. Der Mann war bei einem Kampf verletzt worden und seine Frau, der es nicht gelang, die Blutung zu stoppen, war in Panik geraten und hatte Mohan gerufen. Er mußte sich darum kümmern, den verletzten Mann ins nahegelegene japanische Lehrkrankenhaus zu bringen.
Zusammen mit Jebi, der von der langen Busreise ebenso müde war, genehmigte Mohan sich einen Drink. Nachdem Jebi sich auf dem Sofa zur Ruhe gelegt hatte, hängte Mohan seine Hose hinter dem abgeschirmten Teil des Wohnzimmers über eine Stuhllehne bei Bindus Bett. Das Telefon klingelte. Bindu antwortete, legte eine Hand über die Sprechmuschel und sagte zu ihm: „Eine alte Rai ist heute morgen gestorben. Sie setzen sie jetzt bei. Sie wollen, daß du kommst. Soll ich sagen, daß du schläfst?"
Er griff mit der Absicht, sein Beileid auszusprechen und sich selbst zu entschuldigen, nach dem Hörer. Die alte Frau brauchte keine Hilfe mehr.

Jebi streckte seinen Kopf hinter der Abschirmung hervor. „Was ist passiert?"
Bindu legte eine Hand auf Mohans Arm. „Papa, du mußt nicht gehen."
„Ist jemand krank?" Jebi war aufgeregt. Als Schamane war er es gewöhnt, zu jeder Stunde gerufen zu werden.
„Hier ist Rai", sagte Mohan knapp. Er hörte zu, wie der Enkel der toten Frau ihn drängte, zur Beerdigung zu kommen. Es würde sofort losgehen. Mohan war klar, daß die Familie der Frau sich entehrt fühlen würde, falls er nicht kam und außerdem war da Jebi, der grinste und in sein T-Shirt schlüpfte.
Als sie das Haus verließen, dachte er an Ellen. „Laß uns unsere Schülerin holen", sagte er zu Jebi. „Eine echte Beerdigung der Rai dürfte sie interessieren."
Sie riefen Ellen heraus und hielten ein Taxi an. Mohan vermerkte sich im Geiste, die Fahrtkosten zu ihrer laufenden Rechnung hinzuzufügen.
Als sich die Familie der toten Frau mit der dringenden Bitte an ihn wandte, ihnen zu sagen, in welche Richtung der Kopf zeigen sollte, wenn ein Rai beerdigt wird, wußte er, daß es richtig war, zu kommen. Niemand sonst erinnerte sich daran. „Richtung Osten", sagte er.
Sie mußten den Sarg aufbrechen um herauszufinden, an welchem Ende ihr Kopf lag. Ellen war fasziniert und photographierte.
Auf dem Heimweg erklärte Mohan aus der Sicht des Mundhum, was man beachten mußte, damit die Seele eines Verstorbenen nicht zurückkam und die Lebenden belästigte. „Wenn es ein sehr guter Mensch war, der sich in diesem Leben vorbildlich um die Familie gekümmert hat, dann kann seine Seele ein beschützender Ahnengeist für die Familie werden. Wir nennen sie Pitri oder Kul, sagte Mohan. Jebi hörte aufmerksam zu, als ob er etwas Neues lernen könnte. An vielen Orten werden Lamas geholt, wenn eine Person stirbt und Jebis Lehrer, der auch ein Rai war, hatte ihn vielleicht nie den altehrwürdigen Weg des Mundhum gelehrt. „Unsere Pitris beschützen uns. Wenn andere versuchen, aus den Gärten und Feldern der Rai zu stehlen, können die Pitris sie lähmen. Deswegen ehren wir sie regelmäßig mit Zeremonien."
„Die Pitris der Rai bestrafen einen, wenn man sie nicht ehrt", sagte Jebi auf Nepali. „Sie machen einen krank oder bringen Unglück." Er hatte recht, aber Mohan übersetzte es nicht.

* * *

Am nächsten Morgen traf Herr Ganesh ein. Er war ein kleiner Mann mit einem großen, ernsten Gesicht und mit der Würde eines Gelehrten, obwohl er seinen Lebensunterhalt damit verdiente, Touristen durch die Stadt zu führen. Mohan, der ihm in diesem Herbst nicht so viele Klienten schicken konnte, wie er es normalerweise tat, hatte ihn verpflichtet, um für seine Schülerin zu übersetzen. Jebi saß auf dem Sofa, das sein Nachtlager gewesen war und rieb sich schläfrig die Augen. Schließlich erhob er sich und ging in den Garten hinaus, wo er sein Gesicht mit kaltem Wasser aus einer Leitung besprritzte. Mohan hatte auf Vorrat Kaffee gekocht und als Ellen herüberkam, war das ganze Haus von dessen wohlriechendem Duft erfüllt. Kumari brachte ein Frühstück mit Eiern und Toast.
„Gut, daß du dein Notizbuch mitgebracht hast. Du wirst alles über unsere Götter und Geistwesen lernen", sagte Mohan und wiederholte es für Jebi noch einmal auf Nepali. „Ich muß jetzt ins Büro, werde aber am Abend bei dir sein. Wenn du irgend etwas nicht verstehst, dann frage."

* * *

Im Büro fand er in der Post einige Anfragen von amerikanischen Reiseagenturen. Hastig tippte er auf seiner Schreibmaschine in Englisch verfaßte Antwortschreiben. Es schien bergauf zu gehen.

Der Unterricht des Schamanen lief reibungslos. Ellen machte keine Schwierigkeiten und Herr Ganesh erschien immer überpünktlich. Am Abend, wenn Jebi schamanisierte, füllte sich das Haus mit Freunden und Nachbarn. Mohans jüngere Schwester lebte im hinteren Haus zusammen mit ihrem Ehemann, den alle Makcha riefen. Beide halfen als zusätzliche Trommler aus. Mohan zog sein T-Shirt aus und trommelte ebenfalls. Wenn Jebi in Trance ging, versetzte das laute Rufen von Fragen an die Gottheit Mohan in Aufregung. Die allnächtlichen Cintas brachten Kindheitserinnerungen zurück und bewirkten, daß er sich leichter und jünger fühlte.
„Es wird mich nicht schütteln", versicherte er seinen Frauen. „Ich habe es unter Kontrolle."
Und es stimmte. Wenn er Zeichen von Besessenheit, die auf ihn niederkam spürte, wußte er, wie er seine Aufmerksamkeit nach Außen zu richten hatte, so daß die Energie ihn nicht berühren konnte und es keine Gelegenheit gab, unter ihre Kontrolle zu kommen. Wenn er sich bewegte, aufsprang, um Räucherwerk am Altar nachzulegen, Makchas Trommeln korrigierte, einen Patienten auf den Platz neben Jebi geleitete oder in die Küche rannte, um das Glas des Schamanen aufzufüllen, würde es ihn nicht schütteln. Wenn das alles nicht half und er dieses vertraute Gefühl in seinem Magen spürte, zog er sich zur Tür zurück oder ging hinaus und zündete sich eine Zigarette an.
Er war überrascht, daß Ellen bei diesen Zeremonien nicht in Trance geriet, wie in Amerika. Sie war aber eine sehr aufmerksame Schülerin und es war noch Zeit – es blieben noch Monate. Bald darauf fing sie an, Herrn Ganeshs Übersetzungen die Schuld daran zu geben, daß sie keine Fortschritte machte. „Er erzählt nur hinduistische Mythologie. Ich möchte Schamanismus lernen von Jebi, aber Herr Ganesh übersetzt kaum, was Jebi erzählt. Er tischt mir nur seine eigene Meinung auf. Jebi steht dann auf und wandert umher, weil er so gelangweilt ist."
Am nächsten Morgen rief Mohan Jebi und Herrn Ganesh in sein Büro und hielt eine strenge Rede. Ganesh hörte das nicht gerne. Er war ein gelehrter Mann und hielt Jebi für einen Dorftrottel, der mit Tricks nur vortäuschte, Botschaften aus der Geister- und Götterwelt zu erhalten. Er selbst betrachtete sich aber als einen Ehrenmann. Er konnte nur den Mund halten und es schlucken. Er versprach, wann immer Ellen eine Frage stellte, sie an Jebis weiterzuleiten.

* * *

Ende September erhielt Mohan Nachricht von Doktor William Cunningham, einem amerikanischen Psychiater. Er hatte mit Peter gesprochen und wollte kommen, um die Schamanen zu sehen.
„Sie werden unsere mächtigsten Schamanen bei ihrer Arbeit sehen", erzählte Mohan ihm. „Ein anderer Schüler ist bereits hier. Eine Frau namens Ellen Winner. Jebi hat sie zum Schütteln gebracht und sie wird Schamanin werden. Jebi ist für Amerikaner ein hervorragender Lehrer. Er gibt ihnen Mantras und alle anderen notwendigen Dinge. Wenn Sie es ernst meinen, dann reichen vielleicht drei bis vier Monate aus. Mit Sicherheit können Sie Schamane werden."
Der Doktor kicherte. „Ich kann meine Praxis nicht so lange im Stich lassen. Ich will nur zuschauen. Ich denke, ein Monat reicht aus für mich."
„Selbstverständlich. Für Sie wird es sehr interessant sein, sich das anzusehen. Ich werde mich um alles kümmern."
Doktor William entpuppte sich als großer, angenehmer Mann, der einen wilden, weißen Vollbart trug, welcher mit seinem weißen Haupthaar verschmolz und sein rotes, freundliches Gesicht einrahmte. Wie ein Buddha schien er völlig zufrieden damit, einfach neben Ellen zu sitzen und zu beobachten, was vor sich ging. Im Erdgeschoß von Herrn Bharats großem Haus mietete Mohan ein Zimmer für ihn und beauftragte Jebi und den Übersetzer, noch mal von Vorne anzufangen und die lange Liste von Göttern und Geistwesen aus der schamanischen Kosmologie

zu wiederholen. Sie konnten von Doktor William nicht erwarten, in der Mitte einzusteigen. Um Ellen für diese lange Wiederholung zu entschädigen, verlangte Mohan von Jebi, daß er sie zum Schütteln brachte. „Warum hast du das vernachlässigt? Das ist schon lange überfällig. Sobald sie es tut, kannst du ihr Mantras geben, aber heimlich."

„Ich habe es schon mehrmals versucht", beteuerte Jebi. „Du hast gesehen, daß ich gestern Abend Trance-Mantras rezitiert und ihr Reiskörner auf den Kopf geworfen habe."

„Ich glaube, sie ist hier an diesem fremden Platz, so weit weg von zu Hause, ein wenig nervös. Versuch es weiter."

Von da an versuchte es Jebi unauffällig bei jeder Cinta immer wieder und Doktor William schaute zu. Buddhas Augen, die vom Sofa aus zuschauten. Der Psychiater sagte nichts urteilendes, aber Mohan war entnervt von seinem stillen, prüfenden Blick und wollte ihn beeindrucken. Falls es Ellen nicht schüttelte, weil sie nicht in Trance fiel, würde es jemand anders sein. Jebi kannte einen jungen Mann aus der Nachbarschaft, den es manchmal schüttelte, wenn er einer schamanischen Zeremonie beiwohnte. Er hatte Mohan vorgeschlagen, ihn zur Zeremonie am Abend einzuladen. „Trotzdem will er kein Schamane werden", erklärte Jebi. „Deshalb haben wir ihn hier noch nie gesehen."

„Hol ihn", befahl Mohan. „Sag ihm, er soll kommen soll und mir einen Gefallen tun. Ich werde mit ihm sprechen."

Bei Sonnenuntergang kam der Mann. „Amerikaner sind von Schamanen sehr beeindruckt", erklärte Mohan ihm." Sie wollen sehen, wie ein neuer Schamane gefunden wird. Ich weiß, daß die Götter dir ihre Gunst gewähren und du in Trance gefallen bist. Meine Schüler würden gerne sehen, wie jemand von den Göttern ausgewählt wird. Du mußt ein reiner und guter Mensch sein." Der junge Mann willigte ein. Er setzte sich vor den Altar als Jebi trommelte und sofort begann es ihn zu schütteln. Mohan reichte ihm ein Bündel getrockneter Kaulo-Blätter, damit das Schütteln durch das Rascheln der Blätter betont wurde. „Lau-Parameshvar!" Mohan rief wieder: „Lau-Parameshvar! Sag uns, wer du bist."

„Wer bist du?" fragte auch Jebi mit wildem Blick. „Sag es uns! Sprich! Du mußt es sagen!" Aber das Geistwesen im Körper des jungen Mannes blieb stumm.

„Er spricht nicht", erklärte Mohan auf Englisch. Auf Ellens Blick lag ein Schleier, der den Neid verhüllte, den sie fühlen mußte, als der junge Mann so leicht in Trance fiel, ohne es auch nur zu wollen. Doktor William, unbeweglich und ruhig wie ein Berg, schaute zu.

„Entweder ist es eine Hexe oder eine Gottheit, die da nicht spricht und seinen Körper schüttelt", fuhr Mohan fort. „Aber Jebi wird ihn zum Sprechen bringen. Nun sagt er ihm, daß er weder Schwein, noch Rindfleisch und kein Sisnu essen soll. Bleib sauber. Er kann ein Schamane werden. Das ist sicher."

* * *

„Papa, warum lachst du?" Bindu kauerte über ihrem Spinnrad auf der Veranda und schaute zu ihm auf.

„Ich habe gerade an etwas gedacht. Erinnerst du dich daran, wie geschockt und verblüfft Peter war, als wir ihn letzten Dasain zum Flughafen mitgenommen hatten und ihm zeigten, wie sie das Blut der geopferten Ziegen zum Segen auf die Flugzeuge gossen?"

„Ich erinnere mich." Bindus Hand eilte zum Mund, um ein Lächeln zu verdecken.

„Es ist bald wieder Dasain."

„Wirst du die Schüler mit zum Flughafen nehmen?" Sie zog einen langen Strang Garn vom Rad und prüfte die Stärke. „Es ist immer so überfüllt dort."

„Wir werden es hier feiern", antwortete er. „Wir haben selbst Maschinen, die gesegnet werden wollen. Mein Motorrad..."
„Meine Nähmaschine", sagte sie ergänzend.
„Wir werden ein Schaf kaufen und Jebi kann die Opferung vornehmen."

* * *

Jebis Frau und seine ältere Schwester waren zum Dasain nach Kathmandu gekommen und Jebi brach auf, um sie an der Bushaltestelle abzuholen. Mohan ging zu Maile und bat sie, Jebis Platz im Klassenzimmer einzunehmen. Mit einem langen, durchdringenden Blick, der mehr sah als erwünscht, schaute sie ihn an und erinnerte ihn dadurch, daß auch in diesem Herbst, Udhauli wieder unbemerkt vorbeigezogen war. Wie konnte er vergessen, sein Samkhama zu betreten und die Ahnen zu ehren? Zu Hause nahm er Sani Kumari zur Seite und beauftragte sie damit, ein paar Sojasprossen in dem heiligen Raum wachsen zu lassen.
Im Laufe des Tages kam Jebi mit Frau und Schwester zurück. Bindu und Thuli Kumari hießen sie willkommen. Jebis Frau war still und schön und sah viel jünger als Jebi aus, obwohl Mohan wußte, daß dem nicht so war. Seine ältere Schwester, Didi, schaute alt genug aus, um Jebis Mutter zu sein. Sie war dünn und recht groß, wie ein laufendes Skelett mit hohen Backenknochen und hervorstehenden Schultern und die umsichtige Sorgfalt, mit der sie ihre langen Glieder bewegte, ließ Mohan an eine Marionette denken. Heute abend würde Jebi als Zuschauer mit seiner Familie im Publikum sitzen, während Maile schamanisierte. Sobald es dunkel war, traf sie ein. Mohan hielt sich im Hintergrund, da er mit den Zeremonien der Tamangs nicht so vertraut war wie mit Jebis. Nachdem sie getrommelt hatte und in Trance war, rief sie Ellen zum Altar und versuchte sie zum Schütteln zu bringen, aber zu Jebis Erleichterung klappte es nicht.
„Die Göttin Kali blockiert ihren Weg", entschuldigte Maile ihr Versagen.

* * *

Der nächste Tag war Dasain, der Tag an dem die Opferungen stattfanden.
„Um es richtig zu machen, sollten wir vier Schafe opfern", sagte Thuli Kumari.
„Dafür haben wir kein Geld", antwortete Mohan. „Wir werden eins kaufen und die anderen drei durch Zucchinis auf Stöckchenbeinen ersetzen."
„Die Götter betrügen?" Thuli Kumari hatte keine Ahnung von ihrer finanziellen Situation. „Es interessiert sie sowieso nur unsere reine Absicht."
Normalerweise hatte Mohan keine Zweifel an seinen eigenen Absichten, aber vergangene Nacht hatte er von einem Schaf geträumt, das ihn von Seele zu Seele mit großen, klaren, sorgenvollen Augen angeschaut hatte. Ganz so, wie man in einem Traum ist, spielte er seine Rolle. Er hatte mit einem stumpfen Khukuri versucht, seine Kehle zu durchtrennen. Nachdem es auf den Boden gefallen war, warf es den Kopf hin und her und weigerte sich, zu sterben.
Das Gefühl aus dem Traum war ihm geblieben. Vom Moment des Aufwachens an fühlte er sich gefangen in einer verdrehten Konstruktion, gerade so wie das süße, geflochtene Brot Selroti, das Kumari für die Feiertage vorbereitete. Als Jebi ein ausgewachsenes Mutterschaf an einem ausgefransten, kurzen Strick brachte, verstärkte sich dieses Gefühl noch. Die Augen des Schafs waren stumpf, mit einem leidenden Blick, als ob es schon resigniert hätte. Erleichtert, daß dieses Schaf nicht das klaräugige Opfer aus seinem Traum war, baute sich Mohan vor ihm auf und verkündete, daß es gesund und geeignet wäre, geopfert zu werden.
Leben ist so zerbrechlich. Er hatte eine üble Vorahnung. Ein Inder, nackt bis auf ein schmutziges, weißes Lendentuch, lief auf der Straße vorbei. Auf seinem Kopf trug er einen riesigen Kä-

fig aus Weide, in dem Tauben waren. Er verkaufte sie als Opfergaben zu Dasain. Mohan hielt ihn an und kaufte acht Paare. Er band ihre Beine zusammen und setzte sie unter einen auf den Kopf gestellten Korb in der Küche. Nachdem Jebi das Schaf getötet hätte, würde er die Tauben mit auf das Dach nehmen und als Wiedergutmachung für das geopferte Schaf freilassen.

Er nahm einen Drink und fühlte sich besser. Grinsend befahl er seinen Söhnen, die Nähmaschine nach draußen zu bringen und schob sein Motorrad daneben. Die Frauen dekorierten die Maschinen mit Blumengirlanden und farbigen Klecksen aus Joghurt, der mit Reiskörnern, zinnoberrotem und gelbem Pulver vermischt war.

„Schmückt auch das Schaf mit Blumen." Von der Veranda aus gab er Anweisungen, weil er sich dem Tier nicht selbst nähern wollte.

Ellen und Doktor William kamen von Herrn Bharats Haus herübergelaufen und Mohan stellte die drei großen Zucchini auf ihren Stöckchenbeinen in die Einfahrt. Jebi führte das Mutterschaf daneben, sang Mantras, besprenkelte es mit Wasser, bis es den Kopf schüttelte und schnitt dann mit einem einzigen Hieb seines Khukuris tief in den Hals. Das Schaf fiel wie ein Stein zu Boden und lag still. Dann hackte Jebi schwingend die Zucchinis in der Mitte durch, so daß sie in zwei Hälften zerfielen. Zum Schluß tötete er noch ein Huhn, sprenkelte das aus dem Hals fließende Blut auf die Maschinen und rezitierte Mantras, um sie zu segnen.

„Was macht er da?" fragte Ellen.

Mohan erklärte es ihr.

„Du willst mich veräppeln."

Das war der Moment, auf den er gewartet hatte, um ihre Verblüffung zu genießen, aber die Freude daran war verflogen. „Genauso segnen sie am Flughafen die Flugzeuge", sagte er. „Und in Kathmandu, unten in der Stadt, opfern sie gerade einhundertacht, nicht kastrierte Büffel zu Ehren der Göttin Durga."

Die Schüler wechselten Blicke. Doktor Williams wirkte geschockt und ein wenig mißbilligend.

„Was werden sie mit dem Fleisch machen?" fragte er.

„Wir kochen und essen es als Prasad, als Nahrung, die für die Götter geopfert wurde. Für uns selbst ist es zu viel, deshalb geben wir den Rest armen Leuten."

Der Psychiater nickte beruhigt. Tiere zu schlachten, um sie zu essen, war normal, aber möglicherweise war er noch nie so nah dabei gewesen.

„Bitte geht jetzt hinein und trinkt Tee", sagte Mohan und befahl Thuli Kumari auf nepalesisch, Tee zu kochen.

Er holte seine Tauben, ließ Jebi, Makcha und die Frau, die sich um das geopferte Mutterschaf kümmern sollte zurück und stieg hinauf auf das Dach. Eine große Traurigkeit lag auf seinem Herzen. Bindu und Ellen schauten von unten zu, wie er die Vögel losband, paarweise freiließ und wie er zu ihrem Segen Reiskörner verstreute, als sie wegflogen. Doktor Williams gesellte sich zu den Zuschauern. Mohan arbeitete mechanisch, die Tauben sicher unter einen Arm geklemmt, während er ihre Fesseln löste. Er war sich der Wirkung seiner guten Tat auf die Zuschauer bewußt. Dennoch hellte sich seine Stimmung nicht auf. Er spürte die mißbilligenden Blicke Buddhas. Was machte er hier? Er befreite das letzte Vogelpaar. Sie hüpften auf dem flachen, geteerten Dach bis zum Rand und flogen weg.

„Ich bin Buddhist", erklärte er den Schülern, während er die Außentreppe herunterkam. „Wir glauben nicht an das Töten. Ich mache diese Opferungen nur an Dasain meinen Frauen zuliebe. Schaut, ich habe diese Tauben als Ausgleich für die Sünde des geschlachteten Schafes freigelassen." Respektvoll nickten sie, aber das seltsam bange Gefühl hatte ihn immer noch im Griff. Etwas war nicht in Ordnung.

Er aß Reis mit Hühnercurry, aber sein Magen weigerte sich, das vertraute Wohlbehagen nach dem Essen auszustrahlen. Auch die Schüler schienen aufgewühlt zu sein, als seien sie schockiert von der Opferung. Jebi wanderte unentwegt zur Küche und zurück. Dabei betrank er sich zusehends, während seine Frau und Schwester so taten, als würden sie es nicht bemerken.

Mohan zog Ellen zur Seite. Die Tür zum dunklen Samkhama-Raum öffnend, zeigte er ihr den flachen Topf mit den Sprossen. „Erzähle es nicht den anderen", flüsterte er, damit sie sich bevorzugt fühlte. „Das ist unser heiliger Raum mit der Cula. Da du Schamanismus nach meinem Mundhum lernst, zeige ich in nur dir."

Sie schenkte ihm einen merkwürdigen, fast argwöhnischen Blick und gesellte sich wieder zu den anderen.

Mohan saß an seinem Tisch, holte seine Flasche aus der oberen Schublade und goß sich einen Becher dreiviertelvoll mit Whisky.

* * *

TIEFPUNKT

...Die Ahnengeister sind hier sehr wichtig. Wenn du etwas von einer Person oder aus einem Haus stiehlst, dann können sie dich lähmen. Eines nachts, als ich krank war, träumte ich, daß die Ahnengeister von Herr Rai mit meinen kämpften und mich krank machten. Sie würden nicht eher Ruhe geben, bis ich zu Mus zerquetscht wäre. Heute morgen fühlte ich mich endlich besser – nach zwei Tagen Elend und, ob nun Zufall oder nicht, Herr Rai erzählte mir, daß er für meine Genesung zu seinem Kuladeva gebetet hatte...
Brief der Autorin an ihren Sohn Aaron Denberg, 5. Oktober 1990

* * *

Die Trekkingsaison war fast vorüber. Schon bald würde es zu kalt sein, um Gruppen in die hohen Berge zu führen. Als Mohan in der Büropost zwischen Rechnungen und Werbung die schriftliche Anfrage einer neuen deutschen Reiseagentur fand, war er aufgeregt. Die neue Firma hatte nichts mit den Bankrotteuren zu tun, aber sie baten ihn, wie gewöhnlich, auf die Vorauszahlung zu verzichten. Sie hätten erst begonnen und würden alles am Ende des Trekks bezahlen.

Er zog einen Papierbogen mit Briefkopf in seine Schreibmaschine und überlegte, wie er die Vorauszahlung fordern konnte, ohne das sie absprangen. Er tippte die Adresse ein und ließ dann seine Finger auf den Tasten ruhen. Sie klangen ehrlich und er hatte Verständnis für ihre Notlage. Warum sollte er ihnen nicht vertrauen? Es war nicht einfach, eine Expedition zusammenzustellen, wenn man erst begann. Das könnte die Gelegenheit sein, die er brauchte, um sich aus seiner finanziellen Notlage zu befreien. Und falls es daneben ging, wieviel schlimmer könnte es schon werden, als es jetzt nicht schon war? Er vereinbarte ein Treffen mit seinem Partner, dem Geldgeber, auf dessen Investition seine Firma aufgebaut worden war.

Die Frau seines Partners ließ ihn herein. Sie hatte ein rundes Gesicht und ihr Haar war zu einer Hochfrisur aufgesteckt. Sie trug einen weichen, gelben Sari, der so teuer aussah, als könnte man damit Mohans gesamte Großfamilie für sechs Monate ernähren. Sie führte ihn durch eine dämmerige Diele in ein helles Vorzimmer. Die Vorhänge waren aufgezogen und das Gesicht seines Partners, der dastand und die rechte Hand nach westlicher Manier zum Gruß entgegenstreckte, war eine dunkle Silhouette. Der Mann war jünger als Mohan und wohlgenährt von einem guten Leben. Er ließ zu, daß Mohan seine Hand drückte, erwiderte aber den Händedruck nicht.

„Ich bin geneigt, ihnen zu vertrauen", schloß Mohan, nachdem er den Kreditbedarf der neuen, potentiellen Klienten erklärt hatte. „Ich kenne die Deutschen. Sie sind ehrliche Menschen."

„Was sie ja erst kürzlich bewiesen haben." Sein Partner trat zurück zum Fenster. Jemand mußte ihm von dem Bankrott erzählt haben. In dieser Stadt gab es keine Geheimnisse. „Fünfzigtausend Dollar hat dein Vertrauen dich bis jetzt gekostet", fuhr er fort. „Willst du daraus mehr machen?" Er ging zu einem Wandschrank, ließ Eis aus einem Eimer in ein flaches Glas rasseln und goß einen einzigen Drink ein. Mohans Augen folgten dem Glas, als der Brahmane es hob und daran nippte, bis er entnervt einen zweiten Drink einschenkte und Mohan anbot.

„Wir brauchen diesen Geschäftsabschluß", sagte Mohan und nahm das Glas kommentarlos an.

„Ich verbiete es."

„Bei dieser Art von Geschäft müssen wir den Leuten vertrauen", sagte Mohan beherrscht und hielt seine Gereiztheit in Schach. „Sie vertrauen uns ihr Leben an. Glaubst du, daß sie uns absichtlich betrügen?" „Es ist schon vorgekommen."

„Nicht mit Vorsatz. Sie hatten ihre eigenen Probleme. Sie würden uns bezahlen, wenn sie könnten."

„Nein." Sein Partner sprach betont sanft und als er sein Glas auf dem Tisch abstellte, wirkte sein Mondgesicht arrogant.

Mohan trank hastig sein halbvolles Glas leer und stapfte hinaus. Es gab keine Möglichkeit, die neuen Klienten im Voraus um Geld zu bitten, das sie vermutlich nicht hatten. Würde er darauf bestehen, bestünde eine hohe Wahrscheinlichkeit, daß sie aus Angst, von ‚diebischen Indern' betrogen zu werden, einen Rückzieher machten. Es war ja nicht so, daß es in Nepal keine anderen Trekkingagenturen gab. Wenn sie es nicht mit ihm, sondern mit seinem Partner zu tun hätten, gäbe es wirklich Grund zur Furcht, dachte Mohan. Kein Wunder, daß dieser Mann niemandem vertraut. Abgesehen von dem, was er mit Manaslu Trekking verdient hatte, war er auf unehrliche Weise an sein ganzes Geld gekommen. ‚Ich habe ihn nie gemocht!', wurde Mohan bewußt, während er an schönen, großen Häusern, geschützt durch eiserne Zäune und hohe Mauern vorbeieilte und die Wohngegend seines Partners hinter sich ließ. Sein Mund war trocken, sonst hätte er gespuckt. Er schaute kurz zurück und atmete heftig aus. Ich brauchte sein Geld, das war alles.

Er ging die paar Blocks zu Fuß nach Hause und dachte darüber nach, wie er seinen Partner loswerden könnte. Er könnte seine Trekkingagentur neu organisieren und ihn irgendwie ausbezahlen, vielleicht mit einem Schuldschein und Ratenzahlung, falls er das akzeptierte. Es wäre gut, das Geschäft selbständig und unabhängig führen zu können.

* * *

Doktor Williams Monat in Kathmandu war vorüber. Er zahlte und flog nach Hause. Mohan konnte ein paar Schulden begleichen. Es war kalt geworden, trotzdem ging er jeden Morgen in die Innenstadt in sein Büro, um die Post durchzuschauen. Eines Tages, als er gerade das Haus verließ, paßte Jebi ihn auf der Veranda ab. „Ich weiß schon bald nicht mehr, was ich unserer Schülerin erzählen soll", sagte er. „Was soll ich machen? Wir haben alle Götter und Geistwesen durch. Manche von ihnen sogar schon zweimal."

„Laß sie Mantras lernen", antwortete Mohan kurz, während er den Reißverschluß seiner Jacke zuzog.

„Es schüttelt sie nicht und sie spricht nicht in Trance."

Mohan, der gerade auf sein Motorrad aufsteigen wollte, hielt für einen Moment inne. Wessen Fehler war das? Aber Anschuldigungen würden keinem helfen. „Das macht nichts. Es wird sie schon bald schütteln."

„Wenn ich ihr jetzt Mantras gebe, dann wird sie vielleicht krank. Oder ich auch....oder du. Meine Götter sind sehr stark."

„Du hast sie schon früher zum Schütteln gebracht. Du kannst es wieder tun und dann wirst du sie zum Sprechen bringen. Es wird funktionieren." Mohan schwang sein Bein über den langen, flachen Sitz seines Motorrades. Jebi rieb sich das Gesicht.

‚Meine Pitris sind auch stark', dachte Mohan. ‚Stärker als die von Jebi. Sie haben mich schon immer beschützt.' „Fang an, ihr Mantras zu geben. Möglicherweise werden es die Götter zur Kenntnis nehmen." Das Motorrad sprang knatternd an und machte einen Satz vorwärts. Am Ende der Auffahrt legte er sich in die Kurve und raste in Richtung Stadt.

* * *

Im Büro war niemand. Nicht einmal ein Laufbursche, um Tee zu kochen. Staub wirbelte im Lichtstrahl vor dem Fenster. Er durchwühlte die Post, öffnete ein paar Werbungen und warf sie in den Papierkorb. Die Stille dröhnte in seinen Ohren.

Um sicher zu sein, daß die Telefonleitung nicht tot war, hob er den Hörer ab. Gedankenverloren starrte er auf ein langes Seil und ein paar staubige Steigeisen zum Eisklettern, die jemand auf dem Ladentisch an der Wand hatte liegen lassen. Er starrte so lange ohne zu blinzeln, bis ein weißer Schleier sie zu umhüllen schien. Er spürte die Gegenwart eines unsichtbaren Feindes, der Augen und Ohren verwirrte.

Er hätte zum Schutz ein Mantra sprechen können, aber er sagte sich: „Laß sie kommen. Ich bin stark." Hartnäckig hielt er seinen Blick fixiert. Wenn etwas da wäre, sollte es sich zeigen. Er hatte den Mut eines Löwen.

Schließlich atmete er tief durch, seine Wahrnehmung klärte sich und der Lärm in den Ohren ließ nach. Er wurde sich des Hupens und der Schreie unten auf der Straße bewußt, wo ein Mann einen rückwärts rangierenden Lastwagen von kolossaler Größe in eine Gasse lotste. Leben und Bewegung. Das war es, was er brauchte. Er schloß sein Büro ab und lief hastig die Außentreppe hinunter zum Cafe, wo die wichtigen Männer der Stadt zu Mittag aßen. Er würde ihnen Drinks spendieren und von seiner Schamanenschule erzählen.

Die Neuigkeit sprach sich herum. Gegen Ende der Woche nahm ein deutscher Arzt, der in Kathmandu Urlaub machte, Kontakt zu ihm auf. Der Doktor hatte von Mohans Schule gehört und fragte, ob er mit einem Kollegen vorbeischauen könnte, um sich selbst einen Eindruck zu verschaffen.

Mohan beauftragte die Schamanen, eine große Guru Puja für die deutschen Ärzte durchzuführen. Als Maile sagte, daß sie kein Geld hätte, um einen Hahn für die Opferung zu kaufen, antwortete er nur: „Mach dir keine Sorgen. Ich werde mich um alles kümmern. Bring einfach deine Mala-Jala." Damit meinte er ihre Schamanenausrüstung, bestehend aus Glockenbändern und Ketten, ihrer Trommel und den besonderen Tormas, den aus gekochtem, klebrigem Reis geformten Kegeln, die sie auf einem Schilfrohrtablett als Repräsentanten der Götter aufstellen würde. „Ich werde viel Reis brauchen", sagte sie.

„Jebi wird alles auf dem Markt besorgen", antwortete er grimmig.

Die Schamanen zeigten eine wunderbare Puja. Ellen schüttelte es immer noch nicht, aber die Doktoren waren beeindruckt und sagten das auch. „Wir haben in Pokhara einen Schamanen der Gurung getroffen", berichteten sie. „Seine Zeremonien und Rituale sahen etwas anders aus. Um die Wahrheit zu sagen, er hat uns erzählt, daß er von Ihnen gehört hätte, und daß sie nur Theater für die Touristen veranstalten. Aber das stimmt nicht. Ich bin froh, daß wir gekommen sind. Wir sind zutiefst beeindruckt. Es ist ganz deutlich zu erkennen, daß ihre Schamanen authentisch sind."

„Selbstverständlich sind sie echt", versicherte Mohan. „Ich weiß nicht, wer dieser Gurung ist, aber es gibt immer neidische Leute."

* * *

Jebi hatte Ellen seit einer Woche Mantras gegeben. Eines Morgens erschien sie nicht zum Unterricht und Mohan schickte seinen Sohn, um herauszufinden, warum.

„Sie sagt, sie ist krank", berichtete er. „Sie will nicht aufstehen."

„Ich habe es geahnt", sagte Jebi.

„Alle Ausländer werden erst einmal krank in Nepal", antwortete Mohan „Sie hat nur einen verkorksten Magen."

Aber später besuchte er sie bei Bharat und fand sie fiebrig und blaß vor. Er schickte Bindu mit einem dicken Brei aus Reis und Huhn zu ihr – Invalidennahrung.

„Gib ihr ein oder zwei Tage zur Erholung", wies er Jebi an. „Dann lerne weiterhin Mantras mit ihr."

Jebi nahm seine Mala, ließ sie über Ellens Körper gleiten und blies Mantras auf sie. „Mein Phukne wird ihr helfen", berichtete er Mohan. „Sie wird sich nun erholen." Tatsächlich hatte sich ihr Zustand am nächsten Tag gebessert und sie erschien zum Unterricht.

Mohan blieb, um zu beobachten, wie Jebi Mantras diktierte, während Ellen sie aufschrieb. Er wollte sichergehen, daß der Schamane nichts verheimlichte und keine Wörter ausließ, um die ganze Kraft der Mantras für sich selbst zu behalten. Falls er das täte, könnten die Götter verärgert und dies die Ursache ihrer Krankheit sein. Aber soweit Mohan es beurteilen konnte, waren die Mantras korrekt. „Du darfst diese Mantras niemandem weitergeben", erklärte er Ellen nachdrücklich. „Du darfst sie niemals publizieren."

„Ich verstehe", nickte sie.

„Du mußt sie mit deinem Herzen lernen."

„Ja, das mache ich."

Sie tat es. Mohans zweiter Sohn spähte durch den Spitzenvorhang ihres Zimmerfensters und berichtete, daß sie nach dem Unterricht stundenlang – sämtliche Notizen um sich herum ausgebreitet – auf dem Boden saß und rezitierend vor und zurück schaukelte.

Das Fieber kam wieder und Frau Bharat sagte, sie hätte gehört, wie Ellen sich die ganze Nacht lang erbrach. Als Mohan bei ihr eintraf, kam Ellen gerade aus dem Badezimmer.

„Ich habe von deinen Pitris geträumt", sagte sie und zog sich ihren Morgenrock fest um den Körper. Sie öffnete die Tür zu ihrem Zimmer, stieg ins Bett, zog sich die Decke bis unter das Kinn und knirschte mit den Zähnen, damit sie nicht klapperten. „Ich glaube, deine Ahnengeister sind wütend auf mich."

„Nein", antwortete Mohan. „Warum sollten sie ärgerlich sein?"

„Weil ich in den heiligen Samkhama-Raum geschaut habe?" Sie hob ihren Kopf vom Kissen und blinzelte ihn ohne Brille kurzsichtig an.

„Möglicherweise zeigen sie Interesse an dir, weil du die geheimen Mantras der Rai lernst", gab Mohan zu. „Manchmal zeigt es sich auf diese Weise."

Sie ließ ihren Kopf auf das Kissen sinken und schloß die Augen.

„Ich werde zur Seele meines Vaters beten, damit er dir hilft und dir seine Gnade schenkt."

* * *

Natürlich vergaß er es. Am nächsten Tag, nach einem frustrierenden Morgen alleine im Büro, wo er Briefe an eine Reihe von Reiseveranstaltern geschrieben hatte, traf er zu Hause ein und fand Maile vor, die seine Frauen besuchte. Er zog sich mit Jebi auf die Veranda zurück, um deren Tratsch zu entfliehen. Er dachte nicht an sein Versprechen, zur Seele seines Vaters zu beten, bis er Ellen sah, die von Herr Bharats Haus herübergelaufen kam und der es offensichtlich besser ging. „Ich denke an meinen Vater", sagte er zu Jebi. Er könnte der Grund für Ellens Krankheit sein."

Mohan erinnerte sich daran, wie sein Vater mit der erfolgreichen Heilung der Königin aus der Hauptstadt geprahlt und gestikulierend gezeigt hatte, wie der Blitz zickzackförmig vom Himmel herunterrasend seinen Messingteller gespaltet hatte. Mohan hatte damals Stolz und Respekt für ihn empfunden, aber beinahe über Nacht war die Macht seines Vaters geschwunden und das Glück seiner Familie abhanden gekommen. Mohan, der gerade in die Pubertät kam, war seiner Prahlerei überdrüssig geworden und betrachtete ihn damals als einen alten, verbrauchten Mann. Kein Wunder, daß er vergaß, zu seiner Seele zu beten. Sein Vater konnte zu diesem Zeitpunkt nicht älter als fünfundfünfzig Jahre gewesen sein, dasselbe Alter, in dem nun Mohan war.

Ellen grüßte „Namaste" und setzte sich auf die Treppe. Auf der anderen Straßenseite warf ein Junge einen roten Ball in die Luft und fing ihn wieder auf. Beim nächsten Versuch warf er den Ball zu hoch und Mohans Blick folgte der Flugbahn hinunter über einen steilen Abhang. Der Junge rannte hinterher und stoppte erst kurz vor dem Abhang. ‚Das ist mein Leben', dachte Mohan. ‚Die Kurve meines Lebens ist wie die Flugbahn des Balls. Dies ist der Anfang eines langen Niederganges, genau wie im Leben meines Vater – das Trekkinggeschäft ist zerstört, die Kinder sind rebellisch und dieser gehässige Gurung-Schamane verbreitet üble Gerüchte über meine Schule und stellt mir ein Bein, damit ich zu Fall komme.' Er ließ seine Wut auf den Gurung anschwellen, um damit seine Depression zu verdrängen.

Ein leises Geräusch an der Tür riß ihn aus seinen Gedanken. Jemand stand dort und beobachtete ihn. Für einen Augenblick glaubte er, laut gesprochen zu haben. Es war Maile, die mit beiden Händen den Saum ihres gelben Pullovers hielt und gütig auf ihn herabblickte. „Älterer Bruder, du bist aufgebracht, weil du dich an deinen Vater erinnerst", sagte sie. „Vielleicht ist es an der Zeit, deine Ahnen mit einer Puja in der Tradition der Rai zu ehren." Sie wußte bereits von Bindu, daß er in dem ehemaligen Abstellraum sein Samkhama eingerichtet und auch, daß er im vergangenen Herbst Udhauli vernachlässigt hatte.

Mohan zündete sich eine Zigarette an und blies Rauchwolken, um den Gedanken an die Gegenwart seines mißbilligenden Vaters zu verbannen. „Ich werde darüber nachdenken."

„Hajur", antwortete Maile und ging an ihm vorbei die Treppenstufen hinunter.

„Nimm einen Drink, dann geht es dir besser", schlug Jebi vor.

* * *

DIE MISSLUNGENE GUPHA

„Wie geht es meiner Schwester?" „Ich habe nichts gehört." Herr Rai stellte das Essen um
– zwei kleine Schalen mit Kichererbsen, ein Glas Milch und knusprige Snacks aus fritiertem
Teig für mich. Hinter dem hohen Ladentisch, halb verdeckt von einem teilweise zugezogenen
Vorhang, lackierte sich eine Frau an einer Anrichte die Fußnägel. Ich löffelte ein paar Erbsen,
deren trockenen, körnigen Geschmack ich nicht mochte, während ich mich innerlich vor der
Lüge von Herrn Rai wie ein Hund duckte. Kein Zweifel. Anstatt der Wahrheit erwartete Jebi
von Herrn Rai, daß er ihm das sagte, was er hören wollte. Das war die Art, wie sie hier Dinge
erledigten. Aber offensichtlich vermutete Jebi, daß etwas nicht in Ordnung war...

* * *

„Ellen", sagte Mohan. Ihr Kopf schnellte zu ihm herum. Er mußte schärfer gesprochen haben
als beabsichtigt.
„Ellen, ich bereite für dich eine Gupha vor. Ich meine damit eine Einweihung. Jebi wird sie
leiten und dir Masans und alles andere bei sich zu Hause in Jappa im Terrai zeigen."
Sie erblaßte, wurde dann rot und schaute Jebi fragend an.
„Ho", bestätigte Jebi auf Nepali. „Ich werde dich mit auf einen Friedhof nehmen und die
Masans rufen. Du wirst dort die ganze Nacht alleine verbringen.
Auf die gleiche Weise hat es mein Lehrer mit mir getan. Er hat zwölf Schüler mit auf den
Friedhof genommen und als die Masans sich zeigten und anfingen uns herumzuschubsen, rann-
ten alle außer mir weg."
„Muß ich, so wie du, einen Leichenknochen ausgraben, mit dem ich die Masans rufen kann?"
„Nein." versicherte Mohan schnell auf Englisch. „Das ist eine andere Geschichte. Dieses Mal
mußt du nur beweisen, daß du dich gegen die Masans behaupten kannst. Das du Mut hast und
dich nicht fürchtest."
Sie atmete tief durch: „Wann geht es los?"
„In ein paar Wochen. Erst muß ich noch ein paar Geschäfte zu Ende bringen. Dann werde ich
dich dort hinbringen.
„Mach dir keine Sorgen", sagte Jebi. „Ich werde dich mit meinen Mantras beschützen. Es gibt
nichts, wovor Ama Angst haben müßte." Er schenkte Ellen ein Bier ein.
Sie trank ein paar Schlucke, erklärte dann, daß sie sich krank fühlte und verließ sie, um in ihr
Zimmer zu gehen. Mohan ging zu Thuli Kumari in die Küche und wies sie an, das Hühnchen,
das sie gekocht hatte, aufzuheben.
In dieser Nacht konnte er lange nicht einschlafen und als er endlich schlief, träumte er, daß

Jebi Mantras in Ellens Ohr flüsterte, während Maile an Jebis Ellbogen zerrte und ihn wegziehen wollte. Mohan hörte die Stimme seines Vaters „Halt!" rufen und erwachte langsam. In der Dunkelheit erschien kurz die scharf gestochene Vision vom Gesicht des alten Mannes an der Zimmerdecke und war sogleich wieder verschwunden. ‚Warte, geh noch nicht', dachte Mohan, aber es war nichts mehr zu sehen.

Er flüsterte ein traditionelles Mantra für die Ahnengötter und formulierte im Geiste Worte für die Seele seines Vaters: „Bist du wütend, weil Ellen, die keine Rai ist, die Geheimnisse des Mundhum erlernt? Aber warum? Du selbst hattest Schüler, die keine Rai waren."

Waren es seine eigenen, oder Gedanken seines Vaters, die antworteten:
„Stimmt, aber ich habe sie nicht alles gelehrt." „Jebi kann ihnen nur beibringen, was er selbst weiß", erwiderte Mohan im Geiste. Aber inzwischen stritt er mit sich selbst. Das Gefühl der Anwesenheit der Seele seines Vaters war verschwunden. Jebi war kein Rai. Ellen war eine gute, reine Person. Sie hatte versprochen, die Mantras zu respektieren und geheimzuhalten. Menschen wie sie hielten ihre Versprechen. Ich habe eine gute Menschenkenntnis, sagte er sich. Es spielt keine Rolle, was mein Partner von mir denkt.

Immer noch ärgerlich, drehte er sich gereizt auf die Seite. Bindu lag gleichmäßig atmend neben ihm. „Schau", argumentierte er in die Stille hinein und rang immer noch mit der Seele seines Vaters. „Ellen hat es noch nicht geschüttelt. Vielleicht wird sie kein Schamane. Sie wird einfach nach Hause fahren, eine weitere unwissende, amerikanische Touristin." Er schloß die Augen, wälzte sich herum und ließ seinen Kopf auf das Kissen sinken.

Im nächsten Moment riß er die Augen wieder auf. „Was denke ich bloß?" Er tastete seine leere Packung nach einer Zigarette ab. Will ich nicht, daß meine Schüler Erfolg haben? Plötzlich verstand er die Botschaft des Traums. Natürlich war die Seele seines Vaters wütend – das Maile an Jebis Ellbogen zog, bedeutete, daß sie gegen Jebi arbeitete, weil sie den strikten, reinen Mundhum der Rai mit der Weisheit der Tamang vermischte. Das konnte nicht gut sein.

Er rezitierte die Namen jedes einzelnen Ahnen, den er erinnern konnte und konzentrierte sich auf sie, als würde er mit den Göttern sprechen. „Bitte helft meiner Schülerin, die Weisheit der Rai-Schamanen zu lernen. Sie kann in dieser Welt im weit entfernten Amerika Augen, Ohren und Hände für euch sein, so wie die Schamanen hier." Der erste Hahn krähte und durchbrach die Stille vor der Morgendämmerung. „Und ich verspreche euch ein Opfer. Ich weiß, daß ich vergeßlich war. Bitte vergebt mir." Als die ersten Sonnenstrahlen auf dem Goldrahmen eines Fotos von ihm in Gurkha-Uniform schimmerten, schloß er endlich die Augen und schlief ein.

* * *

Am Morgen erschien Ellen wieder nicht zum Frühstück. Thuli Kumari setzte den Korb mit den Eiern zurück aufs Regal und sagte: „Sie muß krank sein."

Mohan lief zu Bharat hinüber und klopfte an Ellens Tür. „Es tut mir leid, daß du dich nicht gut fühlst."

„Es wird schon wieder werden." Sie lag reglos auf dem Rücken, die Bettdecke bis unter das Kinn gezogen.

„Ellen, ich glaube du hast Recht gehabt. Meine Pitris sind wütend, weil du die Mantras der Rai lernst. Aber ich habe zur Seele meines Vaters gebetet, damit er dir hilft."

„Danke." Sie sprach, ohne ihren Kiefer zu bewegen, wie jemand, der einen aufkommenden Brechreiz unterdrücken wollte.

„Ich glaube, du solltest dich weiter ausruhen. Wenn es dir wieder besser geht, dann lerne mit Jebi Mantras und sei bereit für die Gupha."

„Okay." Ihre Augen waren fast geschlossen.

„Kein Unterricht heute. Bindu wird dir später eine Suppe bringen."
Er konnte sehen, daß sie alleine sein wollte. Er wußte aus eigener Erfahrung, wie es war, wenn man mit einer Krankheit kämpfte, weil man nicht wollte, daß das Leid einen überwältigte. Aber Ellen war stark. Die Krankheit würde vorübergehen. Er verabschiedete sich. „Ruhe dich aus."

* * *

Am Vormittag erhielt Mohan einen Telefonanruf von Jebis Vetter. „Wir haben unsere Didi ins Krankenhaus gebracht", sagte er. „Sie sagen, es wäre eine Lungenentzündung. Kann ich mit Jebi sprechen?"
Jebi hatte auf dem Sofa geschlafen, war aber sofort aufmerksam, als das Telefon klingelte. Er nahm den Hörer und hörte angespannt zu. „Hajur, hajur", sagte er und seine Stimme klang unnatürlich. „Ich werde kommen." Während er sein Hemd zuknöpfte, erinnerte er sich daran zu fragen: „Kein Unterricht heute?"
„Heute lassen wir den Unterricht ausfallen. Natürlich mußt du zu deiner Schwester gehen."
Mohan zog einen Hundertrupienschein hervor und überreichte ihn dem Schamanen.

* * *

Es war bereits dunkel, als Jebi zurückkam. Er ließ sich auf das Sofa fallen und schlug beide Hände vor das Gesicht. „Meine Schwester liegt im Sterben."
„Unsinn", widersprach Mohan. „Deine Schwester ist eine alte Frau, aber sie ist gesund. Weder trinkt, noch raucht sie. Sie ist mit sich selbst immer sehr sorgfältig umgegangen. Ist es nicht so?" Jebi nahm die Hände vom Gesicht. „Ja", stimmte er zu.
„Sprich Mantras und bete für sie", ermutigte Mohan ihn. „Mit Sicherheit wird sie wieder gesund." „Hajur." Jebi durchstöberte sein Bündel nach der Mala und ließ dann Mantras flüsternd die Perlen rasch durch seine Finger gleiten.
Bis zum Ende der Woche ging es seiner Schwester schon wieder besser.
Auch Ellen hatte sich erholt und nahm ihren morgendlichen Unterricht wieder auf.
Mohan versicherte Jebi täglich, daß für seine Schwester keine unmittelbare Gefahr bestand und konnte ihn auf diese Weise überzeugen, nach Jappa aufzubrechen und die Gupha vorzubereiten.
„Wir beide werden am Donnerstag mit dem Flugzeug folgen", sagte er zu Ellen, als Jebi sich auf den Weg machte und seinen Koffer in der ihm eigenen, seltsam schlaksigen Gangart die Auffahrt hinuntertrug.
Als Mohan am Freitagnachmittag vom Büro nach Hause kam, erwartete ihn bereits Bindu.
„Jebis Vetter hat wieder angerufen", sagte sie. „Jebis Didi ist gestorben." Sie bedeckte mit einer Hand ihren Mund.
„Hast du es unserer Schülerin gesagt?" Ellen saß im gleichen Raum und blätterte ihre Notizen durch, aber Mohan dachte, daß sie es nicht verstehen würde. Sie sprachen Nepali und Mohan hatte ihren Namen nicht erwähnt. Bindu warf einen kurzen Blick zu Ellen hinüber und schüttelte dabei leicht den Kopf.
Er hängte seine Jacke auf eine Stuhllehne. Warum mußte Didi ausgerechnet jetzt sterben? Die Götter waren immer noch wütend. Sobald sie von Jappa zurückkämen, würde er das versprochene Opfer darbringen.
Das Telefon klingelte. Etwas zu laut. Das mußte ein Gläubiger sein. Er deutete Bindu an, zu sagen, er wäre nicht zu Hause.
Als sie auflegte, sagte er: „Wir müssen nach Jappa fahren. Zwei Männer in Biratnagar schulden mir noch Geld. Ich kann sie auf dem Weg dahin treffen und abkassieren."

„Dann geh", sagte Bindu. „ Du kannst Jebi die Nachricht vom Tod seiner Schwester selbst überbringen. Wenn du dort bist, kannst du ihn besser trösten."

„Ich habe keine Ahnung, wie unsere Schülerin darüber denkt", antwortete Mohan. Sie erwartet die Einweihung auf dem Friedhof, aber in seiner Trauer wird Jebi nicht in der Lage sein, die Masans zu rufen."

„Den Willen der Götter müssen wir akzeptieren. Sie wird nicht verärgert sein." In der Zeit, als Ellen krank war und Bindu sie gepflegt hatte, hatte sie auch ihren Charakter kennen gelernt. „Sie ist auch Jebis und deine Freundin."

* * *

Auf dem Weg zum Flughafen ließ Mohan das Taxi in Pashupatinath anhalten und führte Ellen die lange, hölzerne Treppe hinunter zu den Plattformen an den Ghats, wo sie die Toten einäscherten. Er wollte Jebis Schwester seinen letzten Respekt erweisen. Der lange, dünne, in gelbe Tücher gewickelte Körper der toten Frau lag brennend auf einem ordentlich aufgeschichteten Scheiterhaufen. Bei einem Händler kaufte er Blumen und gab sie zusammen mit ein wenig Geld dem Sohn von Didi.

Zurück im Taxi gestand er: „Ich überlege gerade, ob ich Jebi sagen soll, daß seine Schwester gestorben ist."

„Wie kommst du darauf?" fragte Ellen.

„Wenn er trauert, kann er weder unterrichten, noch die Gupha vorbereiten. Warum gehen wir dann dorthin? Für nichts und wieder nichts?"

„Wir müssen nicht gehen." Gekonnt versteckte sie ihre Enttäuschung.

„Warum bleiben wir nicht hier?"

„Besser, wir sagen nichts bis nach der Gupha. Alles ist bereits vorbereitet."

„Du mußt es ihm sagen...", sagte sie zögerlich.

„Das werde ich. Nur sage bitte nichts. Laß mich das machen."

Er hatte das Gefühl, in einer Falle zu stecken.

Der Flug nach Biratnagar verlief reibungslos. Er brachte seine Schülerin in einem kleinen Hotel unter und machte seine Freunde ausfindig, damit er seine Schulden eintreiben konnte. Beide bezahlten bereitwillig und mit Erleichterung steckte er das Geld in seine Tasche.

Früh am nächsten Morgen bestiegen sie den Bus nach Jappa. Als sie dort ankamen, regnete es. Jebi kam mit einem geöffneten Regenschirm auf sie zu gerannt. Er begrüßte sie und führte sie zu einem großen Imbiß. Dort holte er drei kleine Schalen Kichererbsen beim Ladeninhaber aber weder Jebi noch Ellen berührten das Essen. Über den langen, leeren Tisch betrachteten sie wartend Mohan, der auch nicht essen konnte.

„Wie geht es meiner Schwester?" fragte Jebi „Ich habe nichts gehört."

Der Schamane lehnte sich mit düsterem Blick zurück und auf seinem Gesicht bildeten sich tiefe Linien. Ellen nahm mit dem Löffel ein paar Erbsen und kaute langsam darauf herum.

Jebi hatte für die kurze Fahrt zu seinem Haus in Budhabari einen Fahrer aufgetrieben und während sie über die breite, schmutzige Straße holperten, beantwortete er in knappen Sätzen Mohans höfliche Fragen nach dem Wohlergehen seiner Frau und der Kinder. Ellen schaute ständig vom einen zum anderen, da sie angestrengt versuchte, ihr Nepali zu verstehen. Sie wartete darauf, daß Mohan endlich die schlechte Nachricht über Jebis Schwester auspackte. Er machte nur schwache Andeutungen, Jebi wußte es sowieso. Mohan glaubte, daß Jebi vorbereitet wäre, wenn er endlich die Bombe platzen ließ.

Mohan wollte mit seiner Mitteilung warten, bis sie Jebis Haus erreicht hatten, das auf Stelzen an der langen, geraden Straße, über einem leuchtendgrünen Rasen, direkt hinter dem größeren

Haus seines Schwagers stand. Mohan sprach nicht. Weder als sie die Treppe zu Jebis luftigem Vorzimmer hinaufstiegen, noch als Jebis Frau ihnen Tee brachte und Jebi auf einem Stuhl Platz nahm, seine Hände faltete und seinen Blick unentwegt auf Mohans Gesicht richtete. Inzwischen wußte Mohan, daß er sich getäuscht hatte. Jebi war nicht vorbereitet.

Mohan nahm seinen ganzen Mut zusammen und sagte: „Jebi, es tut mir leid. Ich muß dir mitteilen, daß deine Schwester in Kathmandu gestorben ist."

Augenblicklich brach der Schamane weinend zusammen.

Schluchzend schlug er seinen Kopf immer wieder auf die harte Tischplatte.

Er hob sein nasses Gesicht und schlug sich auf die Stirn. „Ama", wandte er sich an Ellen. „Ich bin schlecht, kein guter Mann, kein Programm!"

„Das ist schon in Ordnung", versicherte sie mit teilnahmsvollem Blick.

Seine Frau, die Jebis Trinkerei und emotionalen Ausbrüche gewöhnt war, brachte ein Handtuch für seine Tränen und zog sich zurück auf die Veranda ihrer Schwester.

„Hör auf zu weinen", sagte Mohan. „Im Angesicht des Todes müssen wir stark und mutig sein."

Jebi schluchzte noch mehr. Mohan beschloß, sich zu den anderen zu gesellen. Er konnte Ellens Verlegenheit spüren, überließ es aber ihr, damit zurechtzukommen. Vielleicht wußte sie, wie sie ihren Guru besänftigen konnte. Sehr schnell erkannte er seinen Fehler. Jebi grapschte nach Ellens Taille, hielt sich fest wie ein Baby an der Mutter und wollte nicht mehr loslassen. Mohan rief Ellen zu, sie solle sich befreien und sie riß sich los. Als sie aber das Zimmer, das sie ihr im großen Haus zugeteilt hatten, ansteuerte, folgte Jebi ihr. Jebis Frau und Mohan folgten ihnen, aber Jebi zog seine Schülerin nach draußen, um mit ihr spazierenzugehen.

„Macht euch keine Sorgen", versicherte Jebis Schwager. „Dies ist ein gutes Dorf. Alle sind freundlich. Es wird ihnen nichts passieren."

Jebis Frau und ihre Schwester bereiteten eine Mahlzeit aus Reis und Huhn zu. Sie hatten etwas geschlachtet, was ein gigantischer Hahn gewesen sein mußte, wenn man die Größe der Schenkel auf Mohans Teller beurteilte und er lobte das Essen.

Schon bald kamen Jebi und Ellen auf der Straße zurück, gingen aber am Haus vorbei. „Sie gehen in Sailis Richtung", vermutete Jebis Frau. Ihre jüngere Schwester, wohnte in der Nähe. Sie blieben draußen, bis die Nacht hereinbrach. Jebi hatte sich bei Saili mit Raksi betrunken. Ellen, geduldig bis zur Schmerzgrenze, versuchte zu essen, entschuldigte sich dann rücksichtsvoll und sagte, daß sie sich krank fühlte.

„Sie wird krank, weil sie von Jebi Mantras lernt", erklärte Mohan.

Lange blieb er an diesem Abend mit der Familie und deren Freunden aus der Nachbarschaft wach. Jebi trank stetig weiter, schlief ein wenig, während sich die anderen unterhielten und wachte wieder auf, als alle schon im Bett waren. Schluchzend und nach seiner Didi rufend, lief er im Hinterhof auf und ab. Seine Frau wachte auf. Sie lief neben ihm her und versuchte, ihn mit beruhigenden Worten wieder ins Bett zu bringen.

Mohan gesellte sich zu ihnen. Er fühlte, daß er die Pflicht hatte, Jebi zu beruhigen und ihn davon abzuhalten, die anderen zu stören. Mohans Vater war auch kindisch gewesen und er fühlte sich stark in der Rolle des Wohltäters und Beschützers. Er dachte, wie gut es war, daß er seinen eigenen Schamanenweg blockiert hatte. Mit seinem Taschentuch wischte er dicke Tränen und Schleim aus Jebis Gesicht. „Sei ein Mann", forderte er ihn auf.

* * *

GELDSORGEN

*...„Ich weiß, daß ich vielleicht ein schlechter Mensch bin, weil ich meine Ahnengeister igno-
riert habe. Sie werden einen Weg finden, mich zu bestrafen. Das weiß ich schon seit einer langen Zeit."*

* * *

Am nächsten Morgen war es Mohan nicht möglich, sich in dem ganzen Chaos in Jebis Haus
zu waschen. Er fühlte sich auf der langen Busfahrt nach Biratnagar klebrig und nicht ganz auf
dem Damm. Ellen saß die ganze Zeit blaß und still neben ihm. Der Flug nach Kathmandu war
ausgebucht und er hatte den Piloten bestechen müssen, um 2 Sitzplätze zu bekommen – auf
Kosten einer dunkelhäutigen Inderin mit einem riesigen Korb und ihrem kleinen Jungen, der
neu eingekleidet wie eine Puppe war und dessen große Augen durch Mascara noch mehr betont
wurden. „Zu Hause warten dringende Geschäfte auf mich", sagte Mohan sich. „Diese Frau
und ihr Kind haben nichts zu tun, außer zu existieren und können es sich ohne Schwierigkeiten
leisten, zu warten."
Er belog sich selbst und er wußte es. Es gab keine unerledigten Geschäfte. Zu dieser Jahreszeit
fand kein Trekking statt. Ellen hatte es bis jetzt noch nicht geschüttelt, also war ihr Lernen blockiert. Die Gupha war ausgefallen und der trauernde Jebi würde für dreizehn Tage nicht in der
Lage sein, zu unterrichten. Mohan war inzwischen auch das Geld ausgegangen. Er hatte immer
noch nicht Maile und Jebi bezahlt, obwohl er zumindest Jebi ernährt und bei sich zu Hause
hatte schlafen lassen. Gereizt räkelte er sich auf dem Sitz, den das Flugpersonal für ihn im vor-
deren Teil des Flugzeuges hinter der Kabine aufgestellt hatte. Aber was erwarteten die Schamanen von ihm? Schließlich bezahlte er dafür, daß sie aus seinen Schülern Schamanen machten.
Und bis jetzt hatten sie versagt.
„Hast du das Geld bekommen?" fragte Bindu, als sie zu Hause ankamen.
„Die Mädchen brauchen Kleider für die Schule." So sanft sie war, wenn es um die Belange
ihrer Kinder ging, konnte sie zur Tigerin werden.
„Ich habe genug, um uns zu ernähren", antwortete Mohan kurz. „Die Kleider müssen warten."
„Können wir nicht wenigstens die Wäsche deiner Schülerin in die Wäscherei geben, so wie
beim ersten Mal?" Thuli Kumari stand in der Tür und rieb sich die wunden Knöchel. Dann
streckte sie sie vor, um zu zeigen, wie rot sie waren.
„Nicht jetzt."
Sie zog ihre Augenbrauen zusammen.

„Ich schätze sehr, daß ihr in diesen schlechten Zeit soviel helft", fuhr er fort. „Es wird besser werden. Ich arbeite daran."

„Wenn du eine Wäscherin zur Frau wolltest, warum hast du dann keine Frau aus der Wäscherkaste geheiratet?" murmelte Kumari und lief an ihm vorbei zum Fenster.

Blitzartig stieg Ärger in ihm auf, aber er beschloß, ihn zu ignorieren.

Bindu saß abseits, in Gedanken versunken auf ihrem Bettrand und schien ihre Möglichkeiten abzuwägen. Sie war so schön wie immer und plötzlich fragte er sich, ob sie sich einen Liebhaber genommen haben könnte.

In der oberen Schublade seines Tischs fand er den Whisky und goß sich ein Glas ein.

* * *

Einige Tage später kam Jebi mit dem Bus nach Kathmandu und als die Zeit der Trauer vorbei war, prahlte er, daß er nun mit Sicherheit Ellen in Trance versetzen würde. Aber trotz vieler Versuche verfehlte er sein Ziel.

„Kannst du Maile fragen, ob sie wieder unterrichtet?" fragte Ellen. „Sie war schon lange nicht mehr hier."

„Selbstverständlich", sagte Mohan. „Ich werde sie fragen."

Es war ihm unangenehm, zu Maile zu gehen. Der alte Lama würde ihn mit Blicken durchbohren und Maile würde passiv höflich sein. Er zögerte es hinaus, sie zu fragen und schickte Ellen stattdessen mit Jebi zur Trauerzeremonie für seine Didi, damit sie dem von der Familie beauftragten Brahmanenpriester zuschauen konnten. Was machte das schon für einen Unterschied? Mohan machte sich nicht die Mühe, ins Büro zu gehen und verbrachte den Morgen mit seinen Freunden. Als er nach Hause kam, hockte Jebi mit Thuli Kumari in der Küche auf dem Boden und trank Raksi.

Als Mohan eintrat, versteckte Jebi mit einer hastigen Bewegung den Krug mit der klaren Flüssigkeit unter einem Sack Reis und stand auf, um ihn anzuschauen. „Meine Familie hat kein Geld für Dal", sagte Jebi. „Sie sind wütend auf mich, weil ich nicht helfe, obwohl ich mein ganzes Geld dem Brahmanenpriester gegeben habe."

Mohan hatte ihn davor gewarnt, die Familie nicht wegen der Bestattungszeremonie für seine Schwester in den Ruin zu treiben, aber Jebi hatte hartnäckig darauf bestanden, daß es korrekt ausgeführt werden müßte. Nun verhielt er sich gerade so, als wäre es Mohans Fehler.

„Das ist eine Schande", sagte Mohan sanft, Schlimmes ahnend. „Diese Priester verschlingen einfach zu viel Geld."

„Du mußt mich bezahlen", sagte Jebi.

„Dich bezahlen? Mohan fühlte, wie er vor Wut zu kochen begann. „Du versteckst dich hier in der Küche, wenn du eigentlich unterrichten sollst und unsere Schülerin wundert sich, wo ihr Guru ist."

„Du mußt bezahlen! Ich bin die ganze Zeit hier, arbeite, mache Cintas!" schrie Jebi.

„Hör auf zu schreien." Mohan blickte bedeutungsvoll zum Vorzimmer, in dem Ellen mit dem Übersetzer wartete. „Bis jetzt hast du unsere Schülerin noch nicht zum Schütteln gebracht", wiederholte er.

„Ich werde nicht aufhören zu schreien, bis du mich bezahlst", fauchte Jebi leiser zurück. „Jedenfalls ist es nicht meine Schuld, daß es sie nicht schüttelt. Es ist deine Schuld. Das hat auch Maile gesagt. Du bist derjenige, der die Verehrung seiner Pitris vernachlässigt hat!"

„Das geht dich nichts an."

„Für mich ist das ganz klar, genau wie für Maile", sagte Jebi unter Aufbringung seiner ganzen Würde. Vergiß nicht, daß ich Schamane bin." Als Mohan nichts sagte, fuhr er fort: „Ich bin hier derjenige, der ein Schamane ist. Du behandelst mich wie einen Laufburschen." Seine Stimme wurde lauter. „Ich bin kein Laufbursche. Ich bin ein Schamane." Um ihn zum Schweigen zu bringen, zog Mohan einhundert Rupien aus der Tasche und gab sie ihm.

* * *

Nach Dipavalı, dem Lichterfest während Tihar, erklärte Jebi, daß er nicht unterrichten konnte, weil seine Schülerin ihre Menstruation hatte. Also nahm Mohan Ellen mit in sein Büro, damit sie ihm half, einen Brief an das deutsche Konkursgericht verfassen. Offensichtlich erfreut über die Gelegenheit arbeiten zu können, hämmerte sie auf der alten Schreibmaschine herum. Das Telefon, das den ganzen Morgen still gewesen war, klingelte. Er zog in Betracht, nicht abzuheben. Das konnte nur ein Gläubiger sein. Ellen schaute fragend auf und er nahm den Anruf in einem leeren Büro entgegen. Sie verstand immer besser Nepali und er wollte nicht, daß sie mithörte.

Tatsächlich war es kein Gläubiger, sondern ein Mann, der sich als Ellens Freund Vhim Rai aus Amerika vorstellte. „Bist du Nepalese?" fragte Mohan.

„Ich habe inzwischen die amerikanische Staatsbürgerschaft", antwortete Vhim. „Aber ich bin ein Chamling-Rai und meine Familie kommt aus Dengmaya."

„Dann bist du ja mein Bruder", sagte Mohan. „Ich bin auch ein Chamling-Rai." Dies war eine der größeren Gruppen des Stammes.

„Momentan bin ich in Kathmandu und bereite für einige Ärzte, mit denen ich zusammen in die St. Xavier Schule gegangen bin, einen Trekk nach Dengmaya vor, um vor Ort medizinische Hilfe zu leisten."

„St. Xavier hier in Kathmandu?"

„Ja. Ich habe bei Vater Miller studiert."

„Ja, ich kenne ihn auch", sagte Mohan.

„Älterer Bruder", sagte Vhim. „Ich würde Ellen gerne einladen, an meinem Trekk teilzunehmen. Das macht dir doch nichts aus, oder?"

„Natürlich nicht. Du wirst auch Zubehör und Träger brauchen. Ich kann mich um den Lufttransport nach Tumlingtar kümmern."

„Danke, älterer Bruder", lehnte Vhim ab, „das wird nicht nötig sein. Ich habe bereits dafür gesorgt. Ich habe Freunde, die Piloten sind."

Mohan verbarg seine Enttäuschung, als Vhim ihn nur um einen Schlafsack und einen Platz, wo er sein Zubehör lagern konnte, bat. Er konnte das schlecht ablehnen. Es war ja nicht so, daß er selbst das Lager und die Ausrüstung benutzte.

Sie verabredeten sich zum Mittagessen im Cafe Sun Kosi. Als der junge Vhim enthusiastisch seine geplante Klinik beschrieb, konnte Mohan nicht anders, als sich zu erwärmen. „Viele meiner Verwandten haben im ganzen Leben noch keinen Doktor gesehen", erzählte Vhim. „Das wird eine große Sache für mein Dorf. Ich will zurückkommen und das jedes Jahr wiederholen."

Das Essen wurde gebracht und Vhim fragte Ellen, ob sie die Medizin aus Amerika mitgebracht hätte.

„Ich habe jede Menge Vitamine und Aspirin dabei, aber leider nur zwei Flaschen Antibiotika."

Nun begriff Mohan, daß sie diesen Trekk mit Vhim von Anfang an geplant hatte. Er konnte sehen, wie ihr blasses Gesicht Farbe bekam, als sie auf Vhims Fragen nach der Ausrüstung und dem Termin zum Aufbruch reagierte. Seit der ersten Woche in Kathmandu war sie nicht mehr so lebhaft gewesen. Sie hatte Schamanin werden wollen. Er wußte, daß sie frustriert war, weil sie mit Jebi keine Fortschritte machte und Vhims Klinik würde für ihr Bedürfnis, sich nützlich zu machen, ein Ventil sein. ‚Sie ist in Vielem wie ich', dachte er. ‚Sie mag es nicht, herumzusitzen und nichts zu tun.' Er drehte sich zur Seite, schlug die Beine übereinander und blies den

Rauch seiner Zigarette weg von den beiden heiteren Gesichtern, die sich am Tisch gegenüber-saßen.

„...und ich möchte, daß du meine Tanten triffst. Die Schwester meines Vaters ist eine Scha-manin. Auch die Schwester meiner Mutter", sagte Vhim. „Und der heilige See Salpa, wo sie hinpilgern, um Kraft zu bekommen, liegt direkt oberhalb meines Dorfes. Das mußt du gesehen haben."

Wenn sie gehen wollte, dann würde sie eben gehen. Das war alles. Das lag nicht in Mohans Hand. Wahrscheinlich würde sie nicht mehr zurückkommen.

Mit einem Taxi brachte er sie nach Hause, in ihr Zimmer in Bharats Haus. Herr Bharat kam gerade mit einer Aktentasche, vollgestopft mit Papieren, heraus und fragte Mohan, ob das Taxi frei wäre. Der große Mann nahm Ellens Platz ein und ließ sich schwer in den Sitz fallen, ohne eine Antwort abzuwarten.

„Ich eröffne ein Exportgeschäft." Bharat beugte sich vor und zeigte Mohan einen Stapel mit bunt illustrierten Katalogseiten aus seiner Aktentasche, auf denen gegossene Götterstatuen aus Metall, kleine Teppiche, Zeremonienglocken, Vajras und geschnitzte Schachspiele abgebildet waren. Einige der Photos waren unscharf. Mohan dachte, daß er für ein neues Unternehmen einen besseren Katalog hätte machen können, aber wahrscheinlich war das nur ein Abzug für Bharat. Wie jeder andere auch hatte Mohan die Gerüchte gehört, das nicht alles legal war, was sein Nachbar exportierte. Er glaubte dem Tratsch nicht unbedingt. Es gab immer Leute, die neidisch auf erfolgreiche Menschen waren und sie beim geringsten Verdacht durch üble Nach-rede zu Fall brachten.

„Ich werde meine Schülerin zu dir schicken, damit sie sich die Sachen ansehen kann", sagte Mohan. „Vielleicht bestellt sie was. Bald ist Weihnachten."

„Du würdest eine gute Provision bekommen." Bharat streckte seine riesige Hand über den Sitz und umschloß Mohans Schulter. Mohan bezahlte den Fahrer und verließ das Taxi mit dem Ge-fühl, entkommen zu sein.

Später schaute er mit Ellen bei Herrn Bharat vorbei, um die Waren zu begutachten, aber es stellte sich heraus, daß nichts davon rechtzeitig verschifft werden konnte.

Mohan mit einem Teil seiner Familie vor dem alten Haus in Baluvatar.
von rechts nach links: Mohans jüngster Bruder Dal Bahadur Rai, die Schwester seiner Mutter, Chaugi Maya, seine Mutter Asa Maya, seine jüngste Schwester Phul Maya und deren Tochter Chunki.

Foto: Shamanistic Studies and Research Center

WHISKY

...Der Raum hatte keine Fenster. Eine einzige Lampe warf einen Lichtfleck auf den Tisch. Dahinter saß er – klein und eingefallen, Haut und Augen so gelb wie Pergamentpapier. Ich konnte nicht verbergen, daß ich erschrak. „Was ist los mit dir? Bist du krank?"

* * *

„Wir werden eine Pause machen, wenn Ellen mit Vhim auf den Trekk geht", informierte Mohan Jebi. „Du kannst deine Vettern besuchen oder tun, was immer du möchtest." Er war es Leid zu hören, wie Jebi Nacht für Nacht mit seinen Träumen kämpfte, während er sich auf dem Sofa herumwälzte und im Schlaf schrie. Der Schamane trank zu viel Raksi. Mohan selbst trank nur guten Whisky und achtete darauf, das Maß nicht zu überschreiten. Er war niemals volltrunken und es störte ihn, wenn Jebi spät nachts nach Hause kam und gegen die Möbel stolperte. Mohan wußte, wie es war, nachts schweißgebadet und von Angst geschunden aufzuwachen und wollte nicht daran erinnert werden.

Jebi reiste ab. Als Jebi und Ellen fort waren, fühlte Mohan sich zum ersten Mal seit Monaten ausgeglichen. Für kurze Zeit konnte er seine Probleme beiseite schieben und sich ausruhen. Aber ein paar Tage später wachte er in den frühen Morgenstunden mit einem pochenden Schmerz im rechten großen Zeh auf. Er hatte geträumt, daß der Schmerz jemand anderem gehörte, einem Zwilling, den sein Geist für diesen Zweck geschaffen hatte.

„Was ist los?" Bindu drehte sich herum und die Bettwäsche, drückte fester auf seinen Zeh. Wieder stöhnte er. „Es ist die Gicht. Sie ist zurückgekommen."

Sie schaltete das Licht ein und nahm vorsichtig, um ihm nicht weh zu tun, die Decken zur Seite. Das Gelenk war auf die doppelte Größe angeschwollen und die Haut glänzte purpurrot. „Du mußt Wasser trinken." Sie ging in die Küche und kam mit einem Glas Wasser und Aspirin zurück. Als er das kalte Glas berührte, fröstelte sein ganzer Körper. Er schluckte die Pille und hüpfte auf seinem gesunden Bein zu einem Stuhl. Bindu hob den schmerzenden Fuß auf einen Schemel und als sie ihn in kühle, nasse Lappen wickelte, stöhnte er. „Geh wieder ins Bett", sagte er. „Mehr kannst du nicht tun."

Aufrecht sitzend wartete er auf das Tageslicht und brütete über seinem Schmerz. Nur zu gerne hätte er sich von ihm getrennt und ihn weggeschickt. Hin und wieder dachte er, sein Zeh würde explodieren.

In der Morgendämmerung kam sein jüngster Sohn hereingetrollt und lehnte sich gegen seine Beine. Er schubste ihn weg. „Schmeiß ihn raus!" bellte er.

Sani Kumari nahm ihren Sohn in die Arme und warf Mohan einen vorwurfsvollen Blick zu.

„Du hast einen Gichtanfall", sagte sie, während das Kind in ihren Armen jammerte und zappelte. „So wie du trinkst, war mir klar, daß das passieren würde." „Sei ruhig", befahl er.
Bindu saß im Bett und sagte: „Du Armer, warum mußt du so leiden? Es ist zu schlimm."
„Laß mich in Ruhe." Er wollte alleine leiden. Er hatte beschlossen, es auszuhalten und irgendwie fühlte er, daß er es verdient hatte.
Auf Bindus Drängen hin fuhr er mit dem Taxi zum Krankenhaus. „Ich habe in letzter Zeit ein wenig getrunken", gab er zu, als der Arzt ihn befragte. „Ich werde es reduzieren."
„Ich habe ihm Aspirin gegeben", sagte Bindu.
„Das ist das Schlimmste, was sie tun konnten", schimpfte der Arzt. Er verschrieb andere Tabletten und versprach, daß sie die Kristalle aus Harnsäure, die sich in Mohans Zeh gebildet hatten, auflösen würden. „Trinken sie viel Wasser und essen sie weder Fleisch noch Dal."
Mohan befolgte die Anweisungen und fühlte sich rasch besser. Die Schwellung klang ab. Zwei Tage später verlangte er Dal und goß sich einen Drink ein.
„Das solltest du nicht tun", protestierte Thuli Kumari.
„Solange ich meine Pillen nehme, ist es in Ordnung."

* * *

Er ging ins Büro und erledigte ein paar Anrufe. „Mach einfach weiter", sagte er sich. „Sei stark." Der Postbote schob einige Briefe durch den Schlitz in der Tür. Als Mohan den Raum durchquerte, um sie aufzuheben, fühlte er sich schwach.
Er brachte die Post zum Tisch, nahm einen Briefumschlag und legte ihn ungeöffnet zurück. Er bettete seinen Kopf auf den Tisch und ruhte, bis er sich kräftig genug fühlte, nach Hause zu gehen.
Als er sein Haus betrat, bemühte er sich, aufrecht zu stehen. „Deine Augen sind gelb." Thuli Kumari schob in rückwärts auf die Veranda ins Sonnenlicht und starrte in seine Augen. „Schau mal, ältere Schwester!" Sie rief Bindu.
„Du hast dich mit deinen Drinks vergiftet", schimpfte Kumari.
„Whisky, zusammen mit den Tabletten", sagte Bindu. „Du sollst Wasser trinken."
Sie brachten ihn hinein, setzten ihn auf einen bequemen Stuhl, holten Wasser und einen Hocker für seinen geschwollenen Fuß. Kumari hastete davon, um eine Decke für seine Beine zu holen.
„Ihr tut so, als sei ich ein Invalide", sagte Mohan. „Es geht mir gut. Regt euch nicht auf."
Thuli Kumari bereitete eine spezielle Mahlzeit aus Rühreiern und Toastbrot, das sie vorsichtig in der Flamme des Kerosinkochers goldbraun röstete.
„Ich glaube, es ist besser, wenn er kein Brot ißt", meinte Bindu.
„Ist schon in Ordnung", Mohan winkte ab. „Kumari hat ein gutes Essen für mich zubereitet. Ich werde es essen." Er lehnte sich in seinem Stuhl zurück und aß, während er zuließ, daß die Frauen seine Beine vorsichtig, ohne die große Zehe zu berühren, in eine Decke hüllten.
Hilflos wie ein Kind ruhte er sich aus. Er war sich selbst fremd in diesem Zustand. Das einzige Selbst das er kannte, war der Mann der Tat. Ein Mann, der alles geregelt bekam, der die Dinge so sah wie sie waren, der wußte, wie man sich konzentrierte und niemals harte Arbeit scheute. Sein Wille war stark. Eine Einheit aus Liebe und Kraft, der Andere, die ihre eigene Quelle der Liebe und Kraft noch nicht gefunden hatten, unmöglich widerstehen konnten, was sie zu ihm hinzog wie die Blumen zur Sonne. Aber nun war sein Wille geschwunden. Er ging zu Bett und hatte keine Kraft mehr, aufzustehen.
Zwei Tage waren genug. Am Morgen des dritten Tages begann er sich vorzustellen wie es wäre, wenn er einfach zur Haustür hinausginge, sich auf sein Motorrad schwingen und ohne zu stürzen in die Stadt fahren würde. Wie er dann seinen Körper veranlassen würde, jede einzelne

Treppenstufe hinauf zu seinem Büro zu steigen, die Tür aufzuschließen und die leeren Räume zu betrachten. Dann tat er es.

Drinnen machte er eine Pause. So weit ihn sein Vorstellungsvermögen und seine Bemühung auch gebracht hatten: er fühlte sich zerstreut, wie ein Mann mit tausend Köpfen, von denen jeder eigene Wünsche, Anordnungen, Warnungen, Vorwürfe und unterschiedliche Dringlichkeiten hinausschrie. Er ging durch den Hauptraum zum Tisch in seinem privaten Büro. In seinen Ohren dröhnten viele Stimmen.

Die Vordertür wurde geöffnet. Es war der Laufbursche Arun, dem Mohan einmal versprochen hatte, ihn zum Bergführer auszubilden. „Ich habe sie hereinkommen sehen. Ich dachte, daß sie vielleicht wieder anfangen."

„Bald. Ich denke darüber nach." Er zog fünf Rupien aus der Tasche und schickte den Jungen los, um Milch für den Tee zu kaufen. Sobald er weg war, meldeten sich die plappernden Köpfe wieder. ‚Ich muß mich konzentrieren', dachte Mohan. ‚So, wie es mir mein Vater beigebracht hat – erinnere dich daran, daß du ein Schamane bist. Laß mich hier etwas tun. Nein, nicht das. Ich bin kein Schamane. Mein Weg ist versperrt worden. Aber ich bin hier. Ich habe meine Sachen um mich herum. Ich muß etwas tun.' Er rieb sich die Stirn.

Arun war zurückgekommen. Mohan roch den belebenden Duft von Darjeeling Tee. Aber da war noch jemand hereingekommen.

„Mohan Dai, was ist los mit dir? Bist du krank?" Es war Ellen, die von ihrem Trekk nach Dengmaya zurück war. Langsam arbeitete sein Verstand, der nach einer Bedeutung in den englischen Worten suchte. „Es geht mir gut. Ich habe nur gerade ein paar Probleme." Er stand auf und stützte sich mit beiden Händen auf der Tischplatte ab.

„Warst du bei einem Arzt?"

„Ja, war ich. Ich muß nur das Trinken einschränken. Das ist alles. Ich tue es."

Immerhin war sie zurückgekommen. Er wünschte fast, sie hätte es nicht getan. Was sollte er jetzt tun?

* * *

Er rief Jebi bei seinem Vetter an und der Schamane traf noch vor dem Abendessen ein. Es war ein sonniger Tag gewesen und Mohan schlief auf der Veranda.

„Dai, was ist denn mit dir passiert?" Jebi starrte ihn an. Jebis entsetzter Gesichtsausdruck wandelte sich schnell in Mitgefühl. „Du bist krank. Deine Augen sind ja ganz gelb."

„Zu viele Drinks", antwortete Mohan. Er schwenkte ein Glas mit klarer brauner Flüssigkeit. „Das ist kein Whisky. Es ist Tee. Ich mag ihn so, ohne Milch."

„Ich werde auch das Trinken aufgeben", beschloß Jebi. „Wir tun es zusammen."

Kumari lachte und brachte Jebi ein eigenes Glas mit klarem Tee. „Du kannst ja so tun, als ob es etwas anderes wäre." „Meine Frauen sind glücklich, weil ich mit dem Trinken aufgehört habe", erzählte Mohan, gerührt von Jebis Loyalität.

Still saßen sie zusammen, bis die Abenddämmerung hereinbrach. Dann traf Ellen ein. Wegen der Kälte hatte sie ihren Schal fest um sich gezogen. Ellen nahm die Stimmung der beiden Männer auf, grüßte ruhig und nahm dann auf den Treppenstufen platz.

Mohan dachte gerade an seinen Vater: wie der Schamane sein Lebensende vorausgesehen hatte und aus einer Handvoll Asche eine Kugel formte, um seiner Mutter und seinen Geschwistern zu zeigen, wie zerbrechlich die Bande sind, die das Leben zusammenhalten. „Für eine kurze Zeit halten wir zusammen", hatte er ihnen gesagt. „Dann zerfallen wir wie diese Kugel."

Jebi begann ein Gespräch mit Ellen, die einfach dasaß, ihr Kinn in beide Hände stützte und in die Dunkelheit starrte. „Du bist mit Vhim nach Dengmaya gegangen?" Jebis Worte schreckten

sie auf. Ihr Ellenbogen rutschte zur Seite weg und ungestützt fiel ihr Kopf nach unten.
„Auf dem Weg dorthin blieben wir bei Vhims Tante in den Hügeln", sagte sie, während sie sich aufrichtete. „Alle lachten mich aus – eine weiße Frau, die versucht, Schamanin zu sein." Sie unternahm einen schwachen Versuch zu kichern.
Mohan empfand eine Welle von Sympathie. Ignorante Dorfbewohner. Was wußten die schon? Mit der gleichen schadenfrohen Dummheit hatte er sich auch herumärgern müssen. Die Leute lachten hinter seinem Rücken, weil er die Vision hatte, für Menschen aus dem Westen eine Schamanenschule zu eröffnen. „Warum solltest du nicht Schamanin werden können?" fragte er nach. „Schau dir Jebi an. Er gehört nicht zum Stamm der Rai und trotzdem ist er ein guter Rai-Schamane, der bei einem Guru der Rai gelernt hat."
Ellen schenkte ihm einen dankbaren Blick. „Dann machte dieser alte Rai-Schamane in Dengmaya ein Jokhana für mich. Er sagte, daß ich eine Schamanin werden könnte...Ich hoffe, er hat recht." „Selbstverständlich kannst du", versicherte Jebi.
„Er sagte, daß etwas meinen Weg blockiert."
„Da bin ich mir ganz sicher." Jebi sprang auf. „Das werde ich mir jetzt anschauen." Er ging hinein, zog seine Schamanentracht an, setzte sich im Vorzimmer vor seinen Altar, rief Ellen an seine Seite und begann zu trommeln. „Sie kann Schamane sein", schloß er, nachdem er das Jokhana beendet hatte. „Sie kann den Weg des Mundhum gehen." Dennoch: er hatte wieder versucht, die Geistwesen in ihren Körper herabzurufen und sie zum Schütteln zu bringen und wie immer hatte es nicht funktioniert.
„Macht nichts", meinte Mohan. „Jebi sagt, es ist sicher, daß du Schamane sein kannst. Du mußt die Mantras unseres Mundhum lernen. Ich werde weiter zur Seele meines Vater beten, damit er dir hilft und dir seine Gnade schenkt."
Nachdem sie gegessen hatten und Ellen gegangen war, betrat Mohan sein Samkhama. Drinnen war es völlig dunkel. Er ließ die Tür einen Spalt offen und zündete eine Öllampe an. Die Tür war verzogen, sie quietschte und knarrte, als er sie zuzwang. Leise sprach er ein Mantra, um Gott Shiva als Zeuge in die Flamme zu rufen. Er zündete drei Räucherstäbchen an, die er zunächst herumschwenkte, um den muffigen Geruch im Raum zu vertreiben und dann aufrecht in einen Haufen aus ungekochtem Reis steckte. Lange Zeit saß er vor der Cula, um seinen Geist zu leeren. Als nächsten Schritt mußte er die Namen der Ahnen rezitieren, aber der Anfang des Liedes war ihm entfallen. Die Erinnerung kam nicht. Er fühlte einen trägen Widerwillen, sich zu konzentrieren. Die Seele seines Vaters, die im Traum, als Maile an Jebis Ellenbogen zog, so nah war, kehrte nicht zurück. Die Räucherstäbchen brannten herunter. Sein Alltagsbewußtsein behielt die Oberhand. Schließlich zog er die störrische Tür auf und verließ die Öllampe, die im geschlossenen Raum alleine ausbrennen sollte. Gott Shiva wurde Zeuge der leeren Dunkelheit.

* * *

VERGIB MIR

...Anstatt mir scharf zu antworten, wie ich es erwartet hätte, bedeckte Herr Rai sein Gesicht mit beiden Händen und fing zu weinen an. Ich war schockiert. Er, der Starke, der immer die Verantwortung trug, der genau wußte, was zu tun war – wie konnte er sich so gehen lassen.

* * *

„Schieben, schieben. Stopp! Verdammt!" „Hier lang." „Geh nach hinten, dort hin."
Draußen riefen Leute. „Dort hinüber, in diese Richtung, du Idiot!"
Mohan schritt die Diele zur Tür hinunter. Sein jugendlicher Sohn Shiva und vier oder fünf seiner Freunde schoben ein großes, weißes Autowrack in die Einfahrt. Der Kofferraumdeckel war aufgesprungen und die lange Kühlerhaube eingebeult. „Wem gehört dieses Auto?" wollte Mohan wissen. Die Jungen warfen ihm einen verängstigten Blick zu und hasteten auf die andere Seite des ramponierten Autos. Shiva, der hinter dem Steuer saß, sah auf und blickte schnell wieder nach unten.
„Wem gehört dieses Auto?" Mohans Zorn stieg. Er riß die Fahrertür auf. Shiva zuckte zurück.
„Es gehört Herrn Dhan." „Was ist passiert?" „Wir haben es uns geliehen."
„Er versuchte rückwärts heraus zu fahren und fuhr zu schnell", erklärte Shivas Freund.
„Er stürzte den Abhang hinunter", fügte ein anderer Junge hinzu.
Mohan hob die Faust. „Du hast das Auto zu Schrott gefahren. Du hast ein geliehenes Auto zu Schrott gefahren?!" „Papa, nein. Es tut mir leid. Das wollte ich nicht."
Mohans lodernde Wut erlosch plötzlich und ließ ihn schwach zurück. „Komm, sprich drinnen mit mir." Er drehte sich um und erklomm kraftlos die drei Stufen hinauf zur Veranda. Drinnen sank er auf einen Stuhl und bedeckte seine Augen mit einer Hand. Augenblicklich war Bindu an seiner Seite. „Papa, sei nicht böse. Es wird schon in Ordnung kommen." Thuli Kumari kam angestürmt. „Was ist los? Was ist passiert?" „Laßt mich in Ruhe", sagte Mohan. Das überstieg seine Kräfte. Herr Dhan würde selbstverständlich den Schaden ersetzt haben wollen. Er starrte die Wand an. Sein Sichtfeld reduzierte sich auf einen düsteren Kegel. Ihm war klar, daß er ganz allmählich seinen Fokus erweitern und über das, was passiert war und wie man es korrigieren konnte, nachsinnen mußte – aber nicht jetzt. Draußen wurde die Autotür zugeschlagen, dann herrschte Stille. Sein Zorn kehrte zurück. Wo war der Junge? „Shiva?"
Aber es war Jebi mit Ellen und dem neuen Übersetzer Dakhal. „Dein Sohn hat sich mit seinen Freunden verdrückt", berichtete Dakhal. Mohan zündete eine Zigarette an. „Besser, er kommt und stellt sich mir."
Das Telefon schrillte. Bindu antwortete. „Ist es Dhan?" fragte Mohan. Sie schüttelte den Kopf

und reichte ihm den Hörer. Es war der Chef seines Schwagers. „Makcha ist nicht zur Arbeit erschienen", klagte der Mann. „Ist er betrunken?"
„Woher soll ich denn wissen, ob er betrunken ist?!" schrie Mohan. Er warf den Hörer auf die Gabel. Es klingelte wieder. Er riß den Hörer an sich. „Ruf hier nie wieder an und rede solch einen Unsinn über meine Familie!" Bindu ergriff den Hörer, bevor er ihn wieder schmeißen konnte. „Papa, Papa, mach dich nicht verrückt!" Sie umringten ihn mit fragenden, besorgten Blicken und erwarteten, daß er stark war. Er vergrub sein Gesicht in den Händen. „Ich halte es nicht mehr aus." Er schämte sich für seine Schwäche. „Ich mache hier alles. Kümmere mich um alle neunundzwanzig Familienmitglieder, gebe ihnen ein Dach über dem Kopf, Essen und Kleidung. Und nun das! Es wird Zehntausende von Rupien kosten, dieses Auto zu reparieren." Jebi saß neben ihm mit einem Glas Whisky. „Mach dir keine Sorgen, älterer Bruder. Es werden wieder bessere Zeiten kommen. Gott Shiva wird helfen."

* * *

Mohan wartete auf Shiva und Bindu blieb mit ihm wach. Mit jeder verstreichender Stunde wurde sie stiller. Ihre Hände ruhten gefaltet im Schoß. „Er weiß, daß er in Schwierigkeiten steckt", sagte Mohan. Er drückte Bindus Hände und fuhr mit einem Finger über ihre weiche Haut. „Ich bin wütend, aber ich werde ihm nicht weh tun. Er soll lernen, zuzuhören und Respekt vor seinem Vater zu haben. Er muß bestraft werden, aber glaube nicht, daß ich ihn nicht mehr liebe. Immerhin ist er mein Sohn." Aber Shiva kam nicht nach Hause. Schließlich löschte Mohan das Licht und sie gingen zu Bett.
‚Alles läuft schief', dachte er, ‚genau wie es der alte Schamane der Magar prophezeit hat. Das ist die Zweite von den schlechten Zeiten, die er vorausgesehen hat. Aber ich habe die erste überlebt und diese werde ich auch überstehen.' Ein Flecken Mondlicht vom Fenster breitete sich an der Zimmerdecke aus, wo ein Muster aus Schatten und Wasserflecken in Bewegung geriet und die Form veränderte. Mohan blinzelte. Das Gesicht seines Vaters mit tiefen, ärgerlichen Falten um Mund und Nase erschien gestochen scharf wie ein Foto. Mohan bemerkte einen schwachen Duft von vermischten Räucherstoffen, Raksi und Holz. Der Geruch seines Vaters. „Wer bist du, Respekt von deinem Sohn zu erwarten?" klagte ihn die Vision an. „Du, der seinem eigenen Vater so viele Male nicht gefolgt ist." „Du hast meinen Weg verschlossen, als ich zur Armee ging", protestierte Mohan. „Du hast mir deinen Segen gegeben. Du wußtest, daß ich gehen mußte." „Du hättest zurückkehren können." Die Vision sprach mit der Stimme seines Vaters. Mohan wußte, daß er die Worte nur im Geiste hörte und er die Erscheinung verbannen konnte, aber er wollte zuhören. „Du warst zum Schamanen in unserer Linie berufen. Glaubst du, daß du dem einfach den Rücken kehren und es vergessen kannst?" Bindu rührte sich neben ihm. „Was? Hast du etwas gesagt?" „Nein. Schlaf weiter." Draußen hörte man leises Rufen. Jemand kam herunter und öffnete die Haustür. Mohan blieb regungslos, weil er seinen Sohn nicht jetzt konfrontieren wollte. Laß ihn in sein Bett schleichen. Morgen ist noch genügend Zeit, an Bestrafung zu denken. Die Namen der Ahnen sprudelten in seinem Geist hervor. Jetzt erinnerte er sich an sie. Nachdem im Haus endgültig Ruhe eingekehrt war, stieg er aus dem Bett und öffnete die Tür zum Samkhama. Das laute Knarren der Tür ließ ihn zusammenzucken. Er zündete ein Räucherstäbchen an und verneigte sich auf dem Boden vor der Cula. „Vater", flüsterte er. „Vergib mir. Bitte, hilf mir." Er betete zur Waldgöttin und deren Tochter, seinen ersten Geistlehrerinnen: „Khoklihangma, Simma bitte helft meiner Schamanenschule."
Später träumte er, daß er über die Stadt in die Berge flog und bei einem Schrein, der Shiva geweiht war, landete, wo er wie ein Schamane in Trance trommelnd auf dem Hang saß. Ellen, die neben ihm saß, schüttelte es.

* * *

AUF DEM WASSER GEHEN

...Der Traum ängstigte ihn, warf er ihn doch zurück auf den alten Weg der Rai-Schamanen, dem er geglaubt hatte, entkommen zu sein.....

* * *

Am nächsten Tag erschien Shiva vor seinem Vater und verneigte sich. „Namaskar, Papa." Mohans Sohn zeigte keine Spur von Trotz, aber Mohan war noch zornig. „Du solltest dich schämen!"

„Ich werde mir eine Arbeit suchen und den Schaden bezahlen", versprach sein Sohn kleinlaut.

„Du wirst weiterhin zur Schule gehen und fleißig lernen", antwortete Mohan, obwohl er nicht wußte, wie er das Schulgeld auftreiben sollte. „Wenn du deinen Schulabschluß hast, kannst du arbeiten und mir die Schulden für das Auto zurückzahlen. Jetzt hast du die Pflicht, dich vorzubereiten."

„Was soll ich Herrn Dhan sagen?"

„Erzähle ihm, was du getan hast. Ist das Auto noch fahrtüchtig?"

„Angesprungen ist es. Ich glaube schon."

„Bring es zurück und sprich mit Herrn Dhan. Sag ihm, was passiert ist und entschuldige dich dafür. Sag ihm, daß dein Vater in ein oder zwei Tagen zu ihm kommen wird."

„Namaskar."

Vorsichtig und langsam fuhr Shiva das Auto rückwärts vom Hof. Der Vorderreifen auf der Beifahrerseite schlenkerte und der Motor gab ein metallisches Knarren von sich. Mohan hielt den Atem an, als das Auto wendete und davonfuhr. Jebi kam heraus, stellte sich neben ihn und sah zu, wie das Auto in einer Staubwolke verschwand.

„Es wird schon alles in Ordnung kommen, älterer Bruder", versicherte er.

Seine Augen wirkten klar. Er hatte wirklich mit dem Trinken aufgehört, aber Mohan war noch nicht bereit, ihm zu vergeben, daß er es nicht schaffte, seine Schülerin zum Schütteln zu bringen. „Sei morgen vor der Morgendämmerung bereit",

wies Mohan ihn an. „Wir werden zum Tempel Dakshin Kali gehen und Opfergaben darbringen. Anschließend besuchen wir einen Schrein, der Shiva geweiht ist." Eine Opfergabe für Gott Shiva und eine für Mutter Kali. Das Ganze war für Ellen, falls Maile Recht hatte und die Göttin den Weg der Schülerin blockierte.

Aber eigentlich wußte Mohan durch seinen Traum, daß er Ellens Schwierigkeiten auf dem Weg zu verantworten hatte. Sein Glück war verflogen. Die Ahnengeister waren zornig und zeigten es. Er hatte sie um Vergebung gebeten und nun würde er beim höchsten Gott von allen, Gott Shiva, um Hilfe bitten und dem zornigen Gesicht Kalis, der großen Mutter, Opfergaben bringen. In seinem Traum hatte es ihn vor dem Shiva geweihten Schrein geschüttelt. Wenn es erforderlich war, dann würde es so kommen.

Beim Dakshin Kali Tempel standen sie in einer langen Reihe mit vielen Gläubigen, die Ziegen und Hühner als Opfertiere mitgebracht hatten. Später würden sie die geschlachteten Tiere bei einem Picknick auf dem Rasen im Park kochen und essen. Als sie eintraten, hielt ein Wächter Ellen zurück. „Kein Zutritt für Ausländer."

„Das macht nichts. Du betest draußen", sagte Mohan. Bindu, Jebi und Mohan schritten durch das Eingangstor in dem hohen Eisenzaun und opferten dem steinernen Gesicht der Göttin Blumen, Reis und Geldscheine, welche die Priester später für sich selbst einsammeln würden.

Ellen rotäugig und weinerlich, schnüffelte im Taxi auf dem Weg zum Shiva Schrein. Es fiel ein leichter Regen, der auf der Straße schimmerte und unter den Reifen rauschte. In Mohans Flugtraum hatten sie den Platz bei Sonnenschein erreicht. Die Realität sah anders aus – kalt, traurig und alleine standen sie auf einem Felsvorsprung über dem Wasser und schauten nach unten. Er zeigte auf Gesteinsformationen, die dem heiligen Rind auf der Felswand gegenüber ähnelten. Er fühlte kein Schütteln in sich aufsteigen. Der Regen durchnäßte langsam die Kleidung und eilig trieb er sie zum Taxi zurück.

Tropfnasse Bäume und dunkles Unterholz rasten auf beiden Seiten des Autos vorbei. Ellen und Jebi saßen in tiefem Schweigen versunken da. Bindu schauderte es, aber Mohans Gemütsverfassung hellte langsam auf. Er stellte sich reihenweise brandneue Lagerregale vor, Schlafsäcke, aufgereiht wie Soldaten an einer Wand auf poliertem Holzboden, einen Tisch unterhalb eines Fensters durch das die Sonne schien, eifrige Schreiber und Helfer, die geschäftig umhereilten und eine doppelte Reihe europäischer Bergsteiger, die aus dem Bauch eines Flugzeuges stiegen und mit muskulösen, haarigen Beinen in kurzen Khakihosen vorwärts schritten. Ohne die düstere Szenerie draußen wahrzunehmen, phantasierte er Träger, die zu einer Linie aufgereiht auf einem felsigem Pfad Witze reißend nach oben stiegen, während weiße Gipfel in der Ferne leuchteten.

Sobald sie zu Hause ankämen, würde er zu Dhan gehen, dessen Auto sein Sohn zu Schrott gefahren hatte. Dhan war einer der Männer, denen Mohan Geld schuldete. Er spielte es in Gedanken durch. Der Mann war reich. Er würde für das Auto eine Tilgung erwarten und wenn er vom Zustand seiner Trekkingagentur erfuhr, würde er wissen, daß es kein Geld gab. Es sei denn...es könnte sich herausstellen das die ganze Sache ein Segen war. Nun hatte Dhan ein Interesse an Mohans Erfolg. Wenn er sein Geld haben wollte, hatte er gute Gründe, Mohan auf die Füße zu helfen. Warum sollte er nicht? Mohans Ruf war noch immer gut. Er hatte weder Fachwissen, noch Energie verloren. Der Bankrott der deutschen Partner war einfach Pech und keine Spiegelung seiner Fähigkeiten. Er war immer noch der Beste in seinem Geschäft und Dhan würde das erfahren.

„Geht hinein und wärmt euch auf", sagte er zu den anderen, als das Taxi in die Auffahrt einbog. „Ich werde bald zu Hause sein."

Er bat den Fahrer, ihn zu Dhans Haus zu bringen. „Bitte vergib meinem Sohn den Schaden an deinem Auto", sagte er, nachdem Dhans Frau ihn hereingelassen hatte. „Du weißt, daß ich alles in meiner Macht stehende tun werde, um es wieder gutzumachen."

Dhan hatte seine Tochter Tee bringen lassen und antwortete: „Ich weiß, du bist ein guter ehrenhafter Mann. Aber, bitte entschuldige, ich glaube nicht, daß du soviel Geld hast."

Das war Mohans Stichwort. „Momentan nicht, aber ich habe meinem alten Partner wegen einiger Probleme gekündigt. Ich möchte das jetzt nicht weiter vertiefen. Tatsächlich suche ich einen neuen Investor." Er sagte nicht Partner. Nie wieder. In Zukunft würde die Firma nach seinen Vorstellungen laufen oder gar nicht. Er nannte die Geldsumme, die er benötigte, um wieder arbeiten zu können.

„Eigentlich gibt es für jemanden mit der richtigen Erfahrung und bei den heutigen Geschäftsmöglichkeiten mit den ausländischen Bergsteigern keine Grenzen für das Machbare." Er spürte die alte Magie wieder. Während er Herrn Dahn seinen Plan erläuterte, öffnete er sein Notizbuch und schrieb Zahlen nieder – links Summen für die Miete, Ausrüstung und Werbung und rechts dreimal soviel Profit. Am Ende hatte Dhan ihm ein Darlehen versprochen.

Das Glück war auf seiner Seite. Nachdem Ellen zwei Wochen lang ausschließlich mit Maile gearbeitet hatte, schüttelte es sie. Vor einer Menge Nachbarn und Freunden brach sie ihr Schweigen und rief in Trance, daß ihr Hilfsgeist ein ,Jhankri' sei.

„Lau-Parameshvar", bestätigte Mohan.

„Welcher Jhankri?" verlangte Maile mit lauter Stimme zu wissen: „Milchfarbener Jhankri, einbeiniger Jhankri, goldener Jhankri?" „Goldener Jhankri", keuchte Ellen.

Maile stellte die traditionellen Fragen: „Mit wem spielst du? Wo ist dein Aufenthaltsort? Was ißt du? Welche Räucherstoffe magst du?"

Mit zurückgelegtem Kopf und flackernden Augenlidern beantwortete die Schülerin alles richtig. „Shikaris, Devis", sich auf die jagenden Naturgeister und Göttinnen beziehend. „In den Bäumen, Kuhmilch und den Räucherstoff Pinienharz."

„Lau-Parameshvar." Mohan gab Maile ein Zeichen, die Schülerin aus der Trance zu holen. Die unterdrückte Aufregung der Menge entlud sich nun in Gemurmel. Sie sahen selten, wie ein neuer Schamane entdeckt wurde, noch dazu eine Frau aus dem Westen. Wer hätte das gedacht? Mohan hatte neues Briefpapier mit der Kopfzeile ,Kalpana Trekking' drucken lassen. Kalpana war der Name seiner ältesten Tochter – er würde Glück bringen und bedeutete außerdem Imagination, was ihn stets an seine Vision erinnern würde.

Er arrangierte für seine Schülerin eine Abschlußzeremonie und um sicher zu gehen, daß alles korrekt nach der alten Tradition der Rai ausgeführt wurde, übernahm er selbst die Funktion des Purkhyauli, des Ältesten der Ältesten, dessen Anwesenheit bei jeder wichtigen Zeremonie der Rai unabkömmlich ist. Er besuchte einen Schneider und beauftragte ihn, eine rot-weiße Schamanentracht mit einhundertacht Falten im Rock und einem Gurt in passender Länge für den Körper einer Frau aus dem Westen zu nähen. Von dort aus ging er zum Tourismusministerium, wo er zwei gehobene Beamte als Zeugen zu dem Ereignis einlud. „Meine Schamanenschule wird viele ausländische Besucher anziehen", erzählte er ihnen.

„Da wir nun unsere erste Absolventin haben, werden andere folgen."

Aber als Ellen am neuen Altar, den sie zwischen Jebis und Mailes aufgestellt hatten, in Trance fiel, die von Jebi erlernten Mantras sprach, um ihre Schamanentracht zu segnen und die traditionellen Schritte der Rai tanzte, dachte er an all das nicht. Ellen war so groß wie Mohans Vater und etwas an der Art und Weise ihrer Bewegungen, die Kontur ihres Rückens unter dem weißen Gewebe brachte den alten Schamanen eindringlich in Erinnerung. Tränen füllten Mohans Augen.

„Du wirst unsere Schamanin in Amerika sein", sagte er zu Ellen. „Geh und heile die Leute."

Ungehemmt liefen die Tränen sein Gesicht hinunter, als sie das abschließende Ritual zur Erhebung der Energie zum Scheitelpunkt vollführten, die Schülerin dabei mit Kraftobjekten umkreisten und die alten Worte in der Sprache der Rai sangen: „Saya congma, sololo, sololo."

Die zwei Beamten vom Tourismusministerium hatten es nicht geschafft, zur Abschlußzeremonie zu kommen. Also lud Mohan sie erneut zu einer Abschiedsfeier für Ellen ein. Jebi und Ellen kleideten sich in ihre Trachten und schamanisierten. Die hohen Männer waren positiv beeindruckt. Es ging bergauf. Mohan war sicher, daß mit Beginn der Trekkingsaison im Mai seine Auftragsbücher voll sein würden.

Einen Monat nachdem Ellen als voll ausgebildete Schamanin nach Hause geflogen war, kam ein zweiter amerikanischer Schüler. Al war ein schneller, nervöser Typ, der sagte, daß er nur drei Wochen in Nepal verbringen könnte. Er hatte geplant, mit Freunden die letzten Wochen seines Urlaubs nach Indien zu gehen, aber Jebi brachte ihn zum Schütteln. Also sagte Al die Reise nach Indien ab und blieb stattdessen die ganze Zeit in Kathmandu.

Mohan ließ ihn ausschließlich mit Jebi arbeiten, zu dem er eine tiefe Bindung entwickelte. Der junge Übersetzer Dakhal hatte eine Vollzeitarbeit gefunden. Also rief Mohan Herrn Ganesh und verwarnte ihn streng: „Du kennst unseren Schamanismus nicht. Natürlich bist du ein Gelehrter und Experte der Weisheit der Hindus, aber dieser Mann ist gekommen, um von Jebi zu lernen. Deine Arbeit ist, zu übersetzen und sonst nichts."

„Hajur." Herr Ganesh gleichmäßiges, kantiges Gesicht schaute respektvoll und ernst.

Aber später suchte er Mohan in seinem neuen Büro auf. „Ist es wahr, daß Jebi auf dem Wasser laufen kann?" fragte er.

Mohan hatte gerade Aktenordner aus einem Karton in die obere Schublade seines Karteischranks einsortiert. Überrascht hielt er inne. „Hat Jebi das gesagt?"

„Das hat er seinem Schüler erzählt. Ich habe ganz genau übersetzt, gerade so, wie du es mir aufgetragen hast. Jebi sagte, daß er das getan hätte."

„Wenn er das sagt, dann muß es wahr sein." Mohan hatte von solch einer Sache noch nie gehört. Er eilte nach Hause.

„Was meinst du damit, wenn du zu Al sagst, du kannst auf dem Wasser laufen?" Jebi war mit Kumari in der Küche und trank Raksi. „Und was ist das? Ich dachte, du hättest mit dem Trinken aufgehört."

„Nur ab und zu ein bißchen, damit ich entspannen kann." Jebi nahm ein sauberes Glas und bot Mohan an, ihm aus dem Krug einzuschenken.

„Ich trinke nur guten Whisky", Mohan winkte ab. „Dieses selbstgebraute Gesöff macht einen nur krank. Aber ist es wahr, daß du deinem Schüler erzählt hast, du könntest auf dem Wasser laufen?"

Der Schamane grinste wölfisch.

„Was ist, wenn er es sehen will? Wirst du dann den Fluß Bagmati auf seiner Oberfläche überqueren?"

„Nur an einem Vollmondtag, wenn ich Jaldevi rufe", sagte Jebi. „Ich bin ein sehr mächtiger Schamane. Aber er wird nicht hier sein, um es sehen zu können. Noch vor dem nächsten Vollmondtag wird er fort sein." Er hob sein Glas, trank es aus und wischte sich den Mund mit dem Ärmel.

Al schüttelte es wiederholt an Jebis Altar, aber es war nicht möglich, ihn zum sprechen zu bringen. „Du mußt wiederkommen und mehr Zeit investieren", drängte Mohan ihn, nachdem die sechs Wochen vorüber waren.

„Das habe ich vor. Jebi ist ein mächtiger Schamane. Ich möchte sehen, wie er auf dem Wasser läuft. Kann er das wirklich?"

„Oh ja", antwortete Mohan ohne mit der Wimper zu zucken. „Unsere Schamanen sind die besten in ganz Nepal."

* * *

gefaengnis

GEFÄNGNIS

10. Feb. 1993
Otisville, N.Y.

Liebe Bhaihini Ellen,
Ich schätze deine Besorgnis um mich sehr. Sie werden mich mit Sicherheit aus dem Verkehr
ziehen, wenn ich bei meinem geplanten Projekt auch nur den leisesten Fehler mache. Ich weiß
sehr genau, daß es nicht leicht sein wird und wie gefährlich es ist, aber mach dir keine Sorgen.
Ich habe viele Ideen, wie ich mich schützen und mein Projekt zum Erfolg führen kann....
Dein Dai Mohan Rai

* * *

DIE FALLE

*Ich, Mohan Lal Rai, bestätige hiermit unter Androhung von Strafmaßnahmen bei einem Mein-
eid gemäß dem Rechtsanspruch 28 U.S.C. Absatz 1746: Ich verstehe ein wenig Englisch. Wenn
schnell gesprochen wird, habe ich Schwierigkeiten, zu folgen. Am 9. Juli 1992 wohnte ich im
YMCA Hotel in der 47. Straße in Manhattan. Gegen 2 Uhr nachmittags stand ich am Eingang
des Hotels. Nachdem ich mich mit einem Schwarzen unterhalten hatte, wollte ich wieder auf
mein Zimmer gehen. Von hinten wurde ich von vier Leuten angesprochen. Einer von ihnen sagte: „Junge, du bist verhaftet." Sie legten mir Handschellen an und fragten, ob ich Gepäck in
meinem Zimmer hätte. Ich bejahte. Sie nahmen mich mit auf mein Zimmer. Ohne um Erlaubnis
zu fragen, durchsuchten sie das Zimmer und beschlagnahmten gewisse Gegenstände. Nach der
Durchsuchung wurde ich in einem anderen Gebäude in ein Büro gebracht. Dort nahmen sie
meine Fingerabdrücke und photographierten mich. Jemand aus dem Büro fragte mich, ob ich
verheiratet sei und Kinder habe. Dann brachten sie mich zum Gericht. Zu keinem Zeitpunkt hat
mich jemand über meine verfassungsmäßigen Rechte aufgeklärt, wie sie mir von meinem Anwalt erklärt wurden. Ich bestätige unter Androhung von Strafmaßnahmen bei einem Meineid,
daß das Vorhergehende wahr und richtig ist. Datiert: New York, August der 21. 1992 Mohan
Lal Rai
– Aus der Erklärung von Mohan Lal Rai Prozeßnummer 92 CR-634 (MBM),
U.S. Bezirksgericht für den südlichen Bezirk von N.Y.*

* * *

Mohan klappte sein dünnes Buchhaltungsheft zu und rollte es zusammen, als wollte er aus den
Seiten noch ein paar Rupien pressen. Er lief die Diele hinunter, vorbei an seinem Samkhama-
Raum, den er seit Monaten nicht betreten hatte, hinaus auf die Veranda. Seine ganzen Schulden
hatte er aufgelistet, jede Reiseagentur, die er kannte angeschrieben, Rabatt angeboten und sogar
Trekkingausrüstung verkauft.

Seine Buchhaltung zeigte eine überfällige Hypothek und Tausende von Schulden bei Investo-
ren und Bergführern, die schon lange ihre Mitarbeit aufgekündigt hatten. Von dem unbezahlten
Laufburschen ganz zu schweigen. Mohan schnippte die Glut seiner Zigarette weg, drehte das
Ende zu und steckte den Rest für später in die Tasche.

Sein Blick suchte den getrübten Horizont hinter Herrn Bharats leerem Balkon nach schnee-
bedeckten Gipfeln ab. Er spürte ihren Ruf, aber er hatte keine Klienten und keine geplanten
Trekks, keine Möglichkeit, in den Bergen zu sein. Er erinnerte sich, wie Doktor William und
Ellen im vergangenen Herbst vom Balkon aus seine Familie bei der Gartenarbeit beobachtet

hatten. Das waren noch hoffnungsvolle Zeiten, als er sicher war, daß sie ihm neue Schüler für sein Institut schicken würden. Aber sie hatten es vergessen.

In einem der oberen Fenster ging hinter dem Vorhang ein Licht an und Bharats Schatten wurde sichtbar.

Bharat. Möglicherweise konnte er helfen.

Der große Mann war oft von zu Hause fort gewesen. Einmal stellte sich heraus, daß er wegen Verdachtes auf Drogenhandel im Gefängnis war. Aber bei der Rückkehr nach Hause war er so unverfroren wie zuvor und prahlte, daß sie ihm nichts nachweisen konnten. Worin auch immer er verstrickt war, er hatte dennoch ein legales Exportgeschäft und sogar einen Hochglanzkatalog voll mit Bildern von tibetischem und nepalesischem Kunsthandwerk für Touristen, Uhren, Radios, Taschenrechnern und CD-Spielern. Bindu hielt ihn für gefährlich und warnte vor ihm, aber sie hatte keine Ahnung, wie hoffnungslos die finanzielle Lage ihrer Familie war. Mohan zündete eine neue Zigarette an und ging zur Straße. Als er Bharats Haus erreichte, schnippte er seine angerauchte Zigarette über einen Abhang.

Bharats Frau ließ ihn ein und zeigte ihm das Zimmer oberhalb der Treppe, wo sich ihr Mann in einem Lehnstuhl vor einem Großbildfernseher ausgestreckt hatte. Bharat schaltete den Fernseher ab, lächelte ein Willkommen und ließ seine Frau Whisky bringen. Er deutete in Richtung einer kleinen Couch und schaltete eine Lampe neben sich an, die er von sich wegdrehte, so daß sie in Mohans Gesicht schien.

Während Mohan am Whisky nippte, sprachen sie über Nachbarschaftsangelegenheiten, die wachsende Anzahl armer Menschen, die tagsüber am Straßenrand den Müll durchwühlten, über Stromausfälle und eine geistig verwirrte Frau, die an der Straßenkreuzung vorbeigehenden Frauen folgte, sie Mutter nannte und um Geld anbettelte. Nach einigen Minuten stellte Mohan sein leeres Glas weg und streckte seine Arme auf der Rückenlehne des Sofas aus.

„Ich denke daran, meine geschäftlichen Interessen zu erweitern, um meine vielen Kontakte in den Staaten besser zu nutzen. Möglicherweise könnte ich für dein Exportgeschäft etwas Gutes tun", sagte er.

Bharat antwortete nicht. Mohan konnte keine Veränderung seines Gesichtsausdrucks erkennen. Die Stille hielt an.

„Ich werde darüber nachdenken", sagte der dicke Mann endlich.

„Sehr viele amerikanische Läden verkaufen inzwischen unser schönes Kunsthandwerk aus Nepal."

„Woher weißt du das?" Bharats Interesse klang gezwungen.

„Ich weiß es. Ich werde eine Liste erstellen. Es gibt viele Möglichkeiten." Mohan schlug die Beine übereinander und trommelte mit den Fingern auf der ledernen Armlehne. „Gib mir ein paar Tage."

Er verabschiedete sich und eilte zum Telefon an Bindus Bett, um Ellen in Amerika anzurufen.

„Bahini, kannst du mir einen Gefallen tun und Adressen von Läden, die Waren aus Nepal importieren, herausfinden?"

„Ich kann im Internet nachforschen", antwortete sie. „Ich werde dir eine Liste schicken."

„Danke, Bahini. Wie geht es dir? Bist du als Jhankri tätig und heilst die Leute?" fragte er.

„Nun...nicht so oft."

„Das solltest du aber tun!" Er sprach streng wie ein älterer Bruder.

Kumari reichte ihm einen Teller mit Reis, Dal und grünem Gemüse. „Ich habe es warm gehalten", sagte sie. „Wo warst du? Vor einer Minute habe ich dich noch draußen gesehen, dann warst du verschwunden."

„Geschäfte." Hastig und ohne Genuß schlang er sein Essen hinunter, zündete sich eine Zigarette an und blickte flüchtig auf seine Uhr, als könnten deren Zeiger das Verstreichen von Tagen statt Sekunden anzeigen.

Als Ellens Liste endlich eintraf, brachte er sie in dem braunen Umschlag aus Manilapapier, in dem sie angekommen war, zu Bharat und offenbarte seinen Plan. „Das klingt interessant", sagte der dicke Mann, machte aber kein Angebot.

Monate verstrichen. Bindu und Kumari begannen zu spinnen und zu weben, um Geld für die Lebensmittel im Winter zu verdienen. Leute, die Mohan gewöhnlich auf der Straße grüßten, sprachen nicht mehr mit ihm. Er machte ständig Pläne, doch der Erfolg wollte sich nicht einstellen. Wahrhaftig, die Götter waren gegen ihn. Etwas mußte sich ändern. Er beschloß, eine Pilgerreise nach Bhutan zu unternehmen, wo er die Zeremonie Ubhauli nach alter Art ausführen wollte.

Mohan öffnete die Tür zum Reisebüro der Indian Airlines in der Durbar Marg, um dort seine Reise nach Bhutan zu buchen, als er beim Eintreten mit einem glatthäutigen, gut aussehenden Mann Mitte Vierzig mit großer Hornbrille zusammenstieß. Dieser entschuldigte sich überschwenglich.

„Entschuldigung. Ich habe nicht aufgepaßt. Sind sie nicht Mohan Rai?"

„Ja. Der bin ich."

„Ihre Frau hat mir gesagt, daß ich sie vielleicht hier antreffen könnte." Mein Name ist D. B. Tamang. Ich bin ein guter Freund von Herrn Bharat.

Hinter ihm wurden zwei indische Männer sichtbar. Er stellte sie als Niranjan und Nirankhar aus New York vor. Sie seien Eigentümer einer Reiseagentur und zur Zeit in Kathmandu, um eine Trekkingfirma zu finden, mit der sie zusammenarbeiten könnten, erzählte er.

Niranjan war schlank, mit einem großen, runden Kopf, auf dem ein paar lange, vereinzelte Haarsträhnen geschickt eine kahle Stelle verdeckten. Er trug eine khakifarbene Safarijacke und eine ausgewaschene, braune Hose. Seine Augen waren farblos und ohne jeden Ausdruck. Nirankhar war kleiner, ein Mann mit verwirrtem Gesichtsausdruck. Er trug eine ausgebeulte, schwarze Hose und einen formlosen Mantel. Sie luden Mohan zum Mittagessen in das japanische Kushi Fuji Restaurant in der Innenstadt ein.

„Wir haben von D. B. und Bharat so viele gute Dinge über dich gehört.

Zum Beispiel, daß du zweiundzwanzig Sprachen sprichst und ein Profi im Trekking bist", sagten die Inder. „Wir möchten, daß du mit nach New York kommst, damit wir dir unser Geschäft zeigen können."

„Ich will gerade nach Bhutan gehen", antwortete Mohan. „Danach kann ich kommen. Natürlich habe ich auch noch mein Institut für Schamanismus, aber bis dahin werden noch keine Schüler hier sein."

„Warum willst du ausgerechnet jetzt nach Bhutan, wo es Unruhen zwischen den Einheimischen und den eingewanderten Nepalesen gibt?" fragte D. B.

„Wie auch immer. Da diese Herren mir zehn Prozent Provision versprochen haben, werde ich mich persönlich um deine Unterbringung und die Kosten für die Verpflegung in New York kümmern."

Mohan war von dem Angebot begeistert und willigte ein, seine Reise nach Bhutan zu verschieben. Die nächsten beiden Tage verbrachte er damit, Dias und Broschüren von seiner Schamanenschule und dem Trekkinggeschäft zusammenzustellen. Er besuchte auch Bharat und bot ihm an, in den Staaten Importeure zu kontaktieren. Bharat willigte ein und gab ihm einen Stapel Kataloge mit.

Die Brahmanen flogen einen Tag vor Mohan zu einem geschäftlichem Treffen nach Delhi und ließen ihr Gepäck zurück, das Mohan mitbringen sollte. Sie sagten, daß sie es nicht durch den Zoll in Delhi rein und raustragen wollten. Es handelte sich nur um einen Rucksack und vier zusammengerollte Teppiche. Mohan stimmte bereitwillig zu.

„Laß uns mal überprüfen, was ich für sie transportieren soll", sagte er zu D. B., nachdem die Männer fort waren.

D. B. suchte in der Tasche herum. „Hier ist ein Glas mit Chili-Mango Pickles." „Pack es nach unten", entschied Mohan. „Es ist illegal, Nahrungsmittel in die USA einzuführen." „Das ist kein Problem, solange es noch in der versiegelten Originalverpackung ist wie hier", erklärte D. B.. Die Brahmanen trafen sich wie vereinbart mit Mohan im Transitaufenthaltsraum im Flughafen von Delhi. Seit es auf seinem Ticket aufgelistet worden war, paßte er auf dem Flug nach Amerika auf ihr Gepäck auf. In New York sagte Niranjan: „Du mußt unser Gepäck mit durch den Zoll nehmen. Wir werden mit unseren Pässen schneller abgefertigt sein und auf dich beim Taxistand warten."

Problemlos ging Mohan durch den Zoll, aber draußen wartete nur noch Niranjan. Es war spät nachts. „Wo ist Nirankhar?"

„Er mußte nach Hause, weil Gäste aus Kanada kommen. Auch mein Haus ist voll mit Verwandten, die zu Besuch da sind. Deshalb werde ich dich für ein oder zwei Nächte im YMCA Hotel unterbringen. Bitte behalte solange das Gepäck bei dir. Ich würde es ja nehmen, aber unser Büro liegt genau in entgegengesetzter Richtung zu meinem Haus. Es liegt auf dem Weg zu Nirankhar und der Rucksack gehört ihm." Es machte nicht wirklich Sinn, aber Mohan war müde. Er ließ Niranjan den Rucksack und die Teppiche in ein Taxi laden und fuhr zum Hotel.

Am nächsten Morgen rief Niranjan an und erklärte, daß er und Nirankhar den ganzen Tag verhindert wären. Mohan verbrachte die Zeit mit Besichtigungstouren und rief seine Kontaktadressen in Amerika an. Am Abend schaute Nirankhars Bruder im Hotel vorbei und vergewisserte sich, wie es Mohan ging. Sie genehmigten sich einen Drink in der Hotelhalle und der Bruder erklärte, daß Nirankhar mit seinen Gästen immer noch furchtbar beschäftigt wäre. „Warum nimmst du das Gepäck nicht mit?" schlug Mohan vor, als der Bruder sich erhob um aufzubrechen.

„Ich fahre mit der U-Bahn", antwortete er eine Spur zu laut. „Behalte es noch."

Mohan schaute Fernsehen. Um zehn Uhr rief Niranjan an und berichtete, daß Nirankhar bei einem Autounfall verletzt und in ein Krankenhaus gebracht worden sei. „Mach dir keine Sorgen, er ist nur leicht verletzt. Wir haben hier mit vielen Freunden gesprochen, die dich unbedingt kennenlernen wollen. Ich werde morgen früh Nirankhars Bruder in einem Taxi vorbeischicken. Er wird die Sachen abholen."

Aber am Morgen kam ein anderer Mann. Er nahm zwei der Teppiche und ließ den Rest einschließlich des Rucksacks zurück, mit der Begründung, er könne alles zusammen nicht tragen. Mohan machte einen Spaziergang, aß zu Mittag in einem nahegelegenen Restaurant und saß danach grübelnd aus dem Fenster starrend in seinem Zimmer. Der Himmel war grau und die Gebäude erinnerten ihn an Gefängnismauern. Er zog die Gardinen zu und entschloß sich, D. B. anzurufen. Er wählte die Vermittlung und ließ sich verbinden. „Ich glaube nicht, daß deine Freunde seriös sind", klagte er. „Sie lassen mich bereits seit vier Tagen alleine. Ich habe den Eindruck, daß sie keine guten Leute sind und ich habe kein Geld mehr."

„Bleib wo du bist", antwortete D. B.. „Ich rufe sie an und finde heraus, was los ist."

Mohan kramte Ellens Liste mit den Importeuren aus seinem Aktenkoffer hervor, fand in der unteren Schublade einer Kommode ein Telefonbuch mit Kartensektion und begann seine Route zu planen, indem er Orte einkreiste. Nach einer Weile schaltete er den Fernseher ein und lehnte sich auf seinen Kissen zurück. Er sah das Ende einer Seifenoper, die Achtzehn Uhr Nachrichten und zwei Komödien-Shows. Schließlich trieb ihn der Hunger hinaus. Was er D. B. über seine finanzielle Situation gesagt hatte, entsprach der Wahrheit. Er aß das billigste Sandwich des Menüs, kehrte zurück in sein Zimmer, schaute das Ende eines Films und den Anfang eines anderen und nickte schließlich ein.

Ein grelles Aufblitzen hinter seinen Augenlidern riß ihn aus dem Schlaf. Aber da war nichts. Die dicken Gardinen waren geschlossen wie zuvor. Wieder schloß er die Augen und sah sich in einer Vision draußen über dem Zimmer schweben. Die Wand war weggebrochen und von der Straße aus konnte man sein Bett mit ihm darauf sehen. Der Boden war schmal, glitschig und neigte sich nach unten. Das Bett begann zu rutschen und fiel.

Voller Panik setzte er sich auf. Was ging vor mit diesen beiden Kerlen?

Vom ersten Moment an hatten sie ihm nicht gefallen. Möglicherweise war in diese Teppiche Schmuggelware eingewickelt – Drogen oder Waffen. Was, wenn der Zoll sie gefunden hatte, ihn durchgelassen und ihm gefolgt war? Vielleicht beobachteten sie ihn sogar jetzt. Kein Wunder, daß die Brahmanen nicht zurückgekommen waren.

Er sprang aus dem Bett, rollte die verbliebenen beiden Teppiche auf, suchte ergebnislos nach versteckten Nähten und kippte dann den Inhalt des Rucksacks aus. Der Boden des Rucksacks war feucht und er sah, daß das Glas mit den Pickle zerbrochen war. Zwischen den Glasscherben lagen einige in Plastik gewickelte Filmdosen, fest versiegelt mit Isolierband. Er hob sie auf, drehte sie hin und her und beschloß, sie nicht zu öffnen.

‚Ich könnte sofort weg sein‘, dachte er. ‚Einfach meine Sachen nehmen und gehen und die Filmdosen, den Rucksack und die Teppiche hier lassen, damit die Putzfrau sie finden kann.‘ Er öffnete die Tür. Der Gang war dämmrig und leer. Er trat wieder zurück ins Zimmer und zog eine der Gardinen ein wenig zur Seite, um hinunter auf die Straße schauen zu können. Niemand schien ihn zu beobachten.

Was zur Hölle?! Ich werde schon vom Alleinsein verrückt. Irgend etwas Übles ist in diesen Filmdosen, aber niemand scheint einen Verdacht zu haben. Dennoch konnte er das flaue Gefühl im Magen nicht loswerden. Der Uhrzeiger am Bett stand auf drei Uhr morgens.

Wieder rief er D. B. an.

„Ich wollte dich gerade anrufen“, sagte D. B.. „Mir ist zu Ohren gekommen, daß Nirankhar einen Unfall hatte. Er war derjenige, der dein Treffen mit den anderen arrangieren sollte. Aber sein Bruder und Niranjan werden morgen kommen und dich aus dem Hotel holen. Ich habe ihnen gesagt, daß sie deine Rechnung bezahlen sollen.“

Einigermaßen beruhigt schlief Mohan ein. Am Morgen erhielt er einen Anruf von einem Mann, der sich als Nirankhars Bruder ausgab. Er war nicht der Gleiche, den Mohan getroffen hatte und konnte auch nicht Nirankhars Blutsbruder sein, weil er Urdu sprach. Mohan kannte die Sprache und hatte keine Schwierigkeiten, sie zu verstehen. Der ‚Bruder‘ kündigte an, daß er um elf Uhr kommen und ihn in sein Haus bringen würde.

Mohan setzte sich in einen Sessel und wartete. Nachmittags um halb zwei rief der ‚Bruder‘ wieder an, um zu mitzuteilen, daß er nicht selbst kommen könnte, aber seinen Mann schicken würde. „Er ist ein Schwarzer, der ein rotes T-Shirt trägt. Geh nach unten und warte in der Empfangshalle.“

Es war heller Tag. Nichts würde passieren. Er würde es hinter sich bringen, von den Brahmanen Geld leihen, damit er D. B. bezahlen konnte, kurz ihre Reiseagentur anschauen, ihnen einen Rabatt anbieten und nach Hause fliegen. Sein Magen fühlte sich tot an und plötzlich sah er vor seinem inneren Auge das Bild des Schafs, das sie an Dasain geopfert hatten. Mechanisch packte er die Filmdosen und Turnschuhe in eine Plastiktüte und hängte sie an sein Handgelenk. Dann überlegte er es sich anders und ließ die Tüte auf das Bett fallen. Er schloß die Zimmertür hinter sich, ging hinunter in die Empfangshalle und wartete am Eingang.

Binnen weniger Minuten traf der Schwarze ein. Sein verwaschenes, rotes T-Shirt war schmuddelig, aber sein Gesicht war sauber und seine dunklen Augen zeugten von scharfer Intelligenz. „Bist du Nirankhars Mann?“ fragte Mohan. Der Schwarze nickte jemandem hinter Mohan zu und als Mohan sich umdrehte, umstellten ihn vier große Männer in schlichter Kleidung.

„Junge, du bist verhaftet", sagten sie.

„Warum?" fragte Mohan.

„Halt den Mund", sagten sie. „Gib uns deine Schlüssel." Mohan zog den Zimmerschlüssel aus der Tasche. Sie drehten ihm die Arme nach hinten, legten Handschellen um seine Gelenke und schubsten ihn in den Aufzug. Im Zimmer fanden sie sofort die Filmdosen, schnüffelten am Inhalt, den sie auch probierten und grinsten sich gegenseitig an. Sie schütteten den Rucksack aus, ließen den Inhalt verstreut am Boden liegen und entrollten die Teppiche. Dann packten sie seinen Aktenkoffer und stießen ihn hinaus.

Nachdem man ihn photographiert, seine Fingerabdrücke genommen, ihn vor den Richter und zurück in die Zelle gebracht hatte, wußte er immer noch nicht, warum man ihn verhaftet hatte. Sein Pflichtverteidiger, ein Junge mit einem unordentlichen Stapel Aktenordnern unter dem Arm erklärte ihm, daß er wegen Schmuggels von 285 Gramm Heroin angeklagt sei.

„Aber ich bin unschuldig", protestierte Mohan. „Man hat mich betrogen. Ich habe diesen indischen Kerlen einen Gefallen getan, indem ich ihr Gepäck über Delhi mitgebracht habe, weil sie es nicht durch den Zoll ein und ausführen wollten. Das ist ihr Gepäck, nicht meines."

„Das sagen sie alle", antwortete der Anwalt nicht unfreundlich. „Können sie das beweisen? Wenn sie Beweise haben, bin ich hier, um ihnen zuzuhören."

„Sie müssen diese beiden Kerle finden und herbringen. Zwingen sie sie, die Wahrheit zu sagen."

„Wenn diese Männer sie betrogen haben, glauben sie, daß die sich hier noch aufhalten?" fragte der junge Mann.

* * *

BIG SPRING

26. März 1993

Namaste liebe Bahini Ellen,
ich danke dir für deinen Brief vom 3. März 1993. Ich weiß auch zu schätzen, daß du meinen
Namen und die Telefonnummer an Herrn Bob weitergegeben hast. Ich selbst kann ihn aus
verschiedenen Gründen nicht anrufen: 1. Hier werden alle Telefone überwacht. 2. Ich möchte
nicht, daß mein Plan bekannt wird. 3. Grundsätzlich kann ich von diesem Telefon aus keine
offiziellen Stellen, außer meinem Anwalt und meine Verwandten anrufen. Deshalb möchte ich
dich bitten, ihn weiterhin an meine Idee zu erinnern. Er hat mich weder benachrichtigt, noch
geschrieben. Bitte schildere ihm die Einzelheiten. Möglicherweise hält er mich für einen Krimi-
nellen... Bitte erkläre ihm, daß ich sicher nicht fast 9 Tage abgewartet hätte, wenn ich ein rou-
tinierter und erfahrener Drogenhändler wäre. Ich wäre am nächsten Tag nach Hause geflogen.
Ich war aber am Reisegeschäft sehr interessiert. Ich wußte nicht, daß ein guter Freund sich so
zum Nachteil verändern kann. Ich bin sicher, daß es dafür Gründe gibt. Ich warte immer noch
auf Antwort von einigen guten Freunden und Verwandten, die ich schriftlich gebeten habe,
etwas über D. B.'s frühere Geschäfte herauszufinden... Du weißt, daß dein Dai das Herz eines
Löwen hat und kein Feigling ist. Er wird der verrückten Regierung beweisen, daß Mohan Rai
ein ehrlicher Mensch ist.
Dein Dai Mohan Rai

* * *

Mohan verbrachte neun Monate in Otisville und wurde dann in das Staatsgefängnis nach Big
Spring, Texas verlegt. Das Gefängnisgebäude war der ehemalige, umgebaute Luftwaffenstütz-
punkt Webb und hatte nur minimale Sicherheitsvorkehrungen. Es lag auf halbem Weg zwischen Dallas und El Paso im südlichen Teil des Staates. In Handschellen wurde Mohan zum
Midland-Odessa Flughafen geflogen, anschließend mit sechs weiteren Gefangenen in einen
Bus geladen und zum achtzig Kilometer entfernten Big Spring gefahren. Innerhalb des Ge-
fängnistraktes befahl ihm eine gelangweilte Wache, alle Kleider abzulegen. Nach eingehender
Körperkontrolle händigte man Mohan einen Stapel gefalteter, weißer Sträflingskleidung aus
und wies ihn an, sich anzuziehen. Eine andere Wache führte ihn in seine Zelle, die in einem
der zwei zusammenhängenden Gebäude lag. Die Zelle war nackt, ohne Teppich und Vorhänge.
Drei der vier Betten waren bedeckt mit grauen Armeedecken, die stramm über die Matratzen
gespannt waren. Eine ähnliche graue Decke und zwei dünne Bettlaken lagen zusammengefaltet

am Ende einer unbenutzten Matratze auf dem verbleibenden Bett. Die Wache deutete auf das nicht bezogene Bett und auf einen Spind an der Wand. „Das ist deins."

Mohan zuckte mit den Schultern. Er hatte nichts, was er in den Spind hätte tun können. Die New Yorker Polizei hatte seinen Schlafsack, seine Daunenjacke und sein Gepäck verlegt. Seinen Aktenkoffer mit der Karte und der Liste der Importeure beanspruchten sie weiterhin für sich.

Die Wache ging. Alleine im Zimmer, machte Mohan sein Bett und ging dann hinaus zum großen Hauptraum, wo andere Männer Karten spielten, Fernsehen schauten und plaudernd auf das Abendessen warteten. Gleich nach dem Betreten des Raumes hielt er inne, zeigte einen möglichst harten Gesichtsausdruck und schätzte den Schauplatz ab. Ein paar Häftlinge schauten auf und nahmen von seiner Gegenwart Notiz, aber keiner war neugierig genug, um herüber zu kommen und ihn zu treffen.

Zum Abendessen gab es Lasagne, die so flüssig war, daß sie mit einer Eiskelle ausgeteilt werden mußte, Bohnen und dünnen Kaffee. Er brachte sein Tablett zu einem Tisch, zu dem auch drei andere Leute gingen. Sein Gegenüber nickte kurz und wendete dann seine Aufmerksamkeit dem Essen zu. Die Männer aßen stumm und stocherten dabei in ihrem Essen herum, als ob sie eine lästige Pflicht schnell erledigen wollten. Mohan probierte ein paar klumpige, in Ketchup getauchte Bulettenstücke und legte dann seine Gabel weg. Einfacher Reis ohne Dal, mit Liebe zubereitet von Thuli Kumari, war wesentlich nahrhafter.

Nach dem Essen gingen die Häftlinge auf ihre Zimmer zurück, um sich zählen zu lassen und Mohan begegnete seinen Zellengefährten. Ein großer Mann von so massiver Statur wie einige Gurungs, die er kannte, streckte seine Hand aus. „Willkommen im Club. Ich bin Dan Johnson, aber jeder nennt mich Schneller Adler." Er hatte eine tiefe, ruhige Stimme.

Mohan ergriff die angebotene Hand und schüttelte sie entschlossen. „Schneller Adler? Dann bist du ein amerikanischer Ureinwohner?"

„Halb", antwortete Schneller Adler. „Wenn Mama nicht gelogen hat, dann ist die andere Hälfte irisch."

„Er hat ein hohles Bein wie ein irischer Mann", sagte Scootch, ein dünner, runzliger, weißer Mann in Mohans Alter, der seinen richtigen Namen nicht preisgab. Er hockte sich auf Mohans Nachbarbett und zog seine Socken aus.

„Der dort ist Willy." Scootch zeigte auf einen Mann, der gegenüber mit dem Rücken zu ihnen kniete und unter seiner Matratze nach etwas suchte.

„Hi", sagte Willy und sah über seine Schulter. Er dreht sich um und hielt einen Schokoriegel, den er aus seinem Versteck gekramt hatte. Mit zwei riesigen Bissen verschlang er ihn.

„Warum haben sie dich eingelocht?" fragte Schneller Adler.

„Drogen", sagte Mohan. „Aber ich bin unschuldig."

„Ich auch", sagte Schneller Adler. „Ich hab es auch nicht getan." Er warf den Kopf zurück und lachte schallend.

„Was ist mit dir?" fragte Mohan Scootch.

„Scootch ist ein ‚Papierhänger'. Er hat es auch nicht getan." Schneller Adler lachte wieder.

„Nimm es ihnen nicht übel", schaltete sich Willy ein. „Hast du einen Nickel, oder was?"

„Einen Nickel?", Mohan kam ins Stocken. So sprachbegabt er auch war, er hatte keine Ahnung, was gemeint war. Wollten sie Geld? Oder war nicht Nickeltüte amerikanischer Slang für Ganja?

„Das sind fünf Jahre, Neuling", erklärte Scootch.

„Ja, fünf Jahre mit der Chance auf vorzeitige Entlassung bei guter Führung."

„Nun, das Essen ist nicht so gut und Whisky gibt es auch keinen, aber der Club ist in Ordnung." Willy zerknüllte die gelbe Verpackung des Schokoriegels und rollte sie zwischen den Handflächen hin und her.

Um zweiundzwanzig Uhr dreißig wurde das Licht gelöscht. Mohan kroch unter seine Decke und wünschte, er hätte ein Kopfkissen. Er mußte nachdenken.

Er würde hier nicht lange bleiben. Er konnte nicht. Diese Männer waren deprimiert und resigniert. Sie saßen ihre Zeit ab, wie Elefanten mit gebrochenem Willen, die, nachdem sie sich an die Gefangenschaft gewöhnt hatten, sogar bleiben würden, wenn man das Seil, mit dem sie angebunden waren, entfernte. So könnte er niemals sein. Er würde nicht ruhen, bis er frei wäre. Andererseits hätte es auch schlimmer kommen können. Gefängnis in Amerika war, verglichen mit dem in Nepal, fast ein Urlaub. Ohne eine Bemühung seinerseits erhielt er drei Mahlzeiten am Tag, sehr stärkehaltig zwar und ohne frisches Gemüse, aber sie sättigten, saubere Kleidung zweimal die Woche, man konnte fernsehen und er hatte Zugriff auf Bücher und Magazine in der Bücherei. Was er benötigte, konnte er in einem gefängniseigenen Laden kaufen – Süßigkeiten, Limonade, Chips, Unterwäsche, Toilettenartikel und zu seiner Überraschung sogar Rasierklingen, Spielkarten, Ventilatoren, Sonnenbrillen, Vitamintabletten und Zigaretten. Das erforderliche Geld konnte man in der Wäscherei bei einem Stundenlohn von fünfundzwanzig Cents verdienen. Es gab auch einen Fitneßraum, in dem man Gewichte stemmen konnte. Falls er wollte, könnte er seinen Körper stählen.

Er vermißte seine abendlichen Drinks, aber sein Körper paßte sich an. Vielleicht würde er mit dem Rauchen aufhören und gesund leben. Mit Ende des ersten Monates hatte er den Knast-Slang gelernt und wußte, daß Scootch, der ‚Papierhänger‘, ein Veruntreuer war, der von der Reifenfirma, in der er fünfzehn Jahre gearbeitet hatte, dreihunderttausend Dollar abgesahnt hatte. Eine Packung Zigaretten war eine ‚Rauchbox‘ und ‚Homeboys‘ waren die schwarzen Häftlinge füreinander. Mohan hatte keine Homeboys. Aber das machte nichts. Er hatte seine Pläne. Mit endlosen Pokerspielen füllte er die Zeit aus, während er auf den Anruf des F.B.I. Mannes wartete, den Ellen kontaktieren sollte.

Sie hatte versucht, es ihm auszureden. „Es ist zu gefährlich", sagte sie und drängte ihn, sich mit dem Gefängnisleben abzufinden und die Zeit zu nutzen, um seine Kindheit in Bhutan, als er von seinem Vater Schamanismus lernte, schriftlich festzuhalten, damit sie darüber ein Buch schreiben konnte. Dazu hatte er keine Zeit. Er bestand darauf, daß sie das F.B.I. anrief und widerstrebend hatte sie eingewilligt. Sie kam in Kontakt mit einem Mann, dessen Name Bob war. Er versprach, sich den Fall anzuschauen und Mohan anzurufen.

Die Häftlinge spielten Karten und sprachen unaufhörlich von ihren Ehefrauen und Freundinnen, die sie sich gerne so vorstellten, wie sie sie verlassen hatten, nämlich unverändert in ihrer Zuneigung. Mohan saß ein mit Big Henner, seinem Zellengenossen Willy und Jack, einem drahtigen, geschäftigen Typ dessen strohblonde Haare über der Stirn geradezu hochstanden. „Ausgerechnet jetzt schreibt sie diesen fiesen Brief", verspottete Big Henner Jack. „Warum glaubst du, daß sie auf so einen kleinen Widerling wie dich wartet?"

„Sie wird." Jack nickte nachdrücklich mit dem Kopf.

„Du brauchst dir gar nicht einbilden, daß eine Frau fünf Jahre lang wartet." Der große Mann schleuderte seine Karten auf den Tisch, die drei Zweier und zwei Könige zeigten und breitete die Arme in einer ‚ich bin unschuldig‘ Geste aus.

„Besser sie wartet." Jack drehte sich mit seiner Stirnlocke zu Big Henner. „Sonst bring ich die Nutte um."

„Was ist mit dir, Mohan?" fragte Willy. Er war ein mittelgroßer Mann und mager, bis auf einen merkwürdigen runden Bauch, der aussah, als hätte er sich einen Basketball unter das T-Shirt gestopft. ‚Das muß an den vielen Schokoriegeln liegen‘, dachte Mohan. Von hinten wirkte Willy wie ein trauriger Mensch, dessen schwache Schultern vom Gewicht seiner langen Arme rund geworden waren. Aber von vorne machte er einen anderen Eindruck. Mit seinen kleinen, lächelnden, bis unter die Augen hochgedrückten roten Knollenbäckchen und seinem kessen Auftreten wollte er einen wissen lassen, daß er ein ganz gewöhnlicher Kerl war. „Drei Ehefrauen, die dir weh tun können. Aber ich nehme an, in Nepal erzieht ihr eure Frauen besser."

„Oh ja, selbstverständlich." Mohan war in seine Karten vertieft.

„Er ist der Mann im Haus", versicherte Willy und verzog den Mund.

Mohan rutschte mit dem Stuhl zurück. „Ich bin raus." Er ging weg. Mit Ellens Hilfe hatte Bindu erfahren, wo er war, aber er machte sich Sorgen, daß seine Familie ohne ihn nicht überleben würde. Seine junge Frau Sani Kumari würde nicht bleiben. Warum sollte sie auch, mit ihrem schönen, vollbusigen und jugendlichen Körper? Er mußte hier raus. Mit unter dem Kopf verschränkten Armen lag er auf dem Bett und starrte hinauf an die verputzte Decke.

Willy kam nach. „Mann, gib es auf. Du bist hier so lange drin, wie deine Haftzeit dauert. Du hast keine Chance zu gehen, bis du deine fünf Jahre abgesessen hast."

„Vier Jahre und sechs Monate", korrigierte ihn Mohan, der die Zeit für gute Führung abzog und an noch vorzeitigere Entlassung dachte. Willy holte einen Schokoriegel unter dem Kissen hervor, drehte sich zur Seite, riß die Verpackung auf und aß ihn. Er kaute mit offenem Mund und schmatzte dabei laut. So sehr er auch versuchte, sich mit seinem schmierigen Grinsen und der Angewohnheit, sich für Mohan stark zu machen, wenn der keine Verteidigung brauchte, einzuschmeicheln, hatte er noch nie angeboten, seinen Vorrat an Süßigkeiten mit ihm zu teilen.

Mohan schwang sich aus dem Bett und ging zurück in den großen Hauptraum, wo er an der Wand hinter den Tischen auf und ab schritt. Im Fernsehen lief ein Fußballspiel und die Fans hatten sich auf Stühlen darum ausgebreitet. Unter ihrem Gejohle und den Jubelschreien erstickte die Stimme des Kommentators. Mohan beachtete sie nicht und rekapitulierte im Geiste, wie D. B. ihn hereingelegt hatte. Die Polizei mußte bereits Verdacht geschöpft und die Spur von Niranjan und Nirankhar verfolgt haben. Mohan war der Knochen, den die Brahmanen hinter sich fallen ließen, um die Verfolger abzulenken. Sie hatten das im Voraus geplant. Um seine Geschäftsbeziehungen in den Staaten aufrechterhalten zu können, hatte D.B. bereitwillig Mohans Freundschaft geopfert und Drogen in den Rucksack gepackt.

Mohan ging schneller an der Wand entlang, dann um einen Stuhl herum und wieder zurück. Was für ein Dummkopf war er doch gewesen, ihren einschmeichelnden Lügen zu glauben. Der bloße Gedanke an D. B. mit seiner schwarzen Hornbrille und seiner falschen Freundlichkeit verursachte Mohan Sodbrennen. Er zählte im Geiste die Kumpane und Unterstützer von D. B. in Kathmandu auf, die mit Bharat gemeinsame Sache machten. Alle waren in diese Geschäfte verwickelt. Er könnte das F.B.I. zu einem ganzen Netzwerk von Drogenschmugglern führen. Es würde gefährlich sein, mit der Polizei zusammenzuarbeiten. D. B. könnte ihn umbringen. Aufgeregt vom Fußballspiel stießen die Häftlinge triumphierende Jubelschreie aus. Dennoch würde er es riskieren. Es war die Mühe wert. Er war noch nie ein Feigling gewesen und er wollte Rache. Unermüdlich schritt er weiter auf und ab. Das Gröhlen und Brüllen der Fußballfans steigerte seine Wut noch.

Nachdem das Licht gelöscht war, lag er mit weit geöffneten Augen im Bett und starrte in die Dunkelheit. Sein Körper juckte. Er knirschte mit den Zähnen und hoffte verzweifelt, daß er irgendwann schlafen könnte. Um drei Uhr morgens rief jemand seinen Namen. „Was?" fragte er in die Dunkelheit. Niemand antwortete.

Offensichtlich hatte er doch geschlafen. Schneller Adler lag schnarchend auf dem Rücken, sein breites Gesicht dem weiten Himmel seiner eigenen Träume zugewandt. Scootch drehte sich herum. Willy schlief tief und ruhig weiter. Mohan schloß die Augen.

Die Häftlinge mußten arbeiten. Mohans erster Arbeitsplatz war in der Wäscherei und er sagte sich, daß das nichts ausmachte. In Amerika gab es kein Kastensystem. Alle Arbeiten waren gleichwertig.

Schon bald aber schloß er Freundschaft mit den richtigen Leuten und nach ein paar Wochen landete er an einem begehrten Arbeitsplatz in der Metallwerkstatt und stellte Teile für militärische Flugzeuge und U-Boote her.

Die Tage verstrichen nur langsam. Jede dritte Nacht schreckte er aus dem Schlaf auf, weil er hörte, wie eine elektronisch verzerrt klingende Stimme ihn rief. Er dachte an die Seele seines Vaters und an die seines Urgroßvaters Khokpa. Es war niemals mehr als nur ein Wort. Sein Name. Falls darin eine Botschaft lag, wußte er nicht, was sie zu bedeuten hatte. Er war geneigt, sie zu ignorieren. Als er es tat, verschwand die Stimme für einige Wochen.

In einer Vollmondnacht hörte er die Stimme erneut. „Was willst du?" dachte er laut in die Dunkelheit hinein und stieß die Decke, die seine Beine im Schlaf bedeckte, zur Seite. „Ich habe keine Zeit für so was."

Bindu schrieb, daß die Bank den Zeitpunkt für die Hausenteignung festgesetzt hatte. Für diesen Grund und Boden hatte er hart gearbeitet und ihn dann als Geschenk, mit dem Versprechen, es nie zurückzufordern, auf Bindus Namen überschrieben. Bindu schrieb außerdem, daß der Ehemann ihrer Tochter Mala, ihr gemeinsamer Schwiegersohn, zu helfen versuchte. Ein schlauer Junge, aber mit seiner Arbeit als Angestellter verdiente er so gut wie nichts.

Bis ins kleinste Detail stellte Mohan sich sein Haus mit dem Hof, dem Garten, der Außentoilette und dem Shishnu-Busch neben der Mauer vor. Er sah seinen Schwiegersohn, wie er die Diele im Haupthaus entlang schritt und die Räume auf beiden Seiten überprüfte, so wie es Mohan selbst gewöhnlich tat. Er schickte seine Seele dorthin, weil er gerne helfen wollte. Wenn die Trekkingsaison begann, mußte sich jemand um das Geschäftliche kümmern oder die Familie würde alles verlieren. Mit Glück würden sie genug zu essen haben. Wäre er dort, wüßte er, was zu tun wäre: die erste Tür in der Diele öffnen, sich in ein sein kleines Büro setzten, die Schublade aufziehen und die Liste mit den amerikanischen Reiseagenturen neben der Flasche Whisky herausholen.

Am Tisch in seiner Zelle entwarf Mohan einen Brief, der an die Reiseagenturen geschickt werden sollte. Er schrieb an Bindu und schloß den Brief mit dem Rat, das Haus so schnell wie möglich zu verkaufen. „Unser Schwiegersohn soll diesen Brief mit einer Schreibmaschine schreiben und an alle Agenturen, die in meinem Aktenordner stehen, schicken", wies er sie an und erwähnte auch die erfahrenen Bergführer, die er schon zuvor beschäftigt hatte. Falls sich Gruppen anmeldeten, könnte Malas Ehemann sie beauftragen. Der Junge würde das schon hinkriegen. Er mußte es hinkriegen. Mohan weigerte sich, etwas anderes zu denken.

Bindu antwortete und schickte eine Vollmachterklärung, die es dem Schwiegersohn erlaubte, das Geschäft in Mohans Namen weiterzuführen. Er unterschrieb, drückte seinen Daumenabdruck aufs Papier und schickte es zur Beglaubigung an Ellen. Mehr konnte er von hier aus nicht tun. Die letzte Zeile in Bindus Brief lautete: „Mach dir keine Sorgen, Papa. Dank des großen Gottes Mahadeo geht es uns allen gut."

Mach dir keine Sorgen! Er war krank vor Sorge. Im Schlaf knirschte er mit den Zähnen und eines Morgens wachte er mit einem geschwollenen Zeh auf. Sobald er seinen Fuß auf den Boden setzte, explodierte der Schmerz. Er stöhnte.

„Was ist los?" Schneller Adler setzte sich auf und kratzte seinen Kopf.

„Es ist Gicht. Ich habe das früher schon gehabt." Mit beiden Händen hob Mohan das schmerzende Bein und legte es behutsam auf das Bettuch. Schneller Adler verständigte eine Wache.

Von Beiden flankiert hüpfte Mohan zur Krankenstation. Ein Krankenpfleger gab ihm einen Krankenhauskittel, zog einen Stuhl heran und wies ihn an, auf das Bett zu klettern, um dort auf den Doktor zu warten. Mohan setzte seinen schmerzenden Fuß auf den Boden und winselte. Er hatte keine Ahnung, wie er das bewerkstelligen sollte. Der große Indianer mußte ihn hochheben und auf das Bett setzen.

Kostenlose medizinische Versorgung, sagte Mohan sich, während sein Zeh vor Schmerz pochte. Er haßte es, zu warten. Liegend beobachtete er, wie das frühe Morgenlicht gestochen scharfe, gelbe Dreiecke auf den Boden zauberte. Von dort wanderten sie über die Wand zur Decke, wo sie sich dann in einer matten Helligkeit auflösten, die den ganzen Raum ausfüllte. Sein Zeh pumpte mit jedem Herzschlag Schmerz in sein Bein und er glaubte, daß jeder Moment der letzte war, den er aushalten konnte. Endlich kam der Arzt herein. Er war ein großer, locker wirkender Mann, der ein Papierklemmbrett hielt. Er legte seine Hand auf Mohans Zeh. Schlagartig explodierte der Schmerz erneut.

Mohan unterdrückte einen Schrei. „Bitte nicht berühren", sagte er so höflich wie möglich. „Es tut sehr weh." Der Arzt stützte Mohans Bein mit einem Kissen ab und händigte ihm eine einzelne kodeinhaltige Tablette aus. Am Waschbecken füllte er einen kleinen Pappbecher mit Wasser. Um sicher zu gehen, daß Mohan die Tablette schluckte, sah der Arzt zu. Dann ging er hinaus.

Der Schmerz ließ nach und Mohan schlief. Drei Stunden später meldete sich der Schmerz wieder, aber Mohan mußte weitere eineinhalb Stunden auf eine zweite Tablette warten. „Geben sie mir zwei", bat er die Krankenschwester. „Nur für den Fall, daß sie wieder so spät kommen." „Das darf ich nicht." Sie zerquetschte den Pappbecher aus dem er getrunken hatte, drehte sich auf dem Absatz um und ging hüftwackelnd weg.

Die Nacht verbrachte er in einem Drogennebel, in dem er seine Gedanken nicht länger kontrollieren konnte. Gegen Morgen träumte er von dem Hochgebirgswald seiner Kindheit, wo sie Frösche gefangen hatten und die Waldgöttin ihm den rechteckigen Stein gab. Nur wanderte er jetzt dort alleine und suchte den Weg zu ihrem kleinen Häuschen. Ein Tiger, der auf einer Hügelkette umherstreifte, sichtete ihn unten im Tal und pirschte sich an. Mohan fühlte sich wie eine schwache, hilflose Beute. Der Tiger verschwand im Unterholz, aber Mohan wußte, daß er ihn weiterhin schleichend verfolgte. Sein Zeh, der brennende Schmerzsignale aussandte, zog den Tiger an. Mohan versuchte sich von der Flamme, die sein Zeh war, zu trennen, um sie unter freiem Himmel zurückzulassen und sich selbst zwischen den Felsen zu verstecken. Aber der Tiger wartete geduldig auf das Feuer, das Mohans Körper kochen sollte, der vom Gefängnisleben fett und weich geworden war. Seine große Zunge leckte gierig in Vorfreude auf den Geschmack von menschlichem Fett das große Maul.

Eine Krankenschwester legte eine kühle Hand auf Mohans Stirn und der Traum verflüchtigte sich. „Ich brauche ein anderes Medikament", krächzte Mohan. Er sah eine neue Krankenschwester, jung und mitfühlend. „Haben Sie geträumt?" Sie gab ihm das Kodein und Wasser. Dankbar schluckte er alles. Bald würde Erleichterung eintreten.

Er fand es merkwürdig, daß der Schmerz hier auf der Krankenstation, wo sie ihm halfen, schlimmer zu sein schien als zu Hause, wo er viele Gichtanfälle ohne Schmerzmittel durchlitten hatte. „In Bhutan, als ich noch klein war, hatten wir weder Ärzte noch Medizin. Für die Kranken waren die Schamanen verantwortlich und die heilten mit Mantras", erzählte er der Krankenschwester.

Sie hatte auf einem Tisch Tupfer und Verbandszeug auf metallenen Tabletts sortiert und kam nun herüber an sein Bett. „Wirklich? Was haben die gemacht? Wie haben sie die Leute geheilt? Wie würden die ihre Gicht behandeln?"

Es überraschte Mohan, daß sie so neugierig war. „Sie kennen viele Arten zu heilen. Aber bei Gicht kann ich mich nicht mehr daran erinnern. Mein Vater war ein Schamane. Ich war zu dieser Zeit sowohl ein kleines Kind, als auch ältester Sohn und folgte ihm, wie der Schwanz dem Hund, überall hin, wenn er Kranke heilte."

„Erzählen sie mir davon." Sie zog einen Stuhl heran, setzte sich und stützte ihr Kinn auf die Hände.

„Ich habe gerade von der Zeit geträumt, als ich mit meinem Vater in die hochgelegenen Wälder ging", sagte er. „Ich habe die Göttin des Waldes getroffen. Sie gab mir ein Mantra und einen besonderen Stein. Aber in dem Traum suchte ich überall und konnte trotzdem ihr kleines Haus nicht finden. Dann kam ein Tiger." Während er sprach, kehrten die Gefühle aus dem Traum zurück. „Ich glaube, ich brauche jetzt etwas Ruhe. Ich werde ihnen später mehr erzählen." Er ließ sich in die Kissen sinken und schloß die Augen.

Um ihn herum war der Wald. Augen von Rehen und Nagetieren, Vögeln und Fröschen lugten hinter jedem Blatt und Ast hervor. Momentan war er in Sicherheit und von dem Tiger weit und breit keine Spur zu sehen, da sein Zeh aufgehört hatte, starke Schmerzsignale zu senden. Er fühlte seine Verwandtschaft mit den Geschöpfen des Waldes, spürte auch ihre Furcht und darüber hinaus das tiefe Wissen, daß im Wald beim Tanz von Beutetier und Jäger kein Wesen zerstört wird, sondern sich alles nur wandelt.

Die Krankenschwester legte ihre kühle Hand auf seine Stirn und augenblicklich war er neben dem Haus der Waldgöttin. Sie kam heraus, sah ihn an und verbeugte sich, indem sie mit „Namaste" grüßte. Voller Ehrfurcht erwiderte er den Gruß.

Am Abend wurde Mohan bewußt, daß er seit sechs Stunden keine Tablette mehr genommen hatte. Am nächsten Tag ging es ihm gut genug, um wieder arbeiten zu können. Aber Eindrücke aus Bhutan überfluteten immer noch seinen Geist. Nach der Arbeit kaufte er einen gelben Schreibblock. Vielleicht würde er doch seine Lebenserinnerungen niederschreiben, wie Ellen es vorgeschlagen hatte. Er begann die Seiten mit Schriftzeichen seiner ursprünglichen Devanagari Schrift zu füllen. Er schrieb Dinge nieder, an die er mehr als fünfzig Jahre nicht gedacht hatte. Zuerst schrieb er auf Nepali und in einem zweiten Schritt übersetzte er den Text ins Englische. Aber das war schwierig, weil er ständig englische Worte suchte, die er nicht kannte. Wenn er gleich in Englisch schrieb, würde die Geschichte fließen. Er fing Feuer, füllte einen Schreibblock und begann mit dem nächsten.

„Was schreibst du da die ganze Zeit?" fragte Schneller Adler und lehnte sich über Mohans Tisch.

„Einen Revisionsantrag an das oberste Gericht", vermutete Scootch.

„Es ist meine Lebensgeschichte und die meines Vaters, eines berühmten Schamanen aus Bhutan", erklärte Mohan ihnen.

„Schamane? Was ist das?" Scootch stellte sich hinter ihn.

„Ein Medizinmann." Schneller Adler hob einen der gelben Schreibblöcke auf, drehte ihn und versuchte, die Schriftzeichen des Devanagari zu lesen. „Wir haben auch Schamanen."

„Um die Wahrheit zu sagen, mein Vater hat mich zum Schamanen ausgebildet", sagte Mohan.

„Einen heilenden Schamanen?"

„Selbstverständlich", antwortete Mohan.

„Bei meinem Volk sind einige Schamanen für das Wetter zuständig, andere sind Finder von verlorenen Objekten und Beutetieren", erzählte Schneller Adler.

„Mein Vater hat mir viele Mantras zum Heilen aller möglichen Arten von Krankheiten beigebracht", sagte Mohan.

„Ich wünschte, du könntest diesen Ausschlag heilen." Der große Indianer zog sein T-Shirt hoch und zeigte eine rote Stelle auf seinem Bauch.

„Wenn du willst, kann ich das heilen", versprach Mohan. „Aber zuerst mußt du einen Teller, etwas ungekochten Reis und ein paar Dollar als Opfergaben besorgen."

„Sicher kannst du das heilen", sagte Scootch, der einen Betrug witterte, gedehnt.

„Ich muß mich an das Mantra erinnern und alles genauso durchführen, wie es mein Vater mir gezeigt hat", erklärte Mohan. „Dann wird es funktionieren. Das garantiere ich."

Schneller Adler eilte fort, um Raymond zu suchen. Raymond war ein Häftling, der wußte, wie man an Nahrungsmittel aus der Küche kam.

„Verrückter Indianer", spottete Scootch, als er zurückkehrte.

„Dummer weißer Mann", antwortete Schneller Adler ohne Groll. „Du glaubst so viel zu wissen, aber das tust du nicht."

Raymond kam mit dem Reis und einer Gruppe anderer Häftlinge herein.

Im Kreis standen sie um Mohan und Schneller Adler herum, die von Angesicht zu Angesicht mit dem Teller Reis zwischen ihnen im Schneidersitz auf dem Boden saßen. Mohan sprach ein Mantra und warf kleine Mengen Reis in alle vier Himmelsrichtungen. „Mahadeo", betete er. „Simma, hilf mir." Er sprach das Mantra für Jokhana, hob kleine Mengen von drei bis zehn Reiskörnern auf, die er sich an die Stirn hielt und dann auf den Teller setzte. Während er die Skepsis der Leute spürte, schob er die Körner herum und sortierte sie zu Paaren. „Ich habe herausgefunden, daß die Weiße Schlange diesen Mann belästigt", sagte er schließlich. „Nun muß ich sie mit Mantras und Opfergaben besänftigen. Es tut mir leid, daß ich nicht meine ganze Ausrüstung hier habe. Meine Mala-Jala, frische Blumen und all die anderen Dinge, die ich bräuchte, um detailgetreu zu arbeiten. Aber ich brauche Milch und ein Ei."

Schneller Adler schaute Raymond an, der sofort ging und mit drei kleinen Päckchen Kaffeesahne und einem Ei zurückkam. Mohan schüttete die Kaffeesahne in eine Tasse. Auf ein weißes Blatt Papier zeichnete er ein Diagramm aus Quadraten und ließ in jedes Quadrat Reiskörner fallen. „Es wäre gut, wenn wir Blumen, Betelnuß und Betelblätter hätten, aber das haben wir nicht. Die Götter werden dafür Verständnis haben." Er stellte die Tasse mit der Kaffeesahne neben das Papier. „Wir werden der Weißen Schlange gute Sahne opfern."

Die trockenen Reiskörner und das Ei in der Hand strich er damit über Schneller Adlers Körper, um die Krankheit herauszuziehen. Er flüsterte ein Mantra, das vollständig in seinem Geist erschien, als hätte er es erst gestern und nicht vor vierzig Jahren das letzte Mal gesungen. Als die Energie der Weißen Schlange den Körper von Schneller Adler verließ und in das Ei überging, spürte er auf der Haut seiner rechten Hand ein Prickeln. Ein leichtes Schütteln erfaßte ihn. Er versuchte es zu verbergen aus Angst, er könnte vor den Männern schwach erscheinen.

„Fertig", sagte er und drehte sich zur Seite, um das Ei aufzuschlagen. Quer über dem Eigelb lag eine weiße Linie. „Weiße Schlange", kommentierte er, während er seinen Finger an der Linie entlangführte, damit sie es sehen konnten.

Big Henner schnaubte und wendete sich ab. Die Gruppe verließ den Raum und man hörte sie im Gang in schallendes Gelächter ausbrechen. Mohan fühlte eine Welle von Scham, weil er diese heiligen Dinge ihrem Hohn preisgegeben hatte. Aber Schneller Adler bedankte sich ernsthaft. Über Nacht verschwand der Hautausschlag des Indianers und Schneller Adler zeigte es den ganzen Tag den unterschiedlichsten Gruppen von Männern, indem er sein T-Shirt hob.

Einige Tage später suchte Anson Mohan auf und zeigte ihm einen entzündeten Daumennagel. „Es heilt nicht", beschwerte er sich mit vorgestrecktem, nervös zuckendem Kopf. Er starrte Mohan ärgerlich an. „Kannst du ihn gesund zaubern?"

„Sage nichts zu den anderen." Mohan trug ihm auf, Reis, ein Ei und weißes Mehl zu holen. Nur Willy, Scootch und Schneller Adler sahen zu, als Mohan ein Jokhana und dann das Heilritual durchführte. „Halt ihn sauber", sagte er und band einen roten Faden um Ansons Daumen. „Laß den Faden dran, bis der Nagel geheilt ist."

Innerhalb von drei Tagen war die Wunde überkrustet. Eineinhalb Wochen später war sie abgeheilt. Willy begann offensichtlich, Mohan überallhin zu folgen. Wann immer Mohan sich umdrehte, stand Willy beobachtend hinter ihm, bot ihm Feuer für seine Zigarette an oder fragte nach seiner Meinung. Wenn jemand zu einer Heilung kam, war Willy bereit loszurennen und zu holen, was auch immer benötigt wurde.

* * *

Äußerlich gutgelaunt, verbarg Mohan die innerliche Anspannung, mit der er auf Nachricht von Bindu wartete. Herbst wurde zu Winter. Die Gefängniszellen kühlten aus, weil die Verwaltung zu geizig war, sie zu heizen. Der Tag, den die Bank festgesetzt hatte, um Mohans Besitz zurückzunehmen, kam und ging vorüber. Immer noch hatte er keine Nachricht von zu Hause. Er redete sich ein, daß Bindu Geld für die Hypothek aufgetrieben oder zumindest alles verkauft hatte, aber immer wieder überkam ihn Angst, daß sie alle auf der Straße gelandet waren. In jenen Momenten weigerte er sich, Häftlinge zu heilen und sagte, daß der Zeitpunkt nicht gut wäre. Dann legte er sich voller Heimweh aufs Bett und stellte sich die beiden Häuser und den Hof so intensiv vor, daß er sagen konnte, wann es das letzte Mal geregnet hatte. Seine Finger berührten die Oberfläche der Wände und er roch die zum Bepflanzen frisch umgegrabene Erde im Garten.

Um sich abzulenken, schrieb er in der Zwischenzeit und füllte Seite um Seite von gelbem, liniertem Papier mit Erinnerungen aus Bhutan. Die Gebete und Mantras aus seiner Jugend kehrten in sein Gedächtnis zurück und er begann ein tägliches Ritual am Morgen auszuführen, das er von seinem Vater kannte. Es brachte die Götter zurück in sein Leben.

In der Nacht träumte er und einmal fand er sich in der Höhle der Sadhus wieder. „Ich bin hungrig", sagte er.

Der große Sadhu mit dem auf die Stirn gemalten weißen Trishul, beugte sich nach unten und reichte ihm eine Schale mit Reis, Linsen und ein wenig Ziegenfleisch. „Iß reine Nahrung", forderte er Mohan auf. Es roch wie Gift.

„Ich kann kein Ziegenfleisch essen." Mohan rümpfte die Nase. Wußte der Sadhu nicht, daß Ziegenfleisch für Rai tabu war? Er setzte die Schale auf dem staubigen Höhlenboden ab.

„Hier ist Ingwer", sagte der Sadhu und reichte ihm eine Wurzel in der Form eines Männleins. „Reinige dich."

Wohl wissend, daß er eine Art Test durchlief, brach er ein Stück Ingwer ab, kaute es und spuckte es aus.

„Nun bist du gereinigt", befand der Sadhu. Er zeichnete einen Trishul auf Mohans Stirn und brachte ihn zum Höhleneingang. „Da ist dein Pfad."

Ein breiter Weg, gesäumt von Bäumen und Steinstatuen der Hindugötter Lakshmi, der Göttin des Reichtums, des blauen Krishna, Ganesh mit dem Körper eines Mannes und dem Kopf eines Elefanten, öffnete sich. Als Mohan an den Statuen vorbeiging, erwachten sie zum Leben und grüßten ihn. Hanuman kam auf ihn zugerannt und bot ihm kniend eine Schale Reis an. „Diese Nahrung ist gut und rein", sagte der Affe.

Mohan nahm die Mahlzeit an, aber bevor er essen konnte, wachte er auf, weil sein Magen vor Hunger rebellierte. Sein vom Traum geschärfter Geruchssinn hatte den schweren Dunst von Würstchen, die für das Frühstück zubereitet wurden, aufgenommen. Es roch nach Tod. Der Gestank im Speisesaal war überwältigend. Die Eier im Edelstahlbehälter schwammen im Fett. Sein Magen drehte sich um. Er wollte keine Eier und deutete auf den Haferbrei. Der Küchenhelfer klatschte eine große Schöpfkelle in seine Schüssel. Er sog den sauberen, nahrhaften Geruch tief ein. Die Milch war auch frisch. Nachdem er gegessen hatte, bot Willy ihm eine Zigarette an, aber er lehnte ab. Was passiert mit mir, fragte er sich.

An diesem Tag erfuhr er von Bindu, daß sie ihr Zuhause verkauft und ein kleineres Grundstück mit Haus weiter draußen auf einem Hügel hinter der Ringstraße erworben hatte. Die Familie sei dort glücklich, schrieb sie. Mohan würde es lieben. Sie konnten es kaum erwarten, ihren Papa wieder zu Hause zu haben. Sie hatte auf dickem, edlem Papier geschrieben, das sie ihm zu Ehren und um zu zeigen, daß sie sich es leisten konnten, ausgewählt hatte. Erleichtert faltete er den Brief zusammen und steckte ihn in die Tasche. Etliche Male holte er den Brief an diesem Tag hervor und las ihn. Mit Sicherheit kümmerte Mahadeo sich um sie.

Wie schon einmal während seiner Zeit als junger Soldat bei den Gurkhas, sprach sich Mohans Fähigkeit zum Heilen herum. Viele Häftlinge kamen, um geheilt zu werden und einmal suchte ihn sogar eine Wache mit einem Geschwür auf. Als Mohan den Wächter später fragte, ob es ihm besser ginge, bejahte er, fügte aber hinzu, daß der Arzt ihm Pillen verschrieben hätte und er nun nicht wüßte, ob Mohans Mantras oder die Pillen ihn geheilt hätten. „Wenn die Götter beschlossen haben, dich zu heilen, können sie durch alles wirken", sagte Mohan. „Sogar durch Tabletten."

„Das ist richtig", echote Willy.

Nach Heilritualen gab Mohan seinen Patienten den Rat, einen guten Lebenswandel zu führen und zu meditieren. Sie kamen nicht nur mit physischen Krankheiten, sondern auch mit Problemen mit ihren Familien draußen, Streitigkeiten und Ängsten zu ihm. Es war für Mohan leicht zu erkennen, wenn Neid, Eifersucht, Gier und Machtstreben ihr Urteilsvermögen getrübt hatten. Gewöhnlich fand er die richtigen Worte, damit sie ihre Fehler selbst einsehen und berichtigen konnten, ohne sich verurteilt zu fühlen. Mohans Schreiben, die Träume und Morgengebete hatten seine Hellsichtigkeit geöffnet.

Willy war der erste, der ihn ‚Guru' nannte. Schon bald übernahmen Anson, Big Henner und Schneller Adler die Bezeichnung und es wurde sein Spitzname im Gefängnis.

* * *

Die Angst um seine Familie und der Haß auf D. B. und die Männer, die ihn ins Gefängnis gebracht hatten, lösten sich auf. Mohan wurde von einer neuen inneren Ruhe erfüllt und er öffnete sich jedem Tag wie ein Kind in einer beschützten Umgebung. Sein Schwiegersohn schrieb, daß er in der Lage war, das Trekkinggeschäft über den Sommer mit einigen kleinen Gruppen weiterzuführen. In einer Nachschrift am Ende des Briefes erwähnte er, daß D. B. Tamang tot war. Wie und warum er gestorben war, wußte er nicht.

Mohan legte den Brief zur Seite und wünschte sich zum ersten Mal seit langem, er hätte eine Zigarette, die ihm beim Nachdenken half. Mittlerweile war es heiß und stickig im Gefängnis. Draußen bahnte sich donnernd eine Gewitterfront einen Weg über die Ebene und die wenigen sichtbaren Bäume vor seinem Fenster begannen, sich im Wind zu biegen. Falls D. B. wirklich tot war, hätte Mohan als Gegenleistung für seine Freiheit nur wenig, was er dem F.B.I. anbieten könnte. Er gestand sich selbst ein, was er schon seit einiger Zeit wußte: sie würden nie anrufen. Die Polizei hatte kein ernsthaftes Interesse, den Drogenhandel aufzuhalten. Zuviel Geld spielte dabei eine Rolle. Gelegentlich warfen sie einige arme, unwichtige Personen wie ihn ins Gefängnis, um Flagge zu zeigen, aber sie behelligten niemals die großen Fische.

Er hörte dem Sturm draußen zu. Er liebte die Macht des Donners und des Windes und ihm wurde bewußt, daß er glücklich war und der Tod von D. B. ihn überhaupt nicht bewegte. Er empfand keinen Triumph, hatte keine Rachegelüste und er war nicht einmal überrascht. Es war einfach das passiert, was passieren mußte. Das war alles. Der Sturm bewegte sich fort und der Wind flaute ab. Sonnenlicht wischte über die Erde und der helle Staub im Gefängnishof war dunkelbraun von der Nässe.

* * *

Am Sonntag konkurrierten Protestanten und Katholiken um die Gunst der Männer für ihre Gottesdienste. Man ging hin, um Zeit totzuschlagen. Mohan schloß Freundschaft mit dem protestantischen Kaplan Dan Arnold, der ein optimistischer Mann in den Vierzigern war und es als seine Mission ansah, Hoffnung in das Leben der Häftlinge zu bringen. Dan war noch nie mit Schamanismus in Berührung gekommen und wenn er darüber nachdachte, ordnete er ihn vage unter Hexerei ein. Fasziniert hörte er Mohans Geschichten von Schamanen und Hexen zu. Als er erst einmal verstanden hatte, daß Schamanen Vermittler des großen Gottes Mahadeo waren, des gleichen Gottes, der der Gott aller Menschen war, erlaubte er Mohan, die Kapelle zu nutzen, um den Männern Unterricht zu geben. Mit seiner Hilfe bestellte Mohan eine Kopie des Buches ‚Das Tibetanische Buch vom Leben und Sterben‘ von Chogyal Rinpoche, welches er als Leitfaden für den Meditationsunterricht benutzte.

„Du bist ein guter Mann“, sagte der Kaplan. „Wie konntest du hier landen?“

„Ich glaube, das ist mein Karma“, antwortete Mohan. „Von Anfang an war ich zum Schamanen bestimmt, aber ich habe in meinem Leben versucht, dem zu entgehen und mich statt dessen mit Trekking, Familienangelegenheiten und all diesen Dingen beschäftigt. Nun weiß ich, was ich tun muß. Wäre ich nicht hierher gekommen, würde ich da draußen immer noch wie verrückt hinter dem Geld herrennen.“

* * *

Mohan wurde viereinhalb Jahre nach seiner Verhaftung aus dem Gefängnis entlassen. Diese Zeit hatte ihn von einem verzweifelten Mann in einen Menschen, der seine Bestimmung annahm verwandelt.

schamanismus weltweit

BRIEFE AUS NEPAL

Kathmandu, Nepal
25. November 1996

Liebe Bahini Ellen,
ich bin am 20. Nov. 1996 zu Hause eingetroffen. Gott sei dank sind alle meine Kinder, Bindu
und Kumari wohlauf. Sie sind von Baluvatar nach Kalanki, nahe dem Soalte Hotel umgezo-
gen. Von diesem neuen Platz aus haben wir eine wunderbare Aussicht auf die schneebedeckten
Gipfel. Maile geht es gut, aber Jebi habe ich noch nicht gesehen. Nach dem längsten Urlaub
meines Lebens bin ich wieder mit meiner Familie vereint und erhole mich. Schon bald werde
ich mit meinem Geschäft (Trekking) und der Schamanenschule beginnen. Ich werde dich bald
anrufen. Bindu und Thuli Kumari schicken dir ihr ,Namaste'
OM NAMO SHIVAYA
Dein Dai, Mohan

* * *

Der Brief war auf dünnem, starkem, fast transparentem Reispapier, welches in Kathmandu
erhältlich ist, geschrieben. Der untere Teil des Blattes war bedeckt von Mohans detaillierter
Skizze der Stupa von Svayambunath mit den Gebetsfahnen, die strahlenförmig neben den
allsehenden Augen von Buddha aufgespannt sind. Darunter hatte er in großen Buchstaben das
mächtige buddhistische Mantra **OM MANI PADME HUM** geschrieben.

HEILUNG FÜR EINEN PLANETEN

Tausende ethnischer Gruppen auf der ganzen Welt haben ihre Schamanen, die unterschiedlich bezeichnet werden und ihren eigenen Traditionen folgen, um Heilrituale auszuführen, Diagnosen zu erstellen und die Ursache von Problemen und Krankheiten zu erkennen. Soweit es mich betrifft, glaube ich, daß das Ziel aller Schamanen auf der Erde – und dabei spielt keine Rolle, welcher Religion oder ethnischen Gruppe er oder sie angehören – EINS ist, denn es gibt nur einen GOTT, ein Universum und das ist OM, welches selbstverständlich verschiedene Namen hat und das jeder auf seine Weise anruft.

* * *

Bindu, Kumari, Mohans Schwestern und die Kinder warteten in einer kleinen, geschlossenen Gruppe im Aufenthaltsraum auf einer Seite des Flughafens. Seine jüngste Schwester erblickte ihn scharfsichtig zuerst und winkte, als er beim Zoll wartete. Der Zollbeamte warf Mohans kleine Tasche auf einen langen Tisch und durchsuchte ohne Eile den Inhalt. „Da ist nichts", erzählte Mohan ihm. „Ich bin ein armer Mann, der mit nichts aus Amerika kommt."

Er passierte die Wachen und breitete die Arme aus. Bindu stürmte aus der Menschenmenge hervor und umarmte ihn fest. Noch bevor sie ihr Gesicht an seiner Brust vergraben konnte und „Mein Mann, mein Mann", schluchzte, bemerkte er neue Falten unter ihren Augen.

Mit einem Arm hielt er sie fest an sich gedrückt, den anderen streckte er nach Thuli Kumari aus. „Nach so langer Zeit sind wir nun glücklich", flüsterte sie und umarmte seine Taille.

Die Kinder drängten nach vorne und umkreisten ihren Vater und die beiden Mütter. „Papa, Papa, Papa!"

Tränen standen in Mohans Augen. „Ich bin zu Hause", sagte er.

Seine junge Frau Sani Kumari war nicht gekommen. Aber er hatte geahnt, daß sie nicht bleiben würde.

Ein Taxi wartete und brachte sie geradewegs zum neuen Haus am Stadtrand. Auf dem Weg machten sie ihn auf Veränderungen und auf neue Gebäude und Entwicklungen im Hausbau aufmerksam, die während seiner Abwesenheit entstanden waren. Vor lauter Aufregung fielen sie sich gegenseitig ständig ins Wort. Das Haus war anspruchslos, aber solide gebaut und hoch genug, um der schlimmsten Luftverschmutzung zu entfliehen, die in den fünf Jahren seiner Abwesenheit erschreckend zugenommen hatte. Sie führten ihn durch die Räume und blieben nahe bei ihm, um seine Bewunderung zu genießen. Er staunte, wie gut sie ohne ihn zurechtgekommen waren.

Kumari hatte ein Festmahl mit seinen Lieblingsgerichten zubereitet, einschließlich dem Gemüse Gundruk, das auf dem Dach vorsichtig getrocknet wurde und süßer Teigkringel. Die ganze Familie sah ihm beim Essen zu und vergaß, selbst zu essen. Es war seltsam, nach so einer langen Zeit mit Eßbesteck in Amerika wieder einmal mit den Fingern zu essen. „Eßt, eßt", sagte er zu ihnen. „Ich bin hier. Ich gehe nicht weg."

* * *

In den folgenden Tagen dachte Mohan über seine Möglichkeiten nach. Er pilgerte nach Svayambunath und betrachtete die Augen des Buddhas, die zum Leben zu erwachen schienen und ihn anschauten. Zuerst glühten sie rot und strahlten dann in sanftem, weißem Licht direkt auf ihn herab. Er empfand es als Segnung. ‚Wie merkwürdig', dachte er. Ich habe immer geglaubt, diese Augen wirken gemein. Spontan wollte er den Moment festhalten, erstand bei einem Straßenhändler ein Blatt Reispapier und skizzierte die Stupa mit besonderer Aufmerksamkeit für die Form und den Ausdruck von Buddhas Augen. Später schickte er die Skizze an Ellen nach Amerika.

Sein erstes Projekt als freier Mann war die Konstruktion eines Samkhama-Raums, in seinem neuen Zuhause. Er errichtete eine Cula und einen kleinen Altar mit seinem rechteckigen Stein, einem kleinen Pfeil und Bogen und all den anderen Dingen, die seine Mutter von der Schamanenausrüstung seines Vaters aufgehoben hatte. Bis zur Zeremonie zu Ehren der Ahnen war es noch lange, lange hin, aber er verbrannte Räucherwerk und führte ein kleines, selbst ausgedachtes Ritual durch, bei dem er sich ihrer Namen erinnerte und Milch und Raksi als Opfergaben darbrachte.

Täglich erwachte er aufgeregt und voller Tatendrang, bereit, an den Plänen für seine Schamanenschule zu arbeiten. Alles fügte sich von selbst und ohne Anstrengung, als er auf einer Woge des Vertrauens genau das tat, was ihm bestimmt war zu tun. Die alte Unsicherheit war verschwunden.

Er hatte Broschüren von seiner Schamanenschule verschickt und Dr. Andreas Reimers, ein deutscher Arzt, rief ihn an, weil er mit einer Gruppe Studenten kommen wollte. Mohan legte ihren Besuch in die Zeit im August, in der auf dem Berg Kalinchok die Guru Puja stattfand. Maile und Indra Gurung, ein Schamane, mit dem Mohan schon früher zusammengearbeitet hatte, kamen auch mit. Dr. Reimers zeigte in der kurzen Zeit seines Aufenthaltes eine erstaunliche Begabung, in Trance zu gehen und zu sprechen.

Mohan benötigte eine offizielle Genehmigung, um seine Schamanenschule betreiben zu können, aber das nepalesische Firmengesetz hatte für diese Art von Geschäft keine Regelung. Mit dem Erfolg der deutschen Gruppe im Hintergrund sicherte sich Mohan die Unterstützung des Kultusministeriums, um sein Institut als SHAMANISTIC STUDIES AND RESEARCH CENTRE – NEPAL, registrieren zu lassen. Er ließ eine neue Broschüre mit einem Photo von Dr. Reimers drucken und schickte sie an anthropologische Einrichtungen in Amerika und an alle weiteren verfügbaren Adressen.

Im darauffolgenden Jahr erhielt er von Dr. Reimers eine Einladung, mit den Schamanen nach Deutschland zu kommen, um im Rahmen eines Seminars ihr altes Wissen zu vermitteln. Viele Schamanen aus verschiedenen Ländern nahmen teil und die Himalayaschamanen beeindruckten die Anwesenden sehr. Alle Schamanen sprachen hauptsächlich von der dringenden Notwendigkeit der Heilung unseres Planeten.

In jenem Frühling reiste er nach Bhutan, um seine letzten Familienangehörigen zu besuchen und mit Mani Raj die Ubhauli-Zeremonie durchzuführen.

„Wirst du deinen Weg öffnen und ein vollständiger Schamane werden?" fragte der Onkel.

„Ich bin zu alt", antwortete Mohan. „Ich glaube, die Trance und das Tanzen wären inzwischen

zuviel für mich. Ich habe Andere, die das tun können. Meine Vision ist größer."
„Was für eine Vision?" forderte Mani ihn heraus und Mohan wurde klar, wieviel er in den langen Jahren in der Fremde gelernt hatte. Früher hätte er es nicht gewagt, sich dem Spott auszusetzen, indem er von neuen Wegen sprach.
„Ich war an vielen Orten der Welt und habe die unterschiedlichsten Heiler und Schamanen gesehen", erklärte er. „Hier in den Bergen ist es mit den Bäumen, Tieren und Blumen immer noch so schön wie in meiner Kindheit. Aber der Rest der Welt wird krank. In Kathmandu ist die Luft so schlecht, daß man manchmal kaum atmen kann und die Menschen mit Masken über Nase und Mund herumlaufen. Es ist mein Traum, der ganzen Welt zu zeigen, wie man Leben in Allem erkennt, die Geistwesen der Natur und die Ahnen ehrt – sich vor ihnen verneigt – wie wir Rai das traditionell tun, damit alle ihr Leben in Harmonie genießen können."

* * *

NACHWORT

Dr. Reimers richtete ein Büro für Mohans SHAMANISTIC STUDIES AND RESEARCH CENTER in Deutschland ein und im darauffolgenden Jahr brachte Mohan eine andere deutsche Gruppe, zusammen mit Reportern vom GEO MAGAZIN, auf den Kalinchok. Ein Teilnehmer, Herr Wolfgang, lud ihn ein, ein Interview im deutschen Fernsehen zu geben. Dann half er, zusammen mit Surendra Bahadur Shahi, im Jahr 1999 den Doktoren Christian Rätsch und Claudia Müller-Ebeling, das Manuskript für das wunderschön illustrierte Buch SCHAMANISMUS UND TANTRA IN NEPAL vorzubereiten, welches im Jahr 2000 im AT VERLAG erschienen ist und später auf Englisch von INNER TRADITIONS publiziert wurde.
Mohans Stern stieg am Himmel auf. Er war klug genug, nicht zuzulassen, daß Stolz auf seinen neuerworbenen Ruhm die Verbindung mit den freien Geistwesen der Natur oder mit menschlichen Geistern, die gefangen waren und litten, trennte. Es war sein Dharma, ihnen begreiflich zu machen, daß sie nicht gebunden bleiben mußten.
Im März 2000 hielt er auf der INTERNATIONALEN DEUTSCH–NEPALESISCHEN ÄRZTEKONFERENZ in Kathmandu einen Vortrag und führte mit den Schamanen Maile Lama, Indra Gurung und Parvati Rai eine zweieinhalbstündige Zeremonie zur Segnung und Heilung der Anwesenden durch.
Im gleichen Jahr gestaltete ich ein Seminar über nepalesischen Schamanismus im Hinterland von New York. Mein eigenes Buch THOUGHTS IN THE MIND OF GOD, das von meinen Erfahrungen als Mohans Schülerin berichtet, wurde 2004 veröffentlicht.
Gegen Ende 2000 bereisten Mohan und seine Schamanen Europa, um zu unterrichten und an Konferenzen teilzunehmen. Als im Juni König Birendra, die Königin und die gesamte nepalesische Königsfamilie erschossen wurden, waren sie gerade in Bayern. Aber die befürchtete Revolution blieb aus und Mohan kehrte zurück nach Kathmandu, wo er an der Konferenz PSYCHOAKTIVITÄT, die von Dr. Claudia Müller-Ebeling organisiert worden war, teilnahm. Überall überbrachte er die Heilungsbotschaft. „Unsere Ahnen haben uns eine tiefe Weisheit vererbt", sagte er gewöhnlich. „Die Erde lebt und überall wollen die Geistwesen mit uns in Kontakt treten. Wir müssen unsere Ängste überwinden. Habt das Herz eines Löwen und stellt euch ihnen mutig und wissend, daß sie zu unserer Familie gehören, ehrt und respektiert sie." – Sein Traum wurde Wirklichkeit.

E-MAIL VON MOHAN

Von: himalayanshamans <shamans@ccsl.com.np>
Datum: Donnerstag 13. Sep. 2001 09:23:13

Liebe Bahini,
Wir alle sind zutiefst schockiert über die furchtbaren Anschläge auf New York und das Penta-
gon in Washington, die tausende von Menschenleben gekostet und wirtschaftlichen Schaden
verursacht haben. Wir beten für jene unschuldigen Leute, die in dem Anschlag einen vorzeiti-
gen Tod gefunden haben und beten auch für den Frieden der Seelen...Wir müssen Mutter Erde
heilen und Frieden und Harmonie unter uns bringen...
Mohan Dai

* * *

Mohan erhielt von seinen Schülern aus der ganzen Welt Bitten um Unterstützung, nach dem
Anschlag auf das World Trade Center und während der langen Bombardierungskampagne in
Afghanistan, die Raserei der Terroristen und des amerikanischen Militärestablishments, sowie
seiner Verbündeten, zu beruhigen. Er versammelte seine Schamanen und führte Cintas zur Hei-
lung der Menschheit durch.
Er verband die Kraft seines Ahnenschamanismus mit der anderer Schamanen, religiöser Führer
und gut gewillter Leute überall auf der Erde.
In den dunklen Tagen der Gewalt, aus unserem großen Bedürfnis nach Heilung, wurde das
Netz des weltumspannenden Schamanismus geboren.

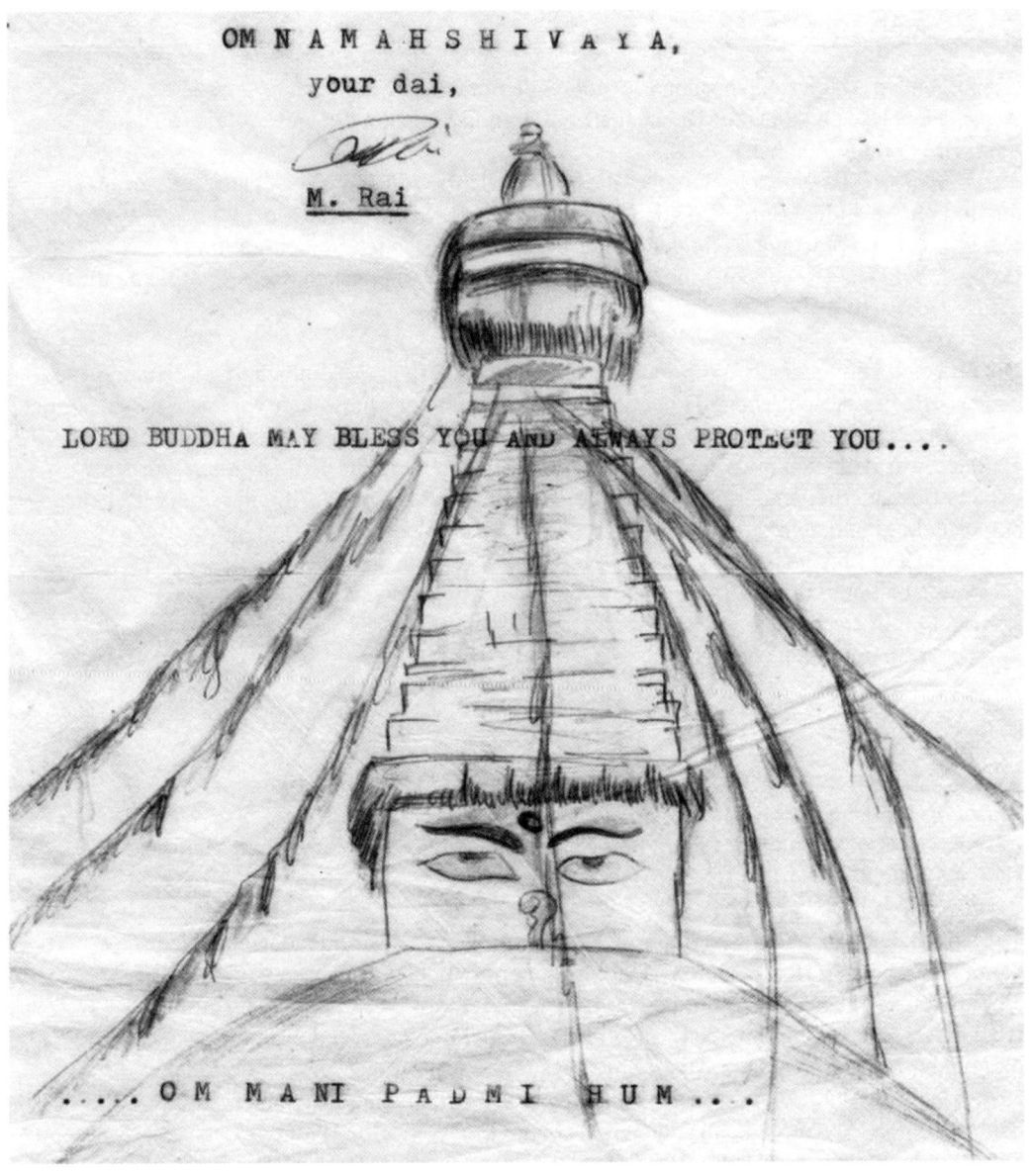

Die von Mohan angefertigte Zeichnung der Stupa von Syavambunath, die er Ellen schickte.

GLOSSAR

Die folgenden Abkürzungen stehen für folgende Sprache:
Nep. – Nepalesisch (Eine auf Devanagari basierende Sprache, die viele Wörter aus dem Sanskrit übernommen hat.)
Skr. – Sanskrit (Ist eine tote Sprache, die auf den Schriftzeichen des Devanagari beruht. Aus ihr sind mehre andere Sprachen wie Hindi, Nepali, etc. hervorgegangen.)
Rai – Rai (Die Sprache der Rai gehört zur tibeto-burmesischen Sprachfamilie.)
Dzo. – Dzongkha (Landessprache in Bhutan, welche zur tibetischen Sprachfamilie gehört.)
Tib. – Tibetisch

Die im Buch verwendeten Wörter anderer Sprachen wurden, des einfacheren Verständnisses wegen, alle großgeschrieben, da bei den Schriftzeichen der asiatischen Sprachen diesbezüglich keine Unterschiede gemacht werden. Der Plural wurde an Hand deutscher Grammatik gebildet, was natürlich in der landeseigenen Sprache so nicht der Fall ist. Auch wurden bei den Besonderheiten der Aussprache der Nepali und Sanskritbegriffe nur einige Regeln berücksichtigt und zwar:

c – wie tsch in Matsch	sh – wie sch in schade
ch – wie tschh in klatschhaft	v – wie w in Watte
j – wie dsch in Dschungel	y – wie j in ja
jh – wie dsch mit gehauchtem h	ph – wie f in fern

A

Ama Parvati (Nep./Skr.) – *Mutter Parvati*
Respektvolle Anrede für die Göttin Parvati, die die Mutter der kosmischen Manifestation ist. (siehe auch: *Parvati*)

Amaliso (Nep.)
Vor langer Zeit gab Shiva das Tigergras *(Thysanolaena maxima)* den Urschamanen, damit sie die ersten Hexen, deren Macht ins Unermeßliche gewachsen war, in einem Wettstreit besiegen konnten. Die Hexen sollten mit ihren Zähnen ein einfaches Blatt dieser Pflanze durchbeißen, was ihnen aber nicht gelang, weil es mit der magischen Kraft eines Mantras von Shiva besungen worden war. Die so besiegten Hexen verloren daraufhin ihre Unbesiegbarkeit den Schamanen gegenüber. Diese denkwürdigen Bißspuren kennzeichnen bis heute jedes einzelne Blatt der Pflanze. Die Himalayaschaman(in)en fertigen aus den Blütenstengeln des Tigergrases einen kleinen Handbesen an, mit dem der Patient abgestrichen und so von schlechten Energien gereinigt wird.

Angbannu (Nep.) – *gebundener Körper*
Schutz-Mantra, das von den Schaman(in)en vor jedem Ritual rezitiert wird, um den Ort der Heilung, die Anwesenden und sich selbst vor Angriffen böser Geister, übelgesinnter Schaman(in)en und Hexen zu schützen.

Apturung (Rai) – *Jagdgeist*
Männliche Naturgottheit, Hüter der Wildnis. Hauptsächlich wurde er von den jagenden Kulturen, wie die der Kirati, vor jeder Jagd mit einem Tieropfer verehrt, was eine reiche Beute sichern sollte und eine Geste des Respekts darstellte. Es gibt unterschiedliche Jagdgeister, nicht allen wurde Blut geopfert. Obwohl die meisten

Naturvölker im Himalaya nicht mehr jagen und zum größten Teil Landwirtschaft betreiben, sind die Jagdgeister nach wie vor wichtige Hilfsgeister vieler Schaman(in)en.

B

Ban (Nep.) – *Pfeil*
Ein von Hexen oder Schaman(in)en als magischer Pfeil ausgesandter Gegenstand (Stachelschweinstacheln, kleine Steine, Körner etc.), der das Opfer krank machen und sogar töten kann.

Ban ayo (Nep.) – *Pfeil kommt*

Banjhankri (Nep.) – *Waldschamane*
Einer der von Shiva erschaffenen sieben Urschamanen. Er ist klein wie ein Zwerg, stark behaart, lebt in der Wildnis in Höhlen und entführt mit Vorliebe kleine Kinder, denen er dann das Schamanisieren lehrt. Banjhankri und seine sechs Brüder sind wichtige Hilfsgeister vieler Himalayaschaman(in)en. (siehe auch: *Jhankri*)

Bar (Nep.)
Die Würgefeige (Ficus benghalensis) ist ein bis zu dreißig Meter hoher, mehrstämmiger Baum, der während seiner Lebensdauer ständig neue Luftwurzeln bildet, die von oben nach unten in die Erde wachsen. Er gilt als heilig, da er Wohnstätte von Gottheiten und Geistwesen ist. In Indien und Nepal würde es niemand wagen, unter einem solchen Baum stehend eine Lüge auszusprechen.

Basuki Naga (Skr.)
Name der göttlichen Schlange aus der altindischen Mythologie und einst von den Dämonen und Göttern als Tau zum Quirlen des Urozeans benutzt wurde. (siehe auch: *Naga*)

Bato Chekne (Nep.) – *Weg versperren*
Zeremonie, bei der die Verbindung zur Geisterwelt des zum Schamanen Berufenen mit einem magischen Zaun blockiert wird, so daß dieser ein normales Leben führen kann und nicht mehr von den Geistern gerufen und gestört wird.

Bir Hanuman (Nep./Skr.) – *Anführer Hanuman*
Respektvolle Anrufung des Affengottes Hanuman, der der Anführer aller Affengeister ist. Die Schaman(in)en rufen ihn zur Unterstützung bei größten Gefahren, die während einer Heilzeremonie auftreten können. (siehe auch: *Hanuman Deva, Hanuman*)

Bir Masan (Nep.) – *Anführer Masan*
Masans leben wie die Menschen in Gruppen, die von den Stärksten angeführt werden. Bir Masan ist ein mächtiger Hilfsgeist vieler Himalayaschaman(in)en. (siehe auch: *Masan*)

Bahini (Nep.) – *jüngere Schwester*

Bhumeraja (Nep.) – *König der Erdscholle*
Männliche Schlangengeistwesen, die die Fruchtbarkeit des Erdbodens hüten, damit die Pflanzen wachsen können. Aus Respekt betiteln die Schaman(in)en des Himalayas sie als Könige. (siehe auch: *Naga*)

Bhumerani (Nep.) – *Königin der Erdscholle*
Das weibliche Gegenstück zu Bhumeraja. (siehe auch: *Naga*)

Bhut oder ***Bhuta*** (Skr.) – *Geist*
Gewaltsam verstorbene Menschen, die ein schlechtes Erdenleben geführt haben und nach dem Tod für eine gewisse Zeit als erdverhaftete Seelen weiterexistieren. Wenn Menschen von ihnen besetzt werden, kann das schwerwiegende Folgen für ihre geistige und körperliche Gesundheit haben.

Boksi (Nep.) – *Hexe*
Frauen, die schwarze Magie praktizieren. Sie haben blaue Zungen und zeigen nie
ihre Füße. Oft haben sie die gleichen Hilfsgeister wie die Schamanen, benutzen sie
aber für negative Zwecke. Als Gegensatz zu den Urschamanen, die von Shiva ins
Leben gerufen wurden, hat Parvati die ersten Hexen erschaffen.
Boksa (Nep.) – *Hexer*
Das männliche Gegenstück zu Boksi.
Brahman (Skr.) – *Priester, Geistlicher, Schriftgelehrter*
Angehörige der höchsten hinduistischen Kaste, die früher sehr viele Privilegien genossen,
da sie als Kopf der Gesellschaft betrachtet wurden. Traditionell waren sie
die Priester und Gelehrten.

C

Cakmak (Nep.)
Kleiner Eisenstift in der Scheide eines Khukuri mit dem man, um Feuer zu machen,
Funken schlägt. (siehe auch: *Khukuri*)
Cakra-Rekhi (Nep.) – *Kreis aus dünnen Linien*
Ein aus Reis- oder Hirsemehl auf den Boden gezeichnetes Diagramm, welches bei
einem Heilritual kurzzeitig als vorübergehender Wohnsitz der vom Schamanen gerufenen
Geister und Götter dient.
Chamling-Rai (Nep.)
Eine von mehr als fünfzehn Gruppierungen innerhalb der ethnischen Volksgruppe
der Rai. (siehe auch: *Kirati, Rai*)
Chang (Nep.)
Alkoholisches Getränk aus vergorenem Mais, Reis oder Hirse.
Capagain-Brahman (Nep./Skr.)
Eine von vielen Klassifizierungen innerhalb der Priesterkaste. (siehe auch: *Brahman*)
Chetri (Nep.) – *Krieger*
Angehörige der hinduistischen Administrations- und Kriegerkaste.
Ciya (Nep.) – *Tee*
Cinta (Nep.) – *Heilzeremonie*
Nachts abgehaltene große Heilzeremonie, bei der die Schaman(in)en sich in tiefe
Trance begeben. Eine Cinta kann, je nach Anlaß, aus vielen kleinen, unterschiedlichen
Ritualen bestehen.
Cula (Nep.) – *Feuerplatz*
Kochstelle und das den Ahnen geweihte heilige Zentrum im Haus vieler Volksgruppen
im Himalaya.
Cup (Nep.) – *Halt den Mund*

D

Dal (Nep.) – *Linsen*
Suppe aus gekochtem Dal ist ein traditionelles Essen der Nepalesen, das – über den
Reis gegossen – gegessen wird.
Dai (Nep.) – *älterer Bruder*
Dakre (Nep.) – *Korbträger*
Die berühmten Träger des Himalaya sind bekannt für ihre Fähigkcit, schwere Lasten
auf die höchsten Berge zu tragen, wobei sie traditionell keine Rucksäcke, sondern
aus Bambus geflochtene, kegelförmige Körbe benutzen. (siehe auch: *Doko*)

Damai (Nep.) – *Schneider*
Angehörige der niedersten hinduistischen Arbeiterkaste.

Dankini (Nep.)
Geist einer verstorbenen Hexe, die weiterhin schwarzmagisch aktiv ist. In Nepal
wird der Begriff auch als Schimpfwort für Frauen benutzt, die sich ständig streiten.

Dasain (Skr.)
Das größte hinduistische Fest zu Ehren der Göttin Durga, die einst auf einem Löwen
reitend erschien und den Dämonen Bhasmasura tötete. (siehe auch: *Durga*)

Deva (Skr.) – *Gott*
Bezeichnung für viele Götter und göttliche Geistwesen.

Devanagari (Skr.) – *Sprache der Götter*
Die Schriftzeichen für Sanskrit, Hindi, Nepali und einige andere Dialekte.

Devi (Skr.) – *Göttin*
Bezeichnung für Parvati aber auch für alle anderen Göttinnen.

Dhami (Nep.) – *Heiler*
Heiler, die nicht in Trance gehen und nur einfache Heilungen ausführen.

Dhami-Jhankri (Nep.) – *Tranceheiler(in), Schaman(in)e*
Heiler, die in Trance fallen. Sobald die gerufenen Hilfsgeister von ihnen Besitz ergreifen,
schüttelt es deren Körper unter dem Einfluß der starken Kräfte. Oft werden
sie einfach nur Jhankri genannt. (siehe auch: *Jhankri*)

Dharma (Nep.) – *Religion, Glaube, Pflicht*
Religiöse oder spirituelle Lehre und moralischer Aspekt des menschlichen Daseins.
Jedes Lebewesen hat eine in die Welt mitgebrachte Aufgabe. Dharma ist die Erfüllung
dieser Aufgabe.

Dhupaure (Nep.)
Helfer des Schamanen, der während eines Rituals dafür sorgt, daß die Räucherstoffe
brennen und sich um die Altargegenstände und die Schamanenausrüstung
kümmert.

Dhyangro (Nep.) – *Trommel*
Doppelseitige Schamanentrommel mit senkrechtem Phurpa als Griff am Rahmen.
(siehe auch: *Phurpa*)

Didi (Nep.) – *ältere Schwester*

Digdumma (Rai) – *Unterwelt*
In der Kosmologie der Himalayaschaman(in)en ist das Universum in drei Welten –
Oberwelt, Unterwelt, Mittelwelt – eingeteilt.

Dipavali (Nep.) – *entzündete Lichter*
Am dritten Tag von Tihar wird das Lichterfest zu Ehren der Glücksgöttin Lakshmi
abgehalten. Jeder schmückt sein Haus mit Hunderten von kleinen Öllampen und
elektrischen Lichtern, die der Göttin den Weg ins Haus zeigen sollen. Kommt die
Göttin, kommt mit ihr der ersehnte Wohlstand. (siehe auch: *Tihar*)

Doko (Nep.) – *Korb*
Aus Bambus geflochtener, kegelförmiger Korb mit großer Öffnung, der mit einem
Riemen um die Stirn und vom Rücken gestützt getragen wird.

Drukpa (Tib.) – *aus dem Land des Drachens*
Bezeichnung der Tibeter für die Einheimischen Bhutans, die sich selber Dzongs
nennen.

Durga (Skr.) – *die Unnahbare*
Ist eine Verkörperung der Göttin Parvati, die auf einem Löwen reitend viele mächtige

Dämonen tötete. Als Durga tritt die Göttin nicht als Ehefrau von Shiva, Mutter des Kosmos oder furchterregende Kali in Erscheinung, sondern ist eine erhabene Amazonenkriegerin. Sie wird meistens mit zehn Armen, die alle Waffen halten, dargestellt. (siehe auch: *Kali, Parvati*)

G

Gaja (Nep.) – *Schlegel*
Wie eine Schlange gewundener Trommelschlegel aus Bambus.

Ganesh (Skr.)
Der altindische elefantenköpfige Gott. Er ist der Sohn Shivas und Parvatis und steht für das geistige Auge, welches bei der mystischen Verschmelzung von männlichem und weiblichem Pol geöffnet wird. Er hilft beim Überwinden von Schwierigkeiten auf dem spirituellen Pfad und ist Geber von Wohlstand und kosmischem Wissen.

Ganga (Skr.)
Größter heiliger Fluß Indiens. Ganga ist die Mutter allen irdischen Lebens und fließt durch das ganze Universum. Für uns Menschen ist sie im All als Milchstraße erkennbar. Vor langer Zeit wurde die Göttin Ganga von einem Heiligen auf die Erde gerufen. Nur Shiva war in der Lage, den Aufprall der herabstürzenden Wassermassen, die die Erde weggedrückt hätten, mit seinem Kopf abzufangen.

Ganja (Nep.) – *Hanf*
Der indische Hanf (Cannabis sativa) ist im Himalaya sehr verbreitet und wird hauptsächlich von Anhängern Shivas geraucht oder in Form eines Milchgetränkes, das Bhang heißt und in dem unter anderem Gewürze und andere Zutaten sind, getrunken. Einmal im Jahr, zu Shivas Geburtstag, wird es im hinduistisch geprägten Nepal vom Großteil der Bevölkerung genossen, was ansonsten Tabu und nur den Yogis und Asketen vorbehalten ist.

Ghat (Skr.)
Von Menschen geschaffener Badeplatz am Ufer eines Flusses, an dem auch die Toten der Hindus verbrannt werden.

Ghiyu (Nep.) – *Butterfett*
Reines Butterfett, das durch Erhitzen von Butter und dem Abschöpfen der daraus aufsteigenden Substanzen gewonnen wird.

Gho (Dzo.)
Das traditionelle handgewobene, knielange Gewand der Männer aus Bhutan, das dort auch heute noch oft getragen wird.

Ghum (Nep.)
Großes rechteckiges Geflecht aus Blättern und Bambusholz, das zum Schutz vor Regen wie ein Dach über Kopf und Rücken gelegt wird.

Gundruk (Nep.)
Alle Arten von Blattgemüse, die getrocknet oder fermentiert wurden.

Gupha (Nep.) – *Höhle*
Einweihungsritual der Himalayaschaman(in)en, bei der sich der Aspirant in eine Höhle, an einen Wasserfall, auf einen Friedhof oder auch in einen selbst gebauten Unterstand, der symbolisch für eine Höhle steht, zurückzieht, um mittels Beschwörungen seine Hilfsgeister zu finden. Die Wahl des Ortes hängt davon ab, welche Art von Geistwesen gerufen werden soll.

Gurkha (Nep.)
Berühmtes Regiment der Nepalesischen Armee, das von den Engländern nach der Stadt

Gorkha, deren Truppen 1768 Nepal vereinten, benannt wurde. Sie dienen u.a. in der indischen und britischen Armee, wo sie als furchtlose Kämpfer berühmt wurden.

Guru (Skr.) – *Lehrer, Meister*
Sind für die Schaman(in)en Nepals Shiva, die Götter, Geistwesen und Menschen. (siehe auch: *Shiva*)

Guru Puja (Skr.)
Ritual zur Verehrung des Lehrers, bei den Himalayaschaman(in)en immer die eigenen Hilfsgeister.

Gurung (Nep.)
Eine indo-mongolische Ethnie, deren Sprache tibeto-burmesischer Abstammung ist und sich in drei Hauptdialekte unterteilt. Sie sind aus Tibet in Nepal eingewandert und leben hauptsächlich am Fuße des Lamjung und des Annapurna. Bei den höher in den Bergen lebenden Gurung hat sich der Buddhismus erhalten, während die näher der Ebene lebenden zum Hinduismus übergetreten sind.

Guru Mahadeo (Skr./Nep.)
Eine Anrufung Shivas, die ihn als höchsten Lehrer beschwört. (siehe auch: *Shiva*)

H

Hajur (Nep.) – *ist*
Die höflichste Art und Weise, auf nepalesisch ‚Ja' zusagen. (siehe auch: *ho*)

Hanuman (Skr.) – *jemand der große Backen besitzt*
Ist der Affengott aus der altindischen Mythologie. Er ist der Sohn des Windgottes und als großer Geweihter des Gottes Ram verkörpert er Hingabe, Mut und innere Stärke. Da er als kleines Kind einmal die Sonne verschluckt hatte, die er für eine große Orange hielt, bekam er von den Göttern, die lange auf ihn einreden mußten bis er die Sonne wieder freigab, den Namen Hanuman. (siehe auch: *Bir Hanuman, Hanuman Deva*)

Hanuman Deva (Skr.) – *Gott Hanuman*
Respektvolle Anrede für den Affengott. (siehe auch: *Bir Hanuman, Hanuman*)

Ho (Nep.) – *ist*
In Nepal sagt man statt ja ‚ist' und statt nein ‚ist nicht'. Man unterscheidet auch zwischen unterschiedlichen Höflichkeitsgraden. (siehe auch: *Hajur*)

I

Indra (Skr.)
Der Himmelsgott in der altindischen Mythologie. Er herrscht über Blitz, Donner, Regen und die himmlischen Planeten. Seine Waffe ist der Donnerkeil (Vajra) und er reitet auf einem schneeweißen Elefanten. (siehe auch: *Vajra*)

J

Jagar (Dzo.)
Bezeichnung der Dzongs für die nach Bhutan eingewanderten Nepalesen, die sich im Süden des Landes niedergelassen haben. (siehe auch: *Drukpa*)

Jaldevi (Nep.) – *Göttin des Wassers*
Allgemeine Bezeichnung für Wassergöttin. Die göttlichen Wesenheiten der Gewässer sind in der Regel weiblich.

Jaldevi Banaskandi (Nep.) – *Wassergöttin des Waldes*
Sie ist die Göttin der Gewässer, die in der Wildnis vorkommen.

Jhankri (Nep.) – *Schamane, Tranceheiler*
Gott Shiva erschuf einst sieben Brüder und lehrte sie das schamanische Heilen.
Jene Geistwesen waren die ersten Schamanen, die auszogen und den Menschen das
Schamanisieren beibrachten. Diese sieben Urschamanen heißen: Waldschamane,
einbeiniger Schamane, verrückter Schamane, goldener Schamane, milchfarbener
Schamane, schwarze Kette tragender Schamane und im Wasser lebender Schamane.
Sie sind wichtige Hilfsgeister vieler Himalayaschaman(in)en.
Jetha (Nep.) – *erstgeborener Sohn*
Jetha Dai (Nep.) – *ältester Bruder*
Jutho (Nep.) – *unrein*
Bei vielen ethnischen Gruppen im Himalaya gelten die Essensreste anderer Menschen
und alles, was von Urin, Speichel und Kot berührt wurde als unrein.
Jokhana (Nep.) – *Weissagung, Prophezeiung, Orakel*
Unterschiedliche schamanische Methoden zum Erkennen von Krankheitsursachen
und zur Zukunfts- und Vergangenheitsschau.

K

Kalash (Nep.)
Dickbäuchiges, metallenes Wassergefäß. Es gibt unterschiedliche Ausführungen
und viele davon haben einen gießkannenartigen Ausguß. Seit Einführung des Metalls
ersetzt die Kalash bei einigen Schamanen und den Buddhisten und Hindus die
Kalebasse. Die Kalash oder auch Kalebasse repräsentieren das göttlich-weibliche
Urprinzip schlechthin. Schon die Form, die an eine Frau erinnert, zeigt die Kraft
der formgebenden Urmutter. Die Kalash so wie auch die Kalebasse sind immer mit
lebensspendendem, heiligem Wasser gefüllt.
Kalcuri (Nep.)
Eine der von Parvati erschaffenen Urhexen. Ihr ganzer Körper ist schwarz und sie
ist eine gräßliche Erscheinung. Sie kann sehr grausam sein. Begegnet man ihr mit
großem Respekt und gibt ihr Opfergaben, kann man viele Segnungen von ihr bekommen.
Kali (Skr.) – *die Schwarze, Zeit*
Ist die aus der altindischen Mythologie stammende Illusionen zerstörende Göttin.
Ihre gruselige, rabenschwarze Erscheinung, die eine Erweiterung des friedlichen
Aspektes der Göttin ist, hat zehn Arme, die Waffen und den abgeschlagenen Kopf
eines Dämons halten. Sie ist splitternackt, bis auf einen Gürtel aus abgeschlagenen
Händen und einer Kette aus fünfzig Totenschädeln um ihren Hals. Sie verkörpert
die kosmische Kraft der Reinigung, Wandlung und Erneuerung. Genauso wie sie
von Heiligen verehrt wird, die sich die Freiheit vom Wahn der Illusionen wünschen,
wird sie von Schwarzmagiern angebetet, die in ihr ein Mittel zur persönlichen
Macht sehen. (siehe auch: *Durga, Parvati*)
Kami (Nep.) – *Schmied*
Angehöriger der hinduistischen Arbeiterkaste.
Karkat Naga (Skr.)
Name eines Schlangengeistwesens, das einst im überfluteten Tal vom heutigen
Kathmandu lebte. Als die Wassermassen aus dem Tal abflossen, weil eine Gottheit
eine Bresche in die Berge geschlagen hatte, war es gezwungen, seinen Aufenthaltsort
zu verlassen und zog in einen Teich südlich von Kathmandu. Dort wird es
bis heute von den Einheimischen verehrt. (siehe auch: *Naga*)

Kaulo (Nep.)
Kleiner Laubbaum (Machilus odoratissima), der noch keinen deutschen Namen
besitzt. Die Kirati-Schaman(in)en schreiben ihm besondere magisch-schützende
Eigenschaften zu. Seine Blätter verwenden sie in ihren Zeremonien. (siehe auch: *Liso*)

Khadko Katne (Nep.) – *den Boten des Totengottes wegschneiden*
Ist eine große Zeremonie, die auch ,das Durchtrennen des Schicksalsfadens'
genannt wird. Khadko ist ein Bote des Totengottes, der von ihm geschickt wird, um
einen Menschen zu holen. Erreicht er jene Person, wird diese von Schicksalsschlägen,
wie Unglücken, Krankheiten, Unfällen, etc. heimgesucht. Dies kann bis zum
Tod gehen. Bei dieser Zeremonie locken die Schaman(in)en den Todesboten mit
wunderschönen Opfergaben in einen Bananenschaft, von dem ein symbolischer Faden
zum Patienten gespannt ist. Dann wird dieser Faden blitzschnell gekappt und
der Patient so vom Einfluß des Todesboten befreit. Da der Bote des Totengottes
immer bei einer ungünstigen Planetenkonstellation erscheint, werden die Planeten
danach harmonisiert. (siehe auch: *Nava Graha*)

Kenchariva (Nep.)
Haupthelfer des Schamanen.

Khoklihangma (Rai) – *Göttin der Wildnis*
Eine weibliche Naturgottheit, die für die nährenden Kräfte der Wildnis steht. Sie ist
Mutter Natur, die die Kirati verehrten, um ihr Überleben in der Wildnis zu sichern.
Ihr Gemahl ist der Jagdgott Apturung. Ihre gemeinsame Tochter ist Simma. Als Menschen
lebten sie einst als Asketen in der Wildnis. Aufgrund ihres reinen Lebenswandels
segnete sie Shiva damit, nach ihrem Tod zu jenen Naturgottheiten zu werden.
(siehe auch: *Apturung, Simma*)

Kira (Dzo.)
Traditionelles, knöchellanges Gewand der Frauen aus Bhutan, das aus feinsten Na-
turmaterialen handgewoben wird. Es wird verziert mit Mustern, die bestimmten Tälern
oder Gegenden in Bhutan zugeordnet werden.

Khukuri (Nep.)
Unterschiedlich große, leicht bis stark gekrümmte, schwere Messer der Bergbauern
im Himalaya. Es ist auch die von den Feinden der Gurkhas gefürchtete Waffe.

Kirati – *die Bodenständigen, Wurmesser*
Einst eine große Volksgruppe aus Ost-Nepal. die sich später in viele kleinere Stämme,
wie die der Rai, Limbu, Yakha, Sunuwar, etc. aufteilte. Ihre Sprache ist tibetoburmesischer
Abstammung. Sie selbst sehen sich als die wahren Ureinwohner des
Himalaya, die nicht, wie andere ethnische Gruppen, eingewandert sind. In den alten
Sanskritschriften, wie dem Ramayan oder Mahabharata werden sie bereits als Kriegerrasse
beschrieben, die das Himalayagebirge im Norden bis Nordosten bewohnte.
Sie lebten als Sammler und Jäger und aßen fast alles, was sie in der Wildnis fanden,
einschließlich vieler Insekten und Würmer. Laut nepalesischen Aufzeichnungen
regierten sie das Kathmandutal für mehr als eintausend Jahre, bis sie vom Königsgeschlecht
der Licchavi, der einfallenden Inder, vertrieben wurden.

Koili (Nep.) – *indischer Koel*
Der indische Koel *(Eudynamys scolopacea)* ist für die Kirati-Schaman(in)en ein
heiliger Vogel, der in direkter Verbindung mit Khoklihangma steht.

Krishna (Skr.) – *der Allanziehende*
Der altindische Gott in Gestalt eines Kuhhirten und Königs, der vor etwa 5000 Jahren
in Vrindaban (Indien) auf der Erde erschien. Er ist einer der meist verehrten Götter

Indiens. Einige spirituelle Schulen sagen, er sei die höchste Ursache und der Ursprung aller Götter und Universen, während andere in ihm eine Inkarnation Vishnus sehen.

Kul (Nep.) – *Familie, Klan, Dynastie*
Bezeichnung für die schützenden Ahnengeister einer Familie. (siehe auch: *Kuladeva, Pitri*)

Kuladeva (Nep.) – *Familiengott*
Verstorbene einer Familie, die ein gutes Erdenleben geführt haben und nun nach dem Tod als Schutzgeister über ihre Familie wachen. Aus Respekt werden sie auch als Götter bezeichnet. Die Ahnengeister sind für die Himalayavölker und deren Schamanismus sehr wichtig. Ohne Kuladeva kann kein Schamane sein. Besonders bei den Ethnien, die aus dem Stamm der Kirati hervorgingen, nehmen die Ahnengeister eine zentrale Rolle im Leben ein und deshalb gibt es im Laufe eines Jahres viele unterschiedliche Rituale und Zeremonien, die den Ahnen geweiht sind. (siehe auch: *Kul, Pitri*)

Kulira Naga (Nep.) – *Schlange der Familie*
Bezeichnung für Schlangengeistwesen, die zum Schutz von Haus, Hof und Familie angerufen werden. (siehe auch: *Naga*)

L

Lama (Tib.)
Bezeichnung für die buddhistischen Priester.

Latidevi (Nep.) – *dumm machende Göttin*
In der Wildnis lebendes weibliches Geistwesen, das Menschen so stark geistig verwirren kann, daß sie sich wie taubstumme Geistigbehinderte gebärden.

Lakshmi (Skr.) – *Schönheit, Glück, Erfolg, Wohlstand*
Glücksgöttin aus der altindischen Mythologie. Ihr Gemahl ist der Gott Vishnu.

Lemlema (Rai)
Furchtbare Urhexe und Gemahlin des Urschamanen Banjhankri.

Limbu (Nep.)
Ethnische Gruppe, indo-mongolischer Abstammung, der nach eigener Aussage, aus dem uralten Stamm der Kirati hervorging. Ihre Physiognomie, Riten, Glaubenssysteme und große Teile ihres Mundhum, sowie Ähnlichkeiten in Dialekten, lassen ebenfalls darauf schließen. Der Name Limbu wurde erst später von den Gurkha-Herrschern eingeführt. (siehe auch: *Kirati*)

Liso (Nep.)
Zähe Flüssigkeit mit magisch-schützenden Eigenschaften, gewonnen durch Einlegen von Kaulo-Blättern in Wasser, über das Mantras gesprochen wurde. (siehe auch: *Kaulo*)

Lau-Parameshvar (Nep.) – *Herr, höchster Herr*
Respektvolle Begrüßung und Aufforderung zum Sprechen für das Geistwesen, welches in den/die Schaman(in)en gefahren ist.

M

Maiju (Nep.)
Bezeichnung für die Tante mütterlicherseits. In Nepal wird mit unterschiedlichen Namen sehr genau zwischen den einzelnen Familienmitgliedern unterschieden.

Madal (Nep.)
Zylinderförmige Trommel aus Holz, deren beide Enden mit Häuten bezogen sind. Vor dem Bauch hängend wird sie gespielt.

Magar
Eine Volksgruppe, die aus der Mongolei in den Himalaya einwanderte. Heute bewohnen sie hauptsächlich als Bauern das Hügelland von West- und Zentralnepal.
Ihre Sprache ist tibeto-burmesischer Abstammung, zersplitterte sich aber im Laufe der Zeit in viele Dialekte. Die Magar sind besonders für ihre Tapferkeit und Aufrichtigkeit bekannt.

Mahadeo (Nep.) – *großer Gott*
Ein weiterer Name Shivas.

Mahaguru (Skr.) – *großer Lehrer*
Bezeichnung für herausragende Gurus.

Mala (Nep.) – *Kette*
Heilige Kette aus besonderen Blumen, Samen, Knochen oder Steinen.

Mala-Jala (Nep.)
Oberbegriff für alle Ritualwerkzeuge einschließlich der Tracht der Schaman(in)en.

Makcha (Rai) – *Schwiegersohn*

Mangchama (Rai)
Ahnenaltar im Getreidelagerraum unter dem Dach im traditionellen Haus der Rai. Hier leben die älteren und mächtigeren Ahnengötter, die über die Ernte wachen.

Mantra (Skr.) – *Werkzeug des Geistes*
Heilige Silben und Worte, mit denen unter anderem die Götter und Geister angerufen werden. Ein Mantra kann sehr komplex sein und mit wenigen Worten ganze mythische Lehren ausdrücken. In vielen spirituellen Traditionen wird das Mantra als ein Werkzeug, welches den Geist befreien kann und zur Selbstverwirklichung führt, verstanden, während die Schaman(in)en des Himalaya hauptsächlich damit heilen.

Masan (Nep.)
Gewaltsam verstorbener Mensch, der aber ein gutes Erdenleben geführt hatte. Aufgrund seiner guten Taten als Mensch, wird er trotz seines frühzeitigen, gewaltsamen Ablebens kein Bhuta, kann aber auch nicht zu den Göttern aufsteigen.
Masans sind eine gruselige Erscheinung, da sie so aussehen, wie im Moment ihres Todes und viele Menschen in Nepal fürchten sich vor ihnen. Sie sind aber keine bösen Wesen wie die Bhutas und können bei respektvoller Behandlung sehr hilfreich sein. Schaman(in)en, die sie als Hilfsgeister haben wollen, beschwören sie auf Friedhöfen oder an Leichenverbrennungsplätzen.

Moch (Nep.)
Die rastlose Seele eines frühzeitig durch Krankheit oder gewaltsam gestorbenen Kindes. Moch sind sehr gefährliche Bhutas, die den Mutterleib schwangerer Frauen besetzen können, was dann zu Fehlgeburten führen kann. Auch attackieren sie Kinder bis zum siebten Lebensjahr.

Mohini (Nep.)
Liebeszauber, der von guten Schaman(in)en in nur ganz wenigen Ausnahmen zur Anwendung kommt. Falsch angewandt, ist er schwarzmagisch und kann die betreffende Person verrückt machen.

Mundhum (Rai)
Der von Generation zu Generation überlieferte disziplinvolle Weg eine(r)s Schaman(in)en.

Mudkutta (Nep.)
Eine besonders gefährliche Art von Bhuta, die einst als Menschen durch Enthauptung gestorben waren. Sie erscheinen kopflos und haben nur eine Vorderseite ohne Rücken. Sie laufen zur Geisterzeit (Morgen- und Abenddämmerung, zwölf Uhr

mittags und nachts) auf Wegen und leben mit Vorliebe in Bambushainen. (siehe auch: *Bhuta*)
Murkha (Nep.) – *Dummkopf*

N

Naga (Skr.)
Das Wort Naga steht in der altindischen wie auch schamanischen Kosmologie für
alle Arten von männlichen Schlangengeistwesen. Sie sind die Hüter aller Gewässer,
einschließlich der von Menschen geschaffenen Brunnen, der Fruchtbarkeit der Erde
und der Unterwelt. Als solche können sie auf Menschen, die der Natur gegenüber
respektlos sind, mit der Erzeugung unterschiedlicher Krankheiten und Naturkatastrophen
reagieren. In der Unterwelt leben sie im Familienverbund organisiert in
mythischen Städten, wo sie große Schätze und – laut buddhistischer Lehre – auch
die geheimen ‚Bücher der Weisheit' hüten. Sie haben die Gabe der Formenwandlung
und werden meistens zur Hälfte als Mensch und zur Hälfte als Schlange abgebildet.
Wegen ihrer Form und der Gabe der Erneuerung (Häutung) werden sie als
ein phallisches Symbol betrachtet, das Fruchtbarkeit, gute Ernte und viele Kinder
verspricht. Auch für die schlangengleiche, magisch-spirituelle Kundalini-Kraft im
Menschen steht die Naga und ist deshalb oft über den Häuptern von Erleuchteten
zu finden. Ob bei Hindus, Buddhisten, Tantrikern oder ethnischen Stammesgesellschaften,
überall auf der Welt findet man die Nagas. Sie können gleichermaßen als
hilfreiche, wie auch als dämonische Kraft in Erscheinung treten. (siehe auch: *Nagini*)
Nagalok (Skr.) – *Welt der Schlangen*
Eine Bezeichnung für die Unterwelt.
Naga Mala (Nep.)
Kette aus Schlangenknochen.
Nagaraja (Nep.) – *König der Schlangen*
Männliche Schlangengeistwesen, die den Eingang zur Unterwelt bewachen. König
ist auch hier wieder eine von den Schaman(in)en gewählte, respektvolle Anrede.
(siehe auch: *Naga*)
Nagarani (Nep.) – *Königin der Schlangen*
Das weibliche Gegenstück zu Nagaraja. (siehe auch: *Naga*)
Nagini (Skr.)
Bezeichnung für die weiblichen Schlangengeistwesen und Götter. (siehe auch: *Naga*)
Namaskar (Skr.) – *ich grüße das Göttliche in Dir*
In Nepal und Indien die respektvollste Form einer Begrüßung, bei der beide Handflächen
vor der Brust zusammen gelegt werden und man den Kopf leicht beugt.
Man ehrt damit die göttliche Seele, die in jedem wohnt.
Namaste (Skr.) – *ich grüße das Göttliche in Dir*
Gleichbedeutend mit Namaskar.
Narada Muni (Skr.) – *weiser Mensch*
Der altindische Götterbote, der auf seiner Vina musizierend durch alle drei Welten reist.
Nava Graha (Nep.) – *neun Planeten*
In der Kosmologie der Himalayaschaman(in)en wird das Schicksal eines Menschen
durch das Zusammenspiel von neun Planeten, die als Wesenheiten betrachtet werden,
bestimmt. Mit bestimmten Zeremonien werden negative Planetenkonstellationen
harmonisiert.

Ninamma (Rai) – *Oberwelt*
In der Kosmologie der Himalayaschaman(in)en ist das Universum in die drei Welten
– Oberwelt, Unterwelt, Mittelwelt – eingeteilt.

O
Om oder *Aum* (Skr.)
Das Wort Om stammt aus den altindischen Sanskritschriften und ist die heilige
Ursilbe, die den unpersönlichen Aspekt Gottes repräsentiert, mit der die kosmische
Manifestation ins Sein trat. Om ist die Quelle aller Mantras und wird deshalb jedem
guten Mantra vorangestellt, um es mit dieser Urkraft zu verbinden. Alle Mantras der
Himalayaschaman(in)en beginnen mit Om, wohingegen die Mantras der Schwarzmagier
und Hexen ohne Om anfangen.
Om Mani Padme Hum (Skr.) – *Juwel im Lotus*
Eines der wichtigsten Mantras der Buddhisten. Gibt es auch in tibetischer Schreibweise.
(siehe auch: *Mantra*)
Om Namo Shivaya (Skr.) – *Alle Ehre sei Shiva*
Mantra zur Verehrung des großen Gottes Shiva. (siehe auch: *Mantra*)

P
Paraso (Tib.)
Tibetisches Würfelspiel, bei dem um Geld gespielt wird.
Paru Sili (Rai) – *Tanz des Paruhang*
Ein spezieller Trommeltakt/Rhythmus der Rai-Schaman(in)en zum Reisen in der
Oberwelt. Paru steht hier für Paruhang, das Rai-Wort für den männlichen Gottesaspekt Shiva.
Parvati (Skr.) – *Bergtochter*
Ist die aus der altindischen Mythologie stammende göttliche Urmutter und die personifizierte
Gemahlin des großen Gottes Shivas. Als untrennbarer Teil von Shivas
Wesen repräsentiert die Göttin die Illusion des Daseins (Maya), die Kraft, die alles
in Bewegung bringt (Shakti) und die immer werdende und vergehende Zeit (Kala),
während Shiva, der männliche Gottesaspekt, für das in sich ruhende, unwandelbare
Bewußtsein steht. Parvati, die einst als Sati lebte und sich freiwillig im Feuer
verbrannte, wurde als die Tochter des Himalaya, dessen andere Tochter die Göttin
Ganga ist, wiedergeboren. (siehe auch: *Shiva, Durga, Kali*)
Phukne (Nep.) – *blasen*
Kleines Heilritual, bei dem der/die Schaman(in)e heilende Mantras auf den Patienten bläst,
Räucherwerk verbrennt und meist ein wenig Reis oder Blumen opfert.
Phurke (Nep.)
Ein Ritualwerkzeug, bestehend aus zwei ellenbogenlangen Bambusstöcken mit
buschig geschabten Enden, das nur von den Kirati-Schaman(in)en benutzt wird. In
Trance schauen sie damit, wie durch ein Fernglas, in andere Welten, um so Krankheitsursachen
zu finden oder sie ziehen damit Krankheiten aus dem Körper heraus.
Phurpa (nep.) – *Geisterdolch*
Aus heiligem Holz geschnitztes Ritualwerkzeug, das komplett mit Darstellungen
des mythologischen Kosmos verziert ist. Die Schaman(in)en benutzen den dolchähnlichen
Phurpa, um krankmachende Energien aus dem Körper zu leiten. Auch
Buddhisten benutzen ihn in ihren Ritualen.
Pipla (Nep.)
Der Stangenpfeffer (Piper longum) ist im ganzen Himalayaraum verbreitet und

wird von der einheimischen Bevölkerung als wertvolles Heilkraut gegen viele unterschiedliche Leiden geschätzt.

Pitri (Nep.)
Sehr mächtige Ahnengeister.

Prasad (Skr.) – *Segen, Gunst*
Die geheiligten Überreste von Speisen, die den Göttern geopfert wurden.

Pret oder **Preta** (Nep.) – *Poltergeister*
Bhutas, die lärmerzeugend umherstreifen. Oft machen sie durch laute Schritte, Poltern und Klopfen auf sich aufmerksam.

Puja (Skr.)
Rituelle Verehrung einer ausgewählten Gottheit mit Opfergaben wie Reis, Räucherstoffe, etc..

Purkhyauli (Nep.)
Ältester einer Dorfgemeinschaft, der zusammen mit anderen Älteren die Oberaufsicht über alle Rituale und Zeremonien hat.

R

Rai – *Häuptling, Anführer*
Ethnische Gruppe indo-mongolischer Abstammung, die einst aus dem uralten Stamm der Kirati hervorging. Es gibt mehr als fünfzehn unterschiedliche Gruppierungen innerhalb der Rai (Chamling-Rai, Kulunge-Rai, Mewahang-Rai, etc.), die sich durch kleine kulturelle und sprachliche Unterschiede voneinander abgrenzen. Ihre Sprache ist, wie bei den Kirati, tibeto-burmesischen Ursprungs. (siehe auch: *Kirati*)

Rakshas (Skr.)
In den altindischen Schriften beschriebene dämonische, menschenfressende Wesen. Diese Wesen besitzen die Fähigkeit der Formenwandlung.

Raksi (Nep.) – *Schnaps*
Ein etwas milderer Schnaps, der hauptsächlich aus Hirse, Reis und einer Grasart gebrannt wird.

Raktakali (Skr.) – *Blutkali*
Als die schwarze Göttin einst den mit schwarzmagischen Kräften ausgestatteten Dämon Raktavija bekämpfte, mußte sie sein Blut trinken, denn jeder Tropfen Blut, der zu Boden fiel, ließ sofort tausend neue Dämonen von gleicher Kraft entstehen. Die Himaliyaschaman(in)en rufen diesen furchterregenden Aspekt der Göttin, wenn übelgesinnte Geister durch Opferungen nicht zu besänftigen sind und nicht gehen wollen. (siehe auch: Kali)

Rakta Masan (Nep.) – *roter Masan*
Masans, die einst als Menschen durch großen Blutverlust gestorben waren. Dem/den Schaman(in)en erscheinen sie in Trance als rotes Licht. (siehe auch: *Masan*)

Ram oder **Rama** (Skr.) – *der mit endloser Freude erfüllende*
Gott in Form eines Königs, der vor Millionen Jahren auf die Erde herabkam, um die Herrschaft des Dämonen Ravana über alle drei Welten zu beenden. Die altindische Schrift Ramayan erzählt von dieser Begebenheit.

Rogo (Rai) – *geheilt*
Wird bei Heilritualen der Rai dem Patienten mehrfach hintereinander im Sinne von ‚sei geheilt' zugerufen.

Rudraksha (Nep.) – *Auge Rudras*
Der Ganiterbaum (Elaeocarpus ganitus) spielt im Hinduismus und bei den Schaman(

in)en des Himalaya eine wichtige Rolle. Die Mythen berichten, daß vor langer Zeit die Freudentränen des großen Gottes Shiva angesichts der Schöpfung auf die Erde fielen. Die Tränen wurden zu den Früchten des Ganiterbaumes. Aus den rot- bis dunkelbraunen, eichelgroßen Steinfrüchten werden hauptsächlich heilige Ketten angefertigt, die eine hohe spirituelle Kraft in sich tragen und vielseitig Verwendung finden.

Rupie
Als Mohan in Bhutan lebte, hatte das Land keine eigene Währung und die indische Rupie (nep. = *rupiya*) war das gängige Zahlungsmittel. Inzwischen besitzt das Land den Ngultrum, der hundert Chetrum entspricht. Der Wert des Ngultrum ist an den der indischen Rupie gebunden. Auch in Nepal heißt die Landeswährung Rupie, hat aber einen unabhängigen Wert.

S
Sadhu (Skr.)
Bezeichnung für einen heiligen Asketen und Einsiedler bei den Hindus.
Saili (Nep.)
Bezeichnung, mit der man die jüngere Schwester anspricht.
Samkhama (Rai) – *Feuerplatz*
Der Hauptwohnraum im traditionellen Haus der Rai, dessen aus vier Steinen bestehende Feuerstelle und andere bestimmte Gegenstände einen von insgesamt zwei Ahnenaltären bilden. Das ganze Haus der Rai ist eine Darstellung ihrer Kosmologie, jeder Balken und Stein hat eine eigene Bedeutung. Da die Häuser der traditionell lebenden Rai von deren Ahnengeistern bewacht werden, kann es fatale Folgen haben, wenn man etwas – und wenn auch nur aus Unwissenheit – falsch macht. Deshalb verwehren die Eigentümer in der Regel den Zutritt für Nicht-Rai (siehe auch: *Mangchama*).
Sansari Puja (Nep.) – *der kosmischen Mutter opfern*
Ritual zu Ehren der kosmischen Mutter, die die Menschen ernährt. Man opfert ihr an diesem speziellen Tag Feldfrüchte, sagt Dank und bittet um die Fruchtbarkeit des Erdbodens.
Sarasvati (Skr.)
Die hinduistische Göttin der Gelehrsamkeit und Schutzpatronin von Kunst, Musik und Sprache. Sie wird auf einem Schwan sitzend mit Buch und einer Vina (Saiteninstrument) dargestellt. Sie ist die Frau des kosmischen Baumeisters Brahma.
Saya (Rai) – *Selbstwertgefühl*
Nach dem Verständnis der Rais ist ein gesunder Mensch jemand mit einem guten Selbstwertgefühl. Fehlt das, dominieren Ängste, die wiederum den Fluß der Lebenskraft (Shakti) im Körper vom Becken nach oben zum Kopf blockieren, was an der Körperhaltung zum Ausdruck kommt. Mit Hilfe von Zeremonien können die Schaman(in)en den geschwächten Fluß der Lebenskraft harmonisieren und so das Selbstwertgefühl des Patienten heilen, welcher wieder eine gesunde Haltung an Geist und Körper entwickelt. (siehe auch: *Shakti, Shir Uthaune*)
Saya congma (Rai) – *Selbstwertgefühl erwache*
Wird bei Ritualen der Rai gerufen, um den Fluß der Lebenskraft (Shakti) im Körper vom Becken nach oben zum Kopf anzuregen. (siehe auch: *Saya, Shakti, Shir Uthaune*)
Selroti (Nep.)
In Fett ausgebackene süße Teigkringel. Eine traditionelle Süßspeise in Nepal.

Sesha Naga (Skr.)
Sesha ist der Name, der in den altindischen Schriften beschriebenen tausendköpfigen, juwelengekrönten Urschlange, auf der Gott Vishnu ruhend das Universum erträumt. Sie ist Gott selbst in Schlangenform.

Shakti (Skr.) – *spirituelle Kraft, oder Energie*
Das Prinzip der kosmisch-göttlichen Lebenskraft, die in vielfältiger Weise das ganze Universum durchströmt. Sie ist die Göttin der tanzenden Elemente, während ihr Gemahl Shiva das in sich ruhende Urbewußtsein verkörpert. Oft wird sie als Schlange, dem Fruchtbarkeitssymbol schlechthin dargestellt, die auch als Kundalini-Kraft im menschlichen Körper zusammengerollt im Becken am Ende des Rückrads ruht. Es ist das Bestreben vieler spirituell Praktizierender, diese schlangengleiche Kraft zu erwecken und nach oben steigen zu lassen, was zum kosmischen Einheitsbewußtsein führt.

Sharmadeva (Nep.)
Die personifizierte Gottheit der magischen Flüssigkeit Liso. (siehe auch: *Liso, Kaulo*)

Shikari (Nep.) – *Jäger* Die nepalesische Bezeichnung für Apturung (siehe auch: *Apturung*)

Shir Uthaune (Nep.) – *zum Kopf erheben*
Zeremonie, bei der die Energie eines Menschen zum Scheitel erhoben wird, was das Selbstwertgefühl steigert. (siehe auch: *Saya, Saya congma*)

Shiva (Skr.) – *der Gütige*
Gehört in der altindischen Mythologie zur göttlichen Dreiheit. Vishnu ist der Gott, der das Universum erhält, Brahma ist der Baumeister (Innenarchitekt) und Shiva zerstört es letztendlich wieder am Ende aller Zeiten. Diese drei Kräfte sind überall in der Natur zu beobachten. Alles hat einen Anfang, besteht eine Weile und vergeht letztlich wieder. Durch Shivas Segen werden alle Illusionen des Egos zerstört und somit das transzendentale Bewußtsein, welches jenseits aller Dualitäten als Beobachter der materiellen Erscheinungen weilt, befreit. Die Schaman(in)en des Himalaya sehen in ihm ihren höchsten Gott. Sein Wohnsitz ist der Berg Kailash in Tibet, wo er mit seiner Shakti (Parvati) lebt. Er reitet auf einem weißen Stier, der das Dharma repräsentiert. Shiva selbst ist eine wilde Erscheinung. Er ist nackt, bis auf ein Tigerfell um seine Lenden, hat lange verfilzte Haare und reibt sich seinen Körper mit Asche von Krematorien ein. Um seinen Hals und die Oberarme winden sich Schlangen. Er ist Träger seiner gefürchteten Waffe, dem Dreizack. Seine Erscheinungen sind zahllos und er ist besonders barmherzig zu den in Dunkelheit gefallenen Wesen. (siehe auch: *Shakti, Parvati, Dharma*)

Simal (Nep.)
Großer Baumwollbaum (Bombax malabaricum). Von ihm bekommen die Völker des Himalaya Baumwolle und Medizin.

Simma (Rai)
Ist die Tochter von Khoklihangma und eine wichtige Naturgottheit vieler Kirati-Schaman(in)en. Auch sie verkörpert, zusammen mit ihrer Mutter, das ernährende Prinzip in der Natur. Da die Kirati in früheren Zeiten ausschließlich von den Früchten des Dschungels lebten, verehren sie diese Naturgottheiten. (siehe auch: *Khoklihangma, Apturung*)

Simeraja (Nep.) – *König des Schlamms*
Männliche Schlangengeistwesen, die die Hüter des Pflanzenwachstums und der Gewässer sind. Sie leben bevorzugt an schlammigen Orten und werden hauptsächlich

von den Bauernkulturen des Himalaya verehrt. Auch hier ist ‚König' ein Titel der Respekt ausdrücken soll. (siehe auch: *Naga*)

Simerani (Nep.) – *Königin des Schlamms*
Das weibliche Gegenstück zu Simeraja. (siehe auch: *Simeraja, Naga*)

Sisnu (Nep.)
Eine heilkräftige Brennesselart (Urtica diocia). An ihrem Standort würde ein Bewohner des Himalaya niemals seine Notdurft verrichten, da sie bevorzugte Nahrung und Wohnstätte von Schlangengeistwesen sind.

Sita (Skr.)
Die Frau des altindischen Gottes Rama. Sie wurde aus einer Ackerfurche geboren und wird als die Tochter der Erde verehrt. Sie verkörpert alle guten Eigenschaften einer keuschen Ehefrau, was sie zum Vorbild der hinduistischen Frauen macht. Der Dämon Ravana fand Gefallen an ihr und entführte sie, was seinen Untergang besiegelte. Das altindische Epos Ramayan erzählt von dieser Begebenheit. (siehe auch: *Rama*)

Solo-lo-lo (Rai)
Eine Klangschwingung, die bei Heilritualen der Rai gerufen wird, um die gute Kraft eines Menschen zu mehren.

Sumni Sili (Rai) – *Tanz der Sumnima*
Trommeltakt/Rhythmus der Rai-Schamanen zum Reisen in der Mittelwelt. Sumnima ist das Rai-Wort für den weiblichen Gottesaspekt (Parvati), die niemand anders als Mutter Erde selbst ist.

Sunpati (Nep.) – *Goldblatt*
Immergrüne kleine Rhododendrenart (Rhododendron lepidotum), deren aromatische Blätter von vielen Schaman(in)en des Himalaya zum Räuchern benutzt werden.

Surti (Nep.)
Starke Tabaksorte (Nicotiana tabakum), die von den einheimischen Bauern des Himalaya angebaut wird. Er wird in getrocknete Blätter unterschiedlicher Pflanzen eingerollt und geraucht.

T

Tamang (Tib.) – *Pferdeleute*
Von Tibet nach Nepal und Bhutan eingewanderte ethnische Volksgruppe. Ihre Religion ist der Buddhismus, mit starken animistischen Elementen. Ihr Name läßt vermuten, daß sie früher wahrscheinlich Pferdehändler waren. Heute leben sie als Bauern, Träger oder Händler in West- und Zentralnepal.

Tihar (Nep.)
Fünf Tage dauernde hinduistische Festivität, bei der an jedem Tag abwechselnd die Krähen, Hunde, Kühe, die Glücksgöttin Lakshmi und die Geschwister verehrt werden.

Tika (Nep.)
Ein Punkt aus hauptsächlich roter Farbe, der über der Nasenwurzel, dort wo das geistige Auge liegt, mit Segenssprüchen aufgetragen wird. Die Farbe Rot symbolisiert Lebenskraft.

Torma (Tib.)
Aus gekochtem Reis geformte Kegel, die bei etlichen Ritualen der vom Buddhismus beeinflußten Schaman(in)en bestimmte Götter repräsentieren.

Totala (Nep.)
Bis zu 15 Meter hoher Laubbaum (Oroxylum indicum). Er bildet lange, flache,

braune Schoten, in denen wiederum weiße Samen heranreifen. Diese weißen Samen werden von den Schlangengeistern geliebt. Aus diesem Grund finden sie bei Ritualen der Schaman(in)en unterschiedlicher Ethnien Verwendung.

Trishul (Skr.) – *Dreizack*

Der Dreizack ist die göttlich-magische Waffe Shivas. Wenn Shiva in seinem friedlichen Aspekt auf dem Berg Kailash sitzend meditiert, steht der Trishul aufrecht, mit den Zacken nach oben. Kommt aber die Zeit der Auflösung und Zerstörung, wird die Waffe wie ein Speer benutzt und die drei Zacken zeigen nach unten, was den Geschöpfen den Tod bringt.

U

Ubhauli (Rai) – *nach oben gehen*

Drei bis sieben Tage dauernde Abschiedszeremonie für die Naturgeister, die sich kurz vor der Aussaat bis zur Erntezeit zur Meditation in die Berge zurückziehen. Während dieser Zeit werden auch den Ahnengeistern im Samkhama und Mangchama Opferungen dargebracht.

Udhauli (Rai) – *herunter kommen*

Begrüßungs- und Dankzeremonie für die Naturgeister, die nach der Ernte von den Bergen herunter kommen. Nun werden geerntete Feldfrüchte den Ahnengeistern, die über die Ernte wachen im Mangchama und den Naturgeistern, die sie wachsen lassen, geopfert.

V

Vajra (Skr.) – *Donnerkeil*

Ist die gefürchtete Blitzwaffe Indras. Bei den Buddhisten wird ein Ritualwerkzeug aus Metall mit diesem Namen benutzt, welches das Leuchten der Erleuchtung darstellt.

Vishnu (Skr.)

Zusammen mit Brahma (Baumeister) und Shiva (Zerstörer) gehört er als Erhalter des Universums zur göttlichen Trinität bei den Hindus. Auf dem Ozean der Ursachen ruht er auf der göttlichen Schlange Sesha Naga und träumt das Universum.
(siehe auch: *Shiva, Sesha Naga*)

AUTOREN

Mohan Lal Rai ist der Gründer und Direktor des Shamanistic Studies and Research Center in Kathmandu/Nepal.
Er wurde 1928 in Dorokha/Bhutan in einer alten Schamanenfamilie geboren.
Heute ist er eine zentrale Persönlichkeit der schamanistischen Kulturen im Himalaya. Er spricht über 10 Sprachen und bereist seit etlichen Jahren die Welt, hauptsächlich Europa, wo er über das Vermächtnis seiner Ahnen spricht und in Seminaren die praktische Anwendung vermittelt.

Ellen Winner ist eine Kennerin des Himalayaschamanismus in den Traditionen der Stämme der Rai und Tamang, sowie Absolventin des 3-Jahres-Programmes der Foundation for Shamanic Studies und diplomierte schamanische Beraterin nach der Harner Methode. Sie lebt in Boulder/Colorado, wo sie als Rechtsanwältin ihren Lebensunterhalt verdient.

Axel Brück

Die Kraft der Heilung

Analog zur Unterteilung des Menschen in Körper, Geist und Seele gibt es drei grundsätzlich verschiedene Methoden des Heilens, die alle drei ihre Berechtigung und ihre Wirkung haben.

Erfolgsautor Axel Brück beschreibt hier nicht alternative Heilmethoden oder von der Schulmedizin belächelte Therapien. Vielmehr geht es um das magische Heilen, um das Heilen der Priester, Hexen und Schamanen.

Dabei will er den Leser nicht dem Staunen und dem Schauder des Geheimnisvollen überlassen, sondern das Verständnis dafür wecken, dass auch das Magische seinen eigenen Regeln und Gesetzen folgt, – die wir begreifen und anwenden können.

Brück räumt eine Menge Missverständnisse beiseite und gewährt uns einen unverstellten Blick auf die Arbeit der Hexen, Schamanen, Priester, Magier sowie die Knochensetzer und Kräuterfrauen unserer kelto-germanischen Vergangenheit.

184 Seiten, 37 s/w-Abbildungen,
17,0 x 24,0 cm, Broschur
ISBN 978-3-86663-015-4
€ 18,00 / 32,90 SFR

Axel Brück

Die Kraft der Rituale

In Teil 1 klärt er die grundsätzlichen Fragen: Was ist ein Ritual, welche Arten gibt es? Wie funktioniert es und woraus bezieht es Kraft?

In Teil 2 schreibt er fachkundig und aus eigener Praxis über Gebrauch und Entstehung von Ritualen, welche Ziele ein Ritual haben sowie aus welchen „Bausteinen" es besteht kann, was bei der Durchführung zu beachten ist und ob ein Ritual „Zuschauer" haben sollte.

In Teil 3 widmet er sich detailliert den Ritualen des Lebens:
• Jahres-, Mond- & Sonnenfeste
• Einweihungen für Plätze & Orte
• Feste zu Geburt und Tod, Hochzeit und Lebensübergängen
• Rituale für die heiligen Kräfte
• Rituale für Ruhe & Frieden
• Alltags-Rituale sowie Rituale der magischen Arbeit

Brück legt hiermit das grundlegende Buch vor für schamanisch und magisch Interessierte, Naturreligiöse, Heiler, Therapeuten und Pädagogen, also für all diejenigen, die in Freizeit oder Beruf mit Ritualen arbeiten.

176 Seiten, 30 s/w-Abbildungen,
17,0 x 24,0 cm, Broschur
ISBN 978-3-86663-023-9
€ 18,00 / 32,90 SFR

Axel Brück

Seele, Selbst & Karma
Das schamanische Bild
vom Menschen

Was ist Jenseits, Seele, Selbst? Was heißt Wiedergeburt und Karma? Was *wissen* wir – und was *glauben* wir nur über die „letzten Dinge"?

Axel Brück beschreibt das schamanische Bild des Menschen vom Wechsel zwischen Leben und Tod, der Unpersönlichkeit der Wiedergeburt und der Natur des „Karma".

Er arbeitet den Unterschied heraus zwischen Religion und Glauben, zwischen Mono- und Polytheismus und weist auf die Jedem offen stehende persönliche Erfahrbarkeit des Göttlichen in der Welt. Und er macht deutlich, welche Schlussfolgerungen wir für die Gestaltung unseres alltäglichen Lebens aus diesen Einsichten ziehen können.

Wie der Buddhismus die östliche Lehre davon beschreibt, so zeigt uns Axel Brück in diesem Buch unser eigenes, auf europäischem Weltbild und naturspiritueller Tradition beruhendes Verständnis von Seele, Selbst und Karma.

176 Seiten, 30 s/w-Abbildungen,
17,0 x 24,0 cm, Broschur
ISBN 978-3-86663-031-4
€ 18,00 / 32,90 SFR

Unser aktuelles Programm, Vorankündigungen von Neuerscheinungen und Nachauflagen, Adressen von Visionssucheseminaren, Termine mit unseren Autoren, Leseproben, Inhalts-verzeichnise, Textauszüge, Titelabbildungen und noch vieles mehr finden Sie auf unserer Homepage. Von dort aus gelangen Sie auch direkt zu unserem Onlineshop, wo Sie unter anderem eine große Anzahl von Sonderangeboten vorfinden.

www.arun-verlag.de

Alle Rechte, Lieferbarkeit und Preisänderungen der auf den Seiten 408-414 vorgestellten Bücher vorbehalten, keine Haftung für Satz- und Druckfehler. Der angegebene Ladenpreis in Euro gilt für die BRD zum Zeitpunkt der Drucklegung dieses Buches und kann sich u. U. im Laufe der Jahre ändern. Von Importeuren im Ausland festgelegte Euro- und SFR-Preise können abweichen. SFR-Preise sind unverbindliche Preisempfehlungen. (Stand April 2008)